prometeo
libros

CULTURA POLÍTICA, MILITANTES Y MOVILIZACIÓN

Neuquén durante los años '90

Fernando Aiziczon

CULTURA POLÍTICA, MILITANTES Y MOVILIZACIÓN

Neuquén durante los años '90

Colección de estudios patagónicos

Cuando la Editorial Prometeo Libros nos propuso, a mediados del año 2005, coordinar una Colección de Estudios Patagónicos, la idea nos entusiasmó de inmediato. Para nosotros, provenientes de distintas ramas de la disciplina histórica, pero comprometidos todos con la historia de la Patagonia, significaba un desafío especial. Pero también era una excelente oportunidad para dar a conocer una cantidad importante de producciones, generalmente derivadas de la elaboración de tesis de posgrado, realizadas desde o sobre el espacio que nos ocupa, y dirigirlas a un público más amplio que el académico. Convocamos así a un número importante de autores que con un considerable esfuerzo transformaron sus trabajos de tesis en libros amenos y accesibles, despojados de la abundancia de referencias teórico-conceptuales y aparatos eruditos que abundan en las primeras. La colección comenzó a circular a mediados del año 2008 y, desde entonces, viene generando una serie de textos representativos de los múltiples problemas y dimensiones que aborda, tal como el volumen que en esta oportunidad presentamos. Agradecemos a Prometeo Libros y a los autores la confianza depositada.

Susana Bandieri, Enrique Mases, Leticia Prislei
COORDINADORES

Fernando: "Hola Raúl, necesito hacerte una pregunta sobre una foto en la que estás leyendo un libro pesado, grande, rojo..."

(...)

Raúl: "Hola Fernando. Corto, sino volveré a olvidarme. La foto es de un acto el 1 de mayo del 2001 en la puerta de Zanon (aún con la patronal) en huelga. A ese acto vino todo el espectro de lucha neuquino en ese momento. La CTA hizo su acto en la Legislatura (siempre se inauguraban las sesiones el 1 de mayo) y luego por presión... enorme... de las bases, fueron con caravana de colectivos y autos a la puerta de Zanón (estabamos promediando una de las huelgas largas y ya con amenazas de despido.... días preparatorios). Lo que leo es uno de los discursos de los mártires de Chicago frente al juez ante su condena a muerte. Fue un acto unitario y muy emotivo, que terminó en un locrazo de la olla popular de Zanon" (Intercambio por mail con Raúl Godoy, ex secretario general del sindicato ceramista de Neuquén durante 2000-2006 y dirigente del PTS).

...

Fernando: "Hola Humberto, ¿cómo estás? (…) estoy leyendo las Actas de ATEN del '99, lleno de disputas internas, acusaciones… ¿vos cómo lo viviste?"

Humberto: "Creo que toda la experiencia militante es una cuestión de contagios que no se pueden extrapolar desde la distancia. El sentido de todo esto se da en el fragor... yo igual que vos veo todo frío, ajeno y casi tonto... pero sé que en cuanto entre en ese fragor se drena nuevamente la adrenalina. 'Huevo, huevo, huevo' y todo eso. Ahora mismo, hoy hay asamblea, y ya me fastidia la mera posibilidad de volver al paro…esa tradición, ese costumbrismo (…) a través de la repeticion de las medidas. Casi una fatalidad. Una medida que te da éxito, te ata posteriormente…" (Intercambio por mail con Humberto, militante de ATEN).

Cultura política, militantes y movilizaciones

¿Qué nos sugiere la imagen de un obrero que sostiene y lee un enorme libro rojo?Más allá del contenido de lo escrito, se trata de una *acción* deliberada: la transmisión de palabras previamente seleccionadas, porque se cree que poseen un significado y un contenido unívocos. Poner en acto las palabras de los "mártires de Chicago", públicamente, implica insinuar tanto una interpretación de su contenido como escenificarlas en un tiempo y lugar que no podría ser más apropiado: el 1 de mayo en las puertas de una fábrica cuyos patrones están dispuestos a cerrarla despidiendo a todos sus obreros. Al preguntarle, también *deliberadamente,* a ese obrero que lee por el momento en que fue tomada la foto, me responde brindándome las siguientes coordenadas: 2001, Zanón, CTA, Neuquén, huelga, días preparatorios, presión de las bases, locrazo, emotivo... Nuevamente, y más allá de la clara referencia a una situación urgente que revela tensiones internas, tenemos aquí un conjunto de *palabras clave* inscriptas en una geografía de luchas más vasta: durante los '90 Neuquén fue un territorio recargado de protestas sociales protagonizadas por sindicatos, organizaciones de desocupados, de DDHH, barriales, de pueblos originarios, que se expresaron en movilizaciones, huelgas, tomas de edificios públicos, recuperaciones, cortes de calle y ruta, y más espectacularmente bajo la forma de puebladas: el "Cultracazo" o las puebladas cutralquenses (1996/97) quizá sean el hito que lanzó a Neuquén al escenario político nacional y la colocó en el centro del imaginario militante como la "cuna" del movimiento piquetero, vale decir, del epicentro de la resistencia al neoliberalismo. Sin embargo, para que ese imaginario funcione como tal, alguien tiene que luchar por adjudicarle un sentido; volviendo sobre la foto, el acto de lectura busca inscribir la particularidad de ese 1 de mayo en un relato de mayor alcance, que tiene la propiedad no sólo de incorporarlo a un historial de luchas sino que fundamentalmente puede producir acción *invocando a los presentes*. Allí reside la lógica de esta práctica social tan particular encarnada en la figura del militante: *disponer* a la movilización. Y su efecto (movilizar) no es obra de un sujeto, no es inmediato, ni tiene como causa exclusiva la arenga militante. Movilizar es un arte que requiere de un aprendizaje previo que necesita ser sistematizado y puesto en práctica en infinidad de situaciones a lo largo del tiempo. Pero también, sin ese arte la movilización puede operar a través de la rutina, la repetición, la fatalidad; tal como me responde el otro protagonista que abre este libro, Humberto, el docente: la disposición puede confundirse con un costumbrismo tedioso que rápidamente troca en fragor de lucha, invalidando la esforzada labor previa del militante. ¿Cómo trabajar entonces sobre el arte de movilizar?Ésta es la pregunta que orientó mi tesis doctoral, y de la cual este libro es su apretada consecuencia.[1]

Dos imágenes teóricas tensas me ayudaron a pensar lo que denomino la "cuestión militante": la de *habitus* y la de actor-red, elaboradas por Pierre Bourdieu y Bruno Latour, respectivamente. La primera establece las posibilidades de acumulación de eso que denominamos experiencia (y que etimológicamente remite a empírico): historia hecha cuerpo, cuerpo inculcado de modos de hacer, conocimiento práctico. La segunda dice que sin despliegue de actores no hay acciones, y que éstas son imposibles de determinar causalmente si establecemos de antemano la existencia de "fuerzas sociales" que las generarían, tal como puede sugerir la noción de habitus. Actuar, ser actor, es estar mediado (en el medio) por otras conexiones que ya están en movimiento. Actuar es transportar, transformar, traducir, sin origen ni final. La acción es una incertidumbre tejida de vínculos entre actores y objetos.[2] Pero entonces, ¿esa incertidumbre significa que todos poseen la misma capacidad, todos ejercen (y sobre todos se ejerce) el mismo efecto?, ¿un habitus forjado en la práctica de la acción, digamos:un *habitus militante*, incrementa la posibilidad de la acción, o de nada sirve el conocimiento

---

[1] "La construcción de una cultura política de protesta en Neuquén durante la década de los '90", Tesis doctoral en Historia, Universidad Nacional de Córdoba, abril de 2012, dirigida por Mónica Gordillo y co-dirigida por Orietta Favaro, evaluada por Maristella Svampa, Federico Schuster y Silvia Romano. A todos ellos, mi más profundo agradecimiento por los elogiosos comentarios recibidos.

[2] "Tenemos que poder considerar tanto la formidable inercia de las estructuras sociales y la fluidez increíble que mantiene su existencia [...] Las leyes del mundo social podrían existir, pero ocupan una posición muy distinta de lo que pensaba la tradición originalmente. No están *detrás* de escena, *por encima* de nuestras cabezas ni son *previas* a la acción, sino *posteriores a la acción*, están *debajo* de los participantes y directamente en *primer plano*. No cubren, no abarcan, no reúnen ni explican; circulan, dan formato, estandarizan, coordinan y tiene que ser explicadas" (Latour, 2008: 343-344, cursivas del autor).

práctico respecto del arte de la movilización?[3]. La condición militante está marcada por este tipo de interrogantes, aunque en rarísimas ocasiones emerge de este modo.

Los militantes actúan de acuerdo a un conjunto de valores, normas, conductas, símbolos, ritos, etc. que operan en una dimensión mayor: la cultura. Como ordenamiento simbólico de la vida social, la cultura moldea nuestra existencia colectiva y determina un campo de posibilidades que los grupos toman, desarrollan y transforman, aunque siempre bajo el imperio de una clase dominante, de las ideas de una clase dominante cuyo dominio se expresa en relaciones sociales de producción (Marx, 2005). No obstante, la práctica de la dominación encuentra resistencias, impugnaciones, grupos que rechazan subordinarse y que en consecuencia entran, en determinados períodos históricos, en lucha abierta contra esa forma de dominación; allí se abre la posibilidad a la reconstrucción de modos alternativos de vida, al ejercicio de prácticas que desafían los sentidos dominantes y si bien no se puede hablar de una cultura completamente separada de aquella, sí se ha planteado la conformación de culturas (en plural) o subculturas: "estructuras más pequeñas, localizadas y diferenciadas dentro de una u otra de las redes culturales más amplias" (Hall y Jefferson, 2014: 66).

En el caso neuquino, nuestra hipótesis sostiene la construcción de una cultura política de protesta durante los años '90, posible merced a la práctica de determinados actores sociales (los militantes) con determinadas competencias culturales y políticas, como ser el dominio de la oratoria (argumentación, descripción de una situación, capacidad de expresión oral, etc.), el conocimiento de la dinámica de los conflictos mediante la acumulación de experiencias prácticas, y ciertos aprendizajes obtenidos en organizaciones políticas diversas, que constituirían un "saber hacer" apto para la acción y la eventual movilización de otros actores. Estas competencias se plasmarían en algunos actores específicos a modo de un *habitus militante*, es decir, un conjunto de estructuras subjetivas, orientaciones prácticas incorporadas tanto conciente como inconcientemente, que deben ejercitarse permanentemente constituyendo la base de una disposición para la acción. Como hipótesis anexa, la existencia de dicha disposición encarnada en militantes no daría por solucionado el tema de la determinación de la acción,[4] sino que volvería más

---

[3] Desarrollo este tema en "Los militantes y la acción. Aportes teóricos para la discusión, en Roitman y Morón (comps.) *Procesos de acumulación y conflictos sociales en la Argentina contemporánea. Debates actuales y estudios empíricos*, ed. Universitas, Córdoba, 2013.

[4] En los últimos trabajos de Bourdieu puede verse una idea menos rígida de habitus, atravesado por varias matrices de socialización (Bourdieu, 1997). En realidad, la dilemática relación entre voluntad y determinación está presente en Bourdieu y fue flexibilizándose a través del tiempo y de las críticas, aunque quizás no convenga olvidar que tal flexibilidad obedezca a la crudeza necesariamente desencantadora que Bourdieu se empecinaba en sostener frente a las figuras

complejos los mecanismos sociales por los cuales éstos y otros agentes –que no son militantes, por ejemplo- efectivamente se movilizan. Del encuentro entre activistas y no activistas (actores sin capital militante) en contextos propiciadores emergerían las condiciones para acciones novedosas, inesperadas y que abrirían el campo al devenir en acción de ambas instancias. Ser militante no es poseer la acción, pero sin militantes difícilmente podamos hablar de ella. La existencia y necesidad de militantes sólo deja planteado el problema de la acción.

Pensar una cultura política de protesta[5] significa preguntarse sobre la existencia de una práctica predominante y sostenida de apelar a diversas formas de acción colectiva de protesta para intervenir en la *vida política*. En un sentido más amplio, una cultura política de protesta es el modo particular de despliegue de malestares sociales que tienen que ver con la conflictiva constitución de sociedades profundamente desiguales y opresivas. Entonces, una cultura política de protesta es la forma en que se visibilizan prácticas de no aceptación del orden social a diversos niveles, ejercidas por determinados colectivos sociales que construyen a su vez subculturas. La protesta como recurso privilegiado de acción política no debe pensarse como algo desconexo de determinación alguna: responde principalmente a las restricciones que un sistema político ejerce sobre los actores sociales para los cuales los formatos legitimados -el voto, la petición, la representación, etc.- no son accesibles, o no responden con resultados satisfactorios, o no se adecuan a sus demandas, necesidades y expectativas. En igual dirección, las condiciones materiales de existencia -su deterioro- configuran otra dimensión de análisis absolutamente necesario para comprender por qué en determinadas sociedades el sistema político, junto al valor que se le otorga a la política y a la democracia, no es más importante que el "reino de las necesidades", generando prácticas políticas que sólo en apariencia parecen menospreciar el juego democrático.

---

del voluntarismo activista y que están inmejorablemente presentadas en su crítica al sujeto sartreano, sujeto que "hace de cada acción una suerte de confrontación sin antecedentes del sujeto con el mundo" (Bourdieu, 1991: 75) y que transita el mundo de la acción como un "universo imaginable de posibles intercambiables, dependiente por entero de los decretos de la conciencia que lo crea, desprovisto totalmente, por tanto, de objetividad. "(Bourdieu, 1991: 75).

[5] Este concepto lo desarrollé en "Cultura política de protesta. Una aproximación conceptual", en *Revista Cuadernos de Historia*, Área Historia del CIFFyH, Córdoba, N° 10, 2008.

Neuquén: la reflexividad de un campo de protestas sociales

Volviendo al comentario sobre la imagen inicial, Raúl, el obrero, nos responde también que a ese acto acude todo el "espectro de lucha neuquino", ¿Qué es ese "espectro"?, ¿quiénes lo integran?, ¿cómo se constituyó?, ¿cuál es su dinámica? La historia de ese espectro es lo que me propuse investigar en este libro. Tentativamente lo denominé como el campo de protestas neuquino, en un doble sentido: a) como *lugar simbólico* para los fenómenos de protesta social que se referenciarán en él y lo señalarán como hito de la movilización social en la Argentina de la década del '90, y b) como *momento emergente* de una cultura política de protesta (Aiziczon, 2005). La idea de *campo* es una referencia metafórica a la teoría de Bourdieu: el *campo de protestas sociales*[6] existiría en esas prácticas, actores y lugares, configurando un escenario relacional (campo) en donde cada actor se ubica de frente a un adversario. Ese campo no es más que un espacio social de juego históricamente constituido y ciertamente "regulado" por "leyes de funcionamiento" propias: pensemos en el corte de calles y rutas como estrategia validada y ciertamente reglada en su interior, contemplando sus delicados límites respecto de la tolerancia estatal y el umbral de represión del régimen político. Lo que posibilita y estructura al campo de protestas es la definición de *lo que está en juego* (la educación, la salud, el trabajo, el sentido de "lo público", pero también el grado de combatividad y otras referencias de lucha interna), que es también la condición de su funcionamiento. Por eso un campo es también un "momento" histórico configurado en torno a intereses en lucha que permite acumular experiencias (capital) a través de contiendas sucesivas (puebladas, huelgas, tomas, movilizaciones): de allí que las estrategias utilizadas estén direccionadas a conservar o subvertir lo que está en juego, o para redistribuir un determinado tipo de capital (político, simbólico o de otra naturaleza). Si la configuración de un campo de protestas sociales implica un cierto número de intereses fundamentales en común por parte de sus integrantes (una complicidad básica, diría Bourdieu), esa unidad que es también de prácticas y de percepciones sobre el orden social (habitus) puede, si es ejercida con sistematicidad, abonar la idea complemenatria de la emergencia de una *cultura política de protesta*.[7] Finalmente, el campo de protestas neuquino tendría una

---

[6] Bourdieu (1990, 2001, 2007).

[7] El uso de la noción de campo de protesta nos ha sido cuestionada señalando que la protesta en tanto fenómeno social no cumpliría con los requisitos que la constitución de un campo exige (Petruccelli, 2015), y que sólo realizamos un uso metafórico. En efecto, aquí usamos esa metáfora (y todo concepto lo es) no para pensar en un campo referido a "la protesta", sino en

característica muy particular: sus integrantes también construyen interpretaciones sobre su existencia y funcionamiento, a veces con fines estratégicos ("el espectro de lucha", la "vanguardia de lucha", etc.), otras con pretensiones reflexivas, tal el caso de investigadores/militantes que han pensado el vínculo entre movilizaciones y cultura de protesta o resistencia (Petruccelli, 2005, Aiziczon, 2009, Bonifacio, 2011, Lafón, 2012).

Ahora bien, ¿quiénes serían los protagonistas de este campo de protestas, los constructores de esa cultura política? Desde mediados de los '80 ya encontramos en Neuquén sucesos de alto impacto como las huelgas de los obreros encuadrados en la UOCRA, las acciones del movimiento Interbarrial neuquino, sumadas a los movimientos de DDHH y el rol desacollante de la Iglesia, liderado por el obispo Don Jaime de Nevares. Entrando en los '90 irrumpen las acciones fundacionales de sindicatos como ATE (estatales) y ATEN (docentes), que desplegarán sistemáticas protestas en rechazo a las políticas de ajuste, hasta que sucedan las mencionadas pobladas cutralquenses en 1996/97, que revelan la existencia de un actor nuevo: los desocupados, que ya habían irrumpido en el escenario neuquino durante la pueblada de Senillosa (1994) y en la conformaciónde la Coordinadora de Desocupados de Neuquén (1995). Luego de ellas y hacia fines de esta década, el panorama sigue dominado por ATE y ATEN que no obstante llegarán exhaustos a la inflexión política que se abre a nivel nacional a fines del 2001, momento en que serán relevados en el espacio público por otros actores que inyectarán nuevos aires a la novel cultura contestataria: es el caso de los obreros de Zanón y su radical experiencia de control obrero, y ya con menor protagonismo los movimientos feministas, antipeajes, de chacareros autoconvocados y pueblos originarios. Estos últimos se ubican adentro y en los márgenes del campo de protestas: adentro porque participan y comparten acciones y alianzas; en sus márgenes porque los sectores más radicalizados de las comunidades mapuce impugan, casi heréticamente, varios sentidos constitutivos dominantes de esta cultura política de protesta.

---

principio a sus practicantes. Por otra parte, si aceptamos la idea de un habitus militante, que Petruccelli conoce y no cuestiona, es imposible no referirlo dialécticamente al concepto de campo. ¿Existe ese *habitus miltante?*, las propias palabras de nuestro crítico al mostrarse como participante de la militancia neuquina me exime de comentarios: *"así como los cristianos van a misa, nosotros vamos a las movilizaciones"* (Petruccelli, 2015:4). En un sentido similar se ha señalado que el campo de protestas neuquino carece de referencia interna que lo estructure y que los agentes que se involucran en las protestas no lo hacen por el valor que las protestas tendrían "en sí mismas" sino por la voluntad de reformular relaciones de fuerza mayores tales como las políticas de Estado (Beliera, 2013). Si hay algo que este libro ofrece es describir con intensidad la pasión militante, la poderosa atracción de participar (jugar) en ese universo político (*Illusio*, diría Bourdieu) cuyo fruto menos evidente es la autorreferencialidad, el interés por el desinterés, o la aparente irracionalidad de apuestas personales y de vida narradas en jugosas trayectorias militantes.

Neuquén '90[8]

Desde que Neuquén dejó su condición de "sociedad de frontera" y superó el estatus de territorio nacional para convertirse en provincia (1955-58), comenzó a experimentar el avance de un claro orden estatal, liderado por el Movimiento Popular Neuquino (MPN), que desplegó un "modelo o estrategia populista de desarrollo" (Favaro, 1999). Desde entonces entró en juego la constitución del Estado provincial, de su matriz productiva, y la puesta en juego de nuevas identidades sociales y políticas (Favaro y Bucciarelli, 2001, Cao, Favaro, Iuorno, 2007). Una base productora y exportadora de hidrocarburos (petróleo y gas) fue la condición de posibilidad de aplicación de políticas públicas bienestaristas desde los '70 hasta bien entrados los '90. Enmarcada por el clima de ideas desarrollistas, la obra pública llevó la delantera con los grandes emprendimientos hidroeléctricos realizados en Neuquén durante los '70 (Complejo hidroeléctrico Chocón-Cerros Colorados, Alicurá, Piedra del Águila). A fines de esa década, el descubrimiento de nuevos yacimientos en Rincón de los Sauces y Loma de la Lata apuntalan el accionar estatal a través de YPF, Hidronor y Gas del Estado, que generan, a su vez, un sostenido aumento poblacional. Según el INDEC, de 45.000 habitantes en 1970 Neuquén pasa a tener 169.000 habitantes a comienzos de 1990. Hasta mediados de la década del '80 ocurre el "despegue" del crecimiento económico neuquino, que en términos de relación entre PBG y población marca una diferencia notable con el ritmo que se observa para el promedio del país.[9] Este modelo económico planteará barreras estructurales que emergerán como problemáticas recién en los '90, a saber: a) que los ingresos en

---

[8] *"¿Cuántos años son un siglo?"*, se pregunta Alain Badiou (2005) en la introducción de su luminoso libro *El siglo*. Nosotros podríamos seguirle el juego: ¿Cuántos años son una década? Si algunos acontecimientos *borran* la espesura de un siglo entero y condensan en ellos una excepción que se burla de la arbitrariedad de los calendarios, acá podríamos encontrar algunos eventos que parecen ejercer el mismo efecto, a sabiendas que la escala espacio-temporal es mucho más reducida. ¿Acaso lo que se denominó *El Cutralcazo* no reacomodó toda la historia neuquina, más allá de los '90? ¿su razón simbólica no posee el efecto de resumir y pensar en ella resultados que al mismo tiempo la exceden? ¿Qué se practicó allí que antes no fue practicado? En un capítulo del mismo libro de Badiou, el autor postula el nacimiento de la subjetividad militante que será típica de Occidente, una subjetividad signada por un voluntarismo clásico que busca forzar la historia en sus destinos: "la pasión de lo real" que guía los esfuerzos de cambio constriñe aquella subjetividad a ejercer un celo obsesivo por lo que es practicable de inmediato, aquí y ahora ¿Acaso las huelgas, movilizaciones, tomas de edificios y cortes de ruta que poblaron este período en Neuquén no sellan un activismo cuya razón práctica se nutre del acto de resistir a como dé lugar lo que se percibe como la mayor amenaza a su supervivencia? Subjetividad de la resistencia, cultura política de protesta.

[9] PGB: 9,3 % Neuquén y 1,04% Argentina; Población: 4,1% Neuquén, y 1,80% Argentina. Ambas mediciones corresponden al período 1970-1985 (Preiss y Zambón, 2004: 211).

concepto de regalías oscilan con las variaciones del precio internacional del crudo, afectando con ello la disponibilidad de recursos, b) que esos ingresos no se redireccionan hacia actividades industriales, y c) que las actividades extractivas emplean un número cada vez menor de personal; finalmente, y como consecuencia de esta situación, d) el Estado neuquino se transformará en el mayor y casi único empleador de la provincia (Favaro, 2002). Vale preguntarse entonces, ¿hasta qué punto esta matriz económica condiciona las características del sistema político neuquino?

Mientras tanto, opera la constitución histórica de un clivaje entre el Movimiento Popular Neuquino (MPN) y una débil oposición encarnada en la versión local de los partidos nacionales: UCR y PJ, o mejor diríamos que existen en principio dos oposiciones al MPN: 1) la que insiste en la vía electoral, logra ingresar al parlamento local y está representada por partidos de proyección nacional (UCR, PJ, y alianzas varias entre otros); y 2) la que se expresará a través de la acción colectiva de protesta, protagonizada por los actores antes mencionados. La aplicación de políticas públicas de bienestar caracterizó una primera versión MPN, los "amarillos", liderada por Felipe Sapag y su extensa familia. Este "bienestar" neuquino proporciona las bases materiales para la construcción de un discurso federalista (Vaccarissi, 2005), que sumado al peso que adquiere un Estado provincial planificador, distribucionista y empleador, moldea también un tipo de protesta social que redefine el contenido de ese bienestar. Pero al ingresar a los '90, Neuquén ya experimenta intensos cambios sociales: su población ha crecido considerablemente y con ella adquiere relevancia la aparición de nuevos actores que complejizan el sistema político: en el plano sindical, los estatales se hacen eco de lo que ocurre en el ámbito nacional con la estructuración de ATE y se suman a la corriente que lideran Germán Abdala y Víctor De Gennaro; el sindicato docente ATEN incrementa su organización y ya encabeza agudos enfrentamientos con el Estado provincial; la UOCRA cambia su conducción a manos de activistas de izquierda a contrapelo de la línea nacional liderada por Gerardo Martínez; en síntesis, un potencial grado de conflicto social se preanuncia entre nuevos actores. El MPN, con sólidos vínculos en los sindicatos más poderosos (petroleros), quizás nunca pensó en que la oposición provendría de los sectores poco estratégicos a los efectos de la matriz productiva local (Womack, 2008).

Numerosos estudios han señalado que los años '90 marcaron un punto de inflexión en la historia argentina contemporánea en lo que refiere a la resistencia social a las políticas de "ajuste", donde la novedad de los actores sociales y sus formatos de protesta ganaron la atención de todos ellos, más allá de sus diversas perspectivas teórcias.[10] En algunas provincias como San Luis, Neuquén y Córdoba, ajuste y privatizaciones fueron demoradas y se mantuvieron canales de presión corporativa, mientras desde las esferas gobernantes se generaba un imaginario social que instalaba la sensación de vivir en territorios concebidos como "islas de bienestar" (Favaro, 2000, Gordillo, 2005) en clara contraposición al descalabro producido en el plano nacional. Y si bien ninguna de estas provincias sostuvo este "bienestar" por mucho tiempo, el caso de Neuquén siempre estuvo acompañado por lo que Palermo caracterizó como una sociedad con altos índices de movilización y participación política (Palermo, 1988), que finalmente estallará hacia afuera de la frontera provincial con las puebladas de Cutral Có y Plaza Huincul en 1996 y 1997, eventos que demarcarán un hito determinante en la corta historia provincial (Favaro, 1999, Bandieri, 2005, Bohoslavsky, 2008). Como desarrollaremos detenidamente, este lugar emblemático para la protesta social argentina representado en dichas puebladas será destacado por los principales estudiosos del tema en términos de "modelo experiencial" (Svampa y Pereyra, 2003) que luego será utilizado por diversos actores sociales en el resto de las protestas que sacudieron al país a tono con una identidad colectiva beligerante (Auyero, 2002). En el mismo sentido, se ha sugerido la generalización de los formatos "piquete" y del actor "piquetero" hacia el resto de las experiencias de movilización que desde entonces parecen mirar a Neuquén como el lugar simbólico, el origen y la razón de ser de su accionar (Klachko, 2002, Massetti, 2009, Bonifacio, 2011).

Respecto a la protesta social en Neuquén, Favaro (2002), destacó ciertas particularidades como la existencia de una "economía de enclave" de base hidrocarburífera y las características de un sistema político hegemonizado a manos del MPN. Desde la antropología, el sugerente trabajo de Laura Mombello (2004) buscó establecer lo que sería un punto de inflexión en la construcción de identidades políticas que contienen al "ser neuquino" o la "neuquinidad"; aquel punto de inflexión es el período que atraviesa la primera pueblada cutralquense de 1996 hasta la crisis de alcance nacional en diciembre de 2001. Mombello señala que mucho antes, durante el conflicto conocido como el "Choconazo" (1969-1970), dos modos de intervenir en la política local generarán dos visiones perdurables en disputa, ancladas sobre dos grandes personalidades: la de "Don Felipe" y la de "Don Jaime". El primero, Felipe Sapag, es el gran caudillo del MPN, mientras que el segundo, Jaime De Nevares, es el primer Obispo neuquino, portador de una forma

---

[10] Ver Farinetti, 1999, Giarraca, 2001, Delamata, 2002, Auyero, 2002, Fajn, 2003, Rebón, 2004, Naishtat, Nardacchione, Schuster y Pereyra, 2005, Merklen, 2005, Svampa y Pereyra, 2003; Svampa, 2005, Iñigo Carrera, 2008, Bonnet y Piva, 2009, Gordillo, 2010.

alternativa de actuar en política. Ambos representan el clivaje originario, el primer, aunque lejano, "hito paradigmático" de las identidades políticas que entrelazan lucha social, cristianismo, oposición a las dictaduras militares e intervención del MPN como estabilizador de conflictos sociales. Por su parte, Ariel Petruccelli (2005), en un trabajo específico sobre la segunda pueblada cutralquense superpuesta a la huelga docente de ATEN en 1997, señala cómo en el imaginario social de amplios sectores neuquinos y nacionales sedimentó la idea de que Neuquén fue (y es) un territorio particularmente hostil a las reformas neoliberales, fruto entre otras cosas de haber desarrollado una contra-cultura de protesta[11], término retomado por Bonifacio para su estudio sobre los desocupados neuquinos a mediados de los '90 (Bonifacio, 2011). La llegada de exiliados políticos chilenos luego del golpe de Pinochet, la migración interna de militantes amparados por Jaime De Nevares durante la dictadura militar argentina, la presencia de la Universidad Nacional del Comahue y de su voz, radio CALF-Universidad, todos lugares refractarios al avance del MPN, fortalecerían esta contra-cultura concentrada en la reducida capital neuquina, lugar donde la fluidez de los intercambios sociales unificarían viejas y nuevas luchas. Estos elementos, señalados ya en los trabajos de Palermo y Mombello, se refuerzan por ese enemigo común que representa el MPN y que además arrastra tras de sí al poderoso sindicato petrolero, fuertemente burocratizado e indiferente a las luchas sociales neuquinas, más una considerable franja de sectores medios profesionales que gozan de los beneficios de altos salarios. Finalmente, la formulación sobre la existencia de una cultura política de protesta escenificada en un campo de luchas sociales la desarrollé al estudiar la lucha de los obreros de Zanón (Aiziczon, 2005, 2008, 2009); y fue el análisis de esa rica experiencia lo que a *posteriori* impulsó mi interés por un estudio de más largo aliento que ahora presento bajo el formato de libro. Mi intención fue reconstruir la década previa, los intensos años '90, sobre la cual no existían trabajos históricos exhaustivos ni que integren en una explicación los diversos actores que allí desaplegaron sus acciones.

Cabe destacar que en el resto del país se registraron también resistencias similares; bastaría recordar el "Santiagueñazo" en 1993 y acciones semejantes en Corrientes y Jujuy durante 1999, o las pobladas en localidades petroleras como General Mosconi en Salta y un sinfín de acciones colectivas de rechazo al esquema privatizador y a la precarización de las condiciones materiales

---

[11] Los integrantes de esta contra cultura poseerían una sumatoria de valores y prácticas: "[…] cierto anhelo de igualdad, una aspiración más o menos vaga de cambio social, un genérico 'anti-imperialismo', la protesta y el reclamo vistos como un valor positivo, una mirada crítica sobre el mundo y la sociedad en que viven, la organización y movilización populares convertidos casi en una forma de vida, la importancia concedida a los derechos humanos, la oposición al MPN, cierta 'conciencia de clase', etc." (Petruccelli, 2005: 22).

de existencia durante toda la década. Los índices de desocupación tampoco difieren considerablemente de los que se registran a nivel país para el mismo período: según INDEC, Neuquén pasa de una tasa de desocupación del 6.4% en 1991 (país: 6,5%) al 16,7% en el 2001 (país: 16,4%). Sin embargo, lo que sí puede ser un dato relevante es la relación entre la población neuquina y la cantidad de procesados por protestas sociales: la provincia de Neuquén es desde el año 1998 hasta entrado el siglo XXI, el lugar en donde fueron encausados en procesos penales más de 1500 dirigentes políticos y sociales, sobre un total nacional de casi 3000 procesados. El grado de judicialización y criminalización de la protesta social en Neuquén es el más alto de todo el país siendo el Ejecutivo provincial quien inicia la mayoría de los procesos penales (*Diario 8300*, julio de 2004). Si tenemos en cuenta que la provincia representa sólo el 1,3% del total de la población del país veremos que la incidencia tanto del conflicto social como del activismo político es aquí inmensa.

Mal de archivo (cuestiones de método)

> La herencia es aquello de lo que no puedo apropiarme [...] Heredo algo que también tengo que transmitir: ya sea chocante o no, no hay derecho de propiedad sobre la herencia. [...] Siempre soy el locatario de una herencia. Su depositario, su testigo o su relevo (Jacques Derrida).

Paradojas: si hay archivo es porque hay pérdida. *Pulsión de archivo* (o de conservación) es lo que los historiadores, si nos dejamos tomar por la profesión, desarrollamos como una obsesión: si no hay Archivo, no hay Historia. Por eso, donde no hay archivo, lo construimos, *ergo*: la *archivación* produce, tanto como registra, el acontecimiento a conservar. Luego vienen problemas anexos: qué contienen, quiénes se ocupan de custodiarlos, quiénes se arrogan la calidad de intérpretes. Otra paradoja: los actores que buscamos no se interesan por ellos (por los archivos) pero en algún punto lo requieren. No guardan nada semejante a eso, excepto algunos militantes poseídos por aquella pulsión. Obedeciendo las leyes de la acción, la gran mayoría de ellos está en la calle. La cultura política de protesta neuquina existe así; y los documentos, sólo por el ojo del historiador, se hacen partícipes de ella, nombrándola.

Aunque suene trillado, es cierto que en toda investigación histórica el tipo de fuentes utilizadas condiciona el relato, pero deberíamos agregar que el objeto elegido ya constituye una elección del investigador que también señala un tipo de búsqueda y por lo tanto, un perfil de fuentes a ponderar como válidas. El relato resultante es, en última instancia, tanto el arte de soldarlos en una descripción convincente como la labor de justificar esa elección. En nuestro caso particular sabíamos de la carencia de investigaciones históricas de tono descriptivo o crónicas sobre el período, situación que profundizaba nuestro desconocimiento de los eventos de protesta, de la dinámica de las movilizaciones, de los nexos entre sindicatos y organizaciones sociales y de las trayectorias de muchos de sus referentes. Dos tipos de fuentes primarias nos ayudaron a sortear parte de esa dificultad constituyéndose en nuestro corpus central: documentos escritos inéditos y entrevistas orales. El rastreo de ambas nos permitió ponderar las múltiples formas que adquiere una cultura política de protesta, pues ir a la zaga de los testimonios y documentos tarde o temprano nos enfrentó con las formas en que son guardados, contados y presentados.

Cada vez que visité la sede sindical de ATEN (Asociación de Trabajadores de la Educación de Neuquén), una modesta casa a unas diez cuadras del microcentro neuquino, me fue difícil encontrar gente: estaban todos, todo el tiempo, en la calles. En ATEN la actividad callejera es permanente. También es un sindicato de "puertas abiertas"; nadie controla mucho los ingresos. Ocasionalmente sus militantes utilizan la sede para otras actividades que no sean reuniones de delegados, conferencias de prensa o charlas varias. Aunque suene raro, mi preocupación central consistía en obtener las llaves o en conseguir que alguien me acompañe hasta allí. Una vez logrado el segundo objetivo, ingresé a una sala de mediana dimensión repleta de armarios donde se encontraban todas las Actas de Plenarios de Secretarios Generales y las Actas de la Seccional Capital, la más numerosa y activa. Por lo voluminoso de cada Tomo (que en general abordaba apenas un año, o incluso varios Tomos podían cubrir algún año intenso, como 1997) y por la posibilidad de encontrar allí descripciones detalladas de eventos de protestas, discusiones entre seccionales, posiciones políticas, números de afiliados, voces de dirigentes y referentes de otros sindicatos, entre otros datos, prioricé el análisis de los Plenarios de Secretarios Generales que, además, como rasgo típico de funcionamiento, sesionaba rotando de seccional en seccional recorriendo todo el interior neuquino. Dichas Actas me fueron gentilmente cedidas para fotocopiarlas. Menos ordenados se encontraban algunos números sueltos de ediciones esporádicas de boletines de las diversas agrupaciones, y algunas memorias y balances sueltos, muy escuetos. Nunca tuve problemas para urgar la documentación ni de circular por la sede institucional libremente. Sin dudas que el haber sido afiliado a este sindicato puede haber simplificado las cosas de algún modo, pero nunca mencioné ese dato (ni tampoco fui un militante destacado) y aunque desconocía a la conducción de entonces sólo fue necesario una breve presentación de mis propósitos para acceder a los documentos con un "*¡sí, dale!*".

ATE (Asociación de Trabajadores del Estado), en cambio, carece de un espacio similar en términos de archivos. Conseguir echar un vistazo a las Actas fue imposible. No estaban disponibles. Julio Fuentes y otros referentes de peso en los '90, devenidos importantes dirigentes de ATE y CTA nacional, iban y venían frenéticamente a Buenos Aires, por lo que me resultó particularmente costoso conseguir entrevistarlos. También, a partir del 2006, el grueso de la dirigencia de ATE apostó fuerte a la política partidaria participando de las elecciones a gobernador que se avecinaban en el 2007, conformando el UNE (Unión de los Neuquinos, integrado por el Partido Comunista, Partido Socialista, y ATE-CTA). Intuyo que por esa razón el clima en la sede sindical se tornaba confuso, sus miembros siempre estaban urgidos de viajes y actividades, además, claro está, de movilizaciones. La sede de ATE, un imponente edificio de dos pisos en pleno centro neuquino, siempre posee empleados de atención que actúan como filtros previos. Uno siente en realidad que está en la sede de una obra social o una mutual, eso sí, con gran movimiento. Sólo algunos despachos pequeños sirven de actividad gremial y política. En uno de ellos encontré, merced a la gentileza de un delegado que soportó mis insistencias, un juego completo de las Memorias y Balances de ATE (1990-2001), cuya jugosa información suele detallar bastante bien episodios de protesta, actividad sindical interna y posiciones políticas de ATE. Su tirada apunta a la distribución entre afiliados y es el principal medio de comunicación de los estatales.

Evidentemente, ATE responde a una estructura sindical verticalizada, muy organizada y disciplinada. Sus referentes, todos varones, son difíciles de rastrear y de conversar informalmente, por lo que la estrategia de relacionamiento tuvo más que ver con sucesivas aproximaciones que, no obstante, no garantizaban el éxito de la tarea. ATEN, en cambio, es un caos que por contraposición resulta agradable y propicio para la tarea de investigación. Sus dirigentes y delegados, tanto hombres como mujeres, poseen un perfil acostumbrado al trato informal y carecen de mediadores que dificulten el acercamiento directo. Obtener un número telefónico, un mail o concertar una cita con cualquier tipo de dirigente es un trámite relativamente simple (aunque requiere paciencia), ya que estos dirigentes no se envisten del tipo de autoridad que se practica en ATE, más caudillesca y claramente marcada por el grupo que rodeaba entonces a Julio Fuentes.

Los más de cuarenta entrevistados son tanto dirigentes como militantes de base, hombres y mujeres entre 35 y 65 años promedio al momento de ofrecerme su testimonio, allá por los años 2006-9, residentes en Neuquén, todos políticamente activos. Pertenecientes a sindicatos, partidos y organizaciones varias (DDHH, Iglesia, partidos de izquierda) suelen mantener filiaciones múltiples (por ejemplo, pueden pertenecer a un partido, ser afiliados a un sindicato y haber militado antes en otra organización y en otro partido). Esto no constituye un rasgo exclusivo pero adquiriere otra magnitud si se piensa que provienen en su mayoría de otras ciudades (Buenos Aires, Rosario, Córdoba) o países (Chile) en donde hicieron sus primeras experiencias políticas. Generalmente no conservan documentos. Tampoco desarrollan una memoria detallista ni mucho menos se destacan en la práctica del relato de eventos pasados. Muy pocos de ellos encajan en el perfil algo idealizado del antaño militante archivador de notas periodísticas, boletines, volantes, manuscritos, minutas de partido, etc. Afortunadamente, y a pesar de ser una especie en extinción, encontré unos cuantos de ellos que atesoraban caudalosas cajas con incontables papelitos imposibles de resumir en este trabajo: recortes de diarios, colecciones completas de prensa partidaria, papeles sueltos con caracterizaciones de equipos de trabajo político (regionales, círculos, células). Verdaderos especialistas en el arte de conservar y guardar, celosos de su valor, algunos de ellos suelen desprenderse de esos objetos en un acto de donación de su pasado partidario, muchas veces doloroso o ponderado como inútil. Otros, sólo atinan a mostrarlos como si en sus manos poseyeran el elixir de ese mismo pasado. Creo que las extensas charlas informales que mantuve entre ambos tipos de militantes hicieron que despertara en mi una admiración por su capacidad de explicar lo social (lo que implicaba un manejo fluido del vocabulario científico), su aptitud para el análisis político y su buen conocimiento de las obras esenciales del pensamiento marxista: me refiero en especial a los que provienen del trotskismo morenista, un tipo de militante cuasi enciclopédico que recubre su historial político de extensos y exóticos viajes mixturados con curiosas aventuras secretas. Entre irónicos, desconfiados y arrogantes, se distinguen claramente de la generación que los releva en las calles. Estos, menos afectos en las artes que aquellos profesan, ya manejaban al momento de ser entrevistados sendas interpretaciones del pasado reciente de luchas sociales neuquinas mediado por la lectura del mencionado libro de Petruccelli (2005), *Docentes y piqueteros*, que circula profusamente entre ellos, especialmente entre la militancia de ATEN.[12] Otra vez: hay allí sin dudas un *efecto de teoría* difícil de asir pero interesante de contemplar: ¿hasta qué punto las interpretaciones que hablan de uno mismo se hacen cuerpo en los protagonistas, máxime si el autor es un miembro del colectivo estudiado? Cuestión que merced a la circulación de aquella obra, la idea de contra-cultura o cultura de protesta o de resistencia va ganando terreno y asentando la práctica de la reflexividad al interior del propio campo militante.

---

[12] Quizás por su implacable crítica al "deber ser" militante y a las prácticas conservadoras de los sectores combativos de la izquierda local, el libro de Marcelo Lafón (2012), también docente y militante en ATEN, titulado *Lucha de clases y posmodernidad. La huelga docente del 2007 en Neuquén*, ha tenido menos fama aunque también circula entre la militancia local.

Otros entrevistados sí son nacidos y criados en Neuquén: los obreros de Cerámica Zanón y los mapuce. Los ceramistas desarrollaron con el tiempo una extraordinaria predisposición a hablar de ellos mismos, quizá en parte por la saturación de periodistas, investigadores, militantes y curiosos de todo tipo y lugar que los filman, graban, siguen o invitan, cayendo desvanecidos ante tamaña experiencia de lucha. En el mismo sentido, los ceramistas practican todo tipo de formatos de difusión de sus actividades y de su posición política. Al tiempo que se constituyen en el relevo de fin de siglo de esta cultura política de protesta, utilizan con maestría una infinidad de medios de comunicación: periódicos, boletines internos, volantes, comunicados de prensa, mails, páginas web, Facebook, Twitter. La sede sindical, a unas quince cuadras del centro neuquino, tampoco registra actividad alguna; los ceramistas están siempre, todos los días del año hace más de quince años, entre la fábrica y las calles.

En las antípodas de todos los actores anteriores están los mapuce. Entrevistar a sus miembros, más allá de los pocos que viven en la ciudad de Neuquén, es una odisea. Sus horarios, actividades, relaciones y en particular, la persecución policial de la que aún en estos días son objeto los hace indetenibles. Invasiones de lugares sagrados, golpizas a miembros de diversas comunidades, contaminación de sus aguas por empresas petroleras que largan sus desechos en sus territorios, más una gran cantidad de dirigentes procesados en diversos conflictos hacen de los mapuce un grupo social tan hostigado como reacio a otorgar entrevistas a "investigadores sociales". La Ruca, sede de la Asociación Mapuce Nehuén Mapu y lugar de tránsito de la mayoría de los mapuce que coyunturalmente pasan por la capital, es un lugar sin gente ni horarios de atención al público. Ubicada en un barrio periférico bastante alejado del microcentro neuquino, la Ruca carece por completo de documentación escrita, agravada por el robo de archivos que sufrieron recientemente y que contenía más de veinte años de historia de la organización, de su particular cosmovisión y de su pensamiento político y filosófico. Signados por una lucha reivindicativa política y cultural, la solidez de la formación, digamos, *política*, de sus dirigentes derriba sin inconvenientes la mayoría de las categorías de análisis que disponemos para pensarlos. Cuestionamientos al orden social *huinca* (blanco, cristiano, occidental, capitalista, científico), señalados con un timbre de voz fuerte y entrecortado, retrotrayendo argumentalmente cada episodio a cientos de años de silenciamiento cultural (o genocidio), expresado mitad en castellano y otra mitad en mapuce, con traducción simultánea, resulta sin dudas una experiencia de investigación en la que probablemente fracasamos por completo. A pesar de que conocía comunidades mapuce del interior neuquino, cultivaba amistades con algunos *konas* urbanos (jóvenes), o había participado en innumerables movilizaciones compartidas mientras residía en Neuquén, y a pesar también que los mapuce conocen a la perfección los códigos culturales occidentales de los cuales participan sin mayores inconvenientes, la sensación que experimenté al interpelarlos en su historia de lucha reciente fue la de un preguntón impugnado en cada una de sus pretensiones hermenéuticas. A contrapelo del manual del antropólogo moderno, ni exotizar lo cotidiano, ni cotidianizar lo exótico pudo ser practicable (Guber, 1991). Con un pie firme en cada cultura, estudiantes o graduados universitarios en pleno proceso de construcción de su identidad, los mapuce quizá configuren a futuro un activismo alterno superador de los pares dicotómicos sobre los que se construyó la militancia clásica, aunque para ello será sin dudas necesario que la hostilidad al huinca no se transforme en una nueva forma de incomprensión del Otro. Con todo, la inclusión de los mapuce en esta investigación no es un capricho; al contrario, su participación en la cultura política neuquina es insoslayable y la enriquece inmensamente, relativizando cada afirmación que sobre ella alcanzamos a esbozar.

Finalmente nos quedan los militantes del MPN y de la oposición con representación parlamentaria. Si algo unifica a todos los entrevistados del MPN es un acto reflejo consistente en despegarse de ser considerados como la causa de la conflictividad en Neuquén o de cementar su éxito prolongado en la práctica de un clientelismo desbocado. Seguramente el clima político posterior al asesinato del maestro Carlos Fuentealba (2007) coloreó de negro culpable la imagen de todo el MPN, aunque también posibilitó a la línea fundadora (Sapag) trazar una zanja profunda para con el sobischismo. Las sedes partidarias del MPN también están vacías. El bunker de Sobisch, sin exagerar, semejaba por entonces a las oficinas de las filiales de las petroleras que operan en Neuquén: impersonales, vidriadas, enrejadas. Plagada de guardias de seguridad. Imposible todo ingreso desde este lugar. Las entrevistas ocurrieron en los domicilios particulares o en despachos oficiales. De las que más recuerdo, la presencia de Felipe Sapag impactó como una estatua viviente, un verdadero pedazo de historia: su estatura, su familiaridad en el trato, su longevidad y su memoria pueden contrapesarse con su autoridad para caminar diariamente, hasta donde la vida le dio, por la principal arteria neuquina, solo o con su esposa, reclinando su joroba para no ser volteado por el viento patagónico. Del resto (me refiero a la oposición), me queda grabada la impresión de que en sus vidas políticas nunca llegaron a impugnar por los votos la primacía emepenista. Algo de esa sensación de impotencia, creo, subyace en su débil retórica.

Con el objetivo de incursionar con más detalle en estas conexiones, dando cuenta a la vez de las tensiones entre habitus y acción, cruzando biografías y política, describiendo y dialogando con la teoría e intentando practicar una toma de distancia con el discurso clásico de las tesis doctorales, es que presentamos al final de cada capítulo un *Excursus* que no es más que ganas de poner a prueba sistemáticamente nuestras hipótesis, permitiéndonos algunas licencias que son parte esencial del cómo fue construida esta investigación.

Neuquén sigue siendo, entrado al siglo XXI, una capital de provincia chica, casi aldeana, con profundos lazos entre sus habitantes. De ese cuadro no escapan los entrevistados. La gran mayoría se conocen entre sí, viven a muy pocas cuadras o en el mismo barrio, suelen cruzarse a diario y si están en veredas ideológicas opuestas poseen, de todos modos, alguna manera o contacto intermedio con el otro. Esto no significa, desde ya, que caminando unas pocas cuadras y solicitando amablemente números de teléfono esté solucionado el problema de conseguir testimonios; al contrario, el micromundo político de Neuquén es tan denso que al circular asiduamente por sus arterias uno puede encontrarse con embotellamientos, semáforos rotos o ser multado por cruzar en rojo de vereda ideológica en la misma mañana, aunque sea por una entrevista. Cada entrevista culminaba en la recomendación de visitar o entrevistar a otra persona que, a entender del consejero, completaría el relato final (algo imposible, desde ya), y con la que no necesariamente se compartían supuestos políticos. Esa suerte de camino indicado por los protagonistas abría en buena medida el despliegue de las propias redes del campo, y en el mismo sentido, alimentaba la certeza de que efectivamente esta cultura política de protesta era algo sostenido por aquella activa dimensión vincular.

El armado de esta investigación fue muy artesanal y consistió en una descripción analítica y cronológicamente ordenada del proceso de luchas sociales neuquino dando cuenta de las prácticas que lo sostuvieron y que conformaron una determinada cultura política. Escribir sobre testimonios cruzados con publicaciones inéditas, ambas observadas desde una perspectiva teórica y desplegada en un relato que posee una razón estética: el relato es, al fin, parte de la cultura de la que habla. En esta línea, si tuviéramos que señalar trabajos en los que encontramos una referencia, mencionaríamos tres: *Doña María*, de Daniel James (2004), *El queso y los gusanos*, de Carlo Ginzburg (1997), y *La noche de los proletarios*, de Jacques Rancière (2010). ¿Qué tiene en común el estudio de una militante peronista, un molinero del siglo XVI y una docena de obreros que se juntan por las noches a mediados del siglo XIX a soñar, discutir y escribir, con las protestas neuquinas de los '90? No estoy seguro, pero del primero indudablemente la extensa reflexión del autor sobre las dificultades a la hora de conciliar intereses académicos con las expectativas de los "informantes" entrevistados, el debate sobre la cuestión de la fidelidad entre lo dicho y recordado en el campo de la historia oral (Portelli, 2005) y el modo de exprimir largas horas de entrevistas a una militante peronista a lo largo de todo el libro, alejaron los fantasmas de la temida representatividad de la muestra, la veracidad de los datos grabados y por sobre todo, el valor puesto en el *sentido* de lo testimoniado. De Carlo Ginzburg, la capacidad de trabajar y justificar la reconstrucción histórica de mentalidades, actitudes y comportamientos de las clases subalternas en base a fuentes documentales que el autor califica como "doblemente indirectas" (1997:11): todo su libro se asienta en la detallada lectura de actas inquisitoriales escritas que además nombran desde otra posición social y de poder al sujeto (el molinero Menocchio) y la clase social en cuestión (subalternos). Escrito *pegado* a las actas, *El queso y los gusanos* es una obra inaugural de un estilo de investigación que el mismo Ginzburg reconoce como un "retorno al telar manual en la época del telar automático (1997: 17).[13] La posición crítica de Rancière en torno a los poco disimulados intereses de los historiadores autoproclamados de izquierda, tan enamorados de la conciencia de clase como de las descripciones épicas de las luchas obreras, constituye una permanente alerta a no impostar emancipaciones allí donde sólo hay resistencia al trabajo o miedo a lo desconocido.[14] En síntesis, James contra el "etnógrafo redentor", Rancière contra los que pretenden darle el micrófono a los "sin voz" y Ginzburg contra la famosa sentencia que declara que lo subalterno "no existe más allá del gesto que lo suprime" me generaron a través de la lectura de sus palabras algo que espero poder hacer aquí con las mías, aunque sea en otra dirección, como aquella que postula que escribir sobre el pasado es un acto de acción sobre el presente que sólo así comienza a ser, a su vez, parte de algún pasado.

Córdoba, octubre de 2016

---

[13] En otros ensayos historiográficos, Ginzburg sostiene que las actas (cualesquiera que sean utilizadas) son importantes aunque "[…] no tanto por sus referencias a datos de hechos a menudo inventados, cuanto a la luz que echan acerca de la mentalidad de quien escribió esos textos" (Ginzburg, 2010:13).

[14] "¿Por qué el pensamiento docto o militante ha tenido siempre necesidad de imputar a un tercero maléfico –pequeño burgués, ideólogo o sabio- las sombras y opacidades que dificultan la armoniosa relación entre su conciencia de sí y la identidad en sí de su objeto 'popular'?" (Rancière, 2010: 22).

CAPÍTULO I

Configuraciones militantes previas a los '90

"Esta marcha no tendrá fin": Madres de Plaza de Mayo Filial Neuquén y Alto Valle

> Parecía absurdo pensar que pudiera multiplicarse, la chispita convertirse en llama permanente. Y el grupito en muchedumbre. Los militares no han sido educados para captar el sentido profundo de lo que es "insólito". Su horizonte se limita a lo "uniforme". Interpretan sólo aquello que se repite mecánicamente […] Y llegó el día en que lo insólito se convirtió en una práctica revitalizadora y muy característica de las costumbres cívicas de la capital neuquina. (Noemí Labrune, *Buscados*, 1988: 30).

Resulta muy difícil comprender la génesis de la vigorosa protesta social en Neuquén si no se considera previamente la impronta de los organismos de Derechos Humanos (DDHH) locales, en especial a Madres de Plaza de Mayo, tanto en lo que atañe a su función como difusores y legitimadores de demandas democratizantes, ampliables a todos los colectivos que protestarán *a posteriori*, como su determinante vinculación con la Iglesia neuquina, concentrada en la omnipresente figura del Obispo Don Jaime De Nevares. Una historia que sugiere que la protesta contemporánea hunde sus raíces en los efectos de la última dictadura militar nutriéndose de sus reivindicaciones para, a su turno, resignificarlas en ese largo y poderoso hilo conductor de sentidos que constituye la trama de las luchas sociales en la Argentina de fin de siglo XX. Esa trama no es un discurso sin fisuras, ni una narrativa con eficacia propia sino que es un fenómeno que establece las condiciones de su eficacia en el entrelazamiento de trayectorias militantes que conectan aquellas organizaciones con las que van emergiendo en la dinámica sociopolítica neuquina.

Según diversos testimonios, las actividades y reuniones de familiares que tratan de abocarse a la situación de los detenidos en Neuquén comienzan a realizarse hacia 1975. Para mediados del año siguiente, el Obispo de Neuquén Jaime de Nevares convoca a estas personas a reunirse frente a lo que comienza a denominarse como las "desapariciones" de personas y los insta a construir la delegación regional de la recientemente fundada Asamblea Permanente por los Derechos Humanos (APDH), la primera que nacerá de la entidad madre. Esta sugerencia de De Nevares debe leerse desde su militancia como miembro fundador de la APDH en Buenos Aires a fines de 1975. Pero no es sólo el Obispo. También otras personas importantes como el cura párroco de la Iglesia Nuestra Señora de la Paz, Rubén Capitanio, en el populoso Barrio San Lorenzo, y varios seminaristas y colaboradores participan de esa preocupación en vistas de la suerte que corren cada vez más personas que resultan detenidas. De allí que no sean extraños los reiterados atentados con bombas a parroquias barriales, máxime si se considera que, por ejemplo, el mencionado cura Capitanio se había atrevido dictar hacia fines de los '70, una norma que vedaba la participación de jefes y autoridades militares en actos religiosos de su jurisdicción. Y tampoco debe resultar extraño que la forma de emergencia del reclamo, que lentamente comenzaba a politizarse, mostrara un primer y contundente barniz religioso al transformarse muchos momentos de la ritualidad cristiana -como las Marchas por la Fe, Marchas por la Vida, festejos de Navidad, entre otros- en espacios propicios para el reclamo por los detenidos y desaparecidos. En este sentido, es iluminadora la anécdota que relata el momento en que una virgen traída a Neuquén en 1981 a modo de regalo por el flamante Premio Nobel de la Paz Adolfo Pérez Esquivel, es coronada con un pañuelo blanco de las Madres de Plaza de Mayo, marcando la sutil conexión maternal entre la virgen y la lucha de las Madres (Azconegui, 2010).

En tiempos dictatoriales Neuquén y Río Negro constituían la subzona 52. Neuquén fue gobernada por el general de brigada Martínez Waldner (1976-1978) que luego fue sucedido por el general de brigada Domingo Trimarco (1978-1983). A pesar de que esta zona estaba ciertamente alejada de la intensa actividad represiva de los grandes centros urbanos del país, contó igualmente con el clásico centro clandestino de detención, conocido como "La escuelita", y acumuló en su listado a unos 42 detenidos-desaparecidos. La mayor actividad política por entonces la realizaban militantes de las FAR, Montoneros, ERP, la UES (Unión de Estudiantes Secundarios) y la Juventud Peronista (Echenique, 2005).

Los familiares se reunían en un local cedido por el Obispado, sobre la céntrica Avenida Argentina y *"a puertas abiertas, como una genuina asamblea popular"* recuerda una de las protagonistas (Labrune, 1988: 26). Las tareas de entonces consistían en registrar testimonios, brindar asesoramiento y contención afectiva a las víctimas o a sus familiares, y asumir la representación ante las autoridades militares. Ya para el año 1977 se constituye en Neuquén la Comisión de Familiares de Detenidos-Desaparecidos por Razones Políticas, que realiza trabajos en conjunto con la APDH delegación Alto Valle (Río Negro y Neuquén). Recién hacia 1982, con la visita de Hebe de Bonafini a Neuquén y con el protagonismo ganado en las calles por las madres de los desaparecidos, se institucionaliza la Filial Neuquén de Madres de Plaza de Mayo, resultado de viajes y contactos previos con la sede en Buenos Aires. El fuerte vínculo con Hebe de Bonafini y la cristalización de un posicionamiento hostil -que más tarde será clásico de la organización- en relación a la reticencia a partidizar el reclamo de las Madres, hizo que tempranamente fuera inevitable el desprendimiento de la APDH de su organización local, con fuerte presencia de militantes partidarios, en especial comunistas. Con todo, el número de Madres de la filial neuquina llegará a nueve miembros hacia 1986, aunque por motivos personales entre los que figuran el cansancio y una escasa voluntad militante, sólo quedarán dos referentes notables que cargarán sobre sí el peso de la organización: Inés Rigo de Ragni y Dolores Noemí López Candan de Rigoni, más conocidas como "Inés y Lolín".[1]

Desde inicios de los años '90 hasta entrado en nuevo siglo, Madres de Plaza de Mayo filial Neuquén reenvía a aquellas dos mujeres convertidas en íconos: Inés y Lolín, inseparables públicamente. Ambas expresan la potencia viva del movimiento de DDHH en Argentina más allá de sus múltiples quiebres internos; dos mujeres que aunque rodeadas de un activo grupo de apoyo y de extensas redes de solidaridad, condensan en esos dos cuerpos, tallados por el tiempo y el sufrimiento, un inmenso poder de legitimación simbólica sólo por ellas ejercitable. Sus actos y palabras, o su presencia en protestas y movilizaciones, tienen la eficacia de la sanción moral militante sobre lo que es luchar y lo que es claudicar. Nadie en el Neuquén de las últimas décadas posee semejante autoridad. Un ejemplo entre miles: al ocurrir la primera manifestación por el asesinato de Carlos Fuentealba en abril del 2007 -una

---

[1] Según la documentación relevada por Azconegui (2010) en el archivo de la Asociación Madres de Plaza de Mayo filial Neuquén y Alto Valle, la filial estaba integrada en 1986 por las siguientes Madres: Aida Enriqueta Passarini de Peralta, Inés Rigo de Ragni, Adelina Pons de Pifarré, Dolores Noemí López Candan de Rigoni, Josefa Lepori de Mujica (alias "Beba"), Feliciana Alcapan de Pichulman, Zara Maritana de Ehais de Arrazola, Lilia Julia Garnero de Vecchi, María Luisa Jacobo de Tronelli. Actualmente militan en la asociación Inés Rigo de Ragni y Dolores Noemí López Candan de Rigoni.

masiva marcha donde concurrieron más de treinta mil personas y que se convirtió en la mayor movilización que recuerde la historia de las luchas sociales neuquina- los organizadores acordaron que luego de expresarse Sandra Rodríguez, la viuda de Fuentealba, sólo hablen ellas, las Madres de Plaza de Mayo. Esta eficacia es particularmente efectiva cuando la relación ocurre cara a cara y es entonces *el cuerpo* el que expresa, gestualiza e impone un orden. En esa instancia, con sus pañuelos cargados de historia y con un modo de encarar los vínculos sociales basados en la práctica de la interpelación frontal es que puede vivenciarse mejor aquella eficacia.

Cuando en abril de 2008 me acerqué a la pequeña sede de la Asociación Madres de Plaza de Mayo filial Neuquén y Alto Valle para realizarles una entrevista, lo primero que recibí fue un reproche en tono maternal (*"nene te estamos esperando hace rato"*) por mi tardía llegada (unos diez minutos de demora) y acto seguido, en el mismo momento en que me ofrecían un café, me solicitaron con carácter de urgente que les explicite mi posición respecto del giro de Hebe de Bonafini (y de las filiales de Madres de Plaza de Mayo) con relación a varias medidas y comunicados de los últimos años que evidenciaban una adhesión incondicional al entonces gobierno de Néstor Kirchner, al silencio para con la desaparición de Julio López,[2] y fundamentalmente a la falta de realización de los encuentros nacionales.[3] Consideraban que su sus-

---

[2] El comunicado fechado el 4 de octubre del 2006 firmado por Inés y Lolín dice en uno de sus párrafos: "Con motivo de la desaparición de Jorge Julio López la Asociación Madres de Plaza de Mayo, a través de la Comisión Directiva de la cual no formamos parte y por la cual tampoco hemos sido consultadas, ha tenido con respecto al tema expresiones que absolutamente no compartimos. Reivindicamos la lucha de nuestros 30.000 hijos desaparecidos, reclamamos la inmediata APARICIÓN CON VIDA, del compañero Jorge Julio López, repudiamos a los genocidas y exigimos el desmantelamiento del aparato represivo, que tantas veces hemos denunciado como intacto." *Comunicado de la Asociación Madres de Plaza de Mayo filial Neuquén y Alto Valle*, 04/10/2006. Entre las declaraciones de Bonafini destaca aquella en la que sostuvo que Julio López no era un "militante" y tampoco un "testigo clave", y que además vivía "en un barrio de policías, tiene un hermano policía y la familia no habla de que está desaparecido, lo cual es extraño". Sus declaraciones las enmarcaba en cierto operativo "montado por sectores de izquierda" para deslegitimar las políticas de DDHH de Néstor Kirchner. Ver "Bonafini sembró dudas sobre López", en *Diario Clarín*, 28/09/2006.

[3] La filial Neuquén Alto Valle envió varias cartas con pedidos de reuniones frente al acuciante posicionamiento en apoyo al gobierno desde Buenos Aires. Nos comentan:

"L- [...] nos resulta tan doloroso que todas las Madres hoy no estén, no?, ni siquiera nos digan por qué. Porque nosotras ese documento se lo mandamos, primero, cuando empezaron estos problemas [...] pedimos un encuentro a todas las filiales, 'Madres: hemos pedido un encuentro, si ustedes nos apoyan...' bueno, la primera vez nos contestó una madre con una cartita, que no..., que ella estaba bastante de acuerdo con lo que le decía, otras dos por teléfono, que no..., que ya estaban viejas y ya no querían saber más nada. Y después nunca más nadie...

I – Nos ignoran...

L- [...] tuvimos una respuesta mafiosa, porque esa es la palabra, que quizás eso mejor que ni lo saques. Porque pedimos, mirá te vamos a contar: Pedimos un encuentro, pero bien así, fuerte, a

pensión llevaba a que todas las medidas resultaran inconsultas y arbitrarias, dado que en esos encuentros, que organizaban en Neuquén y en instalaciones cedidas por el obispado, para ellas se abría la posibilidad de discutir la política de la organización y los posicionamientos.

Y fue en esos encuentros también donde las Madres neuquinas aprendieron esa destreza de hablar en público, sintieron avidez por leer diarios y libros, la necesidad de pronunciarse sistemáticamente (*"siempre interveníamos nosotras"*), el escribir comunicados, documentos y hasta libros, granjeándose rápidamente el perfil de combativas. Pero, ¿de dónde proviene la autoridad de las Madres? Habrá que buscar la respuesta de esa alquimia social en la propia legitimidad que supo generar el movimiento de DDHH en Argentina, en la capacidad de un discurso que se amplifica para abarcar diversos aspectos de la existencia y dignidad humanas, y fundamentalmente en el acto de aprobación en las calles que reciben de parte del arco militante local, entre otras razones. De esta autoridad, las Madres neuquinas son plenamente concientes, a tal punto de reconocer que en la acción de hablar y otorgar sentido a alguna protesta reside su poder social: *"la palabra de las Madres, para ellos (los que luchan) es fundamental, lo que nosotros podamos decir y lo que pensamos"*. Este proceso, luego, toma en ellas la forma de una necesidad vital de explicarse, de comprenderse y de darse al otro (que lucha), merced a esa misma comprensión que toma un vuelo existencial:

> L: ...vos nacés por una necesidad, incluso vos también seguro naciste con una necesidad personal para estudiar lo que vos querías, ¿verdad?, lo que estás haciendo, pero después vos lo volcás a los demás. Y a nosotros nos pasó eso, una necesidad personal, que con los años hicimos el crecimiento de decir, empezamos a conocer más a nuestros hijos y en un momento **socializamos la maternidad** las madres. Y las madres después fuimos las primeras que sentimos que eso no tenía que quedar de ser una cosa personal, y lo seguimos manteniendo, cosas que ni en Buenos Aires lo mantienen. Nosotras dejamos de nombrar a nuestros hijos con su nombre, con su identidad... de un documento, para que **todos fueran nuestros hijos**. Y yo creo que en Neuquén se dio eso, se dio porque tuvimos **un privilegio de comprender**... (Testimonio de Lolín, Neuquén,28/04/2008).

Esa maternidad con propiedades hermenéuticas y universalizantes tiene una paternidad igualmente ecuménica. Sin conocerse previamente, Inés y

---

la comisión, diciéndoles, que nos dirigimos a las compañeras, a las que treinta años estuvimos juntas, que tenemos diferencias que hay que aclararlas y que sé yo... Aparece un sobre madera escrito, Señoras Lolín Ragni, Inés Rigoni, Mascardi 55, sin remitente, sin remitente... lo abrimos, nuestra nota adentro, abierta... Esa fue la respuesta. ¿Vos qué decís de eso, a ver? Decíme qué pensás de eso vos..." (Testimonio de Inés y Lolín, Neuquén,28/04/2008).

Lolín asistieron asiduamente a las mismas misas; Inés trabajaba para tener una capilla en su barrio, Lolín lo hacía en el Colegio San José Obrero y de allí apreciaba el proceso mediante el cual Jaime De Nevares impulsaba el desarrollo de lo que luego será el gremio docente neuquino, la Asociación de Trabajadores de la Educación de Neuquén (ATEN). Sin militancia política previa y con una historia que resulta común a las Madres de Plaza de Mayo, Inés y Lolín llevaron a cabo sus primeras acciones en un contexto dictatorial y represivo sin antecedentes. Por eso su hito fundacional en términos de acciones colectivas no puede menos que presentarse como épico:

> I: [...] en el mes de agosto, 14 de agosto (1980) vamos a la Casa de Gobierno a entregar un documento, a hablar con el gobernador, éramos veintiún, veintidós personas [...] Primer cartel del país, vos sabés, a la calle [...] Un pedazo de sábana que agarraron e hicieron una cosa...yo lo tengo guardado, lo tengo que buscar para tenerlo a mano [...]
>
> L: *"Pedimos justicia"* decía...
>
> L- Inconscientes totales.
>
> I –Totalmente [...] hasta que salieron y que sé yo, pasaban los coches, vinieron, vino la policía a pedirnos los documentos a los que estábamos ahí, se acerca una señora que es de la que en esa época era de la APDH, y me dice, 'ay Inés, dice, yo me olvidé los documentos', y pertenece al Partido Comunista, porque en esa época monseñor decía, dos por partido, más no porque sino... entonces yo digo, vos no te hagás problema, inventá una mentira, le digo, porque yo también me los olvidé. Era la primera vez que íbamos a una manifestación... (Testimonio de Lolín, Neuquén,28/04/2008).

De la veintena de asistentes, en esa primera manifestación la mitad eran jóvenes seminaristas llevados por el director del seminario de Neuquén. La delegación local, relata Noemí en su libro *"Buscados..."*, fue la primera en salir a la calle en todo el país:

> [...] enarbolando un cartel. Para el caso, de hechura casera: sábana doble de un celeste desteñido, con la inscripción APDH en pintura negra. Desde ese día y hasta ser reemplazado por otro, ancho como una avenida, sirvió de símbolo convocante para marchas de protesta, sentadas exigiendo "Juicio y castigo a los culpables" y plantones reclamando respeto por los Derechos del Hombre... (Labrune, 1988: 29).

El diario local tituló y registró el hecho como *"Insólita demostración frente a la casa de gobierno"* (*Diario Río Negro*, 14/08/1980). Otro hito importante ocurre luego de la mencionada visita en 1981 de Adolfo Pérez Esquivel a

Neuquén, a un año de recibido el premio Nobel y en lo que será su primer viaje a una capital del interior del país. Meses más tarde, en el aniversario de la Declaración Universal de los Derechos Humanos, los familiares de desaparecidos inician un ayuno de protesta reclamando la *"aparición con vida"*, *"libertad a presos políticos"*, la *"vigencia total del estado de derecho"*, y pidiendo la paz con Chile ante un eventual conflicto bélico con el país vecino. El ayuno se realiza del 10 al 18 de diciembre de 1981. Unas diez personas coordinadas por el Padre Rubén Capitanio se instalan en un salón aledaño al templo mayor de la catedral neuquina en una acción que implicó la realización, junto al ayuno, de oraciones durante todas las noches: *"nuestro dolor y nuestra búsqueda se hacía Eucaristía de Dios"* (APDH Neuquén, 1982: 7). La participación de un sacerdote en el ayuno y en las oraciones coronó de legitimidad al reclamo, sólidamente argumentado desde la perspectiva ideológica del Documento de Puebla (*"La Iglesia es la casa de todos, porque es la Casa de Dios; pero fundamentalmente es la Casa de los que sufren, de los pobres, de los marginados, de los sin voz"*, citado en APDH Neuquén, 1982:11), y en una clara línea de adhesión y ratificación del compromiso del Obispado para con las que se consideraban injusticias sociales o violaciones a los derechos humanos fundamentales.[4] Los ayunantes produjeron diez fuertes comunicados expresando y amplificando no sólo sus demandas sino también denunciando la falta de respuesta del gobernador. La práctica de denuncias y declaraciones mediante comunicados fue algo notorio y bastante utilizado antes del ayuno, incluso logrando que el Diario local *Río Negro* los publique entre sus páginas. Así fue que luego del ayuno, Jaime De Nevares y otros sacerdotes de Neuquén emitieron otro duro documento pidiendo verdad y justicia, sin los cuales no puede haber *"reconciliación ni pacificación"*.[5] Años antes, en el

---

[4] Otros sacerdotes enviaban sendas declaraciones de apoyo como era el caso del Padre Juan San Sebastián, que fueron anotadas en el Libro de Solidaridad, un libro puesto a disposición de quien quisiera expresarse: "Hermosa respuesta la de ustedes, a tanta violencia, ¡Bienaventurados los pacíficos! Mi oración y solidaridad" (citado en APDH Neuquén, 1982:12). Entre otros adherentes que incluyen personalidades y organizaciones locales y del exterior figura también la de Felipe Sapag.

[5] De acuerdo con los documentos base de las homilías recabados por Hernán Ingelmo, Don Jaime llegó a decir lo siguiente (en plena dictadura militar): "...ahora voy a decir algo muy importante, los que traen grabadores que pertenecen a los servicios (de inteligencia) préndanlos para que sus jefes se enteren qué pensamos en la Iglesia" O sobre la Iglesia: "Es alentador comprobar que, de ser perseguida por la izquierda por ser presuntamente cómplice de los poderes explotadores, ha pasado a ser perseguida por la derecha, conservadora de sus privilegios. Todos los Sacerdotes asesinados en nuestro país trabajaban en villas, barrios pobres, o en la promoción y defensa de los desheredados. Felices cuando sean insultados y perseguidos y cuando se les calumnie a causa de Mi. Por causa de Mi los llevarán ante Gobernantes y tribunales, y les azotarán... no teman a los que matan el cuerpo pero no pueden matar el alma."Citado en Ingelmo, Hernán (2004) *Algunas semillas de Don Jaime para seguir en el surco del compromiso por el Reinado de Dios y su justicia*, Material inédito cedido por el autor.

cuarto aniversario del golpe, también la APDH salió a denunciar públicamente y sus demandas aparecen parcialmente publicadas en el Diario *Río Negro*: *"Los hemos convocado hoy aquí para escuchar testimonios e informaciones sobre la represión indiscriminada e ilegal, que hasta el momento no han podido ser publicados en el país"*.[6]

El fuerte nexo de Madres de Plaza de Mayo con la Iglesia neuquina se reactualiza al recordar la *señal* que dejó De Nevares, una frase o *"palabra exacta"* que lo define, y que marcará la conducta militante a seguir; Don Jaime es según las Madres *"la persona coherente con el Evangelio"*: comunistas, radicales, peronistas, sindicalistas, mapuce, militantes independientes, todos los perseguidos, los humildes, los "sin voz" tenían cobijo en su figura en tiempos dictatoriales. Y eso fue practicable, en el argumento de la Madres, por su coherencia, que fue reforzada por la admiración del propio obispo quien en una frase célebre que reposa en un cuadro colgado con su imagen en la sede de Madres de Plaza de Mayo sostiene: *"si no existieran las Madres, habría que inventarlas"*. Entonces, llevando la carga de aquella fidelidad originaria dicen las Madres: *"Nosotras somos coherentes…"* y con la historia de la organización también. Por eso el pedido de toma de posición hacia quien las entrevistaba en realidad poseía implícito un test de adhesión al pensamiento *coherente*, máxime cuando en el comunicado más fuerte lanzado desde la filial Neuquén y Alto Valle se habla de la traición de quienes violaron los principios básicos y fundantes de la organización. En efecto, en una dura conferencia de prensa realizada en octubre del 2007 sostuvieron respecto de la Filial Buenos Aires:

> [...] La Comisión Directiva de la Asociación Madres de Plaza de Mayo, ha tomado decisiones, realizado expresiones y/o manifestaciones, que no fueron consultadas ni compartidas por esta Filial. Treinta años de una lucha que nació de lo personal y trascendió, para hacerse unidad junto a los luchadores sociales, la Filial Neuquén y Alto Valle, se hizo parte de todos los reclamos, manteniendo sus consignas y principios, y fundamentalmente el apartidismo, que nos preserva libres. La Comisión Directiva de la Asociación Madres de Plaza de Mayo ha transgredido ese principio, apoyando al partido nacional gobernante, y quizás también algún otro provincial (Volante "Conferencia de Prensa", 9 de octubre de 2007).

En vistas de esta transgresión a los principios "inclaudicables" que dieron origen a la organización es que Lolín e Inés agregan otras acusaciones

---

[6] Extracto del documento "La verdad, la fuerza de la paz" (APDH Neuquén, 1980: 28), publicado parcialmente en Diario Río Negro, 31/03/1980. En general, los integrantes de las diferentes organizaciones de DDHH neuquinas rescatan estos gestos de publicación de comunicados de parte del Diario *Río Negro*.

resaltadas en mayúsculas[7] en el documento que publicaron posteriormente y que cierra con un terminante ¡NO TRAICIONAREMOS![8]

Tras estas huellas iniciales de la lucha de las Madres de Plaza de Mayo neuquinas la legitimidad de su figura irá creciendo enormemente. Así es que se las puede ver -entre muchos otros conflictos-, apoyando las huelgas del sector salud agremiado en ATE (1993), reclamando al general Martín Balza por la responsabilidad del ejército en la muerte del soldado Carrasco ocurrida en la localidad de Zapala (1994), en las puebladas cutralqueneses tras la muerte de Teresa Rodríguez (1997), en las diversas ceremonias de la comunidad mapuce (rogativas, año nuevo, etc.), hasta las más recientes demostraciones como su apoyo a los obreros de Cerámica Zanón en conflicto, donde su relato de cómo intervinieron grafica claramente el modo de acción de Madres:

> L: Zanón es un ejemplo […] nosotras estuvimos con ellos, tomando mate, comiendo tortas fritas, desde el primer día, pero nosotras las Madres, ya, un poquito más sabias, entre comillas, les llevábamos para leer cosas, viste, les llevábamos la agenda del año '99 que estaba llena de un contenido, Camilo Torres, el Che Guevara, Cienfuegos, todas esas cosas, viste?, las cosas de las Madres […] qué lucidez tenían las Madres…teníamos bah, y después…

> L- […] después llevábamos alimentos porque ellos tenían un trailer y juntaban, porque tenían que repartirse comida, un volantito y un paquetito de arroz o de fideos, bueno, entonces yo, ese es el logro nuestro, de ver que esos compañeros entendieron la lucha, y ellos, si nos reivindican y, nosotros los queremos como hijos nuestros.

---

[7] "APOYAR EL PAGO DE LA DEUDA AL FMI", "SUSPENDER LA MARCHA DELA RESISTENCIA", "DEJAR QUE LOS ABOGADOS SE OCUPEN DE LOS DESAPARECIDOS", "DECLARAR Y OMITIR DE PALABRA Y DE PRESENCIA LUGARES Y FECHAS, DONDE EL PAÑUELO BLANCO DEBIERA HABER SIDO EL SÍMBOLO MÁXIMO DE SOLIDARIDAD Y RESISTENCIA…Y A LA INVERSA EL PAÑUELO BLANQUEÓ PRESENCIAS Y SITUACIONES QUE PROMETIMOS NO RECONCILIARNOS CON ELLAS HASTA QUE NO HAYA JUSTICIA (fuerzas armadas), los orígenes de la "FUNDACIÓN (desconocemos sus orígenes y objetivos)", y de las "EMPRESAS CONSTRUCTORAS" (Volante "Conferencia de Prensa", 9 de octubre de 2007 distribuido por la Asoc. Madres de Plaza de Mayo Filial Neuquén y Alto Valle).

[8] Vale tender un paralelo con la dura posición de Jaime De Nevares, quien decía en 1987: "No se excluyen **perdón** y justicia; el perjudicado puede y debe perdonar; pero **la sociedad exige justicia para sobrevivir** como sociedad y no convertirse en **una selva**. Si no fuera así habría que **abrir todas las cárceles** a los internos, perdonándolos: **Pocos** son los que **han cometido tantos y tan graves** como los integrantes de FFAA acusados; Además, muchos demuestran un **sincero arrepentimiento que no tienen los militares acusados. Jesucristo perdona y manda:** "no pequen más"; los criminales de la represión no han demostrado el **más mínimo** propósito **de enmienda**, de corregirse, de convertirse.(…).- No habrá **reconciliación** sin justicia, con impunidad…" (citado en Ingelmo, 2004: 17, remarcado del autor).

I – Además nosotros ahí íbamos a las asambleas [...] y nos piden que hablemos en las asambleas (Testimonio de Inés y Lolín, Neuquén,28/04/2008).

Y por supuesto hay que agregar las míticas rondas de los jueves alrededor del monumento a la Madre (ubicado sobre la céntrica Avenida Olascoaga), la realización de programas radiales, la existencia del grupo de apoyo que reúne a una docena de personas, las visitas a escuelas en donde la forma de comunicar la experiencia permite poner en acto aquello de la socialización de la maternidad (*"no personalizamos en nuestros hijos biológicos, hablamos siempre en general"*) entre otras actividades.

Finalmente, en el pequeño universo neuquino existen límites difusos, fronteras móviles. Estela Romero de Sapag, esposa de Felipe Sapag, también sufrió la pérdida de dos de sus hijos, Ricardo Omar Sapag ("Caíto") y Enrique Horacio Sapag, ambos militantes de Montoneros. Lolín e Ínes sostienen que Estela sólo participó de unas pocas marchas a inicios de los '80, *"pero nunca se puso el pañuelo"*. Reconocen en la figura de Felipe Sapag a un caudillo contradictorio: participó como interventor en anteriores gobiernos militares y a su vez desarrolló importantes políticas públicas como las de salud y viviendas; mantenía una relación hostil con Jaime de Nevares pero eso no le impidió generar cierta cobertura a los perseguidos políticos. Sin embargo, este reconocimiento no se traduce de ninguna manera en apoyo hacia él ni mucho menos a su partido. Las Madres cuentan que tras la noticia de la muerte de sus hijos, Sapag tuvo el privilegio, merced a sus vínculos políticos a escala nacional, de conseguir los cuerpos para velarlos. Con todo, la historia y la vida quisieron que Neuquén sea simbólicamente declarada a inicios de los '80 como la Capital de los Derechos Humanos, y que entre otras paradojas los hijos de Sapag y Lolín resultaran ser grandes amigos:

L: ...Y te digo yo fui al velorio de Caíto, Caíto era el hermano elegido de mi hijo, se fueron a estudiar juntos a Bahía Blanca ellos dos, volvía, primero venía a mi casa, después iba a la suya. El día que velaron a Caíto, fue un acto político, partidario, él le dijo a una señora amiga mía, 'juntáme gente Tota, juntáme gente'. Te parece?, usó, yo te digo la verdad, yo lo respeto por el dolor de haber perdido a dos hijos, de no tener a esos dos hijos brillantes, dos chicos divinos, mirá, ya te digo, Caíto, Caíto era un hijo para mi, Caíto. Y mi hija, el día que murió Caíto, que lo mataron a Caíto, yo la llevé a Ana, Ana tenía 14 años, lloraba pero desesperada, mirá, no podía creerlo, era, era... todavía no sabíamos de mi hijo, viste? (Testimonio de Lolín, Neuquén,28/04/2008).

Red de redes. Iglesia y militancia

La historia de muchos militantes neuquinos se presenta habitada por paradojas, situación que no hace más que abrir el juego hacia la fluidez de las fronteras políticas siguiendo la caprichosa deriva de las biografías personales. El caso de Claudia, docente, y Bernardo, seminarista y ex-sacerdote, confirma esta percepción. Oriundos de Buenos Aires ambos, llegan por distintos motivos a Neuquén entre fines de los '70 e inicios de los '80. Ella a través de la decisión paterna de buscar un horizonte laboral que la "floreciente" Neuquén ofrecía con bastante facilidad; él como parte de una decisión de vida que implicaba romper con la conservadora y reaccionaria tendencia ideológica de la Iglesia de la ciudad de La Plata para arribar a tierras dominadas por la "*Iglesia comunista*", según la visión de sus pares platenses. Bernardo vino a estudiar al seminario de Jaime de Nevares y se ligó rápidamente a la tarea de Rubén Capitaneo transformándose al poco tiempo en el clásico "cura villero", empapado de compromiso social. Claudia proviene de una familia de tradición religiosa. Siempre acudió a misas y participó de actividades parroquiales, sólo que al llegar a Neuquén se topó con que esas mismas actividades podían incluir una perspectiva de hondo perfil social, esto es, la actividad parroquial podía ser –y de hecho lo fue- un ámbito de militancia barrial y de formación política. Así fue que, asombrada pero entusiasmada, vio realizar aquellas misas por el día de la madre pero con la presencia de las Madres de desaparecidos adentro de la catedral neuquina, o asistió a las Marchas Por la Fe pero denunciando los atropellos a los derechos humanos.

La actividad de la Iglesia neuquina contada por estos militantes también permite entrever la potente vitalidad de centros, comisiones y movimientos vecinales, la emergente actividad de la Pastoral Social y pequeñas parroquias de los barrios más populosos de Neuquén, en donde el inminente proceso de transición hacia una nueva etapa de apertura democrática significa un notable aumento de la participación ciudadana bajo diversas demandas. De esto nos ocuparemos más adelante. Por el momento vale decir que Claudia se recibe de profesora en Geografía y, como es típico en Neuquén, la escasez de docentes permite antes de graduarse acceder a cargos o desempeñarse como preceptor en escuelas. Claudia fue nombrada preceptora aún siendo estudiante, lo que le permite incursionar en el gremio docente mientras ocurre el proceso de fundación de ATEN, y donde la intervención de Jaime De Nevares es crucial, al igual que en todas aquellas situaciones que exigían la conformación de algún tipo de organización social o política:

> [...] Era un fenómeno de acercamiento de los jóvenes, había un problema e íbamos todos al obispado, nos sentábamos en los sillones, hacíamos el mate,

estaba el Club del Soldado [...] Don Jaime había armado el Club del Soldado, primero fue la Casa del Canillita, que era un lugar para que los canillitas, los vendedores de diario tuvieran para tomar algo caliente y pasar el día cuando llovía [...] las temáticas que tocamos no eran eclesiales, eran los jóvenes y la política, los jóvenes y el trabajo, los jóvenes y los derechos humanos, hubo paneles, hubo trabajos en grupo, hubo conclusiones y todo ese tipo de actividades las alentaba mucho Don Jaime, que nunca fue demasiado estructurado, ni nunca nos pidió demasiada estructura (Testimonio de Claudia, Neuquén, 12/06/2007).

Con la misma celeridad que consigue trabajo, Claudia, casada y con hijos, accede a un plan de viviendas en Barrio San Lorenzo, pero al tiempo se separa de su primer pareja y se enamora de Bernardo, ya sacerdote. Los prejuicios reinantes en el entorno de ambos hacen que la relación se maneje *"en la clandestinidad"* hasta que Bernardo decide dejar el sacerdocio. Pero además de estos vaivenes personales también la flamante pareja comienza a militar en lo que se llamará el Grupo de Apoyo de Madres de Plaza de Mayo filial Alto Valle y Neuquén, una suerte de pequeño pero activo conglomerado de militantes entre gente de la Iglesia y activistas de los centros de estudiantes secundarios que realizan fundamentalmente tareas logísticas y propagandísticas en torno a Madres de Plaza de Mayo: desde pasarlas a buscar para llevarlas a alguna zona de conflicto hasta la organización de las marchas del 24 de marzo, 30 de abril (aniversario del nacimiento de Madres), y 10 de diciembre (Marcha de la Resistencia), en lo que refiere a quién encabeza, quién habla, quién firma el comunicado, etc. En ese grupo en particular, Claudia desplegará todas sus dotes de "comunicadora" y hasta el día de hoy es "la voz del micrófono" que arenga al activismo, lee adhesiones, recuerda fechas y ordena las marchas. Pero, ¿por qué decantó hacia allí la militancia de ambos?:

[...] porque nosotros fuimos viendo que las Madres eran protegidas de Don Jaime, o sea que creo que por ahí viene [...] en Neuquén no tenía contacto directo con ningún familiar de desaparecidos, nada, no sé por qué empecé a participar. Me conmovió la lucha de ellas [...] Yo no participaba por ejemplo de las reuniones, pero si había alguna actividad de derechos humanos o una cartilla para los jóvenes, que no fueran detenidos por la policía, entonces nosotros en nuestros grupos juveniles los repartíamos o hacíamos una charla, invitábamos a alguien, había mucha conexión (Testimonio de Claudia, Neuquén, 12/06/2007).

Al mismo tiempo Claudia profundiza su vinculación con ATEN participando de la agrupación Marcha Blanca, con lo cual su universo militante abarca tres regiones: la Iglesia, ATEN y Madres de Plaza de Mayo. En ATEN, por ejemplo, complejizará su capital militante: *"vivir la experiencia de una agrupación, tener una reunión antes, poder discutir, poder llevar una postura y sostenerla"*. O también: *"aprender a leer en las asambleas las posturas, de uno y otro, y empezar a distinguir, y las estrategias, también en las marchas, también la disputa por quién lleva el cartel adelante"*.

A su vez, Bernardo participa de la APDH Neuquén, y como ya se dijo, se forma a la par de Rubén Capitaneo y de otro gran referente como el cura Galviatti (alias "el tano"), con quien participa de la organización del primer sindicato de trabajadoras domésticas de Neuquén, lanzado desde el Barrio Bouquet Roldán. Bernardo sintetiza esa imagen de los iniciales años '80 en que, aún en dictadura, la Iglesia de Don Jaime todo lo protegía, todo lo acompañaba, todo lo organizaba, a tal punto que un cambio de timón tuvo que ocurrir cuando regresó la democracia:

> [...] durante la dictadura, las capillas en general eran los lugares de reunión, estaba prohibido, no había partido, no había gremios, tanto que después en una reunión del presbiterio, yo siendo cura también, se decidió no prestar más las capillas a los gremios, con el argumento de decir, bueno, ahora estamos en democracia y tienen derecho a tener sus locales, que los peleen, los consigan y los tengan, porque es lo que corresponde (Testimonio de Bernardo, Neuquén, 12/06/2007).

Sin embargo, los años '90, con Don Jaime muy enfermo, serán años de un *"irse para adentro"*, tanto por la muerte de su máximo referente en 1995, como por la necesidad propia de la Iglesia de un cambio de orientación, de "atrincherarse", de "fortalecerse institucionalmente" y otras tantas formas de dar a entender que con los gremios en la calle y la protesta a flor de piel la Iglesia debe reubicarse en el nuevo escenario volviendo a su tradicional estructura eclesial. Esta reubicación tiene varios efectos: produce, en primer lugar, una lógica diáspora militante; en segundo lugar, genera ruidos ininteligibles al interior de la Iglesia local, como ser la ruptura de sectores antes cobijados por ella y que comienzan un camino de independencia y búsqueda identitaria (como ocurre con algunos sectores de la comunidad mapuce, que desarrollaremos hacia el final de nuestro trabajo); tercero, crea una nueva identidad en los pocos que se quedan junto a la Iglesia y que serán tildados por el activismo como los "éticos", o "los que se llevan bien con todos". Finalmente, esta reubicación acontece dentro de un cambio más fuerte que viene ocurriendo en la composición militante neuquina que abandona estas estructuras para afincarse principalmente en los gremios estatales como ATE y ATEN, o en partidos políticos de centro izquierda, ocupando, como lo demuestra Claudia, varios escenarios simultáneos de militancia.[9] Además, Claudia y Bernardo conforman una clásica pareja militante. Sus trayectorias son ricas en mostrar las formas de entrecruzamiento entre militancia y vida cotidiana. Claudia y Bernardo tendrán hijos, cuestión que si bien produce un inicial y lógico retraimiento de sus actividades hacia el hogar, luego éstas podrán ser reincorporadas como rutinas dentro del mundo militante y de unas maneras que, emanadas de sus comentarios, resultan tan contundentemente gráficas como folclóricas: "*si íbamos a la marcha, bueno después, dábamos una vuelta en la calesita, había que negociar con los hijos (…) o a tomar un helado.*" Más adelante, la sociabilidad militante producirá otra sociabilidad *entre* los hijos de militantes que en muchos casos serán activistas en colegios secundarios:

> Íbamos con el triciclo al puente, y ahora es re lindo (sic), porque ahora son adolescentes y se encuentran, porque uno va a una escuela, otro a otra, pero se encuentran y, '*ah cuando eras chiquito, ah yo te conozco, cuando eras chiquita tu mamá no te llevaba al puente?, sí, mi mamá también*' […] en la época de Marcha Blanca estaba bueno porque los hijos jugaban en una habitación, como si fueran a un cumpleaños, no?, y nosotros teníamos nuestra reunión en un comedor y esas elecciones, que a mí me tocó vivir de un centro de operaciones en una casa, y bueno y estaba la computadora, y los afiches con las escuelas donde votaban y donde teníamos fiscales, y la mamadera y el plato con las empanadas, si, esa la vivimos, y los hijos fueron mamando […] el varón siempre fue mas díscolo, más reacio, *pero si tiene que ir a cortar una calle con Bernardo, va porque le encanta* (Testimonio de Claudia, Neuquén, 12/06/2007).

Muchos de estos hijos de militantes participan del grupo de apoyo a Madres, colaboran en sus actividades portando la remera de las Madres, venden los materiales que producen (agendas) o ayudan en los actos. En sus palabras *"no hay una separación entre la dispersión, la distracción y la vida en la militancia, quiero decir, no hay, no se hace un corte para separar amigos"*, ni siquiera en el ámbito más íntimo de lo familiar: *"los cumpleaños son con amigos de la militancia, tanto de Iglesia o como del gremio o como de las Madres"* (Testimonio de Claudia, Neuquén, 12/06/2007).

---

[9] De todos modos, y como toda diáspora, la de los militantes de origen religioso que luego reconvierten su identidad política no deja de tener para Bernardo cierto sabor amargo, pronunciado en algunos casos de militantes que a *posteriori* se transforman en reconocidos dirigentes que no pocas veces reniegan del rol de la Iglesia en la sociedad: tal es el caso de Raúl Godoy, formado en los grupos juveniles de la Iglesia de Centenario, y luego devenido militante trotskista y dirigente del sindicato ceramista, o de Jorge Nahuel, también forjado en los grupos juveniles y luego gran referente del sector más combativo de la comunidad mapuce. Nos ocuparemos de ellos al final.

Con todo, Claudia y Bernardo son concientes de que esta sociabilidad tiene límites claros; de hecho, a la vuelta de cada actividad política el ritmo tan cansino como violento del barrio los devuelve al dominio que sobre las comisiones vecinales posee el Movimiento Popular Neuquino. Pero quizá pueda pensarse que es esta misma situación la que refuerza en la comunidad militante la interconexión con actividades extra-militantes. Lejos de ser vivido negativamente como una postergación de proyectos individuales o una sobredeterminación de lo político hacia lo personal, la cotidianidad militante se construye entrelazando, superponiendo (¿confundiendo?) las diversas esferas de la vida cotidiana en donde lo político claramente es el patrón que reordena lo sustancial de un proyecto vital, porque en muchos casos hasta la práctica de tomarse vacaciones puede generar algún sentimiento de culpa si no se está en la lucha:

> Los militantes de aquella época que nosotros conocemos, tienen un poco esta vida, con todas estas características que dijimos, que los hijos comparten, que se va transmitiendo […] y a veces preguntamos, si este domingo no hay nada, nos parece extraño que el domingo quede tranquilo como para cortar el pasto o hacer algo en la casa, porque también eso, no?, las vidas personales, o la casa que es lo que uno, bah… se supone, esta generación nuestra trabaja para mejorar la casa o para tener un auto o para… eso queda totalmente postergado, es más, el auto está en función de las actividades que haya que hacer o de la gente que haya que llevar, si se rompe… bueno, se ha quedado tirado, no?, con las Madres en pleno desierto llegando a Viedma […] Las vacaciones nuestras, no? […] y ahí a veces nos da vergüenza leer el diario y enterarnos que está pasando algo, o hubo algunos veranos calientes en Neuquén, y que sentíamos con culpa estar allá (Testimonio de Claudia, Neuquén, 12/06/2007).

Don Jaime De Nevares: difícil legado

No resulta fácil indagar sobre la deriva de un legado ligado a una persona que ya no está, aunque de eso traten los legados: una marca social inasible. Sin dudas la prédica y acción de Don Jaime echó raíces y sus huellas no sólo se encuentran en la militancia eclesial contemporánea a él, sino que puede pensarse que mucho más legó en las barriadas por las que circularon profusamente su discurso y su presencia, al igual que en sus permanentes incursiones por el interior neuquino. Imposible entonces mensurar el alcance de tamaña figura. Por otra parte, lo que sí resulta más palpable, al menos desde los testimonios recogidos, es una suerte de reubicación posterior de la Iglesia neuquina en el sentido de apaciguar el impulso que Don Jaime le insuflaba en una Neuquén cada vez más conflictiva. Se sabe que, una vez producida la desaparición física de un ser cuanto menos carismático, sobrevienen las disputas sobre el sentido del legado o por la interpretación de su acción. En Neuquén esto permanece latente, quizá debido a que la primera etapa de construcción (mítica) de su historia esté todavía inventándose.

Hernán Ingelmo es de los pocos entrevistados de origen neuquino. Licenciado en Teología, cura párroco en Neuquén, hijo de una familia de buen pasar económico, se dedicó a estudiar e investigar el pensamiento de Don Jaime de Nevares, a quien conoció de muy chico cuando el Obispo visitó regularmente la casa de sus padres de quienes era íntimo amigo y compañero de militancia.[10]

Al ser nombrado Obispo, Don Jaime invita al padre de Hernán a Neuquén; gustoso, éste acepta y llega a su nueva residencia en 1961. Siguiendo el mandato paterno, Hernán asiste al Colegio Don Bosco, de donde egresa en 1981, en una experiencia que designa como de "entrecruzamiento social", queriendo aludir con ello al encuentro de distintas clases sociales, algo típico de Neuquén, según su mirada. Vinculado al movimiento juvenil salesiano, su militancia se desplegaba en los barrios pobres recubriéndose de un matiz asistencialista pero diferente del que desarrollaba Acción Católica; diferente en cuanto a la prédica que él señala como "jaimística", esto es, la idea de que la Iglesia no puede estar al margen de los problemas de la gente, aunque el *quid* de la cuestión resida en qué es un "problema"... Para ello puede indicarse como orientación que en el año 1983 la Diócesis de Neuquén, en asamblea diocesana, asume como texto rector de su línea política el famoso Documento de Puebla. La traducción práctica de esto es que *"todo lo que sea trabajar con la justicia y la igualdad de las personas es nuestra tarea"* (Testimonio de Hernán Inglemo, Neuquén, 12/06/2007), aunque manteniendo distancia *"de los intereses partidarios"*. Esto no significaba que, entre otras cosas, no se pudiera participar de una de las típicas Multisectoriales neuquinas, o que se impidiera asumir un compromiso político partidario, sino que al momento de tomarlo uno debía dejar de ser miembro de un equipo de Pastoral Social, al menos hasta que se abandone la política partidaria y sea el momento de retornar.

Relata Ingelmoque las actividades más cotidianas que se realizaban desde su temprana iniciación a la vida religiosa consistían en ayudar a construir casas en zonas humildes, programar actividades de recreación (jugar al fútbol, servir la merienda en comedores, enseñar cantos religiosos), hasta participar

---

[10] El padre de Hernán militó en el FREJULI, fue refugiado en la ONU y miembro del primer equipo de Pastoral de Migraciones que recibió a los exiliados chilenos en Neuquén.

de grupos de reflexión y lectura de textos sociales (tales como el Documento de Puebla y textos sobre militancia eclesial cristiana), o acompañar determinadas luchas sociales como la recordada Caminata de Piedra del Águila u otras huelgas obreras de los años '80. Esa característica de militancia resulta, según Ingelmo, de la impronta de Don Jaime quien posibilitó ese tipo de *"permisos"* en términos de participación política concreta.

En 1988 Ingelmo ingresa al seminario de Neuquén, donde colaboraban sus padres y que entonces *"tenía una estructura bastante caótica, no tenía un formador, sino un cura que atendía por días, con profesores venidos desde afuera"*; esa característica más la circunstancia de la presencia familiar lo empujan a trasladarse al seminario de Villa Devoto en Buenos Aires, situación que le muestra una experiencia de formación muy tradicional, conservadora, de aprendizajes litúrgicos ortodoxos, donde se enseñaba latín y por sobre todo *"se miraba a Europa"*, es decir, al Vaticano. Luego de un tiempo se traslada al seminario de San Isidro donde culmina sus estudios. Al regresar a Neuquén en mayo del '95, como diácono, encuentra a la diócesis golpeada por la muerte de Don Jaime y frente a la cual ya se desempeñaba desde 1991 el Obispo Agustín Radrizzani, discípulo de aquel pero que a las claras resultaba mucho más moderado que su antecesor, en todo sentido.[11] Por ejemplo, en relación a la alta conflictividad social de mediados de los '90, Hernán recuerda que la Pastoral Social *"actúa hasta el límite (del conflicto) y la última carta es ir a buscar a Agustín Radrizzani."*[12] A su llegada, Ingelmo se ubica en Barrio Parque Industrial, con Don Juan San Sebastián (secretario durante años de Don Jaime), y luego de varios traslados ancla en Neuquén capital donde hace experiencia acompañando diversos conflictos, fundamentalmente laborales, presenciando acciones como piquetes y cortes de ruta de desocupados u ocupaciones de tierras. Un dato interesante que se produce cuando Hernán accede al cargo de cura párroco es la constatación de aquella práctica instalada por Don Jaime de que las homilías debían consistir en la lectura de algunas ideas para luego abrir el debate a los asistentes *"como una asamblea"*

---

[11] La renuncia de Don Jaime De Nevares obedece a una disposición del Vaticano que recomienda el retiro de los obispos cuando éstos cumplen 75 años de edad. Tal era la situación de Don Jaime al cumplirlos el 29 de enero de 1990, año en que también comienza a agravarse un cáncer que lo aquejaba desde hace años y que terminará con su vida el 19 de mayo de 1995.

[12] Al recordar la huelga docente del año 1997, Ingelmo señala que Radrizzani, en un claro cambio de posición política respecto a De Nevares, había constituido una suerte de asesoría o consejo para este tipo de conflictos, al que acudía justamente para evaluar de qué manera desenvolverse, y pese a lo cual no pudo evitar algunos imprevistos: "Agustín no quería ir al puente, y la gente de la Pastoral Social lo sacó de los pelos a las 5 de la mañana y lo llevó al puente, y estuvo en la primera fila." El *puente* es la ruta 22 que conecta Neuquén capital con la ciudad rionegrina de Cipolletti y que especialmente durante los '90 se convertirá en lugar simbólico de grandes movilizaciones sociales.

frente a la cual, evidentemente, gente con una opuesta estructura de prácticas religiosas optaba por acudir a otras parroquias.

Como se dijo, Ingelmo se dispuso a estudiar el pensamiento y la acción de Don Jaime a través de la lectura de sus homilías e intervenciones públicas, con las que luego escribió su tesina titulada *Don Jaime Francisco De Nevares, compromiso social* (2004). El material sobre el cual fue realizado ese trabajo incluye la recopilación de más de mil doscientos manuscritos que abarcan el período 1970-1991, y que fueron encontrados en la última residencia de Don Jaime, en el Barrio Industrial (Neuquén), que hoy lleva su nombre. Estos escritos fueron los textos esenciales que Don Jaime utilizaba para guiarse en la predicación que realizaba habitualmente los domingos a las ocho de la mañana en la iglesia Catedral, y que era retransmitida por la emisora radial neuquina LU 5.

Enumerando sus intervenciones en aquella tesina, Hernán Ingelmo encuentra temáticas exploradas por el Obispo tan amplias como la carrera armamentista (con especial referencia a la guerra de Malvinas, que le costó un proceso judicial por traición a la patria), la explotación laboral (su primer gran intervención fue en el conflicto de los obreros de la represa de El Chocón y luego por los trabajadores despedidos de "Pilas Vidor" y obreros de la construcción en huelga), la denuncia del "exterminio" del pueblo mapuce durante la "Campaña al Desierto" y la usurpación de sus tierras, el mal trato dado a los inmigrantes y exiliados, la denuncia de la situación de pobreza y marginación en la provincia, las desigualdades fruto del sistema capitalista (las estructuras injustas llamadas "estructuras de pecado"), la denuncia de la Doctrina de la Seguridad Nacional, del terrorismo de Estado, de la represión sistemática, detenciones ilegales, secuestros, torturas, desapariciones, el asesinato de sacerdotes (en especial del obispo Monseñor Angelelli), su oposición a las leyes de Punto Final, Obediencia debida e indultos. Pero también De Nevares refería cotidianamente a otros temas como los abusos de los medios de comunicación social, la prostitución, la drogadicción, la defensa de la institución familiar y su oposición al aborto. El análisis de su participación como congresal constituyente, como presidente de la APDH, sus múltiples campos de acción siempre recargados por un modo ejemplificador en la manera de realizar sus actos[13] dan a entender que es en la concepción

---

[13] Ingelmo destaca situaciones ejemplificantes como la negación de Don Jaime a terminar la construcción de la Catedral neuquina mientras existan niveles escandalosos de pobreza en su provincia, o lo que él denomina "gestos proféticos" como el negarse a ocupar lugares de privilegio ("permaneciendo junto al pueblo") en el caso de los palcos durante los actos oficiales, o la decisión de no participar en la inauguración del templo en la Villa del Chocón realizada por el Pro Vicario castrense, quien fuera obispo de las Fuerzas Armadas durante la dictadura militar, entre otros.

de la acción directa del "estar ahí" como se traduce la "solidaridad efectiva" hacia los desposeídos. Y si esto implicaba algún grado de politización no necesariamente había conflicto con ello pues, según Hernán, Don Jaime citó varias veces en sus homilías que *"el grado más alto de la Caridad es la política"* (Ingelmo: 2004:15),[14] por lo que "embarrarse" en ella no era incompatible con la militancia eclesial.

Ingelmo aclara que Don Jaime no era un Obispo ligado a la corriente tercermundista (*"esa es una muy mala identificación"*, remarca), más aún: *"siempre tuvo mucho recelo con los teólogos de la teología de la liberación."* Resulta que en Neuquén había corrientes internas que abarcaban desde los grupos ultra conservadores como el Opus Dei y lefrevistas, hasta el ala de izquierda, autodenominados como *Iglesia Popular* e identificados incondicionalmente con la labor de Monseñor Angelelli y respetuosos a ultranza de la religiosidad y cultura populares. Es a este sector de izquierda que hay que sumarle la corriente "jaimística" y que es la que adhiere a la escuela de Don Jaime, fundamentalmente en lo que refiere a la fuerte defensa de los DDHH y que más tarde asume la línea de los documentos latinoamericanos mencionados pero no así los lineamientos de la Teología de la Liberación: *"Medellín y Puebla (los documentos) fueron **influenciados** por la Teología de las Liberación"*, señala Ingelmo aunque aclarando que eso no significa una continuidad ideológica. En efecto, a Neuquén estas corrientes llegaron mixturadas y evidentemente dieron como resultado una Iglesia que para nuestro entrevistado:

> […] está vista como de izquierda, *quizás más de izquierda que lo que nosotros hubiéramos querido*. O sea, afuera, como yo estudié en Buenos Aires, me decían '¿vos sos de Neuquén?'…y te miraban como un bicho raro (Testimonio de Hernán Ingelmo, Neuquén, 12/06/2007).

Ya en los años '90 y con Radrizzani como Obispo, Ingelmo reconoce que la Iglesia se "institucionaliza" y se ocupa fundamentalmente de armar "equipos" (práctica incompatible con el carácter expeditivo de Don Jaime) a fin de "visibilizar" sus redes establecidas ahora con las ONG's, trabajadores sociales, la policía y el Estado provincial, conformando entes como los efímeros Consejos Asesores Comunales, que finalmente se desarticularán en función de la dinámica burocrática que fueron adquiriendo y de las presiones del poder político de turno. Con relación a los permanentes conflictos sociales, Ingelmo

---

[14] Para Ingelmo, De Nevares describía dos tipos de política: la "Política en mayúsculas" y "la política en minúsculas", en el primer caso se refería a toda acción práctica a favor del bien común, y en el segundo caso al ejercicio a través de la participación en el Estado y los partidos políticos. Toda participación en "la Política", en sentido amplio, era tanto un derecho como un deber exigible "a todo cristiano".

sostiene que desde la Iglesia se intentará entablar una articulación informal, sin duda mucho más tibia que las decididas intervenciones de Don Jaime, ya que ahora se trata de *"saber que jugamos para el mismo equipo"* pero, aquí sí, desde una práctica *"más personal que institucional"*, charlando o "tanteando" para informarse el cómo va la dinámica de determinado conflicto. En este punto es posible ver la emergencia de un claro giro frente a la praxis llevada adelante por Don Jaime. Retrospectivamente la sugerente interpretación de Ingelmo es la siguiente:

> [...] en los '70 y '80 Don Jaime se pone al frente (de las marchas), de alguna manera *es la marcha de Don Jaime,* y todos se encolumnan detrás, pero porque los otros no se podían encolumnar...pasa esto: en los '90 mucha gente dice: 'Uh, la Iglesia de Don Jaime...y ahora somos dos gatos locos'...¡y No!, ¿qué paso?, pasó que antes no había lugares para reunirse entonces la gente usaba ese paraguas de la Iglesia, se reunía en la Iglesia, hacía sus cosas y cuando estalló la democracia la gente se fue militar a esos espacios que se abrieron [...] Ahora (la Iglesia) se reconvierte en un actor con una joya de la abuela que es su autoridad de haber presidido la militancia en los '80 pero que ahora es un grupo más, y que *se le empieza a medir el aceite de ver para dónde vas a jugar: '¿vas a mediar, te vas a poner a nuestro lado?'...* y comienza a haber un debate entre la figura del Obispo y los miembros de Pastoral Social, los grupos de mayor militancia y grupos cerrados (Testimonio de Hernán Inglemo, Neuquén, 12/06/2007).

En los '90 la Iglesia opta por refugiarse en la práctica de la "mediación" de conflictos y, según Ingelmo, comienza el juego de las escondidas con el Obispo que, obviamente, frente a los conflictos *"hace como que no está"*. Con el correr del tiempo lo que podría denominarse como el legado del "jaimismo", en términos numéricos o de integrantes dentro de la Iglesia que se reivindican en su praxis, es más bien reducido, mientras que ya entrados al nuevo siglo serán en Neuquén la Iglesia Bautista y Metodista quienes tomarán la posta en acompañar de forma más o menos comprometidas a los que protestan, aunque lo hagan inmensamente lejos del peso que otrora construyó Don Jaime. Es que el pálido "jaimismo", si es que puede sostenerse que exista como tal, se ofrece más como un espacio de tensiones difícil de ocupar toda vez que se pondere la pesada herencia de Don Jaime que, a nuestro entender, permanece impregnada de acción directa, de presencia con el cuerpo en cada conflicto y protesta ocurridas en Neuquén, y aunque con algunas excepciones, legó una práctica que se mostró siempre incondicional a la perspectiva de los oprimidos. En función de ello uno podría interrogarse: ¿Cómo reactualizar entonces ese legado si no es a la luz de incorporar nuevas demandas y expresiones? Ingelmo, un sacerdote pero también un intelectual con fuerte capital cultural acumulado en base al estudio sistemático de la hermenéutica cristiana cruzada con los vientos renovadores latinoamericanos,[15] acompaña en este punto la opinión del grueso de la militancia neuquina cuando refiere al caso más espinoso: el de la resistencia mapuce. Allí emergen tensiones irresueltas en especial a partir de la acentuación que esa resistencia hace del carácter "huinca" atribuido al "otro" (que no es mapuce) y que se ofrece como el locus conceptual más duro del moderno activismo mapuce: *"ellos necesitan romper con todo lo que es la Iglesia"*, señala Ingelmo, recordando lo que a los curas les comenzaron a lanzar desde los '90 los sectores mapuce más combativos: *"ustedes son los colonizadores"*. Difícil imaginar la posición del Obispo frente a un desafío tan radical. Incomoda la sentencia retrospectiva de nuestro entrevistado respecto al legado radical de Don Jaime: *"Era difícil sentirte cómodo con los discursos de Don Jaime"*. Difícil legado.

La comunidad chilena y la Interbarrial neuquina

> El tema del desarraigo… no se cura nunca… no puede faltar en ningún análisis. Eso es muy cagador, y que lo viva yo…, que soy reconocido, un referente, si a mí me golpea, ¿cuánto más golpea a otros compañeros?…y esto empieza a dividir…y duele mucho porque nosotros cuando hubo que pelear por la democracia que se logró y luego quedamos afuera de todo…, y peleamos todos… ¡y después viene la ordenanza vecinal que prohíbe la participación de extranjeros…! […] Es la democracia la que nos excluye… (Testimonio de Jorge Muñoz Villagrán, Neuquén,12/12/2007).

Según datos del censo correspondiente al año 2001, los chilenos residentes en Neuquén llegan a 50.000, sobre un total estimado en Argentina de 300.000 personas. Con estas cifras Neuquén es el lugar que alberga a más chilenos en el exterior que cualquier otra parte en el mundo. Señala Muñoz Villagrán que estos 50.000 chilenos refuerzan la "sensación térmica" de ser una provincia con gran cantidad de chilenos, más aún si se considera que la población de Neuquén para ese año alcanza los 473.315 habitantes (1,3% del total del país, con 36.223.947 de habitantes), siendo el segundo lugar más poblado de la Patagonia detrás de Río Negro (552.677 habitantes). Neuquén posee la mayor densidad poblacional patagónica con 5 habitantes por Km2,

---

[15] Consultado sobre las lecturas de esos grupos de estudio, Ingelmo menciona principalmente a Leonardo Boff, Castillo, Muñoz, Paulo Freire, entre otros.

que en la capital neuquina asciende a 42,8. La Patagonia en total contabiliza para el año 2001 1.737.383 habitantes (4,8% del país).[16] Detrás de los paraguayos, los chilenos se ubican en el segundo lugar respecto a población extranjera de origen latinoamercianco llegada a Argentina, pasando de un 6,4% en 1970 (10,3% paraguayos) a un 11,3% en los años '80 (13,8% paraguayos). Por supuesto, y como bien señala Muñoz Villagrán, los censos son limitados en la información que brindan. El censo de 1991 no especificaba el país de origen agrupando en general como "extranjeros limítrofes y no limítrofes" a paraguayos, bolivianos, chilenos y uruguayos; obviamente, en la categoría "extranjero" no se incluye a los nacionalizados, ni a los "ilegales" o "irregulares" que son frecuentemente quienes se encuentran en las tomas de tierras o en los populosos barrios periféricos neuquinos.

El 64% de los chilenos de Neuquén residen en el departamento Confluencia (capital): 29.863 sobre un total de 314.347 personas, y en donde suelen emplearse en rubros como la construcción, fruticultura, trabajo doméstico, petróleo y comercio. En Neuquén capital se encuentran también el Consulado, la Delegación Nacional de Migraciones y la Pastoral de Migraciones.

El estudio de Muñoz Villagrán señala que la mayoría de los chilenos provienen de la IX Región de Chile[17] y de los sectores más empobrecidos y marginados, de allí que lo económico y político se confunden a lo largo del siglo, en especial en las últimas décadas. Las posibilidades de hacerse de un trabajo y viviendas -aunque sean precarios- y acceder a algún tipo de asistencia estatal en términos de salud y educación resultan "imposibles" en Chile, tanto en tiempos de dictadura como durante el retorno democrático. Por eso, aunque sociológicamente se ubiquen entre los sectores más pobres de la población y aunque tengan que sobrellevar las crisis económicas argentinas, para el chileno que se asienta en Neuquén, comparativamente, sigue resultando atractivo probar vivir en Argentina (Muñoz Villagrán, 2005). Pero vivir y participar de la vida política no es lo mismo; la legislación prohíbe la afiliación de extranjeros a los partidos políticos, limita severamente el acceso a cargos públicos y en organizaciones sindicales y hasta llega a poner un tope de representatividad del 20% en las comisiones directivas de las juntas vecinales, ámbito por excelencia donde se desplegó el activismo político de los chilenos en Neuquén y que posibilitó, como veremos ahora, el desarrollo de la importante experiencia de la Interbarrial neuquina.

Jorge Salas es chileno y reside hace más de cuatro décadas en Neuquén. Nacido en 1952 en el sur de ese país, es hijo de mineros simpatizantes del

---

[16] INDEC, CENSO 2001.

[17] Entre la IX Región de Chile y la frontera con Neuquén existen cinco pasos fronterizos habilitados, otros tantos con control migratorio pero sin aduanas y unos veinte no habilitados que no obstante tienen gran circulación.

Partido Comunista, un partido con gran influencia en el movimiento obrero chileno en las épocas previas al golpe de Pinochet. La familiaridad con dirigentes de esa filiación lo hará acercarse al partido y afiliarse tempranamente militando en organizaciones de estudiantes secundarios durante 1971-73. Con el golpe de Estado de Augusto Pinochet y el comienzo de las persecuciones políticas, Salas decide trasladarse por unos meses a Neuquén junto a su hermana, quien además tenía noticia de las buenas perspectivas laborales que ofrecía el trabajo en las chacras del Alto Valle de Río Negro. Pero esos meses se transformaron en ocho años. Y entre idas y venidas, como tantísimos chilenos y argentinos que cruzaban la cordillera desde principios de siglo, Salas elige afincarse en la ciudad de Cipolletti. Mientras, en Neuquén se vincula a una suerte de rama del PC chileno constituido por una treintena de exiliados políticos que se juntaban a discutir sobre la situación de su país y a realizar actividades como conmemorar el 11 de setiembre. Ya con trabajo, se reparte entre changas en Cipolletti (donde alquila una casa) y un negocio de reparación de artefactos eléctricos en la ciudad de Neuquén, lugar adonde luego decide mudarse. Tras años de vivir en Neuquén comienza a caer en la cuenta de la diferente cultura política que distingue a ambos países, diferencias que lógicamente incumben al PC local:

> [los militantes chilenos] …con un grado de experiencia y un grado de seriedad y puntualidad[…] veníamos de una escuela muy severa en el tema de la disciplina y cuando nos encontrábamos con los camaradas argentinos, bueno…, esto es un desastre […] una anécdota: cuando estuvimos participando en una reunión de una célula en el barrio, lo primero que mandaron a buscar es vino, los compañeros, para la reunión, y nosotros no estábamos, nosotros íbamos a discutir política no a tomar, entonces nos paramos y nos fuimos al carajo […] o sea no estaban discutiendo una estrategia de inserción social, de preocuparse en realidad por la problemática que tenía el barrio, sino que eran, diríamos, venían de una cultura comunista que estaba, diríamos, un partido en sí mismo […] tanto la izquierda nacionalista como el Partido Comunista tenían, diríamos, posiciones medias *light,* por decirte…y, este, sometidos, diríamos, a la lógica de un proyecto policlasista del peronismo (Testimonio de Jorge Salas, Neuquén,13/12/2007).

Hay que pensar que Salas conoce la puesta en práctica del famoso lema del Poder Popular en el Chile de Salvador Allende, donde su imaginario le remite a un PC con cuadros muy disciplinados y con arraigo en el movimiento obrero. A pesar de estas cuestiones, a las que agrega su caracterización de poca vocación poder y mucho sectarismo en el caso neuquino, Salas ingresa al PC argentino y conoce la experiencia del Frente del Pueblo, ya en los años '80. Con anterioridad, en plena dictadura argentina, se casa y tiene hijos. Como a miles de compatriotas, la situación económica lo apremia, en especial el costo del alquiler, y el modo en que Salas afronta este problema nos permite acercarnos al escenario típico de Neuquén de esa época, donde la posibilidad de tomar tierras era un dato nada extraño y que se abre a partir de comentarios entre amigos y vecinos, lo que va generando un rumor que cristaliza en acto. Así es que lo que será el futuro Barrio Islas Malvinas, su barrio, ubicado a unas veinte cuadras del centro neuquino, comenzó siendo una toma de tierras protagonizada por varias familias, entre ellas, la de Jorge Salas, alentado por su suegro, también chileno. El lugar a tomar no era codiciado, como no lo es ningún espacio de la zona oeste neuquina, más bien era *"un desierto"* que se cercaba a modo de lote y al que luego comenzaban a llegar otras familias:

> Venían cualquiera, ahí la información del correo popular era que la gente se iba haciendo la casa [...] después, el amigo le decía al otro amigo y así sucesivamente (Testimonio de Jorge Salas, Neuquén, 13/12/2007).

Claro que a los pocos días de estar ahí fuerzas policiales rodearon el lugar y encarcelaron a toda la toma. Este tipo de situaciones, comenta Salas, entre las que se decide una toma de tierras, se ocupa el lugar, se cercan lotes, viene la policía, detiene algunos días a los principales referentes y luego los libera, se va a repetir tanto que sin querer genera lentamente un movimiento asambleario de ocupantes de tierras.[18] Ya para los años '80, y en asambleas de entre cuarenta a cincuenta vecinos:

> [...] ahí, *muy prolijos*, muy, diríamos nosotros, *en cadena, conversando*, ya, nos decidimos a hacer notas, formales y *respetuosas a la autoridad* y todo lo demás, y a partir de ahí ya elegimos una comisión vecinal, y en el '81 ya hicimos movilizaciones al intendente de la dictadura [...] Que nos vendiera el lote, porque nosotros descubrimos que la dictadura tenía una ordenanza para vender la tierra fiscal, pero se la había vendido a los grandes empresarios [...] Y nosotros, con contactos ya por interno de la municipalidad, la descubrimos que estaban haciendo, y nosotros dijimos, muchachos, esta es la ordenanza que nosotros necesitamos que nos pueden dar las tierras, al 50% del valor fiscal (Testimonio de Jorge Salas, Neuquén, 13/12/2007).

De a poco, con presión y "muy prolijo", se irá consiguiendo también la sala de primeros auxilios y un salón comunitario. Generalmente las asambleas

---

[18] La toma de tierras (o "las tomas") es un fenómeno típico de la conformación de los barrios periféricos neuquinos que se extiende hasta la actualidad y también se practica en algunas ciudades rionegrinas. Para análisis de las tomas actuales, ver Giaretto (2011).

se hacían en la calles del barrio desarrollando una intensa sociabilidad con otras zonas ocupadas o no, como Villa Ceferino, Confluencia, San Lorenzo, Don Bosco, y se comienzan a articular problemas en común. En opinión de Salas este proceso implicó una democratización muy pronunciada, ya que se generalizaron las asambleas en cada toma/barrio, ejerciendo el voto a mano alzada, eligiendo referentes o delegados y realizando interconsultas para la toma de decisiones. Este fue el germen de la flamante Interbarrial neuquina, existente durante los años 1980-1986 y de la que Jorge Salas fue presidente durante todo el periodo. A su entender, la Interbarrial tuvo su apogeo entre 1982-1984, destacándose la organización del Primer Congreso. Al poco tiempo, el incipiente movimiento aglutinaba a unos veintisiete barrios y desarrollaba tal dinámica política que se convirtió también en una usina de referentes barriales que luego entrarán a jugar fuerte en la política partidaria.[19] De este movimiento participan fundamentalmente vecinos de filiación política muy variada (PJ, MPN, UCR, PI) o sin militancia previa, mientras que el lugar de origen es monopolizado porchilenos y argentinos (nacidos en Neuquén u otras provincias). De las primeras movilizaciones participaban, en los años de plomo, unas cincuenta personas, número que crecerá hasta el medio millar en el apogeo de la Interbarrial.

El Primer Congreso de la Interbarrial se realizó a fines de octubre de 1983, unos siete meses después de su fundación, ocurrida el 12 de marzo de 1983. Bajo el lema "Unidad y Participación" asistieron las comisiones vecinales de los barrios La Costa, Villa Ceferino, Don Bosco II y III, Barrio Comercio, Barrio Parque Industrial, Barrio San Lorenzo, Barrio Limay, Barrio Confluencia, Barrio 1º de Mayo, Valentina, La Esperanza, FONAVI, más otros invitados, como representantes de hospitales, del Colegio de Asistentes Sociales, ATEN, la Pastoral Juvenil y del Asentamiento Poblacional de Quilmes (Bs. As.). Un breve detalle de las demandas centrales puede ayudar a imaginar la dimensión del movimiento Interbarrial, las carencias elementales existentes a pocas cuadras del microcentro neuquino y el encuadre político que se logra adjudicar a sus preocupaciones. Veamos.

Tres temas centrales convocaban al encuentro: infraestructura, salud y educación, temas sobre los cuales el flamante Congreso se expidió en sendas resoluciones.[20] Sobre la cuestión de infraestructura las principales demandas giran en torno al agua potable, desagotes pluviales, alumbrado público, energía eléctrica domiciliaria, cloacas y extensión de la red de gas, entre otros

---

[19] Uno de los cuales será futuro intendente radical, Horacio "Pechi" Quiroga. Su esposa es una reconocida miembro de la comunidad chilena.

[20] En adelante utilizamos el Documento "Resoluciones del Primer Congreso Interbarrial de la Ciudad de Neuquén", Neuquén, 22 y 23 de octubre de 1983, que sintetizamos como IN (Interbarrial Neuquina).

servicios. Respecto del transporte público de pasajeros se pide boleto gratuito para estudiantes primarios y secundarios, un boleto para trabajadores y la incorporación de nuevos recorridos. Especial atención se pone en cuanto a la creación de espacios verdes a los que además se sugiere que sean declarados de interés municipal, que se "expropien" los de lotes privados y que se construya un "balneario popular". En el tema educación puede verse la incidencia de la presencia chilena y de cierta tradición participativa en la comisión de padres en las escuelas, por eso la preocupación es la escasa articulación con la comunidad: *"los padres no participan de la escuela, las cooperadoras funcionan como entes independientes de las otras instituciones del barrio"*(IN:3) reclaman los asistentes, proponiendo la reestructuración de los programas educativos y la aplicación de la ley 242 referida a la creación de consejos escolares *"con la participación de los padres"*, que las escuelas permanezcan abiertas después de clases para favorecer las prácticas deportivas, la creación de escuelas para adultos y de talleres de capacitación laboral para los mismos. La preocupación por los obstáculos existentes para con los extranjeros en relación al derecho a la educación son considerados especialmente, proponiéndose la reforma de la ley de migraciones para poder garantizarlo. Junto a este reclamo se toma posición frente a la situación de pobreza y "desastre económico" que se vive, en la que la mujer debe salir a trabajar para *"ayudar en algo al presupuesto familiar"* y *"quedando los niños sin protección por varias horas"* (IN: 4); la propuesta sobre este tema incluye la instalación de guarderías infantiles en todos los barrios. También preocupa la inseguridad en los barrios, exigiendo a la municipalidad la instalación de destacamentos policiales o rondas nocturnas, pero con la salvedad, nada ingenua, de que la policía cumpla *"la real función de custodia y no de represores"* (IN: 4). Entre la gran cantidad de pedidos y resoluciones por cada uno de estos temas, apoyados en visiones sobre la realidad social bien definidas (como aquel que pide el control de "indexación" de los loteos privados adecuándolos al salario real), era de esperar que la Interbarrial se posicionara como interlocutora de peso. Presentándose como vecinos conocedores de los problemas de cada uno de los barrios es que puede entenderse la exigencia de participación y comunicación *"en la distribución del presupuesto anual municipal"* y la *"intervención de esta Interbarrial en la confección de la carta orgánica municipal"* (IN: 4).

En el ítem salud, las exigencias se relacionan con la precariedad infraestructural de los nuevos barrios. La edificación de centros de salud con guardias de 24hs, teléfono y ambulancia, la ampliación de las prestaciones de los mismos y la implementación de farmacias a cargo del ministerio de bienestar social, entre otros pedidos vinculados a los altos niveles de consumo de alcohol, forman la larga de lista de necesidades de los habitantes de estos barrios.

La Interbarrial también supo articular su actividad con la solidaridad hacia otras protestas, en especial las de la UOCRA, ya que gran parte de sus integrantes trabajan en la construcción y se ven involucrados en las agitadas huelgas de los años '84 y '85 (de ellas nos ocuparemos más adelante). De este modo, relacionándose con la Multisectorial neuquina o participando en comisiones encargadas de acercar partes en conflicto, la Interbarrial aumenta su notoriedad como interlocutor político legítimo, a tal punto que su performance militante es altamente exitosa logrando escrituraciones de loteos ocupados, la instalación de centros de salud, servicios para los barrios e incluso colocando un representante en el consejo de administración de la Cooperativa CALF.[21]

Como presidente, Salas se verá involucrado y acusado por Luis Sapag de instigación a la violencia en las movilizaciones obreras, y en el año '85 (con Sobisch intendente) luego de una agitada movilización vecinal es acusado de sedición, desacato y perturbación del orden público. La movilización reclamaba la venta de lotes municipales a sus ocupantes, frente a lo cual la Municipalidad y el Concejo Deliberante habían cerrado filas ofreciendo un permiso de ocupación precaria que justamente precarizaba aún más la posesión de los lotes haciéndolos factibles de ser vendidos *a posteriori* por la municipalidad. El episodio es un preanuncio del modo de acción directa que toman las protestas en Neuquén y que luego será una de las formas clásicas de acción colectiva durante los '90, conviene retenerlo:

> [...] entonces nosotros vinimos al Concejo, vinimos como trecientos vecinos [...] estaba en sesión el Concejo, entonces, agarramos, nosotros entramos [...]y dijimos, bueno, que salgan los concejales a explicar afuera qué es lo que van a hacer, si nos van a respetar. Bueno, salimos todos hacia fuera, sale el presidente del Concejo, que era Giuliani a explicar, y dice, 'esto es así y no hay más nada que discutir'. ¡Para qué!, *el tipo cuando quiere cerrar la puerta, los vecinos abren la puerta y nos metemos todos para adentro, ¿y qué hacen los concejales?*, rajan a la mierda (Testimonio de Jorge Salas, Neuquén, 13/12/2007).

Luego comienza la caza de brujas de los principales referentes, entre los que lógicamente estaba Salas, y posteriormente vendrán las causas judiciales. Tres años más tarde la justicia condenará a Salas a un año y medio de prisión,

---

[21] CALF: Cooperativa de Agua, Luz y Fuerza de Neuquén. Fundada como cooperativa en 1933 y llamada originariamente Usina del Pueblo. En 1938, CALF comenzó a brindar el servicio eléctrico y de alumbrado público en Neuquén, el que continúa hasta hoy, y al que se incorporaron los servicios de Sepelios, Telefonía, Servicio Asistencial, Medios de Comunicación de marcado perfil progresista (Radio CALF-UNCo), Internet y Capacitación a través del Instituto de Acción Cooperativa. Al año 2010 contaba con más de 140.000 asociados.

en un preanuncio de la criminalización de la protesta social que años más adelante azotará a los manifestantes neuquinos.

Estos y otros tantos episodios de la Interbarrial marcan un trayecto tan ascendente y rápido que su disolución no pudo menos que arrastrar el mismo ritmo. Desde el comienzo, y más allá de su dinámica participativa, el MPN siempre la vio con un creciente recelo al comprobar el protagonismo político que iba adquiriendo. El éxito en obtener determinados servicios (luz, gas, agua) era presentado de diferentes maneras: ya como una victoria de la Interbarrial, ya como una eficiente política social municipal y provincial, que siempre estuvieron dominadas por el MPN.

Al promediar los años '80 la Municipalidad de Neuquén, argumentando un explosivo y caótico crecimiento urbano, impone un rediseño de la cartografía barrial en la cual los barrios surgidos de las tomas quedan subdivididos en varios barrios menores. Se reconfiguran así nuevos centros vecinales donde los miembros pertenecientes a un barrio de repente deben encuadrarse en otro, exigiéndose en muchos de estos nuevos barrios personería jurídica para la conformación de las comisiones vecinales, requisito que comienza a exigirse para ser interlocutora legítima con la Municipalidad. Así se dieron casos de superposición de autoridades en zonas donde existían dos presidentes de comisiones vecinales en simultáneo (la vieja y la nueva), o se fomentó la competencia entre beneficios obtenidos rápidamente por nuevos barrios frente a zonas postergadas desde hacía varios años. Pero fue en las elecciones para las nuevas autoridades vecinales donde Salas vio la mano del MPN y sus "punteros". En principio, a su ahora ex barrio sólo le correspondía una manzana de la subdivisión original, pues el resto ya pertenecía a otro barrio nuevo. Los padrones para las votaciones comenzaron a ser adulterados: *"por ahí tenías 10 o 20 tipos de otro barrio, te los empadronaban, venían a votar, así que era muy difícil ganar, muy difícil"*. Los referentes ligados al MPN obtenían recursos considerables y comenzaban a utilizar el aparato partidario con el cual ya entonces resultaba imposible competir. Los barrios y referentes más combativos fueron mermando su capacidad de convocar y lo que sobrevino fue un fuerte golpe desmovilizador sobre las voluntades de los menos militantes.

En este proceso Jorge Salas primero se reubica en el PC en vistas del auspicioso crecimiento del movimiento, pero le toca atravesar una de las grandes crisis de entonces (XVI Congreso del PC argentino). No obstante, junto a otros camaradas logra desplazar a la conducción local alcanzando un cargo de jerarquía en la regional Neuquén. Resulta interesante destacar que al PC neuquino poco y nada le interesará este movimiento que, tildado de "ultraizquierda", pasará totalmente desapercibido, a tal punto que el propio Salas reduce, retrospectivamente, las problemáticas existentes a la ambigua zona de lo cotidiano, lejos de "lo político":

> […] lo que no hacíamos es relacionar, diríamos, el proyecto político que nosotros o incluso el personal tenía, con el grado de inserción que teníamos. Nosotros, escuchame, la gente nos venía, tenía problemas íntimos, y éramos los receptores de todos esos problemas [...] la señora venía a quejarse que el marido tomaba mucho (Testimonio de Jorge Salas, Neuquén, 13/12/2007).

Paradójicamente, con el tiempo y las diásporas militantes que asolan al PC, Jorge Salas, quien no puede ocupar cargos partidarios de jerarquía por su condición de extranjero, quedará como máximo referente a nivel regional en medio de una crisis que se lleva a dirigentes en pleno crecimiento, como Liliana Obregón, de incipiente militancia en ATEN y que en los '90 llegará a secretaria general del gremio. Tras la experiencia de la Interbarrial, Salas disminuirá su perfil público y se convertirá en un actor secundario de un movimiento vecinal en retirada fuertemente atravesado por el MPN.

Esta práctica política cultivada por la presencia chilena en Neuquén también es un asunto de profundas reflexiones en un personaje como Jorge Luis Muñoz Villagrán. Exiliado político del pinochetismo desde 1975 (*"no nos vinimos por gusto sino por Augusto"*, suele bromear) migra hacia Buenos Aires donde se desempaña en el Equipo de Pastoral para Chilenos, trabajando en simultáneo en áreas como el folclore chileno y el Teatro Popular, ambas preocupaciones ligadas a su eterno desvelo: el insuperable desarraigo con el que cargan sus compatriotas. En 1979 el clima político porteño le resulta demasiado pesado, y merced a la ayuda que le ofrece Don Jaime De Nevares es que surge la posibilidad de su nombramiento como Delegado Diocesano para la Pastoral de Migraciones de Neuquén, cargo que acepta y en el cual se desempeña hasta la actualidad. Años más tarde culmina su carrera universitaria y egresa como Licenciado en Servicio Social por la Universidad Nacional del Comahue.[22] Respecto de la tradición política traída por los chilenos remarca: *"Nosotros no traíamos una experiencia política como se cree, sino (…) una larga tradición práctica de participación social"* (Testimonio de Jorge Muñoz, Neuquén,12/12/2007), participación ejercida fundamentalmente en ámbitos de socialización como la escuela secundaria, en donde *"nos quedábamos dos horas por semana para nosotros solos…cada curso tenía su centro de estudiantes, su comisión directiva. ¡Eran dos horas solos para nosotros!"*, y esta práctica, sostiene, ya existía antes de Allende, y abarcaba también a las mujeres (centros

---

[22] Su trabajo final, en el que plasmó todas las preocupaciones referidas al exilio chileno de las últimas décadas, se publicó bajo el título de *Los "chilenos" en Neuquén-Argentina. Idas y venidas.*

de madres que constituían una federación de comisiones de mujeres, grupos juveniles, grupos de madres en cada curso de cada colegio, etc.). Muñoz acumuló experiencia política siendo delegado en la escuela secundaria, militó en organizaciones cristianas y formó parte del MAPU (Movimiento de Acción Popular Unitaria) *"la síntesis más interesante entre marxistas y cristianos"*, lugar donde se entusiasmó con la Teología de la Liberación.Muñoz se esfuerza en distinguir que *"había mucha participación social, no como ahora que es todo partidaria"*, de lo que se puede interpretar un modo de participación política bien flexible y donde la militancia debe *"construir movimiento social sólido; los partidos sólo eran un instrumento"*. Sin embargo, esta tensión que aparentemente no es más que un recelo distintivo entre modos de organización más o menos clásicos (partido y movimiento), después del golpe se aclaró ya que aterrizó en Neuquén un sector mucho más politizado *"que sabe que la participación es una cuestión política"*, mientras que *"la migración previa era mucho mas silenciosa: un porcentaje venía, cosechaba y se volvía. Después de Pinochet, no"*. Con todo, el despliegue de ese bagaje en tierras neuquinas ocurría, por ejemplo, en las escuelas, institución en la que los padres chilenos solían ser felicitados porque concurrían todas las mañanas y participaban de la formación de cooperativas y comisiones de padres. Esto fue así hasta que los signos de discriminación (el uso del "chileno de mierda") comenzaron a retrotraer las inicativas.

Mientras la xenofobia no jugó a favor de la desmovilización, los chilenos que llegaron con estas prácticas intervinieron, como vimos, en la gestación de la Interbarrial neuquina, experiencia que resultó tan movilizante que no resulta osado sostener que en ese ámbito *"(antes) no había esa organización"*. La cantidad de dirigentes barriales chilenos que la Interbarrial tuvo fue, según Muñoz, abrumadora, por lo que su hipótesis sobre la decadencia de la misma resulta creíble toda vez que se retenga el dato de la imposibilidad para los extranjeros de ser candidatos dentro de la política partidaria, y se considere la impronta que Muñoz remarca con particular énfasis:

> La interbarrial desaparece porque el fenómeno de la democracia hizo que se institucionalizara todo, porque la institucionalización hizo que los inmigrantes quedáramos afuera […] El fuerte de la Interbarrial eran las tomas, la propiedad de la tierra, y una vez conseguido el problema central era lógico estar por la institucionalización…por eso nosotros después empezamos a buscar representantes argentinos porque no podía ser un chileno. ¡Nos buscaban de la UOCRA para tener delegados! […] Se había conseguido el objetivo: la propiedad de la

tierra. No están más los dictadores y en democracia hay que formalizar: ahí desaparecemos todos (Testimonio de Jorge Muñoz, Neuquén, 12/12/2007).[23]

Y si la propiedad de la tierra es alcanzada, aunque sea precariamente, o se presenta como un horizonte tangible en Neuquén, y a la vez impensable en Chile, no resulta extraño ni la desmovilización al ir consiguiendo cada familia formalizar como propietarios (y en el mismo movimiento, si decidían naturalizarse argentinos, un automático voto y afiliación al MPN), ni tampoco el reconocimiento hacia la dos grandes figuras carismáticas de la historia política neuquina, Don Jaime y Don Felipe. El propio Muñoz lo dice con sus palabras:

> […] porque el MPN supo darle espacio a nuestros compatriotas. Aunque no tuvieran derecho a afiliarse… y para un chileno que un gobernador o que un intendente le diera pelota, porque allá en Chile, vos sabés como es la cosa, piramidal… ¡pero no sabés cómo!...que un gobernante lo recibiera, lo invitara acá (Testimonio de Jorge Muñoz, Neuquén, 12/12/2007).

En efecto, puede decirse que ambas figuras generaron espacios de participación, a su manera, *"y ahí está la explicación de la conflictividad en Neuquén, entre MPN y no MPN"*, resume Muñoz. En este escenario la izquierda visible en Neuquén, la izquierda que protesta asiduamente en las calles es, para un chileno como Muñoz, "ultraizquerda", trotskismo a secas, mientras que el famélico PC es una organización inexistente, y encima, compuesta por militantes chilenos. El MPN, en cambio, se propone desde el protagonismo alcanzado por la Interbarrial llegar a ese ámbito de las comisiones vecinales como una decisión política clara e impulsada desde la seccional primera del partido; ahí mismo es que *"se armaron los consejos vecinales asesores y se dan cuenta de que había que meterse en las juntas"*. En ese marco la relación con Sobisch en la intendencia fue muy bien vista:

> Con él hicimos la erradicación de villas más digna de todas […] 221 familias que se radicaron en Ceferino y Valentina Sur. Se les ofreció terrenos, se discutió el tipo de casas que se iba a hacer. Fue brillante. Con el primer gobierno provincial de Sobisch […] metió mucha gente extrapartidaria ligada al movimiento social, contestatario…él nos ayudó mucho, personalmente, con su bolsillo…*Ya el neoliberalismo se ve que lo cambió.*(Testimonio de Jorge Muñoz, Neuquén, 12/12/2007).

---

[23] Opinando en forma similar a Salas, Muñoz señala: "La chilenidad consolidaba movimiento social pero los partidos argentinos tenían yo te diría hasta que temor de este tipo de movilización. Los peronistas o los nacionalistas siempre fueron jodidos con nosotros".

Lo cambió, y *"los chilenos se mimetizaron"*. En esa frase se resume el proceso de nacionalización de muchos de ellos, un poco para que los hijos de chilenos dejaran de sentir dsicriminación por su origen extranjero, otro poco porque ellos, los hijos nacidos en Neuquén, ya configuran su identidad en un lento alejamiento de la de sus padres.

La huella dejada por las prácticas de participación política generada por los chilenos más movilizados dejó su marca. Puede decirse que los barrios neuquinos conocieron un antes y un después de la Interbarrial. Y para amplificar la imagen y ponderar el peso de este proceso conviene considerar la densa red que con la Iglesia de Don Jaime, a través de la Pastoral de Migraciones, tejieron estos exiliados: equipos de trabajo parroquiales y pastorales, revistas comunitarias, boletines barriales, boletines escolares, radios comunitarias y asociaciones civiles se hicieron eco de las demandas de vecinos pero también de las crecientes protestas que comenzaban a poblar de lucha social el espacio neuquino. Casi toda la segunda mitad de los '80 se encuentra repleta de encuentros chileno-argentinos con eje en temáticas como la organización popular y que hacen especial hincapié en la producción de prensa popular (talleres de cómo organizarla, o sobre qué es la comunicación, etc.). Todos estos encuentros están articulados por pastorales de migraciones y organismos y movimientos ecuménicos como "Los padres misioneros de la preciosa sangre" de Chile. También se repite, como en todos estos documentos, el tema de la organización comunitaria (y transnacional) para resistir el hambre, frío, crisis económicas, etc.

Siguiendo el huidizo registro existente en materiales impresos -muchos de ellos apenas volantes escritos a mano o fotocopiados artesanalmente, amontonados en casas de vecinos a modo de archivo informal- es que pueden rastrearse algunas actividades[24] o procesos formativos que se adentran en los '90 como ocurre con la constitución del SITRADONE (Sindicato de

---

[24] Por ejemplo, en la *Revista Ecos Comunitarios* se narra la organización de fiestas patronales, o se comentan a través de historietas los problemas cotidianos de vivienda, salud y educación. También se cede un espacio crítico a la Asociación Mapuche *Nehuen Mapu*, que participa con un breve artículo titulado *"¿Por qué estamos como estamos?"*, esto es, la explicación desde la Conquista española hasta el período democrático (presidencia de Carlos Menem) del por qué la situación "no cambia para el pueblo" y en especial el por qué los mapuce siguen siendo marginados de la política y la sociedad neuquinas. A través de la lectura de estas publicaciones también permea un activismo extra barrial que, si bien se enmarca en la lógica religiosa, instala temas como los derechos del niño, reflexiones sobre la sociedad de consumo, sobre la significación del día de la raza o sobre la importancia de ejercer el derecho al voto (*"como cristianos no podemos quedarnos al margen de un hecho donde se juega el futuro de todos"*). Datos extraídos de números sueltos de la *Revista Ecos Comunitarios*, prensa del Equipo de Comunicación de la Parroquia Monserrat, números 1, 3, 4, 5, 6 (1990), los números 9 al2 (1991), y 18 (1992). Del activismo mapuce surgido del grupo Nehuén Mapu nos ocuparemos al final.

Trabajadoras Domésticas de Neuquén, fundado en 1985),[25] y la aparición del grupo de apoyo al mismo cuyo objetivo es acompañar las reivindicaciones de la "mujer trabajadora". En un reportaje a Norma Ruiz, la secretaria general de entonces, ésta comenta cómo a través de gestiones del Padre Galviatti se conforma el sindicato en el año 1985, y luego relata el cómo ella decide participar en el mismo. Se confesa admiradora de Eva Perón y convencida de que el sindicalismo es "la forma de defender derechos", enumera las demandas del SITRADONE: la exigencia de la libreta de trabajo, el reconocimiento de la antigüedad y del derecho a vacaciones, además de reivindicaciones como el rol igualitario de la mujer en la sociedad y su carta a Don Felipe Sapag reclamando que se cumpla una resolución fechada en octubre de 1988 y emanada del Ministerio de Trabajo sobre la vigencia de la libreta de trabajo.[26]

Otra organización con inserción vecinal y de tinte cristiano denominada grupo de trabajo Enrique Angelelli publica su Boletín *Vamos a andar*.[27] En su editorial titulada *"Unidad: ¿un desafío necesario?"*, pone en discusión las "nuevas formas de acción popular" que si bien no responden a los canales tradicionales de participación política apuntan a lograr "desde abajo" una sociedad "más justa, más democrática". En su diagnóstico da aviso de que el país vive los *"momentos más difíciles de toda su historia"*, en relación a los niveles de pobreza, la represión policial y la desocupación. Entre los columnistas del boletín destacan la participación de Ricardo Villar (diputado por la UCR), Walter Pérez (del grupo Angelelli), Julio Fuentes (ATE) y Jorge Izquierdo (judiciales). Al año siguiente, la misma publicación aborda con exclusividad el tema de las privatizaciones y en ella opinan Alcides Christiansen (UOCRA) y Ricardo Bandieri (CGT).[28] Ya a mediados de los '90, la organización vecinal se articula entre algunos barrios movilizados y otros actores dominantes en la escena de la protesta social, como el CTA, que junto a los más viejos como la Corriente de militantes por los Derechos Humanos y Pastoral Social del Obispado de Neuquén, acompañan reclamos de bonos gasíferos, víveres, pago de facturas de luz por parte del municipio, la aplicación de la ley 2128, entre otras demandas.[29]

Registros, huellas, idas y venidas entre militantes que se entrecruzan en organizaciones lejanas y cercanas: DDHH, Iglesia, movimientos vecinales.

---

[25] Boletín *Desde el pie*, perteneciente al grupo de apoyo de SITRADONE, año 1, n. 2, julio de 1989.

[26] El sueño de Ruiz es "un mundo nuevo que todavía no llega, a pesar de tanta sangre derramada como la del mismo Cristo" (Ídem).

[27] Boletín *Vamos a andar*, publicación del Equipo de trabajo Enrique Angelelli, año 1, n.1, julio de 1990. Director: Elí González.

[28] Boletín *Vamos a Andar*, año 2, 1991.

[29] "Solo organizándonos solucionamos nuestros problemas", *Boletín Vecinal* de Villa Ceferino, año 1, n.2, 1996.

Insistimos: imposible entender sin ellas los '90. Ninguna de ellas desaparece definitivamente y, por lo mismo, se transforman en nuevas luchas y en otros actores que los relevan. El último escalón de entrada a los '90, símbolo de una época en retirada provisoria, lo constituyen los obreros y activistas de la construcción agremiados en la UOCRA. El mismo acto de registrar sus luchas los *hace* tradición. Veamos.

La izquierda y la UOCRA
Construir tradiciones (o el arte de conservarse conservando)

¿Por qué y para qué recordar y contar?, ¿contar y/o contarse a sí mismos?, ¿qué es (re)construir un relato, señalar una trayectoria?[30] La muerte del dirigente obrero, de origen chileno y militante de izquierda, Juan Yáñez, ocurrida el 29 de julio de 2006 en la ciudad de Neuquén, convocó en su velatorio a varias generaciones de activistas que, a medida que expresaban sus afectos y elaboraban relatos de recuerdo permitían sugerir el proceso de construcción de un continuo entre su vida, las luchas obreras en las que participó y la política. Operación clásica de la cultura política de izquierdas -aunque no exclusiva-, el nexo entre las épicas vidas de militantes y determinados eventos de luchas sociales parece confluir con la intención de conferir sentido a ambas instancias. Operación clásica entre los historiadores -aunque tampoco exclusiva de ellos-, la arbitraria selección de documentos varios para conferir unidad e inteligibilidad a una idea nos brinda la posibilidad de exponer el intrincado fenómeno de la construcción de tradiciones en ambas direcciones: la de sus protagonistas directos, y la de sus relatores indirectos:

> Un compañero de larga tradición militante, que comenzó a los 16 años en su Chile natal. Perseguido por la dictadura de Pinochet, cruzó a la Argentina

---

[30] "A través del conocimiento práctico que se exige tácitamente a los recién llegados, están presentes en cada acto del juego toda su historia y todo su pasado. No por casualidad uno de los indicios más claros de la constitución de un campo es –junto con la presencia en la obra de huellas de la relación objetiva (a veces incluso conciente) con otras obras, pasadas o contemporáneas- la aparición de un cuerpo de **conservadores de vidas** –biógrafos- y de obras –filólogos, los historiadores de arte y de literatura, que comienzan a archivar los esbozos, las pruebas de imprenta o los manuscritos, a "corregirlos" (el "derecho de corrección" es la violencia legítima del filólogo), a descifrarlos, etcétera-; toda esta gente que está comprometida con la conservación de lo que se produce en el campo, su interés en **conservar y conservarse conservando**" (Bourdieu, 1990: 138, negritas nuestras).

donde continuó su militancia como parte de la camada de cuadros que destacó el movimiento obrero neuquino en sus distintos procesos de lucha, donde los trotskistas tuvieron un rol destacado. De hecho, *esa tradición forma parte de la vanguardia neuquina* [...] Fue un dirigente obrero revolucionario frontal, franco, y muy respetuoso. Impulsor también en la zona de la Coordinadora Regional del Alto Valle. Tuvimos muchos acuerdos, y aún en las polémicas y diferencias más duras su debate fue frontal y leal. (Palabras de Raúl Godoy transcriptas en el periódico *La Verdad Obrera*, 2006: 13).

Juan Yáñez fue velado en la sede del sindicato ceramista neuquino (SOECN), un sindicato emblemático y que quizá sea la expresión de lucha social más radicalizada de este período, resumiendo en su corta historia de vida (como desarrollaremos cerca del final) los elementos simbólicos más caros de esta tradición neuquina de protestas sociales. Allí hablaron, entre otros, el entonces secretario general, Alejandro López, compañeros de militancia de Yáñez en el POR (Partido Obrero Revolucionario, su último agrupamiento político) y Raúl Godoy, secretario adjunto del SOECN y dirigente nacional del PTS (Partido de los Trabajadores por el Socialismo).

Si fuéramos biógrafos diríamos: nacido en Chile hace 55 años, Yáñez fue militante de la Juventud Socialista de Chile, luego de romper con ella ingresa a la trotskista OMR (Organización Marxista Revolucionaria), con implantación en el cordón industrial pesquero en la ciudad de Talcahuano. Con Pinochet en el poder cae en prisión y es torturado; escapa luego hacia Mendoza (con pedido de captura) y luego emigra a Neuquén. Una vez instalado en la ciudad norpatagónica ingresa al PO (Partido Obrero, de donde más adelante será expulsado) y finalmente culmina su trayecto político en el POR. Entre otros acontecimientos notables en los que participó durante sus años neuquinos figuran la huelga de los trabajadores de la construcción de 1984 y su protagonismo como dirigente del plan de lucha de los trabajadores de la represa de Piedra del Águila durante 1986, en reclamo de medidas de seguridad, y que incluyó una histórica caminata hacia la capital neuquina. En 1995 Yáñez colabora también en la conformación de la primera organización de trabajadores desocupados de la provincia: la Coordinadora de Desocupados de Neuquén, y más tarde se verá envuelto en las pobladas cutralquenses (1996/97). Ya entrado el nuevo siglo participa como activista de la Coordinadora Regional del Alto Valle de Río Negro y Neuquén, un nutrido agrupamiento de comisiones internas y militantes de diversas organizaciones clasistas que tuvo un efímero esplendor. Hasta aquí delineamos brevemente su biografía (militante) a la manera clásica; pero también puede hablarse de una *trayectoria* en términos de acumulación de un tipo de capital específico, un capital militante.[31] Como tantas otras vidas, la de Yáñez entrelaza múltiples experiencias que permiten ver el encadenamiento de corrientes de militantes participando en diversos conflictos, o si se prefiere al revés, conflictos que en determinadas circunstancias dejan emerger a la superficie la existencia de redes militantes en su interior.[32] Pero el caso es que sin el registro de su muerte (la elaboración de anecdotarios, memorias, discursos) difícilmente conozcamos no sólo su trayectoria política, sino principalmente episodios que están "allí", dispuestos a ser capturados por la operación historiográfica de convertir un pasado, muerto, en Historia (De Certeau, 2008).

Por eso Yáñez es tanto lo que sus camaradas dicen que él fue, como también la condición de posibilidad para la emergencia de un relato que indisimuladamente preanuncia la dirección de su lectura bajo ciertas palabras claves: clasismo, obrero, izquierda...Y así como una muerte da aviso de existencia a una voluntad de tradición –todavía subterránea- de luchas sociales, otros actores pueden encargarse de que la tarea de rescate de aquella no sea tan dificultosa. Las denominadas "huelgas salvajes" de la UOCRA neuquina (gremio de la construcción) realizadas a mediados de los '80 y por las que Yáñez circuló no fueron registradas, a excepción de un grupo de militantes que decidió editar un Boletín en su memoria justificando el acto de la siguiente manera:

> Rara vez obreros protagonistas de una lucha se proponen contar por escrito sus experiencias, intentando sacar conclusiones de ella. Y más raro aún si esto lo hacen varios años después. Por muchos meses, un grupo de compañeros y compañeras que participó activamente en una década preñada de ilusiones, desengaños y luchas, se reunieron recordando aquellas épocas, recorriendo

---

[31] Dice Bourdieu: "Los acontecimientos biográficos se definen como inversiones a largo plazo y desplazamientos en el espacio social [...] lo que significa que solo cabe comprender una trayectoria [...] a condición de haber elaborado previamente los estados sucesivos del campo en el que ésta se ha desarrollado, por lo tanto el conjunto de las relaciones objetivas que han unido al agente considerado" (Bourdieu, 2007: 82).

[32] En muchos casos, como el del propio Yáñez, la elaboración de una historia militante permite observar cierto proceso de construcción (o rectificación) de un tipo o modelo ideal de militante, que encuadra perfectamente en ciertas coordenadas que unifican los tópicos sujeto-política-clase: "Pocas veces un individuo –como Juan- expresa de manera concentrada las cualidades y atributos de su clase y de manera tan completa [...] su militancia, como la de todo revolucionario, no se agotó ahí. Juan batalló incansablemente por la construcción del partido obrero revolucionario, su sección argentina y por la reconstrucción del partido mundial de la revolución socialista, la IV Internacional. Más que cualquier otra caracterización, Juan Yáñez fue ante todo un trotskista y en consecuencia un cuartainternacionalista ejemplar." Ver *Compañero Juan Yáñez, hasta la victoria del proletariado, siempre!*, Raúl Bengolea, Grupo Obrero Revolucionario-Contra la Corriente (GOR-CLC), Chile. Disponible en: http://gor-contralacorriente.blogia.com.

barrios, obras, charlando con viejos conocidos, dispuestos todos a tratar de re-armar el rompecabezas de recuerdos y olvidos (Emancipación Obrera, 1992: 2).

Las *"Memorias obreras. Luchas obreras de la construcción en Neuquén"*, que narra la huelga del año '84, es el único documento hasta hoy sobre aquellas notables luchas que, dato olvidado, llegaron a ser apuntadas por el mismísimo "patriarca" neuquino, Don Felipe Sapag -gobernador de Neuquén por entonces- en su libro *El desafío* y apenas mencionadas en la escasa bibliografía disponible (Palermo, 1988, Petruccelli, 2005, Chávez, 2007). Escritas por Emancipación Obrera -un conjunto de militantes de izquierda distanciados de los partidos-, la elaboración de las *Memorias...* responde a una necesidad pedagógica-política de revertir la "derrota" a través de plasmar en papel las escenas de aquel conflicto, aunque el efecto secundario, es decir, la producción de un "documento", no está para nada ausente del horizonte de posibilidades por ellos advertida:

> El motivo de tal esfuerzo y dedicación no era hacer una tesis para alguna institución, ni buscar alarde de erudición, sino recordarse y recordarnos que nos pueden golpear, reprimir, hasta derrotar en una y mil luchas, pero jamás lograrán quebrarnos como clase (Ibídem: 2).

Nótese que la operación de (auto) legitimación de un documento escrito por *militantes* demarca el campo en el cual *y desde el cual* este producto puede y debe ser leído –y por lo tanto, legitimado y comprendido-: las coordenadas del *campo político militante*; otro campo, por caso el campo científico (la escritura científica), y que los autores parecen conocer bien, queda fuera de discusión puesto que no se trata de *"hacer una tesis para alguna institución"…* Y claro que esa tarea lleva otra misión en su interior: la transmisión, la inculcación, la narración y el establecimiento, al fin, de un relato que organiza el decurso de las luchas en el largo derrotero que el capitalismo inauguró: *"debemos tomar las experiencias de huelgas y luchas llevadas a cabo por la clase obrera en estos últimos 200 años"* (Ibídem: 25).

Todo comienza en el Choconazo

Pero mucho más reciente que aquellos lejanos 200 años de luchas sociales contra el capitalismo, debe de existir una referencia cercana y palpable para que el sentido del relato militante gane en eficacia, entonces ¿dónde ubican estos militantes el inicio de la secuencia de luchas sociales en donde los obreros de la construcción neuquina deben reconocerse? Sin dudas es la seguidilla de protestas conocida como *El Choconazo*, ocurrida entre diciembre de 1969 y marzo de 1970, la gesta indicada como fundante para la tradición de protestas de obreros de la construcción neuquina; el hito referencial más perceptible, no sólo porque sus protagonistas participan de conflictos y organizaciones posteriores llevando en sus cuerpos el relato, sino también porque el Choconazo se inscribe en un horizonte sensiblemente mayor de significaciones políticas: las huelgas contra las grandes empresas privadas transnacionales, las luchas contra el régimen político nacional y su expresión local (la dictadura de Onganía, el Movimiento Popular Neuquino), contra la burocracia sindical de signo peronista, y que confluye con otros movimientos sindicales combativos de entonces: el sindicalismo clasista.

El Choconazo participa de otras manifestaciones de la época: ocurre nueve meses después del Cordobazo, es contemporáneo a numerosas puebladas en el interior del país y de movimientos como el de las Ligas Agrarias en el nordeste, o grandes huelgas como las lideradas por la FOTIA en Tucumán.[33] Nacida por reclamos en torno a salarios, higiene y seguridad, pero también por el no reconocimiento de los delegados electos por las bases (Alac, Olivares y Torres), el Choconazo es una huelga masiva de obreros de base –unos 3000- que enfrenta los atropellos patronales pero fundamentalmente a las conducciones sindicales, o mejor dicho, a sus interventores, a sus "comisiones normalizadoras" y a la dirección nacional del gremio encabezada por el vandorista[34] Rogelio Coria y su representante local, Juan Alberto Delturco, éste último de conocidas prácticas gangsteriles como la infiltración para desactivar células de activistas o su denunciada participación en los servicios de inteligencia. Todo este panorama lo cerraba De Lillo, líder de la CGT local y futuro hombre de Felipe Sapag en la cartera de Educación. Frente a ellos, y de la mano de Antonio Alac, militante del PC, los obreros que levantaban la represa hidroeléctrica del Chocón, el "Assuán Argentino", se animaban a conformar el MUC (Movimiento Unitario de la Construcción), a su vez

---

[33] Los dirigentes del Choconazo participaron también de la "Reunión Sindical y Popular por la Justicia Social y la Liberación Nacional" realizada en Córdoba durante enero de 1970, junto a otros gremios combativos del país, en donde además se entrevistaron con Tosco. Al regresar, fueron expulsados de la UOCRA acusados de "inconducta sindical", lo que ocasionó otra huelga lanzada por obreros de base (Chaneton, 2005).

[34] Vandoristas: seguidores de Augusto Timoteo Vandor (1923-1969), también conocido como "el Lobo". Vandor fue uno de los sindicalistas metalúrgicos más importantes del peronismo y referente del "participacionismo", esto es, una política de pactos ("golpear primero, negociar después") con la dictadura militar de Onganía y que posteriormente se traducirá en el intento de generar una corriente interna en el peronismo conocida como "peronismo sin Perón". Muere acribillado por militantes del peronismo revolucionario en la sede central de la Unión Obrera Metalúrgica (UOM).

encuadrado en el MUCS, vertiente sindical clasista del PC. Sin entrar en detalles sobre el conflicto, que en rigor se desató en dos huelgas, con despliegue de barricadas, asambleas masivas, marchas, enfrentamientos y represión, lo cierto es que conmocionó profundamente a la sociedad neuquina, a su arco sindical-partidario, logró repercusión nacional –Onganía vio dificultada su llegada a Neuquén- y fundamentalmente consolidó la argamasa característica de ciertos conflictos que en adelante protagonizarán los obreros de la construcción de Neuquén: combatividad en las bases, predisposición a la acción directa, fuerte presencia de la izquierda, y una solidaridad desde afuera en donde la Iglesia juega un rol central a favor de los reclamos obreros.[35] Además, la heterogénea constitución del movimiento obrero neuquino mantuvo siempre un perfil caracterizado por la fuerte presencia de trabajadores de países limítrofes (Chile, Bolivia, Paraguay, Uruguay), y de provincias del centro y norte del país; muchos de estos obreros traían consigo una intensa tradición de luchas, en especial desde Chile luego de la caída de Allende. Juan Yáñez, para no olvidarlo, es un claro ejemplo de ello.

El Choconazo entonces es la más clara referencia para la militancia de izquierda que lo señala sin titubeos como la mayor gesta obrera de la región. Un militante de lo que entonces era el PST –y luego en los '80 el MAS[36]- acota que además de ubicarse en un contexto de grandes luchas sindicales, lo que va a ocurrir luego en los '80 con el protagonismo de los obreros de la construcción y de la izquierda en su interior tiene que ver con que:

> […] la UOCRA era parte de este fenómeno nacional, y en Neuquén se hicieron las elecciones del '85 de la UOCRA donde también se ganó la lista unitaria de oposición encabezada por Evaristo Selesky, acá en Neuquén. Demostraba que Neuquén en la construcción, había retomado la trayectoria combativa que había tenido desde la época del Choconazo (Testimonio de Joaquín, PST/MAS, Neuquén, 12/06/2007).

Un militante del PO[37], compañero del fallecido Yáñez señala:

> Y entonces Neuquén capital y el interior se moviliza económicamente a través de la construcción de miles de viviendas, y muy tempranamente esto hace que tanto el PO como el MAS dediquen esfuerzos militantes para la organización en la construcción. [...] desde el Choconazo [...] cualquier partido que se

---

[35] El Choconazo es el bautismo de fuego de Jaime de Nevares.

[36] PST: Partido Socialista de los Trabajadores, MAS: Movimientos Al Socialismo, ambos trotskistas.

[37] PO: Partido Obrero, trotskista.

reclama de izquierda tenía que tener una presencia en la construcción (Marcelo Lafón, PO, Neuquén, 15/12/2007).

Otros testimonios consultados abundan en expresiones como "la huella", "el camino" o "la escuela de huelgas" que *El Choconazo* dejó. Y es que la característica central de aquellas huelgas, como afirmamos arriba, fue tanto la filiación política de izquierda de sus dirigentes, como la de ser huelgas nacidas desde las bases obreras, en desafío a la entonces cúpula de la UOCRA local y nacional ("huelgas salvajes"), además de a la patronal y al ejecutivo local.

1984

Poco y desigualmente estudiada (Chaneton, 2005, Quintar, 1998), al Choconazo le seguirán huelgas menores hasta entrados los años '80. En efecto, dos contundentes episodios pondrán nuevamente a los obreros de la construcción en el centro de la escena política neuquina, centralidad que tiene que ver con que la provincia –o mejor, el MPN- consolida definitivamente su perfil estatal/benefactor a través de la obra pública (escuelas, hospitales, viviendas, rutas). A pesar de ello, y luego del fin de la dictadura militar y la guerra de Malvinas, comienzan en Neuquén paros por obra, aislados, principalmente en las concentraciones obreras grandes como Cordón Progreso, Sapere, La Sirena, de capital, y obras del interior como Alicurá, Arroyito y Piedra del Águila. Las demandas en general son por condiciones laborales (se trabaja en invierno con temperaturas bajo cero y sin ropa adecuada, a cargo del obrero, además se reclama implementar el CCT 76/75). Hacia inicios de los '80 en el sindicato funcionan la Comisión Normalizadora de la UOCRA y el cuerpo de delegados. La Comisión estaba encabezada por Daniel Ávalos, secundado por Sachavedra y Larguía, todos de extracción peronista. Los delegados, en cambio, provenían del peronismo combativo y la izquierda "antiburocrática". La cuestión que detonó la movilización ocurrió entre setiembre y octubre de 1984, cuando el sindicato resuelve levantar medidas de fuerza decididas anteriormente en asamblea advirtiendo a los obreros de base que "no se autoriza la movilización obrera", y sólo se llama a "quite de colaboración" en las obras públicas de la provincia de Neuquén. Esta declaración será rechazada en un comunicado de delegados de comisiones internas de obras de Neuquén capital, cuestión que desata desde las bases una huelga por tiempo indeterminado que dura tres semanas. Durante la misma se conforma un pliego de reivindicaciones sustentado en el reclamo del 40% por zona desfavorable, $ 27.000 sueldo mínimo (se cobra entonces $ 16.000), pago de francos compensatorios, seguridad e higiene.

El Comité de huelga se conforma con catorce comisiones internas que son lideradas por los obreros Julio Ojeda (PJ), Juan Yañez (PO), Juan Carlos Ojeda (UCR), y Evaristo Selesky (UCR). Durante el conflicto abundan las movilizaciones de miles de obreros que desfilan con cascos de colores y pancartas identificatorias de cada obra, en donde se suele repudiar a la dirigencia de la UOCRA en su propia sede y con la realización de asambleas en la puerta del sindicato (y con dirigentes adentro). Las concentraciones generales se realizan todos los días en el monumento a San Martín, centro de la capital neuquina. A medida que el conflicto se agudiza, se organizan piquetes de huelga en las obras para ganar solidaridad, y se establece una olla popular en la Catedral neuquina impulsada por el cura Galveatti junto a los obreros, a pocas cuadras de la Casa de Gobierno. Al avanzar la huelga se suman otras obras del interior que son fundamentales, como las de las empresas Tapatá (en Picún Leufú), Eleprint (Senillosa), por lo que casi todo Neuquén capital está en huelga, aunque todavía falten las obras más grandes como Agua Pesada, Arroyito, Alicura, de mil obreros cada una aproximadamente (Emancipación Obrera, 1992). Con cuarenta obras paradas en capital y tres mil obreros reunidos en el monumento, se ratifica la huelga por tiempo indeterminado.

Para el lunes 29 de octubre más de mil quinientos obreros de las plantas de Agua Pesada, Sideco y Techint se suman a la huelga y precipitan los acontecimientos pues la protesta es declarada ilegal. Los activistas calculan unos seis mil huelguistas. Desde la conformación de una Multisectorial de gremios y partidos, capitaneada por el MPN y denominada "Mediadora Multisectorial" (UCR, PC, PJ, CGT, Pastoral Social del Obispado)[38] se intenta acercar a los obreros a una salida pacífica, pero resulta poco alentadora pues Techint despide en ese momento a ciento cincuenta huelguistas. Sorpresivamente y en medio de este clima, Ávalos da un giro proclamando que su posición había sido malinterpretada y pone a la UOCRA a la cabeza de los reclamos, con el apoyo a medias de las bases obreras y sus dirigentes. Frente a la masividad que gana entonces la huelga, emergen nuevamente varias propuestas elaboradas por la Multisectorial y el empresariado, en donde se comprometen a efectuar un adelanto en efectivo en concepto de préstamo que discrimina entre obreros casados y solteros, a reincorporar gradualmente a los despedidos -excepto Techint- y a la formación de una comisión mixta permanente empresarios-UOCRA para limar el resto de los planteos (Emancipación obrera,

---

[38] Jorge Izquierdo, de la CGT Neuquén y miembro de la Multisectorial, había declarado que los huelguistas "son todos zurdos"(Emancipación Obrera, 1992: 12).

1992). Las propuestas son rechazadas en numerosas asambleas aunque los ánimos y las fuerzas obreras comienzan a sentir el desgaste. En un contexto de constantes amedrentamientos policiales en los barrios obreros, con persecuciones y golpizas, se siente el paso de los días.

Finalmente un suceso confuso empuja la salida del conflicto. El lunes 12 de noviembre al mediodía, mientras se marchaba a Casa de Gobierno a pedir respuesta a los múltiples petitorios presentados por los obreros al grito de *"¡Que salga Sapag!"*, unos mil obreros, según el diario Río Negro, que llevaban más de dos horas de espera, instalan una olla popular frente a la puerta principal de la Casa de Gobierno. Cerca de las 13,30hs. salen por una puerta lateral el gobernador Felipe Sapag, sus hijos Luis y Silvia, y otros funcionarios; asombrosamente, estos cambian el recorrido y se dirigen hacia los obreros. Un grupo de ellos los interceptan para pedirle respuesta a los petitorios, y mientras la esposa de un obrero intenta acercarse al gobernador –siguiendo ahora la versión de la prensa de izquierda-, recibe un puñetazo en el rostro por parte de Luis Sapag, generándose un tumulto. Alrededor de ese episodio comienza una feroz campaña de desprestigio hacia los huelguistas y la tapa de los principales medios de comunicación hablan de una *"agresión al gobernador"*, con *"epítetos e insultos irreproductibles (...) Manotazos aislados llegaron incluso a tocarlo, aunque casi todos lograron ser neutralizados por quienes los protegían"* (Diario *Río Negro*, 13/11/84). La supuesta "agresión" será repudiada por la CGT, sindicatos, partidos y la Iglesia. La versión oficial dirá que en un hecho *"sin precedentes"*, los *"sediciosos"* encabezados por Selesky y Yáñez agredieron *"de palabra y de hecho"* al gobernador y a su hija, siendo que desde el inicio del conflicto Sapag se había puesto del lado de los *"justos"* reclamos obreros (Sapag, 1994: 295). Con esta atmósfera enrarecida, esa misma tarde se libran las detenciones de Selesky y Yáñez acusados de "instigadores". Mientras Yáñez se esconde y Selesky es detenido, la mayoría de los obreros se desmoviliza y vuelve a sus hogares. Al día siguiente, una marcha de obreros es reprimida y perseguida por el centro neuquino. El cura Galveatti decide levantar su huelga de hambre (según su opinión, la protesta se había salido de sus cauces originales) y Felipe Sapag convoca a una movilización en desagravio por la supuesta agresión a su investidura. Todo se invierte velozmente.[39] Mientras la huelga de hambre a esta altura apenas se mantiene por

---

[39] En medio de estas convulsionadas horas, un interesante intercambio epistolar enfrenta a De Nevares con Felipe Sapag alrededor de la "olla popular": su instalación siempre resulta una desagradable nota para las autoridades estatales (que suelen alegar que dicho acto entorpece la circulación de ciudadanos, infracta las normas de urbanidad, provoca desmanes o amedrenta el turismo), y en vistas de ello De Nevares –repudiando la agresión sufrida por Sapag- ofrece el funcionamiento de una olla popular sobre la céntrica Av. Argentina para la alimentación de los hijos y esposas de obreros en huelga, pero bajo el resguardo de doce personas de confianza del Obispados, encargados de que se transporten los víveres. De resultas, un furioso

una decena de obreros cerca de la Catedral, la efusiva movilización organizada por Sapag desfila de cara a ellos, azuzándolos. La situación en las barriadas obreras es de una completa militarización, con persecuciones, encarcelados, miedo, decepción generalizada, soledad, aislamiento. En aquella memorable movilización oficial, Felipe Sapag pronuncia un aguerrido y xenófobo discurso –carácter absolutamente secundario para sus contemporáneos- frente a unas tres mil personas en el monumento a San Martín, que hasta esos días había sido un bastión de los obreros. Allí dice:

> La democracia que tanto nos costó reconstruir... que estuvo en peligro por un grupo de mercenarios y de ideólogos que si tuvieran patriotismo estarían *defendiendo su patria allende la cordillera* [...] responden a intereses espurios, transnacionales, que están mezclados en el Partido Obrero, en el Movimiento al Socialismo y otros grupos de la ultraizquierda [...] el MPN tiene que estar de pie y movilizado hoy más que nunca. Nos han mostrado las garras y nosotros les vamos a mostrar los dientes (Diario *Río Negro*, 14/11/84, negritas nuestras).

Ante el miedo y la desazón, con gran parte de la opinión pública en contra, con mucha desorientación sobre cómo proseguir, y con los principales dirigentes de la huelga perseguidos, los obreros aceptan la oferta de la Comisión Mediadora. Lo curioso es que esta Comisión, más que ocuparse de los reclamos originarios, realizará un "informe" que es en realidad una declaración político-pedagógica de principios en donde se trata sobre lo pernicioso que el conflicto dejó –un claro *"atentado a la democracia"*-, que no debe entenderse como una "derrota" para los obreros, que el retorno al trabajo debe servir para reencontrarse con los cauces "legales" para canalizar sus pedidos, que el reclamo es legítimo pero que alteró la "paz social" y entonces la sociedad reaccionó defendiendo la estabilidad de las instituciones democráticas, que el conflicto fue aprovechado por sectores interesados en alterar la paz social y reinstalar un clima de *"anarquía y violencia"*, entre otros conceptos.[40]

Si bien en términos generales esta huelga fue sentida como una derrota por los obreros, el activismo desplegado por los referentes de base del comité

Sapag responderá negativamente a semejante pedido aludiendo la tardanza de la reacción de De Nevares y la evidente inclinación solidaria de sus sacerdotes hacia los huelguistas, recomendando en consecuencia la instalación de la olla popular en parroquias de los barrios obreros (Sapag, 1994: 298).

[40] El informe de la comisión es firmado por Sifuentes (PJ), Galván (UCR), Juan Pereyra (PJ), Ricardo Villar (CGT), David Lugones (Pastoral Social), Antonio López (PC), Jorge Salas (PC e Interbarrial). También resulta interesante destacar que el diario local dedicaba gran parte de sus comentarios a resaltar que los obreros huelguistas habían copado el centro de la ciudad y muchos de ellos deambulaban ebrios espetando a las mujeres que circulaban por su entorno deshonestas propuestas de encuentros sexuales.

de huelga facilitó que una lista de izquierda gane la UOCRA en las elecciones siguientes. En efecto, la Lista Naranja encabezada por Evaristo Selesky[41], en alianza con el MAS, conducirá el sindicato en su seccional capital. Y a menos de dos años dará inicio otra notable protesta de formato diferente.

Caminata y victoria electoral de la izquierda

En la localidad de Piedra del Águila, a 230 Km. de la capital neuquina, se erigía entonces el mayor aprovechamiento hidroeléctrico construido en el país y una de las piezas claves del sistema eléctrico nacional. La dimensión de la obra era tal que se construyó una villa temporaria que proyectaba albergar a unos 5.500 obreros (Chávez, 2007). Los motivos que desencadenaron la huelga frente a la empresa UCASA (Unión de Constructores Argentinos) e Hidronor –y por extensión a los gobiernos nacional y provincial- fueron el aumento salarial, el pago por zona desfavorable, premios por avance y mejores condiciones de trabajo en general (franco compensatorio, comida, ropa de trabajo, etc.).[42] Primero por 48 hs. y luego por tiempo indeterminado, la génesis de la huelga y caminata como formato de protesta tiene mucho que ver con la accesibilidad de los obreros a periódicos nacionales: cuando se anoticiaron de una protesta en forma de caminata protagonizada por trabajadores jujeños, decidieron realizar la suya de idéntica manera. Pero al parecer no sólo se trataba de periódicos nacionales sino principalmente de prensa de izquierdas, como la del MAS, leída en las obras. Señala Alcides Christiansen, uno de los referentes de la caminata y activista del MAS:

> Los obreros recibían los periódicos del MAS... Allí se enteraron de un caso de caminata en señal de protesta en la provincia de Jujuy, en las minas Pirquitas a 250 Km. de la capital jujeña, caminaron y solucionaron el conflicto (Testimonio de Alcides Christiansen, junio 2006, en Chavez, 2007).[43]

Las propuestas elaboradas por diputados del MPN y UCR, acompañados por los gremios provinciales ATEN Y ATE fueron rechazadas por considerarse insuficientes. Lanzada la caminata el 21 de abril, se estipuló que una

---

[41] De origen radical, Selesky fue delegado en Futaleufú y Río Turbio, primer delegado de Alicura (1974), miembro de la Comisión Ejecutiva de la UOCRA entre el '74-'75, y estuvo preso por actividades sindicales en 1972, 1976, y en 1984 por la huelga antes descripta.

[42] Al no poder detenerse la construcción los obreros realizaban turnos de 12 x 12 horas.

[43] En la misma entrevista, Alcides asegura que la caminata fue una propuesta del MAS a expensa de Hugo Manes, dirigente del MAS, quien llegaba para dar apoyo a la huelga.

parte de los obreros se quedaría en la obra, otros se irían a Buenos Aires a realizar una huelga de hambre frente al Congreso de la Nación y otros tantos en la Catedral María Auxiliadora de Neuquén. Como es folclórico de estos conflictos en Neuquén, los obreros reciben el apoyo del Obispo Jaime De Nevares y de los Padres Juan Sansebastián, José María D'Orfeo y Rubén Capitanio, los dos últimos curas párrocos de Piedra del Águila. A pesar de que la UOCRA nacional no se decidía a apoyar el conflicto[44] y la UOCRA local no adhería al paro, los obreros recibieron el previsible apoyo de Selesky, que les prestó aprovisionamiento, ómnibus, ambulancias y camiones con alimentos, carpas y frazadas para la caminata a Neuquén. A medida que avanza la caminata, los obreros reciben el apoyo masivo de las localidades por las que atraviesan y al llegar a Senillosa (cercana a la capital neuquina) realizan una asamblea en la que se anuncia la existencia de una propuesta superadora de la anterior, patrocinada por Gerardo Martínez y acompañada por la UOCRA local. La propuesta va a partir aguas en las opiniones obreras al proponerse la creación de una comisión que trate los asuntos en conflicto compuesta por la empresa y los obreros.[45] La mayoría de los obreros aprueba la propuesta de negociación y se decide, no obstante, proseguir hacia Neuquén capital –otros vuelven a la obra-, donde en una impactante entrada a la ciudad la caminata de los obreros –otra vez, argentinos, bolivianos, chilenos–[46] es recibida por más de mil quinientas personas, una verdadera multitud para la pequeña Neuquén. La finalización de aquella conmovedora acción mostraría a los ojos de miles de neuquinos la última gran movilización obrera de ese tipo.

La clausura del conflicto dejó también un sabor amargo a sus protagonistas, a pesar de lo novedoso de la forma de circular por la ruta, de distribuir volantes, en combinación con lo ya ensayado en la anterior huelga, es decir, huelga de hambre, la olla popular, la participación de la Iglesia, la concentración en el monumento a San Martín, entre otras actividades.

> Poco fue lo que conseguimos: 14% de aumento, días de huelga pagados. Posteriormente conseguimos el 15%, otros premios colaterales, y viajes de fin de año […] Después de 15 días Selesky fue el que trajo el 13,5 % atado a un montón de condiciones englobadas en la paz social (Testimonios de Christiansen y César Maravilla, en Chávez, 2007).

---

[44] Gerardo Martínez anunciaba que llegaría al final de la caminata y Ubaldini que probablemente lo haría para el acto de cierre.

[45] Mientras esto sucede, la UOCRA nacional acusaba al titular de la Seccional Neuquén, Evaristo Selesky, de que "apoyado por sectores ajenos al gremio pertenecientes al MAS y al Partido Obrero, frustran las soluciones del problema de Piedra del Águila para mantener y extender el conflicto", Diario *Río Negro*, 29/04/1986.

[46] "Los símbolos de la caminata eran la bandera boliviana, chilena, paraguaya y argentina, y la estatua de la Virgen de Luján como protectora" (Testimonio de Christiansen, en Chávez, cit.).

Inmediatamente después de la demostración en la plaza, una parte de los obreros y del activismo de izquierdas (PO y MAS) demanda la realización de una asamblea en el Club Pacífico en donde se decidiría la continuidad de la huelga que, como se puede apreciar a esta altura, ya estaba en franco camino a desactivarse. Este giro fue principalmente repudiado por la militancia extrapartidaria y por la Iglesia neuquina (Revista *Comunidad,* 1986). Y a pesar del empuje activista, los obreros cansados ya habían decidido empezar a retornar a la obra y esperar el compás de las negociaciones. A dos tiempos -los obreros desgastados tras el conflicto, y el activismo de izquierda en auge-, los indicios del avance de la izquierda entre los obreros de la construcción parecía a esta altura inexorable. El acto efectivamente se realizó y mostró cierta convergencia y afinidad de los obreros con la militancia de izquierdas dominante.

Ganar para perder: la ambivalente performance de la izquierda trotskista

El posicionamiento de Selesky en la UOCRA capitalina propició el aglutinamiento de la militancia de izquierda a su alrededor, en especial sobre la coyuntura electoral de noviembre de 1985. Allí, y tras el prestigio dentro de los sectores más combativos del sindicalismo local logrado merced a la huelga del año '84, Selesky participa junto a Raúl Toscani (sindicato de actores), Ernesto Contreras (Piedra del Águila), Susana de Luca (ATEN), Orlanda de la Parra (Interbarrial) y Luis Quilaleo (mapuce) del *Frente de los Trabajadores*, dirigido por el PO. Sin lugar a dudas que la UOCRA y su breve tradición de huelgas combativas facilitaban colocarla, desde una óptica de izquierda, como el ejemplo a seguir, y esto es destacado por Selesky como candidato a diputado:

> La UOCRA de Neuquén marca así el rumbo en su movilización contra los planes del gobierno y en el ejercicio de la democracia sindical (...) soy candidato a primer diputado nacional por el FRENTE DE LOS TRABAJADORES y secretario general de la UOCRA. Entre ambas cosas no hay contradicción porque las entiendo como puestos de lucha al servicio de los trabajadores (*Frente de los Trabajadores,* Neuquén, martes 24 de setiembre de 1985, año 1, número 1).

Selesky junto al resto de los principales activistas de las huelgas de la construcción aparecen en las páginas centrales de la prensa de izquierda local participando de actos en pos del triunfo del Frente, que reúne también a la dirigencia combativa de la construcción de entonces. Por si cabían dudas, Selesky, Yáñez y Ojeda señalaban en sus páginas el rol fundacional de la experiencia de luchas de la construcción para la edificación de un espacio combativo, transformando la "derrota" en "victoria". El mismo Yáñez asestó en un reportaje: *"El Frente es la continuación de la huelga"*:

> ¿Cómo se llegó a esta gran victoria en Neuquén? ¿Cómo fue posible en esta provincia, marcándole un rumbo al resto de país? Es indudable que el antecedente más importante lo constituye la gloriosa huelga de los obreros de la construcción de octubre-noviembre de 1984, organizada y dirigida por verdaderos compañeros clasistas (Ibídem).

Junto a César Maravilla, Juan "rancho de paja" Godoy, "El peruano" Ángel Sánchez y tantos otros referentes de la Caminata, Alcides Christiansen se destacó y capitalizó sus efectos. A partir de 1989 este militante trotskista, famoso en Piedra del Águila, ganará las elecciones en la UOCRA neuquina enfrentando al propio Selesky y a Yáñez (que irán por diferentes listas),[47] y será el momento de oro del activismo de izquierdas neuquino: un dirigente obrero, militante, de tradición trotskista –su militancia se remonta al PST-, cuadro destacado del MAS, está a la cabeza de la UOCRA Neuquén, para ese entonces un potente sindicato con miles de afiliados. El MAS ya había enviado militantes para apuntalar las elecciones en vistas de su análisis político sobre el fin del período alfonsinista. Uno de ellos nos comenta:

> Vengo a Neuquén porque se vienen las elecciones de la UOCRA [...], durante toda la década del '80 hubo un proceso de importantes luchas en Argentina, sindicales, muchísimas como parte de las trece huelgas generales que declaró la CGT contra Alfonsín, por debajo eso iba generando una vanguardia amplísima, totalmente distinta a la pre dictadura militar [...] Esa vanguardia que resistió, tenía una expresión por arriba con las huelgas generales y la marchas gigantescas hacia Plaza de Mayo, y tuvo una expresión hacia abajo, hacia las estructuras, de una consolidación gigantesca en las comisiones internas de los cuerpos de delegados (Testimonio de Joaquín, PST-MAS, Neuquén, 12/ 06/ 2007).

---

[47] El enfrentamiento entre Evaristo Selesky y Alcides Christiansen era en cierto punto previsible: éste último tenía gran influencia en el bastión obrero de Piedra del Águila, y aprovechó hábilmente los traspiés de Selesky –y su pasado radical-, en especial durante las huelgas del año '87 en donde se desentendió de apoyarlas. Christiansen salió oportunamente a denunciarlo y fue un golpe decisivo previo a las elecciones. Por otra parte, con Yáñez, entonces militante del PO, la unidad no resultó y la fuerte implantación del MAS volcó, junto a la figura de Alcides, la victoria hacia ellos.

Dato poco estudiado en la literatura sobre las luchas sindicales, efectivamente el MAS y la izquierda supieron ganar comisiones internas de varios sindicatos y lograr una considerable influencia en sectores como los trabajadores estatales, docentes, bancarios, seccionales de la UOM, y la construcción (Fraga, 1991).[48]

Luego de sobrellevar el proceso de normalización sindical iniciado en 1984, el grueso del movimiento obrero organizado se encuentra inmerso en una crisis política por disputas entre los diferentes alineamientos políticos, cuestión que produce, junto a los primeros efectos de las políticas neoliberales, la emergencia de una notable combatividad a nivel de regionales o seccionales de grandes gremios (Villanueva, 1994). La CGT se encontraba dividida en dos bloques: los que se alineaban con el peronismo renovador (ubaldinistas y "los veinticinco"), y el bloque ortodoxo (el "miguelismo" y "los quince"). Gerardo Martínez, afín a Ubaldini, lidera la UOCRA hacia 1989, un sindicato que agrupaba a mas de 180000 afiliados y que anteriormente era conducido por Juan Farías, también ubaldinista y con buenas relaciones con las 62 organizaciones.

En Neuquén, igual que en diversas regiones y obras del país como Yaciretá, Misiones e incluso disputando a nivel nacional, la izquierda (MAS, PO, PC) presenta listas bajo el mote de frentes de agrupaciones "combativas" y "antiburocráticas", Lista Naranja, o Morada-Granate. Para el 31 de marzo de 1989, sobre unos 4.000 afiliados al gremio neuquino, vota aproximadamente el 68% del padrón y elige, entre cinco listas presentadas, a Alcides Christiansen (Lista Naranja: 38% de votos) como secretario general de la UOCRA (Fraga, 1991:68). Según datos de un estudio de la UOCRA para el año 1991 y dentro de la región Patagonia, Neuquén es la zona con mayor porcentaje de ocupados de la rama de la construcción, con 17.934 obreros trabajando (UOCRA, 1996: 3). A partir de este triunfo, la influencia del MAS fue indiscutible:

> [...] ahí fue el esplendor de la UOCRA, ahí un obrero muerto significaba una marcha en el centro de la ciudad [...] cuando murieron los tres famosos obreros de Piedra del Águila, se hizo el cortejo fúnebre en Neuquén con ochocientos obreros de la construcción marchando y velándolo, parándonos en la Casa de Gobierno para decirles que eran responsables de esos muertos. O sea fue un momento de clasismo muy fuerte acá, y eso se reflejó dentro de

---

[48] Según este autor, el MAS realizó un Congreso de los '90 al que asistieron 10.000 congresales. La composición de los delegados revelaba que 1782 pertenecían a estatales (206 delegados), 1.751 provenían del gremio docente (257 delegados), 1.132 eran trabajadores del gremio de la construcción (51 delegados) que había ganado 6 seccionales, 923 trabajadores eran de ferroviarios (128 delegados), 966 de sanidad (151 delegados), y 297 bancarios (47 delegados). Fraga también sostiene que el MAS es la fuerza hegemónica en la izquierda sindical de fines de los '80 (Fraga, 1991:51).

docentes, se reflejó dentro de la fruta, con el triunfo del PC y se reflejó con corrientes opositoras en ATE, y en el hospital [...] el trotskismo también era parte de la dirección de los docentes universitarios (Testimonio de Joaquín PST-MAS, Neuquén 12/ 06/ 2007).

Además de ganar en la seccional Neuquén capital, Alcides Christiansen gana en San Martín de los Andes y en Piedra del Águila, donde al año siguiente (05/06/1990) la Lista Naranja arrasa con el 57% de los votos (Fraga, 1991:72). Sin embargo, para la dirección que asume el 22 de abril de 1989 las cosas no resultarán tan brillantes, ni para la UOCRA, ni para el MAS. La nueva conducción no será reconocida por la UOCRA nacional ni por su rival más cercano, Selesky. Según los testimonios disponibles, los padrones estaban aprobados por la junta electoral, pero la posibilidad de votar con la libreta de obra en mano, aún para aquellos que no realizaban aportes al sindicato, ocasionó un litigio que duró tres años al final de los cuales la embestida jurídica de la UOCRA nacional resultó imparable. En esta tensa y precaria situación tuvo lugar la efímera y simbólica fundación del SITRAC (Sindicato Independiente de Trabajadores de la Construcción de Neuquén), el 28 de septiembre de 1991, sobre el final del mandato de Christiansen, cuando la ausencia del envío de fondos, los juicios y amenazas de desalojo, entre otros, hicieron de la cuota sindical voluntaria el único sostén del novel sindicato. A pesar de ello el SITRAC juntó 6.000 afiliados y democratizó ciertas prácticas sindicales:

> Y era impresionante. ¿Sabés cómo se juntaba la plata, no? No era el 2%, eran 2 pesos. Nos llegaba la planilla, los delegados con la plata lista, firmábamos, se pegaba quién puso, se pegaba en qué se gastó y así [...] se sacaba fotocopia de la boletita y se daba al delegado, se pegaban las últimas hojas en la pizarra y las otras en la carpeta. El cuenteo de boleta, de lo que se gastaba, todo, no se gastaba casi en nafta porque vivíamos a dedo, aparte se paraba en casa de compañeros, no se gastaba en hotel, nada (Testimonio de Alcides Christiansen, Neuquén, 13/06/2007).

Increíblemente, la crisis económica acechante y las prácticas políticas de la izquierda argentina sellaron la suerte del SITRAC: lo que pudo haberse transformado en una experiencia sindical de izquierda interesante desde el punto de vista de la democratización de las relaciones sindicales y laborales, algo recalcado por los estudiosos más destacados del fenómeno del clasismo (Brennan, 1996, Gordillo, 1999), terminó ahogado, por un lado, por el abrupto corte de la obra pública que aumentó drásticamente los niveles de desocupación en el gremio y, por el otro, por la inocultable crisis interna del propio MAS, que estallará, se dividirá, y agonizará lentamente llevándose consigo las energías de sus desorientados militantes. Intervenida la UOCRA, con la policía desalojándolos del local sindical, con la oposición de Leiva enquistado en la obra social –un hábil "burócrata" alineado con Gerardo Martínez-, del MPN que no aceptaba reconocerlos sindicalmente, y con Alcides Christiansen sancionado por noventa y nueve años bajo el cargo de desacato a la autoridad gremial, el SITRAC resistió apenas siete meses en un diminuto local, al lado del que poseía el MAS en el centro de la ciudad de Neuquén.

Entre 1988 y 1990 el MAS regional Neuquén reunía a un centenar de afiliados (la mitad de ellos en la UOCRA)[49] y había volcado todas sus energías alrededor de los obreros de la construcción. En la campaña financiera del '89 logró 1.870 aportes de obreros de la UOCRA sobre un total de 3.000 aportes reunidos en la provincia (el segundo sindicato aportante, ATE, no superaba los 200); controlaba la mayor concentración de obreros de la provincia en Piedra del Águila (2000 obreros en 1991), y según los balances internos y minutas de discusión, se había logrado instalar la idea de la práctica de revocabilidad de delegados, la renovación de doscientas comisiones internas, los aportes directos de la cuota sindical y la publicación de las finanzas públicas (publicación de balances), la desafiliación de la UOCRA nacional y el impulso desde Neuquén de la Corriente Naranja, posicionándose como cabecera opositora a la conducción nacional de Gerardo Martínez, además de que *"fuimos educando a los obreros en el clasismo con nuestra prédica constante antipatronal y antiburocrática"* (MAS, Balance Regional Neuquén, 1991).[50]

Pero que las cosas no marchaban bien desde un inicio queda plasmado en el amargo balance que elabora la regional neuquina: a la falta de un *"equipo de dirección"*, de una política agresiva de captación de obreros, de capacitación política, con una dirección regional *"débil"* –*"sin experiencia en la lucha de clases"*-, y abrumada por la resolución de cuestiones puramente sindicales (*"desviación sindicalista"*, *"burocratismo"*, *"electoralismo"*), con serias dificultades para establecer lazos de solidaridad con el resto de los sindicatos combativos, como el de docentes y estatales, hay que agregar un dato insoslayable: el marcado desinterés de la dirección nacional del Partido hacia el fenómeno de la UOCRA y sus destructivas fracciones internas; ambas cuestiones resultaron un cóctel mortal para la regional Neuquén. Por todo esto, el MAS neuquino hablaba inexorablemente de *"...la oportunidad que perdimos..."*

---

[49] Cifras aproximadas: "¿qué cantidad de adherentes, simpatizantes, amigos o simplemente los que dicen 'soy del MAS' tenemos en la construcción, por ejemplo? No lo **sabemos**" (MAS, Balance Regional Neuquén, 1991: 12, remarcado del original).

[50] El Balance establece la siguiente periodización para el ámbito local: 1) desde el Congreso del MAS en el año '88 hasta ganar la UOCRA, que coincide con las elecciones nacionales y la caída de Alfonsín; 2) desde la asunción en la UOCRA hasta la Conferencia del MAS en los '90, incluidos otros conflictos locales, como los de la fruta, bancarios, etc.; y 3) desde la Conferencia hasta la escritura de este Balance.

¿Fin de una etapa?

> […] aquí en Neuquén el tema de la UOCRA tenía que ver, a mí me parece, con una cuestión concreta, que era esto desi hay cuerpo de delegados, como son los delegados, su formación política, su influencia, más o menos masiva, pero también con una carga simbólica que venía del Chocón…, a mí me parece que la UOCRA acá en Neuquén […] había una fuerte impronta simbólica, que quedaba de lo que había sido el Choconazo, y que entonces necesariamente un delegado de la UOCRA, si no era…, había que sospechar que era de izquierda o simpatizante de izquierda (Testimonio de Marcelo Lafón, PO-MAS, 15/12/2007).

Este militante de izquierda neuquino, que militó en el PO junto al equipo de Yáñez, que conoció y simpatizó luego con el MAS, que participó y vivió intensamente las huelgas de la construcción, que luego activó en las protestas del combativo sindicato docente neuquino (ATEN) durante la agitada década de los '90, agudo lector y observador del mundo sindical neuquino, nos transmitió la imagen de que las huelgas de los obreros de la construcción de los años '84 y '86 pertenecían en realidad a una etapa histórica en retirada. Multitudinarias movilizaciones de obreros, marchando con sus cascos y borceguíes, con carteles representativos de sus obras, desfilando disciplinadamente,[51] destacando claramente sus columnas de las de otros sindicatos y de la población en general, con métodos de persuasión duros. En especial la imagen de la huelga de 1984:

> Esa huelga fue muy clasista para mi gusto, políticamente hablando. Claro, estaba Juan Yánez […] (la huelga) rompió aguas por sus métodos…, implicó que bueno, hay que tomar partido, o sea como que no quedó posibilidad de mirar con simpatía la huelga, había que involucrarse, y entonces bueno, bajar unos obreros del andamio, a la fuerza, ¿está bien o está mal, eh?, cerrarse los obreros sobre la avenida Argentina, cerrarse sobre los automóviles y, ¡estamos de huelga!, ¡aporte para el fondo de huelga! […] no había palos, no había amenazas pero…, se cerraba el paso para el vehiculo, no se ponia piedras, pero… al paso de los autos…

A contracorriente de aquella primavera democrática pos-dictadura caracterizada por la afiliación de vastos sectores de la sociedad a los partidos

---

políticos, el clasismo militante de estas movilizaciones obreras no podía menos que alimentar un espejismo sobre el verdadero poder de los obreros movilizados y de la izquierda que los acompañaba; al frente de ellos, la sociedad neuquina ciertamente acompañó con solidaridad estas huelgas pero también apoyó al MPN, quizás más en sintonía con la defensa de los valores de la democracia recién reconquistada y con la necesidad de preservar el orden y la "paz social" que con ánimos de volcarse hacia una radicalización política. Ese espejismo, o mejor, ese tránsito hacia la desaparición -relativa y temporaria- del componente *obrero*[52] en la conflictividad social marcaría, siguiendo una hipótesis de trabajo, el cambio de época característico de los '90 que indica la preeminencia desde entonces de los conflictos liderados por asalariados estatales (administración pública, docentes), la irrupción del fenómeno de los desocupados organizados y finalmente las protestas de matriz "ciudadana". Pero sucede que allí mismo, en el corazón de la experiencia de organización de los desocupados (que desarrollaremos más adelante), resurgirá la tradición de lucha de los obreros de la construcción, lucha que pone en entredicho cualquier acta de defunción del obrero clásico tal como aquella tendencia de los '90 permitía augurar. Y más: al promediar la década de los '90 muchos de los activistas y dirigentes del gremio de la construcción neuquina serán protagonistas —como desocupados- en la constitución de la primer Coordinadora de Desocupados de Neuquén, en 1995. Perseguidos, reprimidos o encarcelados tras la toma violenta de la Casa de Gobierno durante ese mismo año (así ocurrió con Alcides Christiansen y Horacio Panario entre otros), la desintegración de esta experiencia generará una nueva diáspora militante que finalmente resurgirá, ya bajo el formato de *tradición*, en ocasión de inscribir nuevas luchas en el *continuum* inaugurado allá lejos con *El Choconazo*. Tal es el caso de los obreros de Cerámica Zanón (a los que llegaremos al final de nuestro trabajo), puesta a producir bajo control obrero a inicios del 2002, y cuya imagen anclada en el clasismo busca apuntarse en

---

[52] "Obrero" no debe entenderse aquí en contraposición a "trabajador". Obrero en *sentido fuerte* apunta a cierto modelo ideal del sujeto que es pensando como estratégicamente central en el conflicto –de clases- de las sociedades industriales modernas y que, por otra parte, constituye el locus constitutivo del pensamiento y la acción de izquierdas. Ese "obrero" incluso genera cierto extrañamiento al interior del campo militante cuando en su seno se encuentra la personificación de tal modelo. Así era visto Yánez por un militante de izquierda "no obrero": "...la admiración que yo sentía por Juan Yánez era porque él era uno de ellos, en su vestir, en su andar, en sus gestos, Juan Yánez era una persona que cuando teníamos que afiliar para el PO, con la cara él se metía en cualquier barrio, de los potencialmente peligrosos...

P- No era un extraño.

R- Efectivamente. Uno de los sobrenombres no muy conocido de Juan en las obras, era "gorro e' lana", porque decían que calentaba la cabeza de los compañeros. Él había venido de Chile con una muy buena formación política, acá la prosiguió y bueno, en los compañeros de la UOCRA tenía una fuerte influencia" (Testimonio de Marcelo Lafón, 15/12/2007).

aquella historia. Por eso, la presencia y las palabras iniciales de sus máximos dirigentes, Alejandro López y Raúl Godoy, en el sepelio de Yáñez –sí, otra vez Yáñez, de un modo definitivo, nuestro pre-texto-, señalan la inscripción en ese trayecto histórico de luchas, el entramado de actores en redes y redes de actores, y algo más: volviendo a la imagen fuerte del mundo obrero en retirada –o si se quiere, *en suspenso*-, la invención de una tradición (Hobsbawm, 2002) a través de prácticas ritualizadas para poder ser transmitidas, tales como el relato oral, la rememoración, la predisposición a la acción directa de las bases, las luchas simbólicas, los sentidos y las palabras (escritas o no) –las minutas partidarias, los balances, los boletines de lucha- pueden indicar también una forma (¿conservadora?) de reacción a un mundo movedizo, en transición, y en donde los ecos del clasismo, la lucha de clases y la figura emblemática del obrero quizás permitan anclar, a través de la diáspora de los cuerpos, una identidad que en los '90 apareció debilitada o en peligro de extinción.

Excursus I

Neuquén, la inesperada Tierra Prometida del trotskismo

> Los virus se mantienen, viste?, los virus se mantienen [...] capaz que mi hijo no, se adapta solo, digamos, no tiene memoria de otras situaciones, pero mi experiencia es que **los virus contraídos no se nos van**, o sea el sectarismo esta incorporado [...] en forma absoluta.
>
> *P: Pero le ves alguna virtud...?*
>
> **Preservar** [...] quizás la de los principios, no?, como los viejos anarcos. Pero el hecho de saber que vos tenés ese problema, si sos serio digamos, frente a una discusión tendrías que lograr como un contrapeso natural, como decir, bueno, es como los tipos dicen, en la forma de charlar, nunca usar un 'tal vez' o, pero de onda, no de muletilla sino de onda, de verdad pensar si el otro tipo lo que está diciendo no es...capaz que la mitad es una barbaridad, pero la otra mitad...ése es el problema [...] un punto neutro, un punto neutro es un punto híbrido, yo no estoy de acuerdo con el consenso, digamos como fórmula, eventualmente, sobre todo en las negociaciones patronales y eso, a veces tenés que lograr un consenso, una forma de negociar. Sabiendo que es absolutamente inestable y que bueno, el que tiene siempre va a ganar [...] nosotros no estamos pensados para eso, viste, **nosotros estamos pensados para aplicar un programa y chau.** Entonces, a veces, incluso las relaciones personales también se ven afectadas, porque es tu forma de ser, es decir, a los pibes, que sé yo, vos sos así, viste? Yo no sé si eso algunos otros viejos trotskos lo pueden haber superado con alguna triquiñuela, pero en el caso mío, yo me di cuenta de que no. Ese **fatalismo en las decisiones** viste?, por ahí uno no puede, viste, edulcorar con algo, con un poco de vaselina, pero...**es una formación** [...] (Testimonio de "Chiquito" Moya, Neuquén, 14/12/2007).

Al menos desde inicios de los años '70 del siglo XX es posible rastrear una primer presencia de militantes trotskistas en Neuquén que se vuelcan decididamente en los conflictos de la UOCRA y en las pocas fábricas existentes por entonces (Barbeito, 2008). Nombres como "Pancho" Laguna, el "Pelado" Matosas, el "viejo" Fanello, Heriberto Zardini, Víctor Giménez, Hugo Manes y tantos otros militantes que pasaron, siguieron rumbo o se instalaron en

Neuquén pueblan los comentarios de una segunda oleada, si bien pequeña pero intensa, que llegó a estas tierras huyendo de la dictadura, buscando aire fresco para vivir y, junto a cualquiera de esas dos opciones, para acompañar el proceso de la UOCRA durante los años '80.[53] Así llegaron "Titín" Moreira, Edy López, José "Chiquito" Moya, Virginia Mulhall, Joaquín (alias Mariano), entre otros.[54] Con todo un bagaje previo de formación política despliegan su capital militante en una zona que se les presenta como un gran campo abierto:

> [...] ya habíamos andado por tantos medios que vos el discurso lo bajás al sector, no sé, no te vas a poner a hablar de la misma manera que hablás en una escuela, que con obreros de la UOCRA, hablás más sencillo digamos. Y lo que hacía el partido en ese momento era decir, bueno, con qué campaña o qué hacemos [...] entonces había que ir a las obras para que estén los compañeros atentos si había que venir a reforzar el sindicato. Y entonces íbamos, en realidad íbamos con algo discutido [...] **yo creo que no se enseña eso, eso se va transmitiendo y adquiriendo con la experiencia. Y los militantes que se iban haciendo, viste, lo iban recibiendo, es muy parecido a lo que es la educación** (Testimonio de Virginia Mulhall, Neuquén, 06/09/2008).

Nacidos y llegados

Nacidos en Rosario, Córdoba o Buenos Aires a mediados de los años '50, provenientes de familias obreras o de clase media y filiación socialista, radical o peronista, todos experimentaron el profundo proceso de politización de los años '60, transitaron la "primavera camporista", fueron delegados estudiantiles y luego fabriles vivenciando sin contradicciones la hora de la "proletarización", tras la cual ya en dictadura sufren la represión, la tortura,

---

[53] El "pelado" Matosas (Raúl Arnaldo Corzo), militante del PST-MAS escribió un pequeño libro autobiográfico donde relata innumerables peripecias de su vida militante dedicándole un capítulo especial a esta región titulado "De Neuquén al Ledesma". Allí no sólo establece un nexo entre aquellos años en la UOCRA de los '70 con las huelgas del los '80 extendiéndose hasta la lucha de los obreros de Zanón, sino que sentencia que "Neuquén fue un proceso espectacular" (Corzo, 2006).

[54] Edy y Virginia forman pareja en Neuquén, "Chiquito" Moya llega a estas tierras con su compañera, Laura, también militante del PST-MAS y pieza fundamental de apoyo en la UOCRA. Quizá pueda hablarse de una tercera ola de arribo de activistas del MAS a inicios de los '90 mezclado con gente que llegaba a Neuquén en busca de nuevos horizontes laborales, y que es un momento recordado por Virginia: "*había caído [llegado] muchísima gente y mucho del activismo.*"

la clandestinidad y la muerte de compañeros de militancia. Atravesados por el contexto, o inducidos por hermanos mayores que ya militaban, el ingreso al universo de la militancia (trotskista) es entre azaroso e inevitable: azaroso por la variedad de opciones disponibles dentro de la izquierda, e inevitable por el clima político: la figura del Che Guevara es sólo uno de los factores que se entrevera con la profusa circulación de revistas, periódicos y actividades político culturales. Magnitud del contexto, magnitud de las experiencias previas: "Chiquito" Moya, por citar el caso probablemente de mayor *densidad* en cuanto a capital militante acumulado, se forjó en Palabra Obrera, practicó el "entrismo" en un movimiento obrero avasallantemente peronista, militó por el retorno del "General", bebió las fuentes del nacionalismo de izquierda (Arreghi, Jauretche), fue de las primeras camadas que practicó allá por mediados de los '60 la "proletarización"[55] –hoy diríamos, junto al "entrismo", verdaderos *actos antropológicos*- después se volcó con intensidad vital a militar en los frigoríficos de la zona de Berisso, Pacheco y Villa Constitución,[56] se enfrascó en los debates de época entre *"guerrilla sí vs. guerrilla no"*,[57] fue miembro del Comité Central del PST viviendo gran parte de su vida en locales del partido y militó en Bolivia desde donde retorna finalmente en 1985.[58] Y es ése retorno el que le ofrece el nuevo panorama partidario con el MAS recién formado y, en su perspectiva, muy *aggiornado* a la transición

---

[55] La Proletarización, según Chiquito, consistía en: "[…] una modalidad que fue muy resistida por gente de la izquierda, después adoptada por algunos, que era lo que se conoce por la "proletarización" no?, que éramos, digamos, el semillero, los mejores cuadros surgidos de la universidad, se les proponía, se nos proponía, hacía fin de año para no joder en el estudio, que ingresáramos 'onda política, onda sociológica', de prueba a ver qué pasaba en el movimiento obrero. En dos, tres meses, y para marzo que empezaba el ciclo lectivo, se reconsideraba la situación y el quería volver volvía y el que no se quedaba. Y teníamos la ventaja especial en La Plata de los frigoríficos de Swift" (Testimonio de "Chiquito" Moya, 14/12/2007).

[56] Habitus militante I: "[…] el modo de vida era muy ascético, muy de secta, no?, prácticamente de secta. El único problema es que bueno, no te das cuenta de eso hasta que pasa el tiempo, hasta que no lo ves desde otra perspectiva, pero era realmente así […] como una secta religiosa…" (Íbidem).

[57] "Chiquito" debate con personalidades fuertes dentro del campo militante: Nahuel Moreno, Roberto Santucho, Hugo Blanco…

[58] Habitus militante II: Para muchos trotskistas, Bolivia ya constituía desde los años '50 un caso extraordinario desde el punto de vista de la radicalidad política de su clase obrera, "silvestremente trosca" dice "Chiquito", un apasionado a ultranza de aquel país. Los obreros de la Federación Sindical Minera: "[…] 500 delegados…polemizaban con los escritos de Trotsky en la mesa, o sea, ni siquiera Marx, no?, ya estaban más avanzados. Se discutían, por ejemplo, las cartas del hijo de Trotsky respecto a España", esta situación hizo reflexionar a "Chiquito" profundamente sobre su condición de proletarizado: "¡esos sí que no eran proletarizados!, porque uno siempre como proletarizado, aunque yo me voy a jubilar ya en las fábricas, pero *siempre te queda ese estigma del polvo mal echado, no?,* calculo que, en las familias que tienen, aunque estén asumidos *como hijo adoptivo seguís siendo, de adopción,* no?. Viéndolo así, digo, bueno yo hubiera dado un brazo por ser parte, como decíamos nosotros antes, en la jerga

democrática.[59] Más aún, cuando todavía no lograba digerir los cambios del nuevo escenario ocurre la muerte en 1987 del máximo referente del trotskismo argentino, Nahuel Moreno (*"era lo más parecido a Trotski que había en la Tierra"*), que "Chiquito" sentencia como el inicio del fin, refiriendo al estallido en innumerables fracciones partidarias internas, irreconciliables. De allí que las diferencias entre lo que fue el PST y el actual MAS allá por los '80 se intensifiquen, cargando éste último con notables diferencias que lo tornan menos severo y estructurado que su antecesor:

> [...] Y el armado del MAS es...juntar todo lo que tenía el viejo partido, el PST, y hacer una especie de aparición pública como 'Y ahora nos llamamos...¡MAS!, ¡y no sólo nos llamamos MAS, además pueden venir cuantos quieran!', ... y en ese venir cuantos quieran, sí, hay una movilidad, que ya te digo, por lo menos hasta el '87 es muy grande en las organizaciones trotskas de este tipo [...] entradas, salidas, y que sé yo, vos entraste hace 6 meses y sos secretario general de la juventud [...] y en el verano te enganchaste una piba en Bariloche y no sos más ni del MAS, ni secretario general de nada, te fuiste con la piba que conociste en Bariloche (Testimonio de Edy López, Neuquén, 5/09/2008).[60]

Impresiones neuquinas

El MAS crece y se inserta en sindicatos importantes como los de la carne, sanidad y ferroviarios. Luego conforma el FREPU en 1985 junto al PC

---

trotska, por estar "adentro" digamos, tenés que estar "adentro" o sea, si vos en esos, entre los años que estamos hablando, hablabas con cualquier cuadro trotsko y le preguntabas, ¿estas "adentro"? o sea, estas *en* el movimiento obrero, o sea que sos obrero [...]" (Testimonio de "Chiquito" Moya, Neuquén, 14/12/2007).

[59] Señala Moya que: "...el viejo trotskaje quedó como la columna vertebral, como el alma de hierro, digamos, pero sobre esa mampostería, se fue agrupando una mampostería nueva. Gente que no había vivido la época de la resistencia. Vos fijáte que había muchos obreros, por ejemplo, que no sabían lo que era una asamblea, no tenían un delegado. Y vos decías, che pero, ¿y eso qué es?... pero realmente, yo creía que me estaban tomando el pelo, cómo no eligieron delegado?, viste?... *No había memoria física*" (Ídem, cursivas nuestras).

[60] Recuerda Virgina: "cuando el MAS se abre que es la gran política del MAS por abrir locales en todo el Gran Buenos Aires, yo abrí como 5 locales. Así, ¡tuc!, ir, armar un grupo, piquetear todo un barrio hasta que encontrás 4 o 5 que te dan bola, alquilar un local, lograbas eso, se armaba más o menos un grupo que lo mantenían, nos íbamos a otro barrio, viste? O sea ese vuelco da el MAS" (Testimonio de Virginia Mulhall, Neuquén, 6/9/2008).

logrando 400.000 votos en las elecciones presidenciales y legislativas de 1989.[61] Mientras tanto, entre otros destinos posibles (Jujuy o Ushuaia), "Chiquito" elige Neuquén y de inmediato a su llegada se sorprende de la realidad que le toca presenciar:

> Mirá, acá lo que se veía era muy novedoso [...] fue el período en que el MAS empezó a ver si salía del ostracismo, que le permitía a Moreno hacer la caracterización de que todavía políticamente seguíamos siendo un partido marginal, pero que ya dejamos de serlo en el terreno sindical. Empezamos a salir a la luz. Entonces bueno, yo vengo un día [...] para alquilar [...] y fuimos a ver nada menos que a De Nevares [...] yo, te imaginás, estaba escandalizado, digo, mierda acá...De Nevares, era un tipo, más allá de que sea cura, un tipo interesante, la personalidad, políticamente hablando y... entonces te llena un poco los ojos, y bueno...Me llevaron a pasear un par de horas, viste, hacíamos asambleas, no te digo todos los días, pero día de por medio, y bueno, esta es **la patria del trotskismo** (Testimonio de Chiquito Moya, Neuquén, 14/12/2007).

Edy estuvo siempre a la cabeza de las direcciones regionales desde las cuales se practicaba una relativa autonomía respecto de Buenos Aires (por ejemplo, cada regional podía editar su periódico local). Llega a Neuquén a inicios de 1982, consigue trabajo rápidamente en la empresa Coca Cola y recuerda:

> [...] vos cuando venías de afuera te encontrabas enseguida con un lugar raro, con esa sensación de lugar...un lugar raro y también para todo el que venía el Neuquén de los '80 era un lugar donde vos pegabas cuatro gritos donde estuvieras y encima tenías fama!, viste?, eras medio famoso al corto tiempo. (Testimonio de Edy López, Neuquén, 5/09/2008).

El cóctel con las condiciones objetivas no podía ser mejor: *"era impresionante para la cantidad de población que había acá y para lo que era el Neuquén de la época, la cantidad de obreros de la construcción y de obras en construcción era impresionante"*. Y allí el activismo lograba inserción, escucha, prédica, adherentes, algo sumamente raro por entonces, y que producía comparaciones

---

[61] A poco de conformarse el FREPU logra capturar las tapas de los principales diarios nacionales por boca de Raúl Alfonsin, que fustiga al PC y al MAS duramente. En un discurso en la ciudad rionegrina de Villa Regina dijo: "El Partido Comunista Argentino ha cambiado una estrategia de décadas y ahora busca un tipo de alianza hacia su propia izquierda, con los sectores trotskistas del país [...] A esos sectores trotskistas no les interesa la democracia y desean acelerar las contradicciones, con el propósito de seguir buscando carne de cañón que sirva a sus intereses espurios de tomar el poder" (extracto publicado en Diario La Nación, 18/01/1986, reproducido en *Un siglo de luchas*, 1988: 316).

asombrosas *"se hacían con rapidez militantes[…]¡es medio soviético en serio este Neuquén!"* relata irónica pero contundentemente Edy, quien ingresa a trabajar en Piedra del Águila en 1986, lugar que sin dudas lo seducía por la rica combinación de factores explosivos:

> De 10.000 cumplían la condición de obreros de verdad de la construcción, 6.500. El resto eran locos de lo que venga, viste?, desde trotskistas, forajidos, escondidos, escondidos pero por otras razones. Porque bueno, como la diversidad de trabajo que hay en una gran obra es desde, que sé yo, hacer comida, limpiar, mecánica, además de todo lo que tenga que ver en serio con las construcciones y se mezclaba de todo. Entonces era una…un polo rarísimo de todo, en donde el aprendizaje era mutuo de todo el mundo, de los obreros de verdad y atrasados de Jujuy que aprendían de los "bolitas" que tenían hasta todavía la revolución del cincuenta (Testimonio de Edy López, Neuquén, 05/09/2008).

Por fuera de la UOCRA se desarrollaba el incipiente proceso de formación de ATEN, donde Virginia militaba simultáneamente. Su encuentro con este gremio no pudo menos que impresionarla *"ATEN era el paraíso de la izquierda"*. Un gremio democrático, que funcionaba y decidía por asambleas, gremio en el cual años más tarde será parte de la conducción capitalina bajo el liderazgo de Liliana Obregón y desde donde se desplegarán ciertas características del activismo trotskista:

> […] la militancia que se mete en esa conducción también veníamos de años de trotskada, viste?, entonces, nos íbamos a las siete y media de la mañana a las escuelas de primaria para agarrar a los docentes antes que entraran, antes que toque el timbre para poder agarrar todo el turno, viste?, […] a ver cómo logramos que la base participe más…considerar esto de las asambleas, las asambleas minoritarias no eran representativas, entonces que era necesario que de alguna manera funcionaran asambleas por establecimiento […] Es decir, era una ebullición democrática, viste?, de funcionamiento, de participación (Testimonio de Virginia Mulhall, Neuquén, 6/9/2008).[62]

Virginia, ya como docente, capta cierta dinámica vertiginosa que se corresponde con un perfil de la maestra neuquina clásica, consustanciada con

---

[62] Habitus militante III: "Te imaginás?, nosotros militamos en la dictadura, ¿cómo hacías para descubrir si a esa persona le podías hablar de algo, viste?, y que no te mandara en cana, si era un laburo, viste? […] de decir: estudiar a las personas, de escuchar, escuchar mucho." (Testimonio de Virginia Mulhall, Neuquén, 6/9/2008).

las tareas de la planificación escolar, preocupada por sus alumnos, con sus problemas cotidianos y que de repente pasa a la acción:

> [...] y de golpe, en una, viste?, entran en un conflicto, entran en una huelga y esa misma maestra que lo único que pensaba era en una planificación, de golpe esta haciendo cosas... como que toda la rutina de la vida las tiene muy ahí estructuraditas, ¡y de golpe la huelga!, viste?, genera que sé yo, que peleen con los maridos, dejen los pibes donde sea, hagan toda una movida revolucionaria en sus vidas, viste?

Adiós al Partido

> Yo me pregunto siempre, cuando escucho por ejemplo un compañero de la izquierda ahora [...] ¿puede ser que nosotros hayamos sido tan bestias, viste...? [...] **La necesidad de permanecer, de sobrevivir, de subsistir**, los inhibe de cumplir el papel que dicen que, supuestamente, o sea que es el de dirigir, digamos. Que bueno, que se lo atribuyen ellos porque nadie, nadie los nombró para eso, pero supuestamente esa es la razón de ser, la de dirigir a las masas en la creencia, digamos, *vox populi* de que las masas no van a acceder al último nivel del razonamiento científico, serían conducidas por estas vanguardias [...] **no saber escuchar es dramático** (Testimonio de "Chiquito" Moya, Neuquén, 14/12/2007).

El conflicto del año '84 en la UOCRA es sin dudas *"un conflicto extraordinario"* que pone en sintonía a todo el *troscaje* y es parte fundante de la *"impronta neuquina"* de luchas sociales.[63] Como uno de tantos ejemplos, se comenta que las reuniones *"de equipo ampliada"* del MAS en las obras podían juntar entre doscientos y trescientos obreros.[64] Sin embargo, lo del SITRAC

---

[63] Además, este conflicto había demostrado una de las máximas trotskistas: "[...] que con audacia, espíritu de lucha, y paciencia la clase trabajadora sola podía superar su aislamiento al que lo sometía la burocracia y... y eso era la, digamos, una especie de ABC de la militancia [...] todos los días uno se levantaba y buscaba en el diario no los avisos clasificados sino los conflictos, a ver dónde había algún conflicto para ir a decirle, 'que tal, mucho gusto, yo soy...'" (Testimonio de Edy López, Neuquén, 5/09/2008).

[64] Otros ejemplos son más contundentes, según Edy: "Nosotros en una asamblea que eran 5.000 en el gimnasio de Piedra del Águila, con el 'Rancho' Godoy que era el tipo de la burocracia, no?, él tenía momentos, era... subía en su popularidad, porque era un tipo recontra popular, ponía mucho de él ahí, no?, y era bien de la burocracia de Gerardo Martínez, pero qué tenía que hacer?, adscribir a lo que le proponía el trotskismo!, Y en esa asamblea que el tipo agarre y te diga, 'porque a mí me tienen harto con ese *Pedro Tromky*,...' (risas de todos), es famosa la anécdota, y que 'Maravilla' pida la palabra, lo escuche todo el Estadio y diga, 'acá no es cuestión

(o "*la UOCRA de Alcides*") despierta opiniones encontradas, cuando no finamente irónicas, muy relacionadas con la situación de caída vertiginosa de la actividad de la construcción, sumada a otra gran caída: la del MAS ya en desintegración, y todas ellas en medio de la más imperceptible y enorme caída de todas: la del Muro de Berlín. La experiencia del SITRAC es más bien un territorio de memorias entre épicas y surrealistas; para Edy: "*puede ser que haya compañeros que lo hayan registrado como un objeto de la realidad*"; esta idea se comprende porque de lo que se trataba era de sostener una experiencia en retirada, donde se hacían guardias nocturnas en el local de la UOCRA para que no lo arrebaten sectores de la burocracia desplazada con apoyo directo de Gerardo Martínez, y esas guardias nocturnas se hacían cada vez más difíciles de sostener:

> [...] seríamos diez y con ("Chiquito") Moya dijimos, 'esto no va más, es simbólico, váyanse, nos quedamos nosotros dos', lo hicimos una noche, y a la otra noche nos quedamos a tomar mate los dos, y vinieron, nos golpearon la puerta (risas)…nos asomamos así…, y había como cincuenta canas [...] con los cascos, y nosotros por la ventana les dijimos, 'somos dos, eh…'[...] así nos fuimos de la UOCRA. Nos hicieron un pasillo, mirá, cómo sería de canas que nos hicieron un pasillo desde la UOCRA a la entrada de la comisaría, y por el pasillo pasábamos Moya y yo (risas)… (Testimonio de Edy López, Neuquén, 05/09/2008).

Y si Edy tiende a poner en zona literaria a su vida,[65] será quizá porque los trágicos desenlaces de tantas *inversiones militantes* dejan un balance muy negativo a punto tal de que su propio Partido, aquel que se construyó a la par de su vida, lo puede también dejar al borde de la posibilidad de una existencia militante. Como recuerda su compañera en relación al Partido y su vida: "*en realidad era la historia de mi vida*", o como sentencia Chiquito: "*en

---

de ponerse a discutir si nosotros los trotskistas lo tenemos cansado a Godoy o no, a mí me tiene harto él con todo su menemismo…'" Lo mismo ocurre con la solidaridad frente a otros conflictos: "Huelga docente?…salíamos, parábamos los colectivos que iban a bajar, apoyo a la huelga docente, asamblea acá espontánea en la parada de los colectivos, viste?, bajaban, te imaginás?, como hormigas de los colectivos, todos, 'que los docentes que son los maestros de nuestros hijos y que nos apoyaron cuando La Caminata…', y que sé yo, todos a Neuquén…! (Testimonio de Edy López, Neuquén, 05/09/2008).

[65] Edy y "Chiquito" además son eximios escritores. El primero finalizó su carrera de profesor en Letras, y el segundo ya publicó tres libros (novelas): *Sueños de Hormigón* (premio municipalidad de Neuquén), *QTH Zanón* (una zaga sobre el conflicto de los ceramistas), y *Rojo y Negro*.

la concepción trosca el Partido es todo";[66] y así ocurrió cuando las encarnizadas luchas fraccionales internas hicieron que de repente la imagen de Edy sea colocada en la vereda del enemigo interno, aquel que no representa a la ortodoxia, al auténtico y puro MAS:

> [...]voy un día al local a las siete de la mañana cuando dejo el taxi, me voy al local que quedaba ahí en la Rivadavia, y...no podía entrar, no podía... y se asoman 'Maravilla' y Alcides que me dicen, 'no podés entrar', viste?, parecía... que sé yo, uno que siempre vive entre la ficción y la realidad, digo, 'yo esto lo leí en una obra de Soriano o no esta pasando...?'. No, parecía una novela de Soriano...digo: 'qué pasa?', le digo a Alcides: 'no, no podés entrar' (...)... me retiré a reflexionar...(risas) (Testimonio de Edy López, Neuquén, 05/09/2008).

Al no poder asir tamaña distorsión de las cosas humanas, quien escribe repreguntó a Edy:

> *P: ¿Qué pasó con los que estaban adentro, qué decían, qué sostenían...?*

Y que eran, bueno, eran el auténtico MAS y que iban a salvar la pureza, la idea del trotskismo...

> *P: Claro,¿ y los que quedaban afuera eran...?*

Los que quedaban afuera eran..., habían sido los movimientistas, que habían llevado al MAS a estar en los límites de la conciliación con la burgue...

(En ese momento se me agotó la batería del grabador...)

---

[66] El partido: "para mi la cuota del morenismo dentro del leninismo es más, más a cerrarlo al partido, o sea más, bueno Lenin es el que plantea un partido profesional, pero en el caso del morenismo es más acentuado eso. Después vos tenés todos los militantes, los cuadros, simpatizantes, amigos, y militantes que hacen cositas, esta todo bien. Pero el fuerte nuestro siempre fue ese, viste?, una buena estructura de cuadros. Por ejemplo vos, vas a tu casa ahora a la noche y te encontrás con una nota que tenés que estar mañana en Montevideo viste?, en la 18 y no sé que...y bueno, y te vas..." ("Chiquito" Moya).

Capítulo II

(In)explicable MPN: trayectorias políticas en el partido gobernante

El 3 de junio del 2007 puede considerarse como una fecha emblemática para la historia reciente neuquina, tanto en lo que refiere a procesos electorales como a luchas sociales. Luego de meses de atravesar una de las más duras y extensas huelgas docentes que se conozca en la provincia, y en la que muriera asesinado bajo la represión policial el maestro Carlos Fuentalba, Neuquén eligió gobernador. El clima político era irrespirable y reenviaba a muchos militantes a diez años atrás cuando, tras la segunda pueblada cultralquense (1997) y en medio de otra huelga de ATEN, el gobernador Felipe Sapag (MPN) vio seriamente impugnada su continuidad en el ejecutivo, jaqueado por el conflicto y por su trágico desenlace con la muerte de Teresa Rodríguez, también muerta bajo balas policiales. Diez años más tarde, el gobernador Jorge Sobisch (MPN) se encontraba acorralado por los manifestantes que habían colmado con la histórica cifra de treinta mil personas las calles céntricas en repudio de su accionar, y sostenía a duras penas sus últimos meses de gobierno con la mayoría de su propio partido soltándole la mano. Sin embargo, pocos pensaron un revés electoral para el MPN: en efecto, Jorge Sapag, miembro de la otrora familia de fundadores del partido obtuvo más del 48% de los votos, secundado por una alianza entre radicales y peronistas que alcanzó el 34%. Muy por detrás, sectores progresistas que conformaron el Frente Alternativa Neuquina apenas superaron el 7% y Julio Fuentes, sindicalista y figura de la resistencia de los estatales a los ajustes durante los '90, quedó cuarto sin llegar al 5% de los votos. El dato es que Jorge Sapag ya venía en carrera: había sido vice gobernador de Sobisch (1999-2003), por eso la sensación de que todo se define al interior del MPN fue en Neuquén más fuerte que nunca.

Elecciones a gobernador. Porcentaje de votos del partido ganador frente a la suma del segundo y tercero. Provincia del Neuquén.

Elecciones	1983	1987	1991	1995	1999	2003	2007
MPN	55,3	46,4	51,9	54,7	44,2	56*	48,3*
PJ + UCR/ Alianza/ ARI	42,7	39,2	43,8	24	49	26,7	47,4**

*Listas peronistas suman sus votos al candidato a gobernador por el MPN llevando sus propias nóminas a la legislatura provincial.
** UCR y PJ concurren en el marco del esquema concertacionista ideado por la administración Kirchner.
Fuente: Camino Vela y Rafart (2007).

El sistema político neuquino ha sido subrayado como un sistema dominado por la extensa y exitosa performance electoral del Movimiento Popular Neuquino -MPN-, partido provincial surgido bajo la proscripción del peronismo (de allí su denominación de partido *neoperonista*) y que permanece en el poder casi sin interrupciones desde su debut en la arena política local hasta nuestros días. La interpretación de este estado de cosas ha girado *grosso modo* en torno a su vínculo profundo con el aparato estatal, lugar desde el cual se habrían implementado en simultáneo políticas asistencialistas, de bienestar y clientelares, convirtiéndose entonces en una suerte de "partido-estado" que se asegura constantemente recursos y electores combinando todo lo anterior con una eficaz retórica federalista, según han señalado los principales estudiosos del tema, y configurando –o quizás, determinando-, en el mismo movimiento los contornos de una oposición institucional débil que no da con la manera de modificar este escenario.Sin embargo, esta indiscutible lectura -que podría alimentar la visión de un sistema político estático, inmodificable- no da cuenta ni explica lo que emerge durante la década de los '90 con una potente presencia, y que también podría denominarse como oposición política, aunque desplegada en forma de protesta social: sindicatos estatales, movimientos de desocupados, puebladas, reclamos de pueblos originarios, entre otras, parecen consolidarse en torno a un enfrentamiento en común con el aparato estatal que, por extensión, es una afrenta al mismo MPN. Esta fuerte oposición política, que sabe también de éxitos y de cierta longevidad, contribuiría a explicar –o debería poder hacerlo- cierto juego entre ésta, la oposición institucional y el MPN, que es, quizás solo en apariencia, el gran vencedor.

En vistas de que nuestra intención general es dar cuenta de los por qué y de los cómo se suceden con tanta intensidad protestas en Neuquén durante este período, nos parece que indagar sobre la relación entre protesta social, oposición política y sistema político puede alumbrar el sinuoso camino que nos espera en adelante. Va de suyo que esta aproximación no será exhaustiva pues el fenómeno de la construcción y consolidación del MPN excede largamente nuestros propósitos y posibilidades pues se trata de dar cuenta nada menos que del entramado de un partido con más de medio siglo de historia, un partido íntimamente entrelazado con densas redes sociales de poder al interior de su territorio y construido en base a una constante diferenciación con otro fenómeno de larga data en nuestro país, el peronismo.

¿Qué es el MPN?

En el año 1961, durante el ejercicio del primer gobierno provincial constitucional del Neuquén, se creó un partido político provincial: el Movimiento Popular Neuquino, que fue fundado en la ciudad de Zapala el 4 de Junio debido, fundamentalmente, a la proscripción del Partido peronista, al que pertenecía la mayoría de sus adherentes de origen popular. Con el apoyo y conducción de los ex - intendentes municipales peronistas, desplazados de sus cargos por la Revolución Libertadora de 1955, señores Agapito Cortez Rearte de Neuquén Capital, Alfonso Creide de San Martín de los Andes, Amado Sapag de Zapala, Miguel Ganem de Junín de los Andes, Emilio Pessino de Chos Malal y Felipe Sapag de Cutral - Có, se determinó que en los objetivos, programas y estatutos del nuevo partido político se propulsaría fundamentalmente mejorar el nivel de extrema pobreza y abandono de los pobladores de Neuquén y de la Patagonia, inspirándose en la justicia social (salud, educación, trabajo y vivienda); defender los recursos naturales, expoliados por el centralismo porteño e impulsar la práctica real del federalismo establecido en la Constitución nacional. El Movimiento Popular Neuquino aspiraba, también, a constituirse en un partido político provincial independiente de los grandes partidos nacionales, cuyas acciones e intereses respondían sólo al desarrollo de la Pampa Húmeda, donde se ubicaba la mayoría de los votantes del país, y olvidaban así integrar la Patagonia a la Nación. Nunca se interesaron por el desarrollo y poblamiento de esta zona del sur argentino, a no ser para aprovecharse de sus recursos hídricos, energéticos y de sus mejores tierras. Después de más de 40 años de trayectoria, el MPN se ha transformado en el único partido político que ha gobernado la provincia desde 1961, habiendo ganado todas las elecciones para gobernador a las que se presentó, y es el único partido provincial en el país que ingresa al siglo XXI en esta condición [...]

El MPN se originó gracias a dos vertientes: la política y la gremial. La política estaba formada por el apoyo de muchos intendentes peronistas que ya tenían experiencia política. La gremial, por su parte, se gestó, preferentemente, en la huelga de YPF de los años '50 donde los Sapag apoyaron abiertamente a los obreros huelguistas. Esta alianza generó una identidad formada con tres componentes: una identificación con Neuquén, un adversario (el gobierno nacional que tenía postrada en el olvido a la provincia) y un proyecto. Pero más allá de las alianzas que dieron origen al MPN, su permanencia estuvo cimentada en realización de obras, en una provincia carente casi por completo de ellas. Esta permanente acción acuñó el slogan de "obras y no palabras", usado por muchos años en las diferentes campañas eleccionarias del MPN [...][1]

Fidelidad originaria al peronismo, localismo que favorece un sentimiento que se autodefine federalista, vocación de conformar un partido político que aspire al poder y permanezca en él sin límites en el mediano plazo, claros referentes territoriales, ligazón con el movimiento obrero, ideales y prácticas bienestaristas y una clara conciencia de sus propias particularidades (un populismo ambiguo, oscilante) parecen haber dispuesto, entre otros elementos, una situación histórica de predominio para el MPN no sólo en las urnas sino también en el sentido común neuquino que dista de explicarse unívocamente. Comerciantes, autoridades municipales, funcionarios de justicia, policías, trabajadores, redes parentales, todos ellos nacidos del vientre del peronismo territoriano lograron asentarse sólidamente en el aparato de Estado y, desde allí, ir y volver en clave de políticas públicas.

MPN, el cambio permanente

[...]Y aquí está uno de los principales desafíos para entender este partido tan singular ¿es una adecuación y renovación permanente lo que ha posibilitado este fenómeno de continuidad? No cabe duda de que una de las características del MPN es contar con una base ideológica (populista) tan amplia y vaga (con conceptos generales como el federalismo, el humanismo, la justicia social) que le ha permitido ejercerla (sic) una alta dosis de pragmatismo. En realidad, el MPN ha producido un su ciclo histórico un devenir similar al protagonizado

---

[1] Originalmente este documento titulado "¿Qué es el MPN?" lo encontramos en la página web del MPN en el año 2007 (http://www.mpn.org.ar). Luego del asesinato del docente Carlos Fuentealba, esta página caducó. Al volver a buscar el texto, a fines el 2011 lo encontramos como documento de estudio del Observatorio de Partidos Políticos de América Latina, del Instituto de Iberoamérica, Universidad de Salamanca, España.

> por el Justicialismo. Nacido de la misma fuente, no dudó en mimetizarse con el aggiornamiento doctrinario impuesto por Carlos Menem en el PJ, cuando llegó el momento de desregular y privatizar; como tampoco le tembló el pulso para frenar esa misma onda cuando ya no era conveniente para su estrategia de ganar elecciones […] El MPN *ha cambiado tantas veces como lo creyó necesario para seguir gobernando:* esta tal vez sea la característica saliente de este singular movimiento político, que pretende encontrar una proyección que supere lo estrictamente provincial (Ibídem, cursivas nuestras).

El sostenido reinado electoral a nivel provincial del MPN hace necesario replantear la discusión sobre las causas de tamaña situación. Iniciado junto a la provincialización de Neuquén (1955), nutrido por el peronismo proscripto y victorioso luego en su lucha por la autonomía de aquel, el MPN participó incluso de períodos dictatoriales y reinició con la vuelta a la democracia una nueva y exitosa performance electoral que se prolonga hasta nuestros días. A pesar de este estado de cosas sigue existiendo cierta perplejidad a la hora de bucear en estudios histórico-políticos que den cuenta de este fenómeno. Si se lo considera como *determinado* por las condiciones materiales, la consabida estructura económica neuquina de las últimas décadas presenta un monocorde panorama trazado por la explotación de recursos naturales no renovables, principalmente petróleo y gas, a los que se suma coyunturalmente, en especial en las últimas décadas, el turismo. En ese terreno se habla de "economía de enclave", de "petropolítica", de la "maldición de los recursos naturales" (Pilatti, 2008, Noya y Giuliani, 2008, Preiss y Zambón, 2004, Bilder y otros, 1998). Eternas luchas con el Estado nacional por las regalías mal liquidadas o adeudadas, porcentajes de coparticipación desfavorables, contratos con multinacionales, "reparaciones históricas", son parte de los argumentos esgrimidos desde el MPN sin importar la corriente interna de que se trate; el hecho es que con más o menos discrecionalidad esos recursos estatales fueron utilizados en la constitución del entramado estatal y partidario a través de políticas públicas (vivienda, salud, educación) y de asistencia social que, sumadas al altísimo volumen de empleo estatal, configuran el soporte material de la experiencia emepenista en el poder. Por otra parte, si se considera el particular contexto político neuquino, el reinado electoral del MPN ha producido efectos interpretativos diversos en quienes lo estudian, aunque esta "excepcionalidad patagónica" -en relación a la suerte de otros partidos provinciales-,[2] lejos está de encontrar una explicación que profundice en sus múltiples caras, como su faccionalismo interno, su aprovechamiento de las

---

[2] Bloquismo sanjuanino, El Movimiento Popular Fueguino, Movimiento Popular Jujeño, Partido Renovador de Salta, Acción Chaqueña, Fuerza Republicana, todos concebidos como partidos ideológicamente de centro-derecha.

reglas del juego político institucional, la exteriorización de sus conflictos hacia la sociedad neuquina, su *estatalización*, entre otros (Adrogué, 1995, Masilla, 1983).[3] Por caso, no existen estudios de largo aliento que avancen en el terreno de las prácticas sociopolíticas, de las prácticas culturales, o etnografías que se adentren en el profuso entramado territorial que el MPN supo tejer a través de largas décadas en el poder. En consecuencia, no es casual que los aportes existentes se limiten a priorizar la ecuación entre petróleo y política, la relación entre clientelismo, asistencialismo y control social como base del éxito electoral, o el agresivo federalismo discursivo como modo de interpelación exitosa al electorado local, entre otras. Es de imaginar entonces que para el análisis de la oposición política al MPN, el marco no sea más alentador: si en frente de ella existe un gigantesco e histórico contrincante, es comprensible que la alternancia electoral sea una lejana ilusión (Vaccarisi y Campos, 2010) por parte de una oposición que no presenta "vocación de poder" ni "voluntad" de superar particularismos.[4] Incluso avanzando hacia el terreno sindical no se ha superado el estado de ensayos breves que disparan hipótesis sin demasiada preocupación por darles sustento empírico[5] o encuestas que poco aclaran la situación de oposición sindical.[6] Finalmente, si de protestas sociales se habla, toda explicación que sobredetermine *a priori* el peso del MPN, corre el riesgo de transformarlo, en la gran causa de aquellas reduciendo además el rico universo beligerante a una simple reacción.[7]

---

[3] Es sabido que el éxito electoral del MPN, en sintonía con sus pares provinciales, se restringe al ámbito de las elecciones provinciales, resultando muchas veces municipios adversos al mismo, como el de la capital neuquina desde hace varios años. Del mismo modo, en las elecciones nacionales, el electorado neuquino se comporta de manera similar al nacional, es decir, vota en sintonía con los partidos dominantes en la escena nacional. Ver en especial los trabajos de Buciarelli y Favaro (1999 y 2005), Camino Vela y Rafart (2007).

[4] Algunos autores avanzan en aspectos valorativos perdiendo la posibilidad de asir al fenómeno opositor; de resultas la oposición neuquina se caracterizaría por su "...ambición legislativa y carente siempre de una estrategia seria de construcción de poder a largo plazo...", o adjudicándole al bipartidismo nacional la debilidad de la oposición local: "...el carácter históricamente antitético de justicialistas y radicales, se ha convertido en una de las claves del predominio emepenista" (Camino Vela y Rafart, cit.).

[5] Ver AAVV (2007) *Un conflicto social en el Neuquén de la confianza*, Educo, Neuquén.

[6] En un estudio realizado sobre el grueso de la dirigencia sindical neuquina en los '90 se concluye sobre "[...] cierta superficialidad para pergeñar un futuro deseable, sin definir una direccionalidad, sin precisar ideas, manteniéndose en un espacio difuso y sin dar cuenta de los aspectos conflictivos de su práctica [...] no les interesa a estos dirigentes reflexionar si se han creado los canales institucionales para facilitar dicha participación" ver Matus y otros (2003).

[7] Para el caso de las puebladas y protestas de desocupados en los '90 se repiten los esquemas causales o se sobredimensiona el peso del MPN: "[...] para comprender la especificidad del conflicto social en Neuquén, se deben considerar los siguientes factores. 1) la formidable renta petrolera que contrasta con la colosal exclusión social; 2) las luchas al interior del entramado estatal entre los que detentan posiciones claves y que son, al mismo tiempo, miembros del

Con esta breve presentación, intentamos decir que lo que prima en los estudios disponibles parece ser más una enumeración de evidencias que un intento explicativo mayor que de cuenta de las causas profundas del éxito emepenista, de su relación con la oposición política y de su dinámica de cara a las numerosas protestas sociales ocurridas particularmente en su historia contemporánea. En otras palabras, creemos que la sobredeterminación de factores (políticos o económicos) no ha hecho más que profundizar el estado de inexplicabilidad del dominio emepenista en el sistema político neuquino, que quizás siga desafiando las barreras tanto temporales como interpretativas.[8]

Conflicto político, oposición, democratización

Entonces: ¿Qué ocurre cuando en el marco de una democracia la oposición política no puede acceder al gobierno por un período que supera el medio siglo de historia?, ¿cómo impacta esta situación en el sistema político y en los procesos de democratización de las sociedades?, ¿es posible llamar a estas instancias "democracia" y "oposición" en los términos clásicos?, y si no hay alternancia política, ¿es pensable que los espacios sociales no institucionalizados o no afectados a la competencia electoral expresen disconformidades al orden social que puedan homologarse al rol de oposición y contribuyan, en el mismo sentido, a la democratización social allí donde la alternancia política no sobreviene? La ciencia política clásica suele preocuparse por la "legitimidad" de los sistemas democráticos anclando sus reflexiones en la existencia de gobiernos democráticos que acceden al poder en elecciones libres, y sobre aquella base reclaman obediencia ciudadana en su territorio contando, por supuesto, con la alta probabilidad de que los ciudadanos cumplan las órdenes emanadas desde el poder.[9] A sabiendas de que la obediencia es un proceso complejo que reenvía a la dominación tanto material como simbólica, al peso de tradiciones políticas, a costumbres, o al influjo de líderes carismáticos, lo cierto es que para estos análisis importa en

---

Movimiento Popular Neuquino; 3) la red clientelar conformada por este movimiento en el territorio provincial", Ver Bonifacio y otros (2007).

[8] Incluso carecemos de perspectivas que, más allá de los escasos libros "oficialistas" al MPN (Castillo, 2005), lo aborden desde un lugar crítico que tensione relatos existentes elaborados en torno al binomio populismo-clientelismo (Panizza, 2009, Laclau, 2005, Levitsty, 2005, Auyero, 2001).

[9] Utilizo en adelante en el clásico estudio de Linz, Juan (1991) *La quiebra de las democracias*, Alianza editorial, Barcelona.

realidad la creencia en la legitimidad, es decir, se trata de aceptar el carácter vinculante y el derecho a mandar.[10] Los que así lo entiendan y no estén en el poder pero mantengan esperanzas de acceder allí por la misma vía, merecen el mote de *oposición leal,* o *responsable* (Sartori, 1980). Pero sucede que con la legitimidad así entendida no alcanza, entonces se hace necesario cierta dosis de eficacia y eficiencia políticas, entendidas como la reducción de los costos sociales de las medidas gubernamentales y la obtención de fines perseguidos; en esa dimensión es indudable que los regímenes otorgan satisfacción a intereses materiales y de otro orden como la seguridad, la mantención del orden social, la previsibilidad, entre otros, siempre en vistas de consolidarse como tales. De resultas se arriba a un proceso de consolidación del sistema político en donde poco a poco se va cediendo a los detentadores legítimos del poder, la autoridad para utilizar la fuerza en caso de que opositores al modelo pretendan sustituirlo o desestabilizarlo: aquellos serán, siguiendo a Linz, la *oposición semileal* o *desleal* según el grado de resistencia o rechazo a la autoridad estatal, y según el grado en que utilicen la violencia política para expresarse. Si bien se reconoce en este planteo la relatividad de la definición propuesta de "legitimidad", pues se sabe de la existencia de impugnadores a la autoridad de gobiernos democráticos o de que extraordinariamente las oposiciones se mantengan como absolutamente leales, este esquema permanece como modelo orientativo a seguir en la ponderación de los modos de conservar la legitimidad de los regímenes demoliberales, y muy en especial por el rechazo a la violencia política y el acento en reconocer la autoridad estatal a la hora de preservar el orden social democrático.

Volviendo sobre nuestras preguntas iniciales de trabajar sobre situaciones en donde la oposición no logra acceder nunca al gobierno, existen planteos en donde este estado de cosas no refiere tanto a la *legalidad* como a la *calidad* de las democracias en relación al rol que le cabe a la oposición, es decir, su performance parlamentaria como contrapeso del oficialismo y como oxigenante político del orden social. Sin embargo, también se está aquí sobre otro supuesto que es el de la estabilidad de regímenes democráticos, cuestión que en el panorama latinoamericano no suele presentarse con regularidad (Pasquino, 1997); es decir, la oposición suele quedar relegada en pos de la consolidación de los regímenes de transición democrática primero, y luego atrapada en la oleada neoliberal que acentuó -por sobre la desideologización de lo político- los rasgos problemáticos de la centralización del poder, de falta de independencia del poder judicial, de debilitamiento del Parlamento, la

---

[10] "La legitimidad de un régimen democrático se apoya en la creencia en el derecho de que los que han llegado legalmente a la autoridad para dar cierto tipo de órdenes, esperar obediencia y hacerlas cumplir, si es necesario, utilizando la fuerza" (Linz, 1991: 38).

corrupción y desprestigio de la clase política, entre otros, facilitando la constitución de partidos políticos que reemplazan a los de "masas" y se convierten en partidos "atrapa todo" (*catching-all parties*), esto es, organizaciones sin grandes ejes ideológicos, especializados en capturar votos de centro, con una verticalización marcada en la toma de decisiones y una desincentivación militante reforzada por la figura de líderes políticos (Castiglioni, 1997). De allí emergen entonces los análisis que hablan de "incapacidad" de la oposición de articular la sociedad con el Parlamento, de la existencia de oposiciones "testimoniales" o del rol exclusivo de control de gestión, denuncia mediática o tibio acompañamiento a protestas sociales al que parece acomodarse finalmente este actor. Entonces, si el funcionamiento de estos regímenes democráticos es posible de analizarse en la medida en que se abordan las relaciones entre oposición y gobierno, una oposición relegada por décadas poco puede explicar la dinámica del sistema político ni mucho menos situaciones de descontento social de magnitud expresadas por fuera del sistema de competencia electoral. En el mismo sentido, no puede sostenerse la idea de hablar de democracia a secas cuando por sobre las elecciones periódicas no ocurre ninguna alternancia de fuerzas políticas, quedando la oposición al borde de ver puesto en cuestión su rol o limitada a observar que la verdadera oposición se desarrolla al interior del partido dominante: el caso del peronismo argentino y quizás también del MPN en Neuquén es harto ilustrativa al respecto. Nos queda entonces la pobre figura de una oposición que observa impotente como el partido dominante desenvuelve en sus entrañas su propia pugna entre oficialismo y oposición, convirtiéndose en el mismo momento en un "sistema político en sí mismo" (Torre, 1999). Se desarrolla así un "carácter bifronte", según la expresión de Juan Carlos Torre, en estos partidos dominantes en donde su flexibilidad ideológica a la hora de conformar coaliciones de apoyo de izquierda a derecha y su débil conformación como organizaciones partidarias (más semejante a movimientos políticos) resultan en otro doble efecto: su plasticidad y pragmatismo electoralista y su potencial traslado de conflictos internos a la arena estatal en donde ejercen el poder. La oposición, sino es cooptada o diezmada, ve aún más limitada su estrategia como tal. Pero con este panorama, ¿es acaso imposible pensar en la existencia de oposición política alguna, al menos en los términos clásicos?

Es por estas cuestiones que el intento de trasladar la mirada hacia otras regiones de lo social puede ayudar a ampliar la comprensión de los fenómenos de oposición política, más precisamente centrando la atención en las regiones conflictivas por donde se encuentran, de manera potente y abundante, muestras de malestar social, aunque éste no siempre sea expresado de manera directa hacia el sistema político. Es que las protestas sociales en Neuquén son, vale decir, tan notables como el particular dominio del MPN

en el sistema político neuquino: más allá de eventos *históricos* como el conocido *Choconazo* a fines de los '60, o *salvajes* como las huelgas de la UOCRA
en los años '80, son las pobladas cutralquenses y las sistemáticas protestas
de docentes y de estatales lideradas por ATE y ATEN en los '90 las que sellaron una década en particular, enriquecida a su vez por otras de igual tenor
simbólico como los reclamos del pueblo mapuce o el caso de la fábrica Zanón Bajo Control Obrero. En otras palabras: puede pensarse a *los '90* como el
inicio del despliegue de un fenómeno de oposición política extra partidaria
a gran escala, y que no es catalogable desde las coordenadas de la ciencia
política clásica, más preocupada por la legitimidad, la calidad o la tipología
de opositores más o menos leales. ¿Y por qué esto ocurre así? Si la imposible alternancia electoral obstruye el medio clásico de democratización de
los sistemas políticos y las sociedades demoliberales -vale decir, produce un
efecto que los teóricos del conflicto político denominan *desdemocratización-*[11]
pues entonces es lícito buscar otros lugares sociales por donde dicha necesidad, demanda, o proceso debería expresarse. Si esto sucede de una manera
no tan clara es porque obedece en parte a que las organizaciones que protagonizan el descontento no están diseñadas para la competencia electoral
–por ejemplo, sindicatos-, pero su insistencia, persistencia, más su considerable capacidad de poner en jaque al ejecutivo local estaría mostrando una
sintomatología del funcionamiento del sistema político neuquino que es, al
menos, poco feliz: la oposición partidaria no puede aspirar a más en su lógica
(búsqueda de consensos, juicios políticos, alocuciones a la paz social, etcétera) atada a las leyes de la racionalidad partidaria y electoral; por su parte,
los sindicatos y organizaciones sociales que protestan tienden a sobrepasar
sus propios horizontes expresando quizás esa saturación de "emepenismo" o
buscando por las calles manifestar la necesidad de recambio institucional al
no poder tener -ni imaginar- otro interlocutor que no sea el MPN. En ese sentido quizá sea más adecuado hablar de "política contenciosa" al interior de un
sistema político (Tilly, 2006: 29) toda vez que la acción de protesta se torna
resistencia colectiva a determinadas medidas tomadas por él, desplegándose
en formas más o menos episódicas y no institucionalizadas.[12]Con todo, la
repetida legitimación a través del voto del MPN reclama otras entradas, otras
perspectivas. Quizá una aproximación al cómo es el experimentado y sentido de pertenecer al MPN por sus propios militantes, pueda ayudarnos a una
comprensión más acabada de este fenómeno.

---

[11] En referencia a la pérdida de las propiedades positivas de un sistema político democrático.
Ver McAdam, Tarrow, Tilly (2005).

[12] Charles Tilly incluye dentro de un "régimen político" al "sistema político"; regimen político
refiere a "[…] las transacciones entre agentes del gobierno, miembros del sistema político,
desafiadores y sujetos" (Tilly, 2006: 29).

Trayectorias de militancia en el MPN: los Sapag

No es una novedad el hecho de que la provincia de Neuquén creció en base a una lógica apartada de lo que constituyó la expansión de la frontera agropecuaria en Argentina (Bandieri, 2002, 2005), ni que el mayor componente de origen de su inmigración es el chileno, además de la inmigración italiana y española durante gran parte del siglo XX (Muñoz Villagrán, 2005, Trpin, 2005). Tampoco lo es el dato que señala que luego de la denominada "Campaña del Desierto" a fines del siglo XIX, la Patagonia en general quedó "despoblada", presentando ya a inicios del siglo XX, islotes con escasa población. Esta característica fue tan propia de la ciudad de Neuquén –fundada hacia 1904- como del resto de las ciudades de lo que comenzó a llamarse el Alto Valle de Río Negro. Así, tanto Neuquén como su vecina Río Negro constituían reducidas villas ligadas a la fruticultura, el comercio y un incipiente aparato burocrático; en especial, la ciudad de Neuquén crecerá a un ritmo extremadamente lento: de 2.000 habitantes en el año 1904 pasará a tener apenas 7.000 en 1950. El viraje del dominante modelo agroexportador hacia concepciones y proyectos desarrollistas abrió otro panorama para esta región con la construcción de enormes represas hidroeléctricas hacia los años '60 y '70, y recibió otro impulso decidido con la explotación hidrocarburífera. A partir de entonces la población aumentó aceleradamente transformando a Neuquén en una de las provincias argentinas de mayor crecimiento. De acuerdo a los datos del Instituto Nacional de Estadística y Censo la ciudad de Neuquén pasó de 25.000 habitantes en 1960 a 200.000 habitantes en 1991. La procedencia de estos nuevos pobladores también cambió: los recién llegados provienen ahora de lugares como Córdoba, Rosario y Mendoza.[13]

La relación entre familia (linajes o clanes) y política no es privativa de Neuquén ni mucho menos de la cultura occidental. Si el apellido Sapag refiere a familia política en Neuquén lo mismo ocurre con los Saadi en Catamarca, Rodríguez Saa en San Luis, Romero Feris en Corrientes, Juárez en Santiago del Estero, entre otros. Lo cierto es que entre principios de siglo y mediados del los años '40 Argentina recibe una importante inmigración de origen siriolibanés. Habid Mansur Sapag llega a Buenos Aires en 1908, acompañado de su hijo Elías y su yerno Antonio Roca Jalil. Tras de ellos, Canaán Sapag junto a su esposa Nacira Jalil llegan a Neuquén y se instalan en la ciudad de Zapala, donde nace Felipe Sapag (1917-2010). Felipe Sapag es el referente

---

[13] Según Perrén (2010) las dos terceras partes de quienes decidieron contraer nupcias durante los años sesenta habían nacido fuera de Neuquén.

indiscutido del MPN:[14] su rol de fundador (compartido con otros tantos de menor protagonismo), su performance política y su sabiduría en el tejido de relaciones sociales tanto mercantiles como políticas, sumado a un gran carisma agigantado por su propia contextura física, hacen de él un resumen de atributos positivos a la hora de capitalizar votos. Su relato acerca del Neuquén de antaño, en el que le tocó iniciar su labor política, es una combinación de elementos donde pobreza y desinterés desde los centros de poder nacional sólo pueden ser doblegados con una moral de pionero que todo lo hace de la nada. Lo cito en extenso:

> [...] el MPN que representó en su momento al peronismo que había sido desplazado en la revolución del '55, que habían tenido que votar en blanco en las elecciones nacionales y provinciales, que estaban perseguidos, dejados de lado, en una provincia que había empezado, o había dejado de ser territorio nacional, empobrecida, sin población, sin ninguno de los elementos esenciales para una vida digna, ni trabajo, es decir, el gobierno nacional en su momento conquistó la patagonia sacando a los pobladores originarios, pero luego no hizo nada, abandonó... El ferrocarril fue la única obra así, pero que quedó inconclusa [...] Entonces ese grupo de gente, que también recién se iniciaba a la vida cívica porque los pobladores, aun los propios argentinos nacidos en Argentina o en el propio Neuquén no tenían derecho cívico, es decir, no podían votar ni ser elegidos. Así que cuando se dio la oportunidad, ese conglomerado de gente, apoyado también por dos gremios muy importantes en ese momento, ferroviarios y el de YPF, que habían pasado por momentos muy difíciles, pero que habían tenido el **apoyo personal mío** y de otros amigos que logramos una amistad y adhesión muy importantes, se formó el Movimiento Popular Neuquino para **tratar de tener la dignidad de ser pobladores de algún lugar. Gente sacrificada, pioneros que vivían sin ninguna de las condiciones, ni educación, ni salud, ni vivienda, ni trabajo.** Entonces ese grupo se constituyó y llegó al gobierno, llegó al gobierno con estas premisas, de revertir esta situación. Y en

---

[14] Felipe (1917-2010) sobresale ampliamente por sobre el papel pequeño que jugaron sus otros dos hermanos Amado (1921-2002) y Elías (1911-1993); con éste último selló una duradera enemistad política nacida de las diferencias que generaban sus posiciones frente al conflicto del Beagle: mientras Felipe abogaba por un acuerdo pacífico, Elías se mostraba intransigente con los chilenos. Tras una reunión de ambos en Olivos, citados por el entonces presidente Raúl Alfonsín, la ruptura quedó evidenciada. Nacido en el Líbano en 1911, Elías fue el senador nacional que más años ejerció esa representación (1963-66, 1973-76, 1983-93, año de su fallecimiento). Amado fue electo intendente de Zapala en varias ocasiones y se dedicó principalmente a la actividad comercial. Fundó junto a sus hermanos la empresa *Sapag Hermanos* (actividad comercial y agropecuaria), que además de tener locales en el interior neuquino eran proveedores del Ejército Argentino en toda la región. En la década de 1950 incursionó en la minería, actividad que posicionó a Sapag Hermanos S.A. entre las primeras empresas mineras no metalíferas del país, con minerales que se comercializaban luego a empresas de perforación, principalmente YPF.

conjunto así, pasando por toda la historia, lo logró, es decir, el Neuquén, la estructura principal que tiene, por ejemplo, empezando por salud, fue hecha por el Movimiento Popular Neuquino. La educación, que prácticamente, todo el interior era escuelas rancho, en lugares que no estaban urbanizados, inhóspitos, o en locales construidos por los propios maestros, los nombraban y decían, vaya a tal lugar, que allí los pobladores han pedido una escuela […] Así que el Movimiento Popular Neuquino hizo la educación, escuelas nuevas, creó los distintos niveles de educación, y la universidad […] tuvimos el coraje de crear la Universidad, porque nos dimos cuenta que si no íbamos a seguir siendo los peones del desarrollo del Neuquén, porque ya ocurrió el caso con la construcción de El Chocón, que en su contrato tenían la obligación de tomar gente del lugar, que pidieron unos trescientos profesionales, y no recuerdo si, tres o cuatro mil obreros, y bueno nosotros solamente pudimos darle de los trescientos, cinco profesionales que había en Neuquén, de los pocos que había, es decir nos dimos cuenta de que, sí, tomaron las 3000 personas, pero de peones, entonces, eso nos hizo ver que en el futuro, queríamos ser también los protagonistas del progreso, y eso fue el desafío (Testimonio de Felipe Sapag, Neuquén, 24/04/2008).

Cada palabra de Sapag está impregnada de esa historia épica que arranca en la etapa territoriana y toma impulso a fines de los '50 con la provincialización de Neuquén, donde se cruzan desde solidaridades sindicales (el apoyo de los estratégicos gremios de ferroviarios y petroleros), obras civilizatorias (escuelas, universidades, hospitales, viviendas) hasta el devenir identitario del MPN echa suficiente raíz localista/federalista como para desprenderse rápidamente de su hermano mayor, el peronismo proscripto. Por esta trayectoria que muy pocos impugnan, es que Sapag saca a relucir cuantas veces puede aquello de haber transformado los barrios populosos y tradicionales neuquinos llenos de casas-ranchos en viviendas y departamentos dignos:

[…] eliminar las villas miserias […] el Movimiento Popular Neuquino llegó a construir 70.000 viviendas, departamentos y viviendas, todos esos departamentos que usted ve a lo largo de la Avenida Argentina, a la derecha, a la izquierda, esos edificios de tres o cuatros pisos fueron hechos por el gobierno del Movimiento Popular Neuquino, para los empleados, para la gente… Entonces como digo, la infraestructura, electricidad, el gas, teléfono, televisión en todos los lugares, una comunicación. Es decir, que cubrió el Movimiento Popular Neuquino los aspectos fundamentales de una provincia semi desempleada, **de no ser nada**, pasó a estar en mejores condiciones que provincias que tenían cuatrocientos, quinientos años de existencia, o territorios nacionales como La Pampa que tenía desarrollo (Testimonio de Felipe Sapag, Neuquén, 24/04/2008).

Esta faceta bienestarista destacada en los principales estudios sobre Neuquén y sobre el MPN (Favaro y Bucciarelli, 1999), faceta que luego toma la forma imbricada de partido-estado (Vaccarissi y Godoy, 2005) se asienta en una narrativa en la que emerge cierta "mística" populista basada en haber brindado todos los servicios posibles a un pueblo relegado por los gobiernos nacionales de turno: *"cuanto más pobre, más esfuerzo para ponerlo en condiciones dignas"*. No es de extrañar que el perfil del militante de una experiencia partidaria como ésta -siempre desde el relato de Don Felipe- deba responder a las coordenadas de un personaje *desinteresado*, entre el humilde desposeído y el trabajador con familia, compenetrado con la causa de levantar a Neuquén y, por esas coincidencias ideológicas e idiosincráticas con el peronismo, anti-intelectual:

> [...] (es) inicialmente la gente que no tenía ninguna esperanza, no tenía trabajo, no tenía educación, no tenía nada. Bueno, confiaron en el MPN. Luego la gente de trabajo, en esta casa oyeron a los padres decir "fue en el gobierno de don Felipe" [...] El hombre medio, común. Nosotros desde el principio el MPN tuvo la oposición violenta y desmedida de la gente más educada en Neuquén, de los que tenían recursos que se consideraban dentro de las posibilidades, que tenían un negocio próspero, un campo, o alguna cosa. ¿Quiénes eran los que formaban el MPN?, y unos desheredados de Cutral Có que era una villa miseria, porque éramos realmente una villa miseria, que haya salido de ahí el gobernador y no de los doctores... Todos los profesionales en contra, todos. Entonces el grupo que yo creo que forma es el del nivel medio, del habitante que tiene una familia, que tiene un empleo, que tiene trabajo. Y muy poco de los que tienen una educación superior, muy poco. (Testimonio de Felipe Sapag, Neuquén, 24/04/2008).

Despegado de la visión fundante de su padre, aunque fiel seguidor y testigo de la larga trayectoria familiar y partidaria, uno de sus seis hijos, Luis Sapag, elabora una visión del MPN más sistematizada. Luis Sapag es Ingeniero Industrial, al momento de ser entrevistado cursaba un doctorado en Ciencias Sociales y tenía unos cuantos libros publicados: *El Dinosaurio amarillo* (1995), suerte de saga que narra las vicisitudes de las internas en el MPN que le darán la victoria a Jorge Sobisch; *Lonco Server* (2001), un curioso ensayo de futurología que imagina el porvenir cibernético de Neuquén en clave de reivindicación mapuce; dos trabajos proyectivos sobre planificación *Neuquén 2020* (2003) y *El Neuquén que viene* (2002), y *Sapag: del Líbano a Neuquén. Genealogía de una pasión* (2008), una voluminosa obra que narra el devenir familiar de los Sapag. Luis ocupó cargos técnicos (director de Hidronor) y políticos (presidente de la seccional Neuquén capital del MPN), pero su marca más distintiva fue cuando perdió las internas partidarias enfrentando a

Sobisch en 1991. Luis Sapag piensa en tres períodos o etapas a la hora de historizar al MPN: la primera abarca desde su fundación hasta el enfrentamiento directo con Perón, momento clave en que el MPN cristaliza su identidad; la segunda etapa es la que sigue inmediatamente después de la dictadura y se comprende en el contexto del retorno a la vida democrática del país; y la tercera etapa empieza con el período de predominio de Jorge Sobisch, período "*oscuro y decadente*" del MPN. Volviendo sobre la primera de ellas, lejos de identificarse con aquella resistencia peronista, Luis le cambia el sentido a la misma y la presenta en otro registro, más localista:

> [...] el MPN nace de la resistencia [...] la palabra quizás tienda a hacerla confundir con **la resistencia peronista, no es esa resistencia**. O sea como una respuesta de los sectores marginados de la política neuquina, luego del territorio nacional y luego después cuando viene la intervención junto con el golpe militar que voltea a Frondizi, deja afuera a vastos sectores populares. ¿Deja afuera a quién?, a los sindicatos [...] los pequeños campesinos, los crianceros del norte, que en el proceso de urbanización vinieron a formar los barrios periféricos de Neuquén, Bouquet Roldan, etcétera [...] Y dejó afuera a la gente de Cutral Co, de Zapala [...] Y dentro de esos sectores, bueno estaba por un lado, sectores más organizados como los sindicalistas y algunos militantes del peronismo que habían llegado a ser intendente inclusive, Junín, San Martín, Andacollo, Neuquén, Cutral Co, Zapala, que militaban en el peronismo, y de esa representación de esos sectores, surge el MPN [...] o sea era gente que estaba resistiendo en la miseria, pueblos horribles, de adobe, sin cloacas, sin electricidad, sin agua, Cutral Co al lado de Plaza Huincul sin gas, sin trabajo, una mezcla de criancero de ascendencia chilena y criolla, e inmigrantes marginales, la mayoría eran árabes o judíos, también había italianos, españoles [...] Y bueno de esa conjunción con la organicidad y la ideología legitimadora del peronismo, nace el MPN. (Testimonio de Luis Sapag, Neuquén,15/12/2007).[15]

---

[15] Una interesante anécdota ilustra el despegue premeditado del MPN del peronismo, algo que, siguiendo los testimonios, queda claro desde los primeros años de vida del partido provincial. Luis acompañaba a su padre a entrevistarse con el delegado enviado por Perón para organizar el FreJuLi en Neuquén. A la reunión asisten Don Felipe y entre otros el ingeniero Tosello, su ministro de obras públicas, un personaje que supo formar parte del segundo Plan Quinquenal de Perón. Dice Luis, "después mi viejo lo captó para trabajar con él, fue uno de sus apoyos, fundador de COPADE". Y entonces: "[...] bueno, el viejo (Perón) se sentó con los tipos, un clima de mierda, una tensión así, estos tipos lo miraban, viste como diciendo, a ver, ah ¿viniste al pie, viste?, una cosa por el estilo. Entonces mi viejo les dice, bueno,nosotros coincidimos con el FreJuLi, tenemos raíz peronista, creemos las mismas ideas que el peronismo, con nuestra propia filosofía provincial, el federalismo, pero queremos apoyar, queremos dar nuestro apoyo a Perón, queremos hablar de cómo podemos integramos al FreJuLi, ¡cómo no!, bueno, y hay que repartir los cargos, bueno ¡cómo no!, dice mi viejo, bueno yo propongo que elijamos por sorteo al candidato a gobernador, si sale el de ustedes el senador es nuestro, después el intendente de Neuquén, después el diputado, uno a uno. No, le dicen, ustedes son un partido aliado,

Toda esa impronta inicial le deja entrever una clara representación social, ya relatada por Don Felipe, y que consiste en aquella imagen de los sectores populares accediendo al poder: *"nos decían 'los petroleros' acá, con un sesgo de estigmatización, de desprecio, los sucios, ¿viste? ellos eran los tipos".*De las políticas de bienestar sacó el MPN su fuerza, su "mística", su arraigo en la población, todos elementos que suman para desprenderse rápidamente del peronismo y construir una genealogía propia encarnada en el territorio y su simbología, tomando hábilmente las características de su composición social y étnica, que mezcla inmigraciones varias en lo profundo de su geografía. Este dato de reivindicación de lo local le otorga cierto aire antiporteño, un relato que paradójicamente busca el progreso pero lo encara desde una oposición cómo lo entienden desde el centro de poder nacional, Buenos Aires y su modelo agroexportador que excluye el interior del interior:

> El MPN se convierte en parte de la identidad de los neuquinos, no?, como la araucaria, como el loncomeo, como los mapuches, como el Limay, se convirtió en parte de la identidad. O sea la gente de Neuquén [...] que no esta afiliada pero lo vota, que lo reconoce como importante, como referente, se convirtió en la identidad porque los fundadores del MPN, el MPN histórico, primero, nace de esos sectores sociales que estaban marginalizados [...] los incorporan, estaban afuera, estaban afuera primero porque eran territorio, segundo, porque cuando se hizo el territorio igual quedaron afuera por la proscripción del peronismo, tercero que aún con el peronismo, el peronismo acá en Neuquén actuó de la misma manera que los partidos producidos por el modelo agroexportador, llámese radicalismo, democracia progresista. O sea [...] pensando en puerto [...] los de la cordillera son indios o chilenos, viste, no? [...] Y que en realidad todo lo que pueden hacer ellos es adaptarse al modelo de Buenos Aires, ¿a qué?, a la civilización, al iluminismo que ellos, ellos venían haciendo lo que nosotros teníamos que hacer. El MPN lo que hace, lo que hacen los Sapag es darle a esa gente otra...otra autosuficiencia, otra seguridad, una autoconciencia de que son valiosos, de que es valioso ser mapuche, es valioso ser criancero (Testimonio de Luis Sapag, Neuquén, 15/12/2007).

Las políticas de protección a los pequeños crianceros del interior serán todo un ejemplo a reivindicar, expropiando grandes extensiones a su favor y brindándoles asesoramiento técnico para mejorar sus rindes. En otro registro, aspectos culturales como la defensa de las cantoras chilenas, prohibidas por los militares, dan cuenta de la concepción firme de defensa de lo que en algún

---

ustedes tienen el 25%, tiene que ir con la Democracia Cristiana, el Movimiento de Integración y Desarrollo, el Partido Socialista Popular... y mi viejo dice, bueno, esto es desconocer la historia de Neuquén, si es así, no, bueno, chau!...Y después les ganó."(Testimonio de Luis Sapag, Neuquén, 15/12/2007).

punto emerge como lo autóctono, en mixtura con el elemento mapuce y la incorporación de sus simbologías al naciente espectro identitario neuquino. De allí que tenga sentido lo que comenta Luis Sapag para retirar definitivamente cualquier ligazón temporal mayor a la razonable con el peronismo:

> Que después mi viejo haya dicho, "somos peronistas", **lo dijeron por táctica**, lo dijeron porque era lo que convenía, porque además recibían un montón de beneficios, pero en realidad **no eran peronistas, ni lo son**… (Testimonio de Luis Sapag, Neuquén,15/12/2007).

Intersecciones y digresiones: el caso Vaca Narvaja

Gustavo Vaca Narvaja es el mayor de doce hermanos, miembro de una numerosa y politizada familia cordobesa. Constituye otro caso de vinculación entre familia y política, pero desde un ángulo que permite atravesar varias capas de la historia argentina. Es que el apellido Vaca Narvaja remite directamente a su hermano Fernando, el más conocido quizás en la trágica saga de la historia familiar, principalmente por su militancia como dirigente de la Organización Montoneros. Gustavo nace en Córdoba en el año 1942. Luego de recibirse de médico cirujano realiza un extenso viaje por el sur argentino motivado por formarse en el campo de la medicina comunitaria; a su regreso a la provincia lo sorprende el Cordobazo en pleno despliegue,[16] lo anima el clima político y decide quedarse un año, pero luego emprende nuevamente otro viaje al sur, esta vez como viaje de bodas. A su paso por Neuquén se aloja en un hotel para hacer noche y proseguir, pero:

> Cuando llego a Neuquén había una orden del gobierno de Felipe Sapag de contactar todos los médicos que pasaran por Neuquén, en cualquier hotel, a la hora que sea, para incorporarlos al primer Plan Rural de Salud que se estableció en Neuquén. **Así que soy fundador del Plan de Salud**. A las tres de la mañana cae un tipo, cae el subsecretario de salud, me llama a las tres de la mañana, bajamos, tomamos whisky, estuvimos hasta las 7 de la mañana charlando de lo

---

[16] "[…] llegué el 29 de mayo, el día del Cordobazo, en la plaza España, mi equipaje era una carabina, un revolver sobaquero, del que lo llevás puesto, y una maquina de escribir, ese era mi equipaje, en la plaza España en pleno tiroteo, quince minutos antes del toque de queda. Así que me agarró el Cordobazo justo acá, en el tren que venía de Buenos Aires, en Ferreyra que lo paran, nos bajan a todos, y nos venimos caminando de ahí como podíamos … Bueno, digamos, ahí comienzo más a militar desde el punto de vista político" (Testimonio de Gustavo Vaca Narvaja, Córdoba, 05/03/2008).

que ellos querían hacer, me interesó, a las 8 de la mañana estábamos hablando con el Ministro de Salud, Bienestar Social se llamaba en ese momento, que era Antonio del Vas, y nos contactan para ver si podíamos incorporarnos al Plan Rural y nos mandan a la zona norte para conocer. El coordinador de eso se llamaba Antonio Gorgni, que era un médico antropólogo, un tipo muy especial, un personaje muy lindo, que lo conocí mucho. De ahí nos vamos a Chos Malal, recorrimos Tricao Malal, recorrimos Andacollo, Las Ovejas, y me quedo en Tricao Malal, a 45 kilómetros de Chos Malal. No había nada (Testimonio de Gustavo Vaca Narvaja, Córdoba, 05/03/2008).[17]

Así es que Vaca Narvaja cae seducido por la oferta y decide anclar en Neuquén. De inmediato es nombrado director del Puesto Sanitario de Tricao Malal y luego director del Hospital del mismo lugar. Le impactaba tanto la desértica hambruna del interior neuquino como la voluntad de revertir esa realidad mediante un sólido plan de salud; Neuquén exhibía en ese entonces una mortalidad infantil de 120 cada 1000 nacidos. Prolífico escritor también, en uno de sus libros Vaca Narvaja describe:

> Es indudable que Neuquén nos conmovió, todo parecía hacerse como hecho consumado. En menos de 48hs estábamos viajando en una doble cabina rumbo a Chos Malal mientras Gorgni nos cebaba mates y nos hablaba de los ojos de la gente del norte neuquino. Verán…decía…el mundo se divide en dos: los pobladores de la zona norte neuquina y el resto del mundo (Vaca Narvaja, 1994: 15).

El paraje donde Vaca Narvaja residirá por entonces, hablamos de inicios de los años '70, poseía un solo teléfono, los diarios llegaban dos veces por semana y había múltiples problemas de infraestructura: caminos, hospitales, comunicaciones, etc., en período invernal era común el aislamiento de la zona por tres meses. Hasta ahí llegaba Don Felipe, preocupado por el desarrollo de la zona norte neuquina. Su presencia también lo impactó.[18] Así la describe:

---

[17] En las páginas iniciales de su libro *El Hijo bastardo I*, este episodio es contado detalladamente y de forma novelesca: "Neuquén era en esos años solamente el Bajo". El ministro le había espetado: "los vengo a buscar para llevarlos a la zona norte de la provincia, es más, ustedes por la cara y juventud que tienen son para los deshollinadores del Palao. Van a trabajar y vivir en Tricao Malal, ése es el destino que tendrán" (Vaca Narvaja, 1994:14).

[18] La escena que describe ávidamente Vaca Narvaja es muy ilustrativa: "Y saben quién nos visitaba…el famoso Don Felipe. El helicóptero hacía vuelos rasantes, nadie sabe en realidad que querían o que traían. La policía inmediatamente corrió con palas para abrir un círculo que permitiera asentar al pájaro mecánico (…) ¿Quién es? Preguntamos al sargento Nieto, el rubicundo jefe del destacamento de policía. Es Felipe contestaba…Don Felipe…el Gobernador" (Vaca Narvaja, 1994: 18).

Algo nos llamó la atención cuando Don Felipe saludaba a la gente. Parecía que los estuviera bendiciendo, y luego de recibir ésta, se alejaban satisfechos y convencidos que las promesas que les hacía se cumplirían (Vaca Narvaja, 1994: 19).

Más allá de cualquier análisis de la gestualidad en términos de dominación, hay que rescatar de estas notas el efecto carismático, fundador, iniciador, casi que a modo de segunda evangelización, que Don Felipe impartía en cada lugar al que iba. No es de extrañar que Vaca Narvaja quede, en sus palabras, *subyugado* por semejante figura. Figura que en un *gesto* fundaba un pueblo, y acto seguido, animaba al admirador a repetir la escena pionera, el gesto civilizador por excelencia:

[…]el pueblo lo fundo yo, a Tricao Malal **le hago** un hospital, hago la Casa del Médico, la Policía, trazo el nuevo diseño del pueblo, pongo la plaza en funcionamiento, o sea, para que veas como era la medicina en ese momento. Todo lo hacíamos a caballo, todo era buscar la gente en los ranchos, yo tenía una población casi de 1.800 habitantes en las zonas rurales, que tenía que ir a caballo a buscar y a tratar, y vencer a las médicas, que eran las que, era digamos, la alternativa de la gente para curarse (Testimonio de Gustavo Vaca Narvaja, Córdoba, 05/03/2008).

El contexto de movilización política que atravesaba la Argentina de los primeros años de la década de los '70 trocó rápidamente en turbulencia política. Los Vaca Narvaja comenzaron a ser una familia amenazada y perseguida. Gustavo es acusado de dirigir como jefe montonero la zona sur del país, de ser nexo entre Montoneros y Salvador Allende, y de trasladar armas en ambulancia entre ambos países. Su padre ya había sido secuestrado. El resto es la increíble y conocida historia familiar que, en vísperas del golpe de Estado de marzo de 1976 y hasta inicios de abril, invade la Cancillería mexicana hasta conseguir el salvoconducto a México; el comienzo de un exilio que durará 8 años. El regreso a la Argentina tendrá todos los condimentos pesados con que la mayoría de los exiliados cargó a su regreso, aumentado en este caso particular por la impronta de los Vaca Narvaja y su vinculación con Montoneros. Sin embargo, Don Felipe tenderá una vez más sus manos y sellará con Gustavo una alianza que lo transformará de un antiguo admirador a un ferviente felipista, casi al borde del fanatismo. La solidaridad felipista hacia el exiliado en retorno tiene quizá una explicación fuerte: Don Felipe pierde a dos de sus hijos menores en 1977; Ricardo y Enrique eran militantes montoneros.[19] En efecto, esa afinidad se concretó en el ofrecimiento de re-incorporarlo al campo de la salud pública en Neuquén trabajando a la par con Antonio del Vas, también vuelto del exilio. Vaca Narvaja se instala en la zona oeste de Neuquén capital, la más pobre de la ciudad. En aquella primavera democrática la afiliación al MPN y el compromiso militante partidario fueron moneda común, por lo que Vaca Narvaja comienza a participar en la seccional primera de Neuquén capital. Sus ideas eran compartidas por quienes veían que el MPN debía reformularse en clave democrática, matizando el fuerte liderazgo de Don Felipe e intentando formar cuadros técnico-políticos que den sustentabilidad al partido. Es el momento de las primeras elecciones internas, del surgimiento de otras listas no felipistas, de otras personalidades fuertes como Labrín, Pellín, Lores, Salvatori; incluso Vaca Narvaja en sus comienzos se acerca a la Lista Blanca, sensible a su mensaje de renovación partidaria, pero cuando los blancos inician un distanciamiento cada vez más fuerte de Felipe, Vaca Narvaja opta por la ortodoxia y apunta a la formación de una escuela política que luego devendrá en corriente interna del felipismo: Proyección Federal. Desde ese lugar trabaja en la elección a gobernador de Pedro Salvatori (1987-1991), quien luego de proclamarse triunfante lo nombrará en el Ministerio de Salud neuquino. En esa función implementará algunos cambios como los cargos full time, modificaciones en el régimen de las residencias médicas, reconfigura en zonas la provincia, la propuesta de implementación del seguro provincial de salud, entre otros.

Fin de la digresión. El *accidente* Sobisch

Con tono enojado, así calificó Felipe Sapag la irrupción de Jorge Omar Sobisch en la gobernación neuquina: un "accidente", un "bache" en la historia del MPN y de Neuquén.[20] Lejos de acertar la predicción, Sobisch será tres veces gobernador y mostrará la otra gran faceta capaz de generar el MPN, muy similar a la perplejidad que generó el menemismo en el peronismo. Tras semejantes mutaciones no es raro que las variadas interpretaciones sobre el MPN adquieran vuelo propio. "*Es un misterio*" nos confió finalmente Vaca Narvaja... Una especie de "*licuado de gente e ideología*". La renovación interna del MPN traía en sus entrañas la gestación de un nuevo tipo de líder, de

---

[19] Tras la muerte de ambos, Miguel Bonasso envía una emotiva carta a Felipe Sapag contando de la valentía y entrega militante de sus hijos, que Felipe publica en su crónica (Sapag, 1994:251-254). También puede consultarse de Miguel Bonasso su libro *Recuerdo de la muerte* (2003).

[20] El calificativo "accidente" también lo incluye Luis Sapag en su libro sobre las internas del MPN de 1995 (Sapag, 1995: 4).

características bien distintas a Don Felipe. El imprentero Jorge Omar Sobisch hace rato asomaba con sus ambiciones de poder desde su experiencia como intendente capitalino y referente de la incipiente línea Blanca, originada en el MAPO (Movimiento de Acción Política), que será la rival de los "amarillos" o felipistas. El cambio en los liderazgos también era evidente en la base militante, tal como los vio Vaca Narvaja:

> [...] el militante del MPN tiene una historia que se quiebra en el '91, o sea el militante nuestro, hasta el año '91, era un militante de base, no teníamos grandes figuras pensantes, teníamos pocas figuras, mucha militancia de corazón, mucha militancia de actividad concreta, así, tipos que estaban en la primera línea de batalla y que se manejaban políticamente desde ese lugar. Digamos de la franja intelectual selecta de Neuquén eran pocos, y de militancia directa, yo trabajaba mucho en la base de la militancia, no en la superestructura, es decir trabajaba con la misma concepción que tuvo el Movimiento de trabajo de base, que es lo que le dio resultado. Después del '91, el militante político que era de corazón, se transformó en militante rentado, entonces, Sobisch lo que hizo fue [...] un gran mapa político y empezó a poner punteros rentados, o sea tipos que eran antes militantes nuestros, dijeron, antes lo hacía por nada, ahora lo hago por un salario, o sea que, yo hacía todo esto rompiéndome, y ahora este tipo me da tres mil pesos por mes. Bueno, entonces articularon un sistema de militancia rentado, con muy buen resultado, hasta dejar una estructura muy poderosa. Que era muy difícil de enfrentar, porque los que nosotros contactábamos automáticamente los sacaban de los sistemas de apoyo social. Les sacaban la asistente social, les sacaban la Ley 2128, les sacaban la participación (Testimonio de Gustavo Vaca Narvaja, Córdoba, 05/03/2008).

Intentos privatizadores por doquier, alineamiento directo con Menem, ideas neoliberales respecto de la gestión de lo público, y un accionar autoritario y patoteril lentamente irán impregnando tanto el estilo Sobisch de gobierno como el modo de dirimir las diferencias en el seno del MPN. A dos años de haber abierto la escuela de formación, Vaca Narvaja la encuentra un día rota a piedrazos, desmantelada de equipamiento técnico (computadoras) y con amenazas y persecuciones sobre sus militantes. El nuevo estilo mostraba una intolerancia rústica con sus oponentes mientras comenzaban a crecer solitarias denuncias de corrupción en las esferas de gobierno. Es el tiempo en que Vaca Narvaja edita varios libros en tono de fuertes denuncias hacia la gestión Sobisch: *El Hijo Bastardo I* (1994), *El Hijo Bastardo II* (1995) y *Guantes Blancos* (1996) son tres publicaciones dedicadas exclusivamente a explicitar contratos leoninos firmados con empresas privadas, desmanejos financieros, créditos indiscriminados a amigos del poder, y tantas otras denuncias de malversación de fondos que intentaron por esta vía demostrar el descalabro que el régimen sobischista producía en el MPN y en las arcas de un quebrado Estado neuquino, claro que con un resultado adverso para el autor. Igual suerte corrieron los intentos de reagrupar Proyección Federal, de sacar pequeños periódicos o carillas escritas y fotocopiadas que eran distribuidas mano a mano por él mismo, por su compañera o por un pequeño puñado de militantes. Estas acciones le costarán amenazas de muerte a sus hijos y el experimentar personalmente la "mafia" clientelar del sobischismo que crecía a pasos enormes.

Es que la diáspora militante hacia el sobischismo es considerable. La oposición amarillos vs blancos parte al medio al MPN. Los amarillos, diezmados, buscan alianzas por fuera del partido, con lo que entonces es RECREAR, el PJ, e incluso alentando la participación en los sindicatos que se oponen a la política privatizadora de Sobisch, muy en particular ATE, con quien la mayor parte de la dirigencia emepenista posee siempre un excelente diálogo y que tempranamente percibe aquello de que para Sobisch el empleado público es el enemigo número uno. A todo esto, la suerte de Vaca Narvaja oscilará junto a la de Felipe Sapag. Vuelto a la gobernación neuquina (1995-1999), su último mandato será una pesadilla para Vaca Narvaja pues deberá soportar la primer pueblada cutralquense y de inmediato tendrá que avalar la polémica quita del 20% a los estatales, lo que fue el inicio de una enorme protesta liderada por los docentes de ATEN y que culmina en la segunda pueblada cutralquense: *"yo a partir de ese momento me considero muerto políticamente"*. El regreso de Sobisch en el año 1999, un regreso extenso pues será reelecto en el siguiente período, hará irrespirable el aire neuquino. Nuevas alianzas y reacomodamientos, presiones para jubilarse de la función pública, la soledad política, y varias amenazas de muerte alejarán definitivamente a Vaca Narvaja de Neuquén a tal punto que decide dejar la provincia y regresar, muy a su pesar, a Córdoba:

> En ese transcurso los que quedaban amarillos empiezan a cruzar la raya, porque Sobisch los empieza a traer uno por uno, y les empieza a dar cargos, dinero, créditos y empieza a absorber la dirigencia amarilla. Prácticamente quedamos solos, el grupo nuestro queda solo, yo formo un grupo amarillo residual digamos, que cuando viene el proceso de apoyar a Kirchner o a Rodríguez Saa yo me inclino por Kirchner, Felipe se inclina por Rodríguez Saa, yo le digo a Felipe, Felipe se está equivocando, si usted me pone en la línea a Rodríguez Saa, yo voy a apoyar a Kirchner, vamos a partir el único frente que nos queda, él dice que no, apoya a Rodríguez Saa, yo apoyo a Kirchner y ahí decido que

políticamente no tengo nada más que hacer por Neuquén y por el MPN (Testimonio de Gustavo Vaca Narvaja, Córdoba, 05/03/2008).[21]

La militancia sobischista (o los *hijos bastardos*): una mirada desde sus cuadros técnicos

Nacido durante los años '40 en Buenos Aires y recibido también de médico (especialidad pediatría), la trayectoria de Osvaldo Pellín nos permite ingresar desde otro lugar al interior de la militancia emepenista. Al igual que Vaca Narvaja, aunque sin los condimentos anecdóticos de aquel, Pellín se forma en el sistema de salud neuquino desde los años '60 con el mencionado Antonio del Vas, en Cutral Có. Accede a través del Estado neuquino a una beca para una diplomatura en salud pública: *"no había un programa, uno solicitaba y te concedían o no de acuerdo a la discrecionalidad del momento"*. Luego de formarse brevemente con dos sanitaristas de reconocida labor en el país (Néstor Perrone y Elsa Moreno) a mediados de los años '70 queda al frente de la Subsecretaría de Salud. De su labor en Cutral Có conoce a Don Felipe, pero ambos siempre mantendrán una relación distante y de mutuo respeto. Su afiliación al MPN recién será con el retorno de la democracia. En ese contexto, la mejor manera que Pellín encontró para devolver la generosa acogida que el gobierno neuquino tuvo hacia él fue ingresando luego de afiliarse a

---

[21] Ya en Córdoba Vaca Narvaja seguirá de cerca la saga de Sobisch hasta su desesperado intento de ganar la presidencia del país y, a tono con sus libros de denuncia, publicará en 2008 *Neuquén, historia de una entrega*. Muy por el contrario, su fidelidad a Felipe Sapag la sostendrá hasta la actualidad, muy ligada a los primeros tiempos y a su trágica historia familiar, por lo que el balance final de su experiencia en Neuquén se asimila a la imagen de un gran desencanto: "Es decir, de lo que yo vi, que lo viví al Movimiento, sin ser afiliado, desde el año '70, hasta el '76, desde el año '84 hasta el '89, desde el año '91 hasta el '95, del '95 al '99, todos esos años yo viví el Movimiento en la realización, en las cosas concretas. En la retórica, la pelea, es otra cosa, pero el desencanto que a mí me obliga a dar este paso es justamente eso, la absoluta soledad en lo que significa mantener una postura en Neuquén, dentro del Movimiento, con una lealtad, si querés llamarle, a Felipe, absoluta, porque el hombre en política no se puede olvidar en su vida de cosas que produjeron la sobrevida de la persona. Así Felipe se jugó cuando el Ministro de Defensa le pidió la cabeza de, desde nación le piden la cabeza mía, y me manda un expediente donde yo tenía, un expediente, Sabino era el ministro de defensa, donde yo era el jefe de sanidad de los Montoneros de la patagonia. Felipe le dice, a Vaca Narvaja yo no lo saco mientras yo sea gobernador, lo sacaran ustedes cuando yo deje la gobernación. Entonces, ante una familia condenada, ante situaciones que te demuestran la actitud que él tuvo hacia con nosotros, yo no puedo traicionarlo, bajo ningún aspecto. Me tengo que retirar, pero nunca enfrentar a Felipe"(Testimonio de Gustavo Vaca Narvaja, Córdoba, 05/03/2008).

unos grupos de discusión que se conformaban previos a las elecciones; según su testimonio, una tradición clásica en el MPN que consistía en charlas técnicas sobre programas de gobierno, propuesta de gestión, precisiones sobre la plataforma electoral, etc. Como el felipismo era por entonces hegemónico, la otra parte de la militancia que no poseía atributos "técnicos" desarrollaba un activismo callejero: pegatinas, distribución de volantes, charlas con los vecinos, entre otras. En su apreciación, desde sus inicios el MPN fue, por su modo de funcionamiento y por su política social, el partido más moderno del país:

> [...] realmente era muy difícil de sustraerse al encanto de ese partido. Era un partido provincial que no reflejaba acá las luchas políticas que tenía, ni las divisiones y fragmentaciones de los grandes partidos nacionales, era un partido que reivindicaba el federalismo como una unidad, digamos así, integrante de un todo [...] Era un partido de una política social muy comprensiva, de amplia cobertura, y con una estrategia de desarrollo, de hacer caminos, de hacer centros turísticos, realmente con una presencia estatal muy grande. (Testimonio de Osvaldo Pellín, Neuquén,29/04/2008).

Con otra interpretación de la relación nación-provincia, Pellín describe las condiciones de posibilidad para el éxito de las políticas públicas en la excelente relación que Felipe Sapag poseía con grandes figuras de la política nacional, tal es el caso del ministro de bienestar social de Onganía (Manrique), que le facilitaban el acceso a recursos destinados a obra pública, o el buen aprovechamiento de coyunturas favorables a partidos chicos y provinciales que no generaban ruidos en los lineamientos de la política nacional. De manera que Pellín establece una "edad de oro" innegablemente felipista que durará hasta fines de los '80, cuando cobra vida interna el MAPO, algo inédito en la vida del MPN. El MAPO es un grupo joven, numeroso, que empieza a cuestionar las decisiones hegemónicas de Don Felipe, como las de colocar como candidato a gobernador a Pedro Salvatori, un militante repudiado por todo este sector. Figuras como "Chito" Jalil (luego intendente), Guillermo Pereyra (sec. general por décadas del gremio petrolero neuquino), Labrín, y Sobisch serán las figuras centrales del MAPO, en especial este último:

> [...] Sobisch no era un hombre querido por Felipe en ese momento. Y bueno, y llega el '91, y en el '91 hay otra interna, la cual va el hijo de Felipe, Luis, y va Sobisch, y Sobisch le gana. Bueno y ahí, y Sobisch me ofrece ahí, porque yo estaba en ese momento cuando él, me ofrece el ministerio de gobierno y justicia, y yo acepto (Testimonio de Osvaldo Pellín, Neuquén,29/04/2008).

Acompañados por un ambiguo discurso de democratización, aunque comprensible si de matizar el liderazgo felipista se trata, militantes como Pellín hacen experiencia de gestión con el primer sobischismo. Así incluso se rescatan medidas como la enmienda constitucional provincial que legitima la representación de las minorías y una política de erradicación de barrios "tomados", u "ocupados". Pellín comenta que en cierto punto su relación con Sobisch llega a un techo, conoce un límite, relacionado con sus negociaciones de cara a un conflicto docente en el año '92, cuando el sindicato era dirigido por Marta Maffei. En ese conflicto, Sobisch se saltea al funcionario encargado de las negociaciones con los docentes e insta a Pellín a que juege todas sus cartas para lograr negociar el levantamiento de la medida. Pellín lo logra, pero…:

> Entonces, ya era medianoche, estaban todos los periodistas esperando en la puerta de mi casa, que se yo, el obispo estaba al lado mio, me acompaña a verlo a Sobisch para llevarle la noticia y Sobisch dice, bueno, y que dicen los maestros, bueno ahora van a consultar a la asamblea, pero tengo la palabra de Marta […] me han asegurado, me ha hecho como un guiño como que esto va andar. Entonces me dice así, 'conciliación obligatoria' […] vamos a darle; nosotros no podemos esperar acá lo que ellos vayan a decir… y el obispo estaba ahí. Entonces yo agarré, me fui a mi casa, hice el anuncio público primero de la conciliación (Testimonio de Osvaldo Pellín, Neuquén,29/04/2008).

Y después Pellín firmará su renuncia, después vuelve, para volver nuevamente a renunciar. Seguirá como diputado provincial bajo el mandato de Felipe, quien no le perdonará su distanciamiento. De esta forma, sopesando su cambiante situación, Pellín terminará alejado del MPN para ingresar, a fines de los '90, a las filas del PS (Partido Socialista).[22] Estos tránsitos transversales por un partido político tan fuerte como el MPN no son privativos de Pellín, como tampoco su desilusión con la experiencia dentro del mismo en las filas del sobischismo que, en sus palabras, *"no me necesitó más"*; sólo cabe plantear la duda entonces de si el perfil que anunciaba Sobisch y su gestión no estaban ya desde sus movimientos iniciales en el MPN, muy previos a su primer mandato; nos referimos a si algo señalaba el perfil venidero, ese

---

[22] Pellín no fue el único que manifestó ese giro: "[…] conmigo se fueron un montón de gente, ese día se afilaron al socialismo cinco personas, Oscar Salazar que había sido contador y ministro de hacienda de Sobisch, Jorge Green que es el arquitecto que había sido secretario de obras públicas de la municipalidad, Miguel Irigoyen que era un ex diputado provincial por el MPN, y no me acuerdo quien más…" (Testimonio de Osvaldo Pellín, Neuquén, 29/04/2008).

que demostraba un encantamiento automático con la personalidad de Carlos Menem.[23]

Con estas coordenadas es fácil percibir que Pellín y Vaca Narvaja estaban en veredas enfrentadas; de hecho esta etapa transicional hacia el predominio de Sobisch está plagada de denuncias cruzadas entre ambos: Pellín acusa a Vaca Narvaja de "partidizar" el Sistema de Salud, mientras éste le adjudica ser el "ideólogo" de la lista blanca, acusada de ser la avanzada neoliberal en el MPN. Ya ultrafelipista convencido, Vaca Narvaja no dejará de citar a Don Felipe en cuanta ocasión se lo permita a fin de rectificar las banderas originales del MPN, claro está, en vistas a transformarse en una versión histórica del mismo, o a compartir, muy a su pesar, la impronta que los blancos le insuflarán el partido. Por ejemplo, la polémica interna sobre la enmienda que modifica la proporción de las minorías parlamentarias será interpretada por Vaca Narvaja como el ir contra los preceptos de Don Felipe quien sostenía que dando poder a las minorías se debilitaba la "gobernabilidad", principio rector de cualquier gestión sólida. Pero lo que más molestaba a Don Felipe era, en su visión, la actitud de "entrega" de todo lo hecho correctamente en sus gestiones: salud, educación, vivienda y defensa del patrimonio provincial, algo que comenzó a sacarlo de sus casillas en vistas del alineamiento de Sobisch con Carlos Menem, tildado por un ahora combativo Sapag como un presidente que entrega todo el patrimonio estatal a las fauces voraces del Banco Mundial y del Fondo Monetario Internacional. *"No saben hacer política"*, *"No tienen experiencia"*, *"Son producto de la ofuscación"*, *"No podré avalar a un gobierno que ha bajado las banderas históricas del MPN"*, *"El Plan de Salud es mi hijo y me niego a morir"*. Frases que eran lanzadas por Felipe a cuanta audiencia lo oyera. Y fue cuando todo el vendaval ortodoxo recaía sobre la facción blanca que Pellín dijo: *"parece ser que desde siempre fuimos el hijo bastardo"* (Vaca Narvaja, 1994: 196), y no hizo más que darle el título a los dos volúmenes plagados de denuncias editados por Vaca Narvaja: *El Hijo Bastardo I y II*. Por cierto, una interpretación un poco más elaborada que aquella del "accidente" Sobisch.

Evidentemente, si se pretende ir en busca del sentido de estas trayectorias y anudarlas en un colectivo mayor como el MPN hay que reinterpretar estos motes que catalogan de accidental o utilizan homologías peyorativas, pues no son más que intentos de dar cuenta de un fenómeno que dista de ser

---

[23] Aunque con otros condimentos más polémicos: "[…]Y si vos hablabas con él a fondo, es un muchacho que no tiene un gran background cultural, es un tipo muy intuitivo, por ejemplo, en los aspectos así de esta **adhesión a los militares** que él tiene, se debe un poco a que el padre fue un suboficial retirado, viste, el tema de los derechos humanos, el planteó siempre, y **bueno, y los derechos de los que mataron los subversivos…!"** (Testimonio de Osvaldo Pellín, Neuquén, 29/04/2008).

pasajero y ajeno a la construcción política de un partido de estas característi-cas; por lo mismo, resulta obvio que detrás de esas nominaciones se encubre una profunda impotencia frente a un enemigo político interno que avanza a toda máquina logrando instalar una versión alternativa al modelo histórico emepenista. En este sentido, el sobischismo no constituye una ráfaga contin-gente desligada de otras transformaciones en la política argentina, muy por el contrario puede reconocerse una similar expresión (y también expresiones de perplejidad en sus correligionarios) en el peronismo versión menemista.

Mario Pilatti posee una trayectoria política que contiene varias claves interpretativas en tono de abordar al sobischismo. Economista, docente uni-versitario, titular de la cartera de Educación durante el segundo mandato de Sobisch, ha escrito libros y breves estudios técnicos sobre la economía, la educación y sociedad neuquinas. Una particular combinación de retórica po-lítica locuaz, manejo de un discurso tecnocrático y cierta avidez por la lectura de temáticas históricas de la región le ha permitido realizar desde actividades como el planeamiento técnico hasta la escritura de discursos para funciona-rios de primera línea, sin por ello dejar de transitar complementariamente la militancia emepenista y la actividad docente, cultivando sendas amistades en bandos cruzados. Mayor de tres hermanos, nacido en la localidad de Espe-ranza, provincia de Santa Fe, sus padres llegan a inicios de los '70 en busca de oportunidades laborales. Realiza sus estudios secundarios en el Colegio Don Bosco de Neuquén, experiencia que refuerza su impronta familiar y lo marca en su búsqueda, al articularse ya en Córdoba (año 1979) con grupos juveni-les religiosos (capuchinos). En la provincia mediterránea inicia sus estudios de economía y será la universidad la que le permita profundizar en lecturas teóricas varias entre las que incluye al marxismo. En su interpretación, el an-tiperonismo familiar produjo el efecto no buscado en sus progenitores, pues en al año '83 se afilia al justicialismo como acto de "diferenciación" de esa historia familiar, pero ese acto dura muy poco y al año siguiente se desafilia. Es entonces que entra a militar en el Movimiento Todos por la Patria (MTP), en plena efervescencia de lo que en Córdoba se conoció como el Movimiento Cordobés:

> […] la militancia que tuve en Córdoba fue en lo que después terminó sien-do el Movimiento Todos por la Patria. El MTP cuando surge, surge como un rejunte entre dos sectores, la gente del ERP que venía del exilio en general, y militantes del cristianismo revolucionario, el cristianismo de izquierda… De estos últimos estaba, que se yo, el cura Dri, Pepe Serra, había referentes impor-tantes para una corriente que nunca fue importante en realidad. Y en Córdoba

en particular hubo un experiencia muy interesante que fue el Movimiento Cordobés[24] (Testimonio de Mario Pilatti, Neuquén,13/12/2007).

Una vez recibido, en el año '87 se le ofrece un cargo full time en la Universidad Nacional del Comahue y no duda en regresar al sur, pues cargaba con
un hijo y poco trabajo. En Neuquén prosigue con su militancia en el MTP,
una militancia que básicamente era de propaganda, de discusión. Conforma
un pequeño grupo de unos quince militantes y la tarea esencial consiste en
difundir la revista *Entre Todos* aunque, comenta, ya se percibía un fuerte giro
en la dirección del partido:

> [...] y bajaba gente con más jineta de Buenos Aires, y se empezaron a hacer
> alianzas con partidos locales y demás. En ese momento se apoyó a Massei como
> gobernador en las elecciones del '87 (Testimonio de Mario Pilatti, Neuquén,
> 13/12/2007).

El cambio en la dirección del MTP lo empuja a abrirse de aquella experiencia justo en momentos previos al trágico y traumático intento de copamiento
del Regimiento de La Tablada. Es entonces que, sin descuidar su carrera aca-
démica, viaja a México a realizar estudios de desarrollo económico y a su
regreso amigos de su familia paterna y contactos le ofrecen trabajar para una
filial de la Fundación Mediterránea, en la vecina ciudad de Cipolletti. En su
percepción, la disciplina *economía* estaba en pleno auge, y podía verificarse
su importancia en múltiples ofrecimientos para trabajar en estructuras estatales que no requerían de fidelidad política y que Pilatti inicialmente rechaza.
Rechaza pero luego acepta. Y cuando acepta, lo hace con una maestría ya
terminada en Uruguay. Lo interesante es que fueron sus alumnos, devenidos
funcionarios de la Subsecretaría de Hacienda, quienes lo tentaron a la función pública. En su primera experiencia en este terreno Pilatti se ocupa del
rediseño del sistema de transferencias de plata entre provincia y municipios
*"una experiencia bárbara esa, porque fue algo que cerró técnicamente y cerró
políticamente"*. Manejo del déficit fiscal, balancear los gastos del presupuesto
negociando partidas con los municipios, *"contacto con la gente"*, lo cierto es

---

[24] Continua: "[...] Ahí había todo una familia que eran los Ferreyra, en particular Alejandro,
que era un tipo que había sido del ERP, y que lo meten en cana en una toma del Comando de
Sanidad en el '75, y lo meten legal y entonces pasa hasta el '83 en cana. Se comió ocho años
preso. Este chico fue uno de los chicos que vino en el avión desde Río Gallegos cuando la
masacre de Trelew, digamos, la fuga que precedió a la masacre de Trelew. Los que tomaron
el avión, que eran tres o cuatro, él era uno de ellos, y después voló a Chile y de ahí a Cuba."
(Testimonio de Mario Pilatti, Neuquén, 13/12/2007). Sin dudas se trata de Alejandro Ferreyra,
quien publicó sus vivencias como preso político en varios libros, entre ellos *Memorias de los
vientos* (2008), Editorial Babel, Córdoba.

que para Pillatti Sobisch *"no tenía quien le hiciera el trabajo"*, por lo que sintió desde un principio mucha libertad de trabajo. En el año '95 ya participa en calidad de afiliado al MPN y tras salir ganador el sobischismo le ofrece un cargo sin estridencias políticas pero que le permiten seguir de cerca la performance del MPN, su juego de intereses internos y su fortaleza identitaria:

> Y el MPN [...] es muy parecido al peronismo en su estética, en lo actitudinal, es un partido que ha tenido un recurso muy grande de clientelismo, porque la provincia ha crecido mucho, el estado también creció mucho, y bueno, hubo prácticas en el partido de afiliar a la gente para que consiga un trabajo [...] Es un partido con un gran pragmatismo, y es un partido que ha crecido haciendo uso de las estructuras del gobierno, de todo el gobierno [...] Yo creo que un partido provincial es una buena idea [...] pensar en los intereses de la provincia y además aprovechar las oportunidades que te da eso [...] tenés un margen de negociación que los otros no tienen, porque les bajan la orden... (Testimonio de Mario Pilatti, Neuquén, 13/12/2007).

Todo esto, más el plus del éxito electoral y la cercanía a los sectores populares, constituyó una experiencia altamente seductora para Pilatti, quien recuerda un eslogan que circulaba por entonces dentro del MPN y que refería a otro dato del perfil emepenista: la carencia de buenos oradores y de cuadros políticos bien formados, pero que de todos modos no afectaban el resultado electoral: *"ganamos las elecciones pero perdemos las discusiones"*. Luego de una breve experiencia como secretario del Consejo Deliberante, ocupa el cargo de Subsecretario de Gobierno, ya finalizando la década. Es entonces que Sobisch realiza un llamado a la "unidad" y, siempre siguiendo el testimonio de Pilatti, se produce una argamasa de facciones internas dando como resultado una indiferenciación entre ex felipistas y sobischistas. Es que el enemigo, dice Pilatti, o más aún, la *amenaza*, está ahora más que nunca afuera, y es ATEN.

Durante agosto del 2001 le ofrecen el Ministerio de Educación (*"un salto al vacío importante"*, asesta Pilatti). Pilatti será autor de una resolución muy polémica mediante la cual se establecía la obligatoriedad para los directores de las escuelas de la provincia de informar qué docentes se adherían a una medida de fuerza. Una anécdota describe la situación generada en torno a la polémica resolución.

> La primera vez que hacemos un operativo de ir a las escuelas a pedir los libros de asistencia, iban funcionarios con una nota que acreditaba su carácter de tal, y una autorización para revisar los libros de asistencia, yo que entré a ver que la pelea estaba en el patio de la escuela me preparé ese día que se hizo el operativo, y a la primera escuela donde negaron el libro de asistencia, me fui yo. **Y me presento ahí y digo, qué pasa que no le dan el libro de asistencia a la**

persona que mandamos a pedir los libros de asistencia. El libro no aparecía y ahí vienen todos los docentes y me dicen, ¡no!, en esta escuela en realidad todos tenemos la misma responsabilidad, el director es un compañero que circunstancialmente le tocó esta tarea [...] al rato estaba todo el sindicato en la escuela y se armó una gran discusión en el patio de la escuela (Testimonio de Mario Pilatti, Neuquén, 13/12/2007).[25]

La tremenda escena, un escándalo que demuestra a sus ojos la evidencia de la noción de (in)gobernabilidad, hace que Pilatti homologue el accionar de los docentes a una táctica guerrillera, algo muy a tono con el pensamiento medio de un partidario del MPN. El testimonio que sigue nos brinda además una mirada de cómo se percibe el poder real de ATEN y cómo se desenvuelve en la escuela, su territorio:

Por ejemplo, en la discusión en las escuelas, se pierde porque ATEN tiene una constancia mucho mayor, esta bien, tiene un universo de actores más acotados que son los docentes, cierto, y no la familia que es un universo mucho más grande. Pero, ellos están, hacen un trabajo, yo si creo que ellos tienen una confrontación, en general las conducciones han tenido una confrontación absoluta también con el gobierno (...) era difícil salir de la polarización, pero ellos también tenían una confrontación absoluta y **tenían una práctica prácticamente guevarista de militancia** en el detalle, cierto, del problema pequeño en la escuela, y el gobierno tenía problemas para llegar a ese nivel de detalle. Y de hecho yo creo que esa guerra de guerrillas la va ganando el sindicato, me parece (Testimonio de Mario Pilatti, Neuquén, 13/12/2007).

La Resolución N°163 generó un revuelo intenso y choques directos entre Pilatti y ATEN. Pilatti volcó sus pensamientos en un estudio publicado sobre la *gobernabilidad* de los sistemas educativos (Pilatti, 2004). Allí teoriza sobre la ausencia de autoridad estatal en las escuelas y el perjuicio en términos de aplicabilidad de políticas estatales ("gobernabilidad") que la oposición

---

[25] Esta experiencia de choque directa con ATEN le hizo a Pilatti reinterpretar su trayectoria política de manera muy particular. Así continúa su relato: "me pareció que yo tenía que dar esa discusión en ese momento, yo no **es que tenga claro qué debe ser el sistema público de educación**, pero lo que si tengo claro, y ese ha sido el cambio más grande en mi, ideológico si querés. Claro cuando yo era más joven me resultaba más fácil tomar prácticas revolucionarias que no se sabían bien a donde iban. Con el tiempo yo lo que, creo, mi parecer es que me he **vuelto demócrata**, ¿en qué sentido?, en decir, bueno, la democracia es algo mucho más humilde y modesto de lo que pensamos en el '83 [...] La democracia es una oportunidad que tenemos de canalizar civilizadamente los disensos. Y es básicamente acordar ciertas normas y moverse dentro de ellas. Las situaciones revolucionarias, bueno, **cuando un sistema es tan cerrado que no admite una reforma en el juego democrático puede ser...**, todavía concibo cierto, que pueda ser necesaria una práctica revolucionaria, pero si hay canales institucionales para modificar las reglas de juego, yo hoy me coloco dentro de ello".

cerrada de ATEN le planteaba, dando lugar a un juego de suma cero, un "empate conservador".

Pero esto ya es parte de los conflictos hacia fuera del MPN en el campo político, conflictos que también ayudan a dimensionar la dinámica partidaria en donde es productivo retomar aquella sentencia en la cual se establece que el éxito del MPN no transcurre por las discusiones sino más bien por las elecciones. Por supuesto que esta sentencia es incluso reconocida por miembros de trayectoria de la oposición política partidaria, tal como es el caso de Oscar Massei, quien nos comparte su reflexión, fruto de décadas de intentos de conformar un polo opositor, sin éxito:

> [...] hay que reconocer que los políticos del MPN son grandes estrategas [...] la oposición nunca logró definir puntos básicos de unidad para disputarle el poder al MPN [...] sólo aspira a colocar un diputado y nada más (Testimonio de Oscar Massei, Neuquén, 11/06/2007).[26]

De allí que Pilatti nos permita concluir esta aproximación provisoria con una frase de su autoría que reubica cualquier discusión sobre el trayecto del MPN en términos electorales. Al referirse al sostenido hostigamiento sindical docente para con las medidas gubernamentales, Pilatti escribe: *"El éxito de esta forma de leer la actitud del gobierno no parece muy significativa, al menos si tomamos como indicadores los resultados electorales"* (Pilatti, 2004). Efectivamente, en la exitosa historia partidaria emepenista que aquí pretendimos esbozar a través de las trayectorias de varios tipos de militantes, el verdadero enemigo parece ser externo, y tiene olor a sindicato. Cerrar este capítulo mirando hacia la zona sindical es también una manera de relativizar la (in)explicabilidad que sobrevuela en los escritos académicos que tratan al MPN. Porque las trayectorias emepenistas, como pudo verse, nada de excepcional poseen para diferir de otras trayectorias, salvo la posición (de poder) que los actores van ocupando. Los factores y las historias están allí: habrá que desentrañar mucho más esas densas redes y describir de qué está hecha, en palabras del único historidador oficial del MPN, esa "tradición y fuerza telúrica" que lo constituye (Castillo, 2005: 14).

---

[26] Oscar Massei fue presidente del Partido Justicialista (distrito Neuquén); asesor legal y luego secretario del Bloque de Diputados del Frejuli; Candidato a gobernador por la provincia de Neuquén (elecciones de 1983, 1987, 1999) por el PJ, Justicia Democracia y Participación, y la Alianza, respectivamente; Diputado Nacional (PJ); Presidente Honorario en la Comisión Central de la Asamblea de Derechos Humanos de Neuquén; Diputado Provincial (FREPASO); vocal del Tribunal Superior de Justicia, y abogado de sindicatos como ATE, SEJUN y ATEN. Massei demuestra con su caso la fluidez de relaciones al interior del campo político neuquino entre partidos y sindicatos: "Acá todo el mundo habla con todo el mundo...aunque para afuera no digan nada...".

Capítulo III

Protesta y oposición política I
ATE y ATEN durante la primera mitad de la década de los '90

Sindicatos y conflictividad social en los '90.

Los sindicatos fueron quizás el actor social que más profundamente recibió el impacto de los cambios que los '90 traían, en el sentido de haber sido protagonistas del proceso de reapertura democrática y líderes de la resistencia a las políticas de ajuste que intentaba implementar el radicalismo en el poder (1983-1989), para finalmente apoyar con entusiasmo la llegada de Carlos Menem a la presidencia en 1989 quien a su vez, paradójicamente, se encargará de desplazarlos del centro del poder político. En primer lugar, las reformas estructurales iniciadas con Menem provocaron realineamientos sindicales entre quienes las apoyaron y los que las enfrentaron abiertamente: por primera vez en cuatro décadas coexisten dos centrales sindicales en reemplazo de la CGT unificada; en segundo lugar, los cambios en el mercado de trabajo tuvieron un efecto disuasivo sobre las posibles respuestas que los sindicatos pudieran ofrecer hacia ellos. En tercer lugar, la emergencia de la desocupación de masas golpeó el corazón de las estrategias, recursos y modos de acción tradicionales que sostenían los sindicatos: el trabajo "en negro" y diversas formas de precarización laboral disminuyeron notablemente la afiliación y las cuotas sindicales, y los nuevos formatos utilizados por otros actores que compartían las protestas demostró la existencia de modos alternativos de acción directa, a veces difíciles de digerir por las centrales obreras: el piquete y el corte de ruta fueron los principales, pero también los saqueos y las puebladas abundaron en este período. En términos políticos, los '90 significaron un duro revés respecto a la aceptación de que desde el propio riñón del justicialismo salieran las propuestas de reforma y ajuste: en vistas de ello, la tradicional "columna vertebral" del movimiento peronista se fragmenta en varias centrales y nucleamientos de diverso peso (CGT San Martín y CGT Azopardo, el MTA, y desde 1992 el CTA),[1] cristalizada en dos tendencias hacia 1994: la CGT se reunifica y firma el "Acuerdo Marco" con el Estado y las cámaras empresarias en busca de consensos a las políticas de reforma, mientras que el CTA lanza la Marcha Federal (julio del '94) y convoca al Paro Nacional (agosto del '94). Es decir, un sector se desmoviliza, otro reacciona y potencia su grado de resistencia.

Un estudio colectivo dirigido por Federico Schuster (Schuster et al, 2006) para el período 1989-2003 registró la existencia para ese momento de 6.284 demandas de las cuales el 49% fueron protagonizadas por sindicatos. Lo paradójico es que la protesta sindical disminuyó marcadamente y en forma progresiva durante estos años, así es que en 1989 el 76% de las protestas las realizan sindicatos mientras que hacia 1998 ese porcentaje es de sólo el 26%. Si se distingue entre los períodos presidenciales abarcados, el 64% de ellas se efectuaron entre 1989-1995 (Alfonsín-Menem), el 21% entre 1996-1999 (Menem-De La Rúa), y un 15% entre 2000-2003 (De La Rúa-Rodríguez Saá-Duhalde). Otro dato importante aquí es que a partir de los '90 la protesta estuvo protagonizada por **sindicatos del sector público** (estatales en un 22%, servicios un 23% y docentes en un 34%)[2] en detrimento de los industriales, que arrinconados en estrategias de supervivencia y subordinados al mandato del PJ[3] no alcanzan el 8% de la totalidad de las protestas. El otro desplazamiento ocurre geográficamente: desde la Capital Federal hacia las provincias, en donde la dimensión y agudeza de los conflictos estuvo marcada por la mayor o menor incidencia del empleo público. Sobre esto último, los gremios de la administración pública registran un comienzo contencioso hacia 1993 (19%), que se incrementa al año siguiente en 1994 (29%) alcanzando un pico máximo en 1995 (44%) mientras que educación llega al 22% y servicios al 11% de las protestas registradas. Respecto de las **demandas** generales del período, un 26% son por cuestiones salariales, 18% por cuestiones económicas, y 15% referidas a seguridad social (jubilaciones y pensiones, obras

---

[1] Además de la existencia de nucleamientos internos: ubaldinistas, miguelistas, el grupo de los 25, etc.

[2] El sindicalismo docente destaca en toda la década (y encabeza las protestas en los '80): constituye el 44% en 1991, el 36% en 1992 y el 43% en 1993, año en que se sanciona la Ley Federal de Educación. Luego hay un impasse entre 1994-6 y en 1997 recrudecen los conflictos hasta un 38%.

[3] Ver Murillo, Victoria (1997).

sociales). Dentro de este espectro, los sindicatos ocuparon el 48% de sus protestas en salarios (aumentos, pagos adeudados), 19% reclamos laborales (condiciones laborales, mantenimiento de puestos de trabajo, cumplimiento de convenios colectivos), 18% sobre política económica y 17% servicios sociales. Los reclamos por aumentos salariales ceden a partir de 1995 al 2%, siendo relevado por los depagos adeudados en un 25%. Finalmente, cuando se presta atención a los **formatos** de protesta utilizados se encuentra que el 90% corresponde a acciones sindicales clásicas: huelgas, movilizaciones, boicots, lock outs, tomas y ocupaciones; mientras que sólo el 9% se refiere a repertorios considerados como nuevos: corte de rutas, acampes y ollas populares (nótese que no se habla de puebladas). Desagregados, el 65% son huelgas, 32% movilizaciones, y 5% concentraciones o tomas; un mismo porcentaje (5%) se observa en cortes de ruta organizados por desocupados. En definitiva, la conclusión más fuerte de este estudio es la disminución notable del impacto político de las luchas sindicales (poco o nulo éxito de sus acciones, su efectos institucionales y su performatividad) y su corrimiento hacia las zonas del interior del país, en especial las provincias del noroeste.

A pesar de que la idea dominante le otorga a la década de los '90 el predominio indiscutido de las leyes del mercado, el período que abordamos en este trabajo se ha caracterizado, según Palermo y Ecthemendy, por escasas innovaciones legislativas respecto a las transformaciones estructurales en lo que respecta al ámbito laboral.[4] No obstante ello, los trabajadores estatales sindicalizados en ATE Neuquén percibían en otros términos los cambios que se avecinaban, y por eso se explica en gran parte el alto grado de conflictividad y combatividad que tempranamente despliegan.

ATE Neuquén en el nuevo contexto político

El 16 de diciembre de 1983 un sector de estatales neuquinos que provenía de ANEOP (Asociación Neuquina de Empleados Obreros Provinciales, desarticulada en la dictadura militar) y UPCN, frente a desacuerdos profundos con la conducción de ésta última a la que acusaban de "traidora", funda SUTEN (Sindicato Único de Estatales de Neuquén), la antecesora de ATE, y desde ese lugar buscan autonomía y diferenciación sosteniendo una actitud crítica a las

---

[4] De veinte proyectos de reforma laboral en el período 1989-1995 sólo fueron sancionados ocho (entre ellos la Ley de Empleo, una reforma a la negociación colectiva de los trabajadores estatales, y otros aspectos del sector salud), mientras que de los diez proyectos sobre privatizaciones nueve resultaron sancionados, de allí que los autores hablen para esta primer presidencia de "reforma bloqueada" (Palermo y Etchemendy, 1998).

políticas gubernamentales. A mediados de noviembre de 1988 el secretario general de ATE nacional, Víctor De Gennaro,[5] visita Neuquén para participar en el Primer Congreso Provincial de Delegados de ATE Regional Neuquén, creada ese mismo año. Los créditos locales del evento son, entre otros, Luis Panetta y el joven Julio Durval Fuentes, quien luego rivalizará electoralmente con aquél para, desde entonces, liderar ATE durante toda la década siguiente. El otro referente a nivel nacional es Germán Abdala, y de allí también el buen recibimiento hacia De Gennaro.

En este Primer Congreso seis comisiones con representantes del interior provincial deliberan sobre temas como los convenios colectivos de trabajo, el seguro de salud y obras sociales, minoridad y familia, el problema de la deuda externa, el rol del Estado y las posibles privatizaciones que ya insinuaba el entonces ministro radical Rodolfo Terragno. El Congreso Provincial se realiza en las instalaciones del céntrico cine Español, y entre los numerosos invitados se encuentran el ministro de Salud local, Gustavo Vaca Narvaja, el subsecretario de Trabajo, Héctor Agostino, los diputados provinciales Ricardo Villar y Juan Carlos Galván, el concejal Alberto Pesiney, los dirigentes políticos Oscar Parrilli y Rodolfo Quezada, y el vecinalista Ramón Jure. Así, una amplia presencia de actores sociales se reunían a intercambiar opiniones en lo que a primera vista asemeja un armonioso espacio de discusión política, conformado por la mayoría del espectro político neuquino: radicales, peronistas, ministros del MPN, vecinalistas, gremialistas.

De Gennaro declaraba la necesidad de impulsar la defensa de las convenciones colectivas de trabajo para el sector público, que habían sido aprobadas por el Congreso Nacional en su ratificación del convenio 151 de la OIT, y se mostraba también confiado en que el "Grupo de los 25", nucleamiento sindical "renovador" al que pertenecía junto a otros sindicalistas,[6] constituía

---

[5] ATE se funda en 1925 como entidad gremial de primer grado obteniendo su personería jurídica en 1937 y la personería gremial en 1946. Alcanzó a tener en 1988 unos 139000 afiliados, y aunque sufre bajas con el ajuste menemista, recupera afiliados en función del ingreso de sindicatos provinciales y municipales. En 1984 De Gennaro asume la conducción de ATE nacional, encabezando la Lista Verde, un nucleamiento gremial de origen peronista opositor al oficialismo sindical en tiempos de la dictadura, y que en 1977 se conoce como ANUSATE (Agrupación Nacional Unidad y Solidaridad-ATE); allí milita con Germán Abdala y juntos acceden a la conducción, repitiendo en las elecciones de 1987, 1991 y 1995 (Calello y Parcero, 2004). Los datos extraídos provienen de *Soy de ATE*, Campaña de afiliación 1995-1996, inédito.
[6] La Comisión Nacional de los 25 (o Grupo de los 25) fue un nucleamiento surgido durante la última dictadura militar conformado por sindicatos más bien pequeños y de servicios con algunos dirigentes de la corriente "combativa" de sindicalismo peronista; sus valores iniciales de acción sindical eran la "democracia y participación" intentando romper con el verticalismo peronista y a la vez participar en el sistema político a través de las estructuras partidarias. El sistema de Negociación Colectiva fue restablecido desde 1988 pero estuvo desde sus comienzos muy limitado por la emergencia económica y la desregulación de las mismas.

"un aire de de transformación en el movimiento obrero" dispuesto a un "debate abierto" (*Diario de Neuquén*, 17/10/1988, año III, número 153, p.7). De Gennaro criticaba duramente al gobierno local acusándolo de "anacrónico", ya que se mostraba reacio a reconocer la validez y viabilidad del tema,[7] mientras expresaba un airado optimismo por el candidato justicialista en ciernes, Carlos Saúl Menem, quien al poco tiempo asumiría la presidencia tras el devastador final de la experiencia hiperinflacionaria alfonsinista. Probablemente hayan sido pocos los actores sociales de peso que pudieron percibir lo que se avecinaba con Menem en términos de políticas laborales; lo cierto es que este período previo a la entrada en los turbulentos años '90 poco dejaba entrever a De Gennaro y sus seguidores lo que vendría. De allí quizás que en su visita a Neuquén, De Gennaro declarara también que Menem *"representa la mejor esperanza de transformación del pueblo peronista."* (*Diario de Neuquén*, 17/10/1988, año III, número 153, p.7). Es que mirado retrospectivamente, el giro que inicia el menemismo sorprendió a muchos; y entre el último mandato de Salvatori y la primera gobernación de Sobisch pueden verse estas señales. Menem sorprendió, es cierto, pero no menos que el final anticipado del gobierno de Alfonsín, que fue vivido como catastrófico. Por eso no es de extrañar que el gobernador Salvatori hable de transitar su final de mandato en un período de los más "dramáticos y vertiginosos de la Historia Argentina", dato que de todos modos no hace mella al imaginario emepenista construido en base a una provincia "isla" (de bienestar) que soporta tempestades:[8]

> [...] tal vez habría que vivir fuera del Neuquén y tener distancia suficiente para valorar lo insólito de este acontecimiento, que nos muestra como un caso único en la República Argentina [...] las angustias pasan; las obras quedan (Pedro Salvatori, Discurso de inauguración de sesiones de la Honorable Legislatura de Neuquén –HLN- 1990: 4).

---

[7] El *Diario de Neuquén* informaba que el gobernador neuquino Pedro Salvatori se encontraba inmerso en una disputa con el presidente Alfonsín por la modificación del régimen de liquidación de regalías petroleras que éste último pretendía recortar, y al que se opone férreamente otro adalid del MPN, Felipe Sapag: "nos quieren acorralar", señalaba entonces el líder histórico del MPN.

[8] El PBI de Neuquén para 1990 era de 9,35 mientras que el de Nación llegaba al 7,4. En educación Salvatori se jactaba de que "podemos decir que el Neuquén es una provincia cuya principal actividad es ir al colegio" (1 de cada 3 habitantes asiste a alguna institución educativa) y de que el Instituto de Seguridad Social del Neuquén seguía siendo la única de las instituciones sociales del país que no está en quiebra, "Es casi un milagro, en el país" (Pedro Salvatori, Discurso de inauguración de sesiones de la Honorable Legislatura de Neuquén –HLN- 1990: 4).

El apoyo inicial del gobierno provincial a Menem ("*Neuquén se solida-rizó desde el primer momento con los avances y orientaciones del Presidente Menem*"), envuelto en aquella retórica que hablaba de "extirpar el cáncer de la especulación" e instalar definitivamente "la revolución productiva", se expresaba acompañando, con reservas, a las privatizaciones bajo el argumento de que "*no queremos que monopolios estatales se conviertan en monopolios privados[…]apoyaremos todas las iniciativas, pero nuestro gas y petróleo sin procesar, de la provincia no salen*"!! (Pedro Salvatori, HLN, 1990: 10). Salvatori había dictado ya la Ley de Emergencia Provincial que significaba el achique de gastos, la congelación de vacantes, supresión de horas extras, entre otras medidas, pero mantenía una política que, por ejemplo, le permitía seguir construyendo viviendas (25.000 durante 1990, de las cuales 1.280 son para comunidades mapuches por razones de "*justicia histórica*"), mantener el emblemático Sistema de Salud neuquino, en un contexto donde, según sus datos, para los últimos veinte años Neuquén soportó el arribo de 100.000 personas. Sin embargo, el final de la gestión Salvatori le revelará los gustos amargos de la política menemista:

> Los neuquinos no participamos de ninguna fiesta […] redujimos gastos. Hicimos el ajuste. Pero pasaron las semanas y pasaron los meses, y cada día parecía más claro, el Neuquén seguía y sigue siendo una rentable colonia interna al servicio del estado central. ¡No del país! Esta no es una provincia pobre, es una provincia saqueada (Pedro Salvatori, HLN, 1990: 4).

La queja de Salvatori apunta que a pesar de haber firmado el Pacto Federal, las regalías se le siguen recortando, además de las regalías hidroeléctricas como las que adeuda HIDRONOR a Neuquén y que rondan los 200 millones de dólares: "*y los consejos paternales que nos dan son, hagan más ajustes!, despidan gente!, paralicen las obras […] será esta la famosa cirugía sin anestesia?*" (HLN, 1991: 5). Su despedida es una lastimosa arenga contra las licitaciones de yacimientos a Perez Companc y un poco creíble respaldo a la Multisectorial de Cutral Có y Plaza Huincul conformada en defensa de la propiedad estatal de YPF. Sobisch, en cambio, será implacable con su antecesor acusándolo de haber realizado un "festival de obras públicas" produciendo un "desfinanciamiento" cercano a los 8 millones de dólares mensuales de desequilibrio, fruto del incremento en gastos salariales de 15 a 27 millones; pretexto clásico para argumentar la toma de "*drásticas medidas para reducir el déficit*", por ejemplo reduciendo personal en el Banco Provincia, y soporte empírico también para estrenar su retórica neoliberal:

> Este modelo económico, concebido solo y exclusivamente a partir de la función del Estado, está agotado […] Hemos encarado la reforma del Estado como tema central. Tenemos que disminuir el empleo público improductivo y la ocupación disfrazada del Estado; cuando disminuye ese empleo, debemos estar generando nuevos puestos de trabajo en el sector privado para no producir costos sociales y desocupación […] nuestro modelo político nos exige la moralización del Estado […] austeridad, racionalidad y transparencia […] supresión de horas extras […], de nuevas contrataciones […] jubilación obligatoria (Discurso de Jorge Omar Sobisch, HNL, 1992: 5).

El plan de lucha de abril-junio de 1991 (o "el presentismo que derrotó al presentismo")

Aquella confianza inicial en Menem fue declinando rápidamente. Y en Neuquén los reclamos de ATE comenzaron a transitar otros caminos. La discusión sobre los convenios colectivos de trabajo (CCT) respondía a una convocatoria nacional y provincial que ATE veía con buenos ojos ya que implicaba la posibilidad de pasar de un "Estado liberal autoritario" al "Estado social", y la discusión, antes negada por el gobernador Pedro Salvatori (1987-1991), ahora era parte de las promesas de Jorge Sobisch, flamante nuevo gobernador de Neuquén electo en setiembre del '91.[9] Así las cosas, ATE pensaba que a través de los convenios era posible enfrentar el avance de políticas que hablaban dedespidos en la administración pública, del achique del Estado, del "ajuste". La manera de enmarcar esta situación porparte del gremio es la de identificara los agentes económicos extranjeros como enemigos principales de los trabajadores y a los gobiernos locales como dubitativos para enfrentarlos. Se acusa entonces a la política acordada desde el Estado nacional con el FMI y con la embajada de los EEUU y sus efectos en el "ajuste" de las provincias.[10] ATE va a sostener que una reforma es necesaria, pero sobre la base de una reasignación de gastos que esté en función de los *intereses*

---

[9] Sobisch: "[…] he adoptado esta actitud convencido de que el mejor camino es el diálogo […] mi firme de decisión de concertar y dialogar con todos los sectores de la sociedad […] respetar los espacios de la democracia, la participación, los derechos y las obligaciones de cada uno, en amplia y respetuosa libertad republicana"(Discurso de Jorge Omar Sobisch, HNL, 1992: 5).

[10] "[...] los gobernadores no han sido capaces o no han querido enfrentar esta política."(*El Estatal Neuquino*, Periódico de ATE, seccional Neuquén, setiembre de 1991).

populares".[11] Tempranamente el gremio presenta una propuesta de discusión de un nuevo escalafón y una reorientación general de las reformas que, a ojos de ATE, deberán contemplar que:

> [...] los gobiernos provinciales no tienen otro destino que unirse a sus pueblos y demandar de la Nación una política distinta : una que rechace las del FMI y privilegie los sectores populares y de la producción; 2) que deben rechazar la actual política de "ajuste" y buscar en la Provincia una mejor recaudación impositiva, que grave a las Grandes Empresas y Grupos Económicos locales; 3) una política donde el Estado privilegie la inversión productiva, y con esa actividad económica tenga mayor posibilidad de tributos; 4) una política de austeridad y selección del gasto, en función de las verdaderas necesidades de los servicios que se brindan al pueblo (*El Estatal Neuquino*, Periódico de ATE, seccional Neuquén, setiembre de 1991).

Entre las prácticas que ATE encara para enfrentar esta aún incierta etapa, despunta una que con el tiempo se convertirá en obsesión: la *organización* de secciones, la elección y formación de delegados y juntas internas, la realización de asambleas, de *primeros encuentros* de diversas ramas de trabajadores, entre otras actividades. La metodología gremial consiste en gestionar reuniones informativas en donde se elige un coordinador que luego organiza con otros pares una "Mesa", y de allí elevan sus propuestas a la conducción de ATE. Pero ya el año 1991 presenta dos episodios que interfieren en la tarea organizativa y marca los inicios de la férrea resistencia de ATE a las políticas neoliberales, contorneando la identidad sindical en emergencia: el "plan de lucha de abril-junio" de los trabajadores de Salud (Hospitales), y las elecciones para renovar autoridades. El "plan de lucha" es antecedido por la primer marcha de protesta del año en reclamo de salarios atrasados de diciembre, al que se suma el rechazo a la aplicación del "presentismo" y, a mediados de enero, el "Decreto ómnibus" 196, también conocido como decreto de "racionalización"[12] formulado desde Nación y al que deben adherir las provincias *so pena* de verse excluidas de financiamiento externo.

---

[11] La mayor parte de los ingresos de Neuquén provienen en esta etapa de la coparticipación federal que aporta 108.000 millones de australes; las regalías petroleras constituyen unos 99.000 millones y la deuda de Nación en este rubro alcanza los 100.000 millones. El predominio de los ingresos por regalías de gas y petróleo comienza en Neuquén bien entrados los años '90 (y no antes como comúnmente se cree), cuando cambia el perfil económico provincial hacia una marcada dependencia de estos recursos naturales (Favaro, 2006).

[12] Los artículos de mayor importancia del decreto implican reducción de personal, contratos por tiempo determinado, congelamiento de vacantes, privatización de servicios esenciales, despidos encubiertos.

La crónica indica que el 8 de abril, gremio y gobierno se sientan a discutir conformando la "Comisión Salarial" en donde también participan contratistas del Estado. Desde ATE, los trabajadores de hospitales sostienen que existe un 75% de pérdida salarial por lo que se pide un aumento, se rechaza la aplicación del "presentismo" y desde el gremio se sugiere que el mismo pase al rubro de "zona desfavorable". Hasta el 18 de julio se suceden protestas que implican la "toma"[13] de Casa de Gobierno, paros sorpresivos, fogones, la reunión de la Multisectorial de gremios estatales (ATE, ATEN, SEJUN, SITRAMUNE),[14] movilizaciones en las que participan desde dos mil a siete mil trabajadores (en especial la del 28 de mayo), y la presión a diputados en la Legislatura para que avalen los pedidos del gremio. La lógica del conflicto se desarrolla en un tira y afloje constante del gremio con el gobernador hasta llegar a la propuesta oficial de un 70% de aumento, retroactivo a mayo y sin descuento de los días de huelga. En el medio del conflicto, Salvatori explicaba que los trabajadores de la Salud *"...tienen que entender que no hay plata..."* (*Memoria y Balance 1991*, ATE Neuquén), y pretende salvar la situación con el pago en bonos provinciales, propuesta que es fuertemente rechazada. Aceptado el aumento gubernamental, ATE decide que no se desactiva el plan de lucha hasta que se efectivice el pago. Durante el conflicto, la Legislatura aprueba la Ley 1888 que establece un aumento promedio del 70% y el pase del "presentismo" al rubro "zona desfavorable"; los estatales la aceptan, luego, y en la euforia por el éxito de la extendida medida de fuerza que ya alcanzaba los ochenta días surgen algunas propuestas de carácter ofensivo como la del reclamo de que el Instituto de Seguridad Social de Neuquén -ISSN- pase a ser *"controlado por los trabajadores"*, quizás una muestra del rasgo ofensivo temprano y anómalo para los planteos sindicales de entonces, pero que se transformará en una marca característica de las luchas sindicales neuquinas.

El grado de movilización en este conflicto fue tal que los panfletos titularon *"El presentismo que derrotó al presentismo"*; el presentismo gremial, claro está, es acá una alusión irónica a la presencia masiva de trabajadores en las diversas formas que la protesta adquirió.

El universo de la protesta sindical de ATE no se restringe a una movilización, a una petición realizada por los dirigentes o a un paro; se trata de

---

[13] Ante la negativa a atenderlos en la casa de gobierno, los trabajadores deciden entrar a las 11 hs. con una delegación de doscientas personas; el gobierno denuncia la "toma de la casa", que es rodeada de policías antimotines. A las 19hs se produce la salida de los ocupantes, con la intervención de diputados provinciales y nacionales tras lo cual el gobierno accede a los reclamos gremiales. El detalle del conflicto se encuentra en *Memoria y Balance 1991*, ATE Neuquén.

[14] Gremios neuquinos de educación, judiciales y municipales, respectivamente.

todo un ejercicio militante de acompañamiento con fogones, acampes en las "tomas" o en los lugares de discusión con el gobierno, y que constituyen el respaldo militante de las bases a las gestiones de la dirigencia. Definitivamente, este respaldo tiene su efecto pues en la calle ocupada se juegan los apoyos y se demuestra la disposición a la acción. Como ejemplo, mientras se desarrollaba el conflicto, y en un alarde de picaresca gremial, se festeja el Día Internacional de los Trabajadores del Estado con un *"baile por tiempo indeterminado"* que se extiende desde las 22 hs hasta las 7 hs del siguiente día. La apropiación de la jerga de las acciones colectivas y su resignificación en actos de esparcimiento da cuenta también de la interconexión temprana de los universos de la protesta y los de la vida cotidiana expresada en una sociabilidad sindical que las combina.

Identidad y política en el "nuevo modelo sindical"

El 23 de mayo de 1991 se realizan las elecciones en ATE a nivel nacional y local. El ganador en Neuquén, con un 75% de los votos, es la Lista Verde, "Agrupación SUTEN" (ANUSATE en el resto del país), resultando reelecto Julio Durval Fuentes.[15] El triunfo en estas elecciones implica varias cuestiones: en primer lugar, la ratificación del incipiente liderazgo de Fuentes y, en segundo lugar, la instalación sistemática de un discurso que promueve un "Nuevo Modelo Sindical", algo que ya se venía planteando en ATE nacional desde la reforma estatutaria de 1988 y que comienza a circular en las regionales del interior. Este nuevo modelo se asienta en la percepción de la necesidad de un cambio, inscripto en otro de mayor alcance en términos mundiales, que se sustenta en:

> [...] el agotamiento definitivo del modelo de organización gremial dominante en la escena política nacional desde mediados de siglo [...] a fin de hacer **realidad la necesaria desvinculación Estado/sindicato y la descentralización organizativa** (*Memoria y Balancede ATE Neuquén, 1991:25*, negritas nuestras).

---

[15] Muy atrás quedan la Lista Verde y Blanca de Luis Panetta que obtiene el 15%, y la Lista Naranja y Blanca que encabeza Colen Grant (izquierda trotskista) con el 8%. En el Consejo Directivo Provincial de ATE, entre otros cargos reelectos figuran: Julio Fuentes -Secretario General, Laura Leyton -Secretaria general adjunta, Raúl Dobrusín -Secretario de Acción Política, Baltasar de los Santos Alvarez -Secretario del Interior, Cesar Abel Sagredo - Secretario de Asuntos Provinciales, Hilda Locatti - Secretaria de actas. A excepción de Leyton, el grueso de los integrantes seguirán en la conducción hasta entrado el nuevo siglo.

Detrás de esta búsqueda de autonomía está la posibilidad concreta de abrirse a sectores no sindicales -que serán más tarde, y sin que nadie lo pudiera prever, los otros protagonistas de las protestas sociales- para construir una alternativa de poder que posibilite lo que ATE denomina como la "democratización del Estado". Los puntos nodales de esta concepción se concentran en dos aspectos; a) la *independencia del Estado*: argumento basado en la prioridad que desde ATE se otorga al Trabajador por sobre el Estado (liberal-menemista), y la distancia tomada respecto del otro gremio estatal y tradicionalmente oficialista, UPCN; y b) la *democratización organizativa*: a través del voto directo y secreto de los afiliados para los niveles de conducción, eliminando "las mediaciones entre dirigentes y trabajadores" y "evitando la burocratización". ¿Por qué los trabajadores debían adherir, en la perspectiva de ATE, a los representantes del "nuevo modelo sindical"? Hay dos paradigmas sindicales frente a los que ATE se presenta como diferente a lo existente: el "oficial estatalista": en referencia al aparato de Estado destinado a controlar y cooptar el conflicto, y; 2) el de la "izquierda contraestatalista": se trata de oponerse a *"una cierta izquierda autodenominada trotsquista (sic)"* que tendría los siguientes problemas: *"sólo puede hacerse cargo del conflicto instalado por el Estado. Es incapaz de construir las condiciones y características del conflicto".* Por este motivo es que ambos modelos (estatal y contraestatal)*"se necesitan y complementan. Este modelo sindical autodenominado de izquierda, es eminentemente pasivo, excluyentemente resistente y escasamente imaginativo."(Memoria y Balance de ATE Neuquén, 1991:26).*Las comparaciones entre ambos modelos son provocadoras igualaciones en el sentido de que ambos son presentados como centralizados y responden ya sea al "Estado", al "Partido" o a sus "cuadros dirigentes", provocando la despolitización del colectivo de trabajadores. El modelo identitario de ATE busca, en contrapartida, la práctica de la *"organización social"* de los trabajadores, *"asumirse como correa de transmisión de las demandas sociales".* Curioso *locus* organizativo que, por su amplitud y ambigüedad -lo "social"-, otorgaría cierta ventaja frente a los existentes, aunque como ya ha sido remarcado por otros autores, la sombra de la identidad peronista persista sin abandonar al fin al nuevo modelo, limitando el alcance desu novedad política.[16]

Con el calor de las victoriosas luchas del año '91 y alentado por el triunfo electoral reciente ATE, reforzará su tarea organizativa, cuestión que caracterizará toda esta primer mitad de los '90. Así, se realizan inauguraciones

---

[16] Svampa y Martuccelli hablan del riesgo de la "sombra peronista" que acechó siempre a ATE, en alusión a la dificultad que mantiene en desligarse de su origen peronista. En su libro *La plaza vacía. Las transformaciones del peronismo,* un testimonio realizado a un dirigente de ATE sostiene que "no es posible prescindir de pautas culturales de lo que ha sido el fenómeno del peronismo" (Svampa y Martuccelli, 1997:293).

de locales gremiales en el interior provincial y numerosos "primeros encuentros" de las diversas ramas que participan en el gremio y aún no están orgánicamente conectadas.

Entre agosto y diciembre de ese año se realizan seis reuniones sobre diferentes temáticas y con distintos participantes para discutir sobre convenios colectivos de trabajo, al que asisten candidatos de diversos partidos como Jorge Sobisch (MPN), Oscar Parrilli (Frente para un cambio), Juan Carlos Galván (UCR), Raúl Radonich (Frente Social y Político); con los trabajadores de Minoridad; con los trabajadores de la salud; con los de la sección Informática; con los trabajadores porteros en el área de Educación y con los trabajadores del EPAS (Ente Provincial de Agua y Saneamiento); en casi todos participan también autoridades provinciales. ATE también priorizará las actividades consideradas como "culturales", organizadas desde la Secretaría de Acción Social y Cultura, en un intento de ampliar el alcance de su prédica otorgándole un fuerte contenido político anclado en el valor de lo "popular-nacional": *"Cuando todo estaba perdido apareció lo popular para salvarnos"*, y de allí surge el trabajo con comisiones vecinales, centros de estudiantes y grupos comunitarios *"para reconstruir el tejido social"*. Se organizan recitales con músicos como Raúl Carnota, Lalo de los Santos y Jorge Marziali, en conjunto con la comisión vecinal de Parque Industrial, o la junta vecinal de barrio Belgrano, la biblioteca Homero Manzi, un grupo de padres y la Federación Universitaria del Comahue. Se realizan también bailes familiares en el clásico Club Pacífico *"para recuperar lo que un (sic) tradicional punto de encuentro de la gente de Neuquén"* (Memoria y Balance de ATE Neuquén, 1991: 30).Estos bailes se repiten todo el período también para festejar el Día del Trabajador Estatal y hasta se superponen con conflictos sin que ello signifique interferir en su realización:

> Porque creemos en lo que somos, festejamos nuestro día [...] el baile lo realizamos el 24 por ser un día viernes y porque estábamos trabajando para el gran hecho político que fue la Marcha Federal (*Memoria y Balance 1994: 27*).[17]

Señalándolo como el "riesgo del desliz militante", Svampa y Martuccelli han estudiado cómo en muchos de los delegados de ATE, la acción gremial constituye un principio estructurante de la vida personal, un lugar central de sentido desde el cual se construyen las identidades (Svampa y Martuccelli, 1997: 290). Esta particular militancia –o *militantismo,* cuando aquella resulta

---

[17] Un sentido similar se le adjudica al financiamiento de viajes anuales de afiliados a la peregrinación a la localidad rionegrina de Chimpay en conmemoración del aniversario del nacimiento de Ceferino Namuncurá.

omnipresente- actuaría como una continuación de la política en otros ámbitos. En el caso neuquino, quizás esto se exacerba en función de los escasos espacios de sociabilidad extra sindicales que la ciudad ofrece, y que hacen que la recreación se confunda con la militancia.

La sombra del neoliberalismo y la emergencia del CTA

Ha sido bien clara nuestra posición de apoyo a la política económica del presidente Menem y la disposición de la provincia a cooperar con todas aquellas acciones que consolidan el rumbo elegido (Discurso de Sobisch, HNL, 1993: 4).

Entrado el año 1993, el panorama de los reclamos, las relaciones con la política local y las estrategias de ATE cambian profundamente. En especial, la percepción de que el neoliberalismo llegó para quedarse y es apoyado sin titubeos por el ejecutivo local y nacional es un dato insoslayable. Más aún, el ajuste en la administración provincial es enunciado como necesario e impostergable a viva voz por la clase dirigente, en un contexto signado por las privatizaciones de ENTEL, Aerolíneas Argentinas e YPF. En este sentido, las palabras de Julio Fuentes en la editorial del periódico sindical de ATE muestran además cómo la circulación de nuevos términos políticos indica la necesidad de ajustar la estrategia y modificar el enmarcado de la situación con mayor precisión:

Ajuste, descentralización, municipalización, reforma, privatización periférica, retiros voluntarios, cooperativización [...] **los términos del empobrecimiento del pueblo argentino** [...] Los trabajadores estatales [...] vemos el Neuquén de los desocupados, el de los adolescentes sin futuro, el de la inestabilidad laboral, el de los bajos salarios [...] La supuesta reforma del Estado tiene como único objetivo el de reducir lo que nuestros funcionarios y políticos denominan como 'gasto público' y lo que nosotros sabemos es SALUD, EDUCACIÓN, SEGURIDAD, VIVIENDA, MINORIDAD, PREVISIÓN, etc. Contra esta reforma tendremos que enfrentarnos en 1993 (*El estatal neuquino*, febrero de 1993. Editorial de Julio Fuentes, mayúsculas del original, negritas nuestras).

Mientras el gobernador Jorge Sobisch declara a los medios locales que la privatización de Hidronor es un "tema cerrado", envía a la Cámara de Diputados el proyecto de ley de ajuste en la administración pública que será aprobado el 13 de setiembre, con algunas cláusulas atenuadas de cara a la resistencia sindical, en especial las referidas al reordenamiento administrativo desde donde se instrumentan los despidos.[18] Para entonces, el recién conformado Congreso de los Trabajadores Argentinos realizaba en la Regional Río Negro y Neuquén un sinfín de acciones de protesta: contra la privatización de Hidronor se organizan mesas de esclarecimiento, debates en los barrios, encuentros Multisectoriales en Cipolletti y Neuquén, se presenta un Proyecto en la Legislatura neuquina para plebiscitar la decisión, y finalmente, una movilización el 15 de marzo hasta el puente carretero coincidente con la visita del presidente Menem, quien se ve obligado a postergar su viaje. En abril, nuevamente, se repudia la visita de Menem quien inaugura la Planta Industrial de Agua Pesada (PIAP) y el Mercado Concentrador, con más de cuatro mil personas en las calles que responden a los gremios del CTA sin poder entrar al centro de la ciudad. El acto del 1 de mayo se realiza en la Legislatura neuquina para cuestionar la legitimidad del Plan de Ajuste, entre otras acciones.

En Neuquén, los objetivos más sensibles en términos de empresas estatales a privatizar durante este año son el EPAS (agua) y el EPEN (energía); el sindicato propondrá que si hay una reestructuración necesaria, ésta debe ser en el sentido de responder al interés comunitario y, de ser necesario, acceder a líneas de crédito *pero siempre dentro de la órbita del Estado,* por eso deben definirse qué sectores serán subsidiados asumiendo su costo como parte de una política de promoción social a la comunidad. También se producen fuertes choques entre Estado y sindicato con las nunca bien encaminadas negociaciones sobre Convenios Colectivos de Trabajo -CCT-, aspecto que el ejecutivo neuquino sistemáticamente obstaculizó. El 24 de setiembre de 1992, la Legislatura sancionó la Ley 1974 de CCT para los trabajadores de la administración pública provincial; allí se reglamentó los tiempos de las presentaciones de las propuestas de cada parte con una tolerancia de hasta cinco días para las mismas. Sin embargo, tanto los plazos como los representantes gubernamentales serán infringidos y cambiados por decreto o sin aviso, quedando ATE frente a la situación de presentar constantes reclamos por estas regularidades. Con esto, dice ATE, se busca *"la vía del decretazo"*, y en vistas de ello presenta un informe judicial por "práctica desleal manifiesta" (Art. 52 Ley 23551 Asociaciones Sindicales) y una demanda ante Cámara Laboral

---

[18] Elías Sapag, su Ministro de Producción, afirmaba que *"El gobierno está decidido a cesantear a 4000 trabajadores a fin de año [...] no podemos privilegiar a gente que no trabaja."* (citado en *Memoria y Balance1993).* El diputado nacional emepenista Julio Falletti declaraba su total respaldo a la privatización del Régimen Previsional y el peronista Oscar Parrilli firmaba el despacho de comisión de la Cámara de Diputados de la Nación, aprobando el mencionado proyecto.

(*Memoria y Balance1993*). Estas discusiones se ligan a situaciones sociales que, desde la perspectiva del gremio, son señal de la ausencia del Estado en áreas impostergables; por caso, mientras se discute la aplicación de los CCT, un brote de cólera que afecta a las provincias del norte del país brinda un ejemplo de lo que para ATE es responsabilidad en la provisión del servicio de agua potable, y que no casualmente en Neuquén se pretende "municipalizar" o "cooperativizar",[19] dejando la empresa estatal EPAS en manos de municipios empobrecidos o de trabajadores con pocos conocimientos y recursos técnicos. También el ente abastecedor de energía local, EPEN, es denunciado por ATE por vender energía a un precio mucho más barato de lo que las cooperativas cobran a los usuarios, precio que aumenta considerablemente cuando la población es pequeña. Otro ejemplo es el costo de energía eléctrica que se abona a la cooperativa de energía de Neuquén capital -CALF- : la provincia paga por la energía que se consume al EPEN tres veces más que las empresas privadas instaladas en el Parque Industrial Neuquén. De allí que la propuesta gremial se base en la puesta en marcha de tarifas diferenciales y en la rebaja de la subsidiariedad a los intereses privados. Desde la óptica sindical se ha homogeneizado al enemigo en la clase política que avala la reforma del Estado y las privatizaciones, produciendo el deterioro de los servicios prestados a la población:

> Los gobiernos y los políticos marchan permanentemente a contrapelo de las necesidades, dudas y aspiraciones del pueblo [...] estas actitudes nos marcan la necesidad cada vez más urgente de que los trabajadores y el pueblo afectado por el ajuste necesitamos **construir una herramienta organizativa que nos unifique y nos dé capacidad de lucha** para enfrentar este saqueo permanente de nuestro salarios, condiciones de vida, fuentes de trabajo, servicios públicos, derechos, etc. [...] Si conocemos un Estado que "regaló" cosas fue el Estado que sirvió a los contratistas: es el Estado que vende a precio vil los yacimientos petroleros, el que el Gobernador Sobisch fomenta y pretende profundizar como nunca [...] Compañeros, 1993 es un "año electoral" **seremos atacadospor la clase política** para que les demos nuestros votos...(*ATE Neuquén, Memoria y Balance 1993*).

Lo que asoma en este mensaje como novedoso es la necesidad de construcción de una herramienta política que optimice la organización y la lucha. Claro que esa herramienta ya existe, es ATE, pero ahora también el gremio se reconoce parte de un proyecto más ambicioso de alcance nacional, que rearticula la dimensión de la resistencia local: el nacimiento del CTA. Este

---

[19] Las localidades de Chos Malal, Junín y Senillosa ya lo han hecho pero fueron reabsorbidos por el EPAS en vistas de su incapacidad operativa.

nucleamiento emergente va a coadyuvar a contextualizar lo que sucede en Neuquén con ATE. En efecto, durante los inicios de la década asistimos a un reacomodamiento interno del movimiento obrero en donde dos tendencias divergen en sus caminos: CTERA y ATE se alejan definitivamente de la CGT Azopardo y confluyen en el armado del CTA; a su vez, las dos CGT se reunifican junto a la escisión del MTA. Las intenciones de conformar un nucleamiento opositor a las políticas de Menem y de la CGT ya son una realidad en 1991 cuando se suceden el ENSIPRON[20] y los posteriores encuentros de Burzaco y Santa Fe (1992). Para estos últimos, el gran enemigo es el "Neoliberalismo" y las herramientas a través de las cuales se implementa (privatizaciones, endeudamiento externo, precarización laboral, etc.). El neoliberalismo es el marco maestro dentro del cual tienen sentido, en su oposición, las luchas populares. El CTA estuvo en todo este período subsumido en ATE, el gremio que le dio nacimiento; más aún, en Neuquén, en donde su sede sindical fue creada en 1994, sus publicaciones fueron casi inexistentes y su dirigencia un calco de ATE. De allí que el CTA en Neuquén sólo consista en una voluntad de acompañar el recorrido que más fuertemente se afinca en Buenos Aires, pero que de ninguna manera pretende, ni puede, quitar protagonismo a ATE. Lo que sí tiene peso respecto del nacimiento del CTA es el aporte de un nuevo vocabulario, en aras de disputarle terreno al "Neoliberalismo", en especial a través de los aportes del departamento de Formación del CTA -el IDEF-, de la capacitación constante, y de las nuevas acciones que a nivel nacional llevará el CTA. Su existencia implicará lanzar en el plano local la voluntad de construir una alternativa política que dispute poder, cuestión que en Neuquén constituye un dato traumático dada la supremacía absoluta del MPN en las elecciones locales.

Durante 1993 el Segundo Congreso Extraordinario y Ordinario de ATE pondera los avances en términos de crecimiento gremial: doscientos nuevos delegados de base y más de mil nuevos afiliados habían sido incorporados durante el año pasado. En el mismo año, y a la par de una espiral de conflictos protagonizados por estatales en todo el país en reclamo de mejoras y por atrasos salariales,[21] los trabajadores de Salud encaran un nuevo plan de lucha que se extiende por mas de cien días en reclamo del descongelamiento de vacantes, el pase de contratados a planta permanente, el reestablecimiento

---

[20] Encuentro Sindical para el Proyecto Nacional, participan Mary Sanchez (CTERA), De Gennaro (ATE), Piccinini (UOM-Villa Constitución), Cayo Ayala (SAON) y Juan Palacios (camioneros).

[21] Tucumán, Santiago del Estero, Chaco, Capital Federal, Córdoba, Catamarca, son algunos de los lugares en donde se encuentra a los estatales haciendo paros, jornadas de protesta, huelgas de hambre, etc. Ver Entel, Alicia (1996) *La ciudad bajo sospecha. Comunicación y protesta urbana*, Paidós, Buenos Aires.

de las residencias médicas a cargo de la provincia, la implementación de la carrera sanitaria, recomposición salarial y exclusión de la Salud Pública de la ley de ajuste. Son cien días de conflicto, 24 días de "permanencia" en la Subsecretaría de Salud, una huelga de hambre de 43 trabajadores, hasta que se logra el nombramiento de personal y el reequipamiento de distintos sectores (*Declaración del Congreso de Trabajadores de Salud Pública*, Neuquén, 30/11/1993):

> [...] los que se enfrentaron son dos modelos: el de ajuste y el de quienes conocimos alguna vez un plan de salud en la provincia. Por eso decimos a nuestros compañeros: esta pelea continúa día a día desde cada lugar de trabajo; al resto de los trabajadores y a la comunidad: unifiquemos nuestros reclamos (*Memoria y Balance 1993*).

En alejadas localidades del interior neuquino como Andacollo se producen las movilizaciones más importantes de su historia; en Centenario, Cutral Có, Loncopué, Bajada del Agrio, San Martín de los Andes, ocurre algo similar. También hay nuevas sedes de ATE en Senillosa y San Patricio del Chañar, cuestión que refuerza el aspecto organizativo de la protesta de los trabajadores de Hospitales.

Las enseñanzas que deja una vez terminado el conflicto de Salud serán evaluadas en ATE como un crecimiento en organización y en la conciencia de los trabajadores, que deben unirse ya que el gobierno está decidido a destruir el sistema de salud buscando instalar el Hospital de Autogestión:

> Contará para ello con aliados de afuera y de adentro. Estarán allí los prestadores de la medicina privada, los proveedores de equipamiento y medicamentos, las empresas constructoras, y los que van al hospital a buscar pacientes para sus consultorios. Y estarán también los pragmáticos que por izquierda o por derecha dirán que todo fue inútil, que nos entregaron, que si no hay aumento salarial no hay victoria [...] Compañeros: no hay salida hacia fuera si no es desde una identidad muy clara. **Y hoy, en el marco de la crisis de identidad que existe, cuando nadie sabe quién es, vale mucho ser identificado con sólo decir "Soy de ATE". Y esto nos tiene que enorgullecer y comprometer.** (ATE Neuquén, *Memoria y Balance 1993*:16, negritas del original).

¿Cómo operan las construcciones de sentido que acompañan una acción colectiva? El "ellos" es una cadena inmensa que comienza en la clase política abanderada del neoliberalismo, se continúa en los prestadores privados y llega al corazón de los mismos trabajadores cuando las tendencias de los "pragmáticos" -los aliados de "adentro"-, emerjan en el interior de sus filas; ese "ellos" trabaja aprovechando la crisis de identidad que conmociona el débil sustento de certezas sobre el que se despliegan los trabajadores. "**Soy de ATE**" actúa entonces como un reaseguro identitario que inmuniza contra aquellas incertezas que hacen dudar del alcance de una lucha, a la vez que enorgullece y compromete al militante. Es que parte del "ellos" señalado por ATE, es la oposición sindical de izquierda que aunque marginal siempre estuvo en el gremio. La estrategia de ubicarla en el campo enemigo no es más que una batalla por otorgar sentido a las acciones ("victorias", "entregas", "traiciones", "pactos") en donde se juegan las alianzas, las redes de los movimientos, y en definitiva, donde se trazan las fronteras internas de las protestas.

A pesar del éxito de las medidas de fuerza, del apoyo comunitario logrado, del crecimiento en combatividad del gremio, la sensación que gana los pensamientos de los militantes es que la dureza del gobierno en aplicar las políticas de ajuste requiere un viraje estratégico en términos de lucha, aún no muy claro, pero presente en los documentos elaborados desde el Instituto de Formación del CTA, distribuidos nacionalmente:

> [...] antes parábamos los servicios, y el Estado garante de éstos ante la comunidad intentaba crear situaciones de negociación para resolver el conflicto, hoy ya nos les importa(ATE Neuquén, *Memoria y Balance 1993*).

Es que el año 1993, en términos de luchas sociales a nivel nacional, ha sido un año de presencia para la novísima CTA, enfrentando a los gobiernos nacional y provincial en gran parte del país. Es el año de la lucha de los jubilados, en donde la CTA junta un millón de firmas para que se plebiscite el futuro del Sistema Jubilatorio; el 30 de abril se inaugura la sede Nacional del CTA en Capital Federal; se efectúa la 1er Jornada Nacional de Protesta (8 de julio) y la realización del Congreso del Trabajo y la Producción (2 de setiembre) en Capital Federal, en donde participan la FUA, la Federación Agraria, APyME, Fedecámaras, IMFC, Abogados Laboralistas, entre otros. Pero también otras acciones colectivas comienzan a emerger en el horizonte de las resistencias a las injusticias que el modelo económico y político genera; acciones que de alguna manera desubican a los actores más tradicionales cuando no logran ver con claridad si son excepciones o si constituyen una tendencia en alza.

"Espontánea pero organizada": la pueblada de Senillosa, 1994

Resulta curioso, y en breve nos encargaremos de aclararlo, pero mirado más en detalle, no lo es: entre los "hitos" que cada año encabezan las páginas principales del anuario de ATE -"hitos" que siempre son marchas masivas, victorias en extendidas huelgas o acciones directas de resonancia en el espacio público local- la mención principal de 1994 no es, como se podía presumir, la pueblada de Senillosa, primera acción colectiva de este tipo en la corta historia neuquina, sino la de la Marcha Federal del 6 de julio en Buenos Aires, que es organizada por CTA junto al MTA, y el paro Nacional del 2 de agosto. La Marcha Federal es un *"hito en el proceso de lucha por la recuperación del tejido social del pueblo argentino"* y la reflexión que ambos episodios revelarían es que: *"esa Marcha Federal y ese Paro Nacional **no salió de la espontaneidad**"* (*Memoria y Balance 1994*). Y no es para menos. Este es un gran año en donde ocurren episodios de resonancia a nivel local como la apertura de la Casa del CTA en Neuquén, un primero de mayo, acto al que asisten Don Jaime de Nevares, Marta Maffei en representación de CTERA y Víctor De Gennaro. En junio se realiza el Congreso del Trabajo y la Producción en las instalaciones de la Universidad Nacional del Comahue, con la presencia de De Gennaro y Claudio Lozano (CTA), Fedecámaras, APYME, el premio Nóbel Adolfo Pérez Esquivel, y más de doscientos representantes que debaten la crisis de la actividad frutihortícola regional. Por otra parte, el 3 de marzo de 1994, en el Batallón de infantería 161 de Zapala, es asesinado el conscripto Omar Carrasco y en Neuquén se movilizan el 22 de abril diez mil manifestantes, con la presencia de Carlos "Chacho" Álvarez, Hebe de Bonafini, Jaime De Nevares, entre otros.

Respecto de la resistencia de ATE al proceso de privatizaciones, este año destaca la lucha en defensa del EPEN (energía). Desde ATE-CTA se entrega un petitorio a los diputados con más de 19.000 firmas en una movilización a la Legislatura. En Chos Malal se realiza una consulta popular organizada por el Consejo Directivo Provincial de ATE, optando por el Sí o No a la permanencia del EPEN en manos del Estado: vota el 52% de los habilitados resultando dos mil quinientos en contra y cien a favor de la privatización. En Zapala se suceden pedidos de audiencia a Sobisch, se realiza una olla popular y una movilización, aprovechando la visita de Eduardo Duhalde y del secretario de Transporte de la Nación en ocasión de la presentación del proyecto del Tren Trasandino; la ruidosa manifestación, que impidió que el gobernador fuera escuchado, fue destacada incluso por los medios nacionales ("Trabajadores del EPEN se hicieron escuchar", en *Diario Río Negro*, 1/11/1994).

El otro foco de resistencia se encuentra en la lucha por el no traspaso del ISSN (Instituto de Seguridad Social de Neuquén) a Nación, potenciado por la presencia de consejeros gremiales en su segundo año de mandato. Lograr la definición del gobernador de la provincia sobre el no traspaso de la Caja de Jubilaciones a Nación y mantener el Sistema Solidario de Reparto fue el gran logro de 1994. También se aseguró el aporte extra que debe hacer el Estado provincial por las jubilaciones anticipadas (Ley 2025) cubriendo el déficit que ella produce. Entre las novedades nacionales y la recargada agenda local que hasta acá presentamos, la reflexión sobre los dos grandes sucesos del año que tuvieron un éxito notable (Marcha Federal y Paro Nacional) respecto de que no fueron fruto de la "espontaneidad" de la gente, sino obra del tesón militante de ATE-CTA, podría entenderse como la repetida obsesión gremial por organizar toda acción de protesta; sin embargo, a fines de noviembre de 1994, una acción colectiva por fuera de los formatos clásicos sacudirá la provincia y los pensamientos de gran parte de la dirigencia de ATE Neuquén, en vistas de que se verá forzada a invalidar su carácter "espontáneo", siendo resignificada como una forma intermedia entre ambos extremos.

Volvamos a retomar la inquietud principal de este apartado: la poca relevancia otorgada por la dirigencia de ATE en su publicación anual a la pueblada de la localidad neuquina de Senillosa. Resulta *curioso* para quien busca indagar en los cambios de los repertorios de protesta social intentando visualizar en todo aquello que emerja como *novedoso* y que justifique ocuparse de ello. Pero con Senillosa nada fue lo esperable, y en algún punto ni siquiera deseable, al menos para sus protagonistas. En este sentido, resulta más cauto pensar que, si el énfasis está puesto por la dirigencia de ATE en la organización, una pueblada con su alta dosis de espontaneidad en el más estricto sentido del término -esto es, la participación de una multiplicidad de personas no organizadas que no responden orgánicamente a nadie más que a sus sensaciones de injusticia, y en un acto de imprevisibles consecuencias-, resulta algo no querido, no planificado, difícil de controlar. Y no pudo haber sido mejor calificada por la dirigencia de ATE que bajo el original pero ambiguo mote de *"espontánea pero organizada"*. Sí pero no.

Como se sostiene en el único estudio académico que destina un análisis a este fenómeno (Gurrera, 2004), el caso de la pueblada en Senillosa no ocupó un lugar destacado en la agenda de los medios de comunicación nacionales, ni fue recordado como un antecedente de las pobladas cutralquenses que conmovieron Neuquén en 1996 y 1997; aunque Senillosa sí capturó la atención de la prensa local, del gobierno provincial y hasta de algunas autoridades nacionales. El lunes 14 de noviembre se produce un corte de la Ruta Nacional 22 por tres días. La prensa local habla de "Rebelión popular en Senillosa", "El desempleo hizo tronar Senillosa". Casi tres mil manifestantes, según los diarios locales o las publicaciones sindicales, se apostan e impiden el paso de vehículos, flexibilizando más tarde esta modalidad. Ubicada a unos 40 Km. de Neuquén capital, la localidad de Senillosa es el clásico pueblo patagónico formado al calor del coyuntural auge de la actividad de la construcción de grandes obras públicas (las represas de El Chocón y Piedra del Águila, y la Planta Industrial de Agua Pesada -PIAP-). En 1994, cerca de dos mil quinientas personas sobre un total de seis mil habitantes tienen problemas de empleo. El reelecto intendente Raúl Bascur (MPN) había presentado su renuncia antes del conflicto, acorralado por denuncias de malversación de fondos públicos,[22] y era reemplazado por el presidente del Concejo Deliberante, Hugo Vélez, también del MPN. De manera que al descalabro de la situación financiera del municipio hay que sumar la fragilidad política y una intención de pagar deudas con proveedores reduciendo salarios y despidiendo a personal estatal. Mas lo que fue el detonante de la protesta: la suspensión de subsidios nacionales por desempleo provenientes del Programa Intensivo de Trabajo -PIT-.[23] Esta situación hizo que ATE emprendiera medidas de fuerza pero en arreglo con otros actores, incluyendo a los propios acreedores del municipio; de allí que en la ruta confluyan docentes que realizan un paro en solidaridad, empleados municipales, comerciantes, trabajadores de salud, concejales, funcionarios, todos reclamando la presencia de autoridades provinciales en la ruta. Aunque en realidad todo fue conduciendo gradualmente a ella:

> [...] así fue que los proveedores también adhirieron y empezamos con un paro, con movilización. Habíamos hecho una movilización muy grande ese día, 14 de noviembre de 1994, e hicimos una asamblea y se empezó a juntar gente, gente, cada vez más. Y como había como dos mil o tres mil personas en la calle, dijimos '¿qué hacemos?'. Y era una experiencia nueva...y entonces salta uno y dice 'cortemos la ruta' y nos miramos con Julio y Miguelito que estaba y dijimos

---

[22] Las denuncias fueron presentadas por concejales de su propio partido y del PJ. Además, durante los últimos tres años, el municipio de Senillosa recibió transferencias que aumentaron su presupuesto en un 160% frente al 90% de aumento girado a otras municipalidades de la provincia (*Diario Río Negro*, 16 y 17/11/1994).

[23] Fue el *detonante* de una *cadena de injusticias* que ya no pudo ser sostenida con silencio e inacción. "El problema principal es la desocupación terrible que nos está azotando [...] porque es la primera vez que Senillosa se hizo notar, porque siempre nos pasaron por arriba y quedó marginada" (Testimonio de un comerciante de Senillosa en *Diario Río Negro*, 20/11/2003, p.6). En el mismo Diario un desocupado declara: "Se genera este conflicto por la sencilla razón de que por un lado no tenemos trabajo [...] y han elegido a un intendente que es un chorro de primera categoría".

'¡y bueno, hagámoslo!'. Y entramos a caminar por la ruta, eran columnas y columnas de gente. Veníamos hacia Neuquén.[24]

La pueblada tuvo su repercusión y traspasó las fronteras provinciales, llegando a provocar declaraciones del flamante nuevo Ministro de Trabajo, Caro Figueroa, quien negaba que la causa de aquella fuera la desocupación, ni mucho menos el programa económico menemista, pues éste opera al revés, sostenía el ministro, induciendo a la creación de nuevas fuentes de trabajo. En ese sentido, Caro Figueroa mostraba que los índices de desempleo en otras provincias eran superiores al 10,7% neuquino.[25] Será entonces Jorge Omar Sobisch quien salga a brindar una explicación:

> Este tipo de levantamientos no se justifica [...] porque Neuquén no es una provincia en crisis: la construcción trabaja a pleno y si existen problemas ocupacionales se debe al éxodo de desocupados de otras provincias hacia Neuquén [...] Confío en la madurez de la sociedad neuquina que observa a los que están solivantando los ánimos, echando leña al fuego [...] **Son agitadores que aprovechan las circunstancias existentes en Senillosa** para enfrentar a un gobierno democrático y pluralista que nunca utiliza la represión para dirimir las controversias (*Diario Río Negro*, 17/11/1994: 25, negritas nuestras).

Más allá del tono conspirativo de Sobisch -un dato que lo caracterizará siempre que las protestas sociales amenacen la aparente armonía y prosperidad provincial- y de la negación a reconocer el uso de la fuerza policial para reprimir manifestaciones, la acusación que realiza hacia los "agitadores" es, obviando las distorsiones del caso, una directa alusión a la presencia de militantes de ATE en la organización del corte de ruta. Y a pesar de que en la Comisión Negociadora que se conforma a raíz del corte participan todos los actores sociales mencionados anteriormente, no es menos cierto que el corte estuvo encabezado por estos dirigentes; en especial por Julio Fuentes y Miguel Peralta (titular de ATE Senillosa, rama Salud), que junto a la concejal Nora Maldonado, encabezaron las negociaciones cuando llega la intimación del juez para levantar el corte de ruta (*Diario Río Negro*, 15/11/1994).

Complicando el estado de cosas, en simultáneo a estos sucesos, se produce la ocupación de la municipalidad de la localidad de Centenario -distante a unos 14 Km. de Neuquén capital- ante la falta de pago de los sueldos de noviembre también a beneficiarios de los PIT. Se trata de trabajadores de la

---

[24] Entrevista al secretario gremial de la CTA Neuquén, 19/08/2003. Cedida gentilmente por Silvana Gurrera. *Julio* es Julio Fuentes.

[25] En la vecina provincia de Río Negro la desocupación abierta alcanzaba el 13%, mientras que la media nacional el 12,2%, según el INDEC (*Río Negro*, 16/11/1994).

fruta que en octubre ingresaron al Plan y que están reclamando que se les adicione al subsidio que reciben cargas sociales (aportes y obra social). Tras el levantamiento de la ocupación del municipio se llega a un acuerdo para que se les pague los sueldos atrasados y la Comisión de Desocupados que se había conformado en la protesta logró treinta días más de trabajo para los mismos (ATE Neuquén, *Memoria y Balance 1994:* 21). Como titulaban los diarios regionales por entonces, una suerte de "efecto Senillosa" parecía esparcirse en cada conflicto que aquejaba a las ciudades del interior; pero en realidad se trataba de algo de mayores dimensiones: apenas un día después del corte en Senillosa los mineros de Río Turbio (ex-YCF, privatizada en julio de 1994) tomaban las instalaciones de la mina en reclamo de sueldos atrasados y aumento de sus remuneraciones. La medida era auspiciada por ATE y acompañada por comerciantes, docentes, concejales, la Iglesia local y el intendente. Al igual que en Senillosa, Río Turbio presentaba los mismos antecedentes respecto de la variedad de actores sociales presentes en las calles en momentos de crisis de las economías regionales, mostrando a grandes rasgos el "modelo" de articulación y de conformación de redes preexistentes que emergerá en las pobladas posteriores.

Ahora bien, ¿qué lectura realiza ATE de lo ocurrido?, ¿qué lugar le otorga a la pueblada?, ¿trastoca sus estrategias y modos de acción colectiva, redefine sus objetivos en vistas de la emergencia del *desocupado*? Parece ser que todavía es temprano para responder tantos interrogantes. Para ATE, la pueblada de Senillosa, *"la cual fue espontánea, pero organizada"* (ATE Neuquén, *Memoria y Balance 1994*:19) constituye una clara respuesta a las políticas de ajuste, contundente, y nada más que eso. Sí demuestra la determinación de la organización previa, cuestión que quizás a esta altura obnubile un análisis más profundo, pues sólo se trata, en la óptica de la dirigencia de ATE, de señalar su lugar preponderante en el suceso:

> Desde mediados de año veníamos trabajando en conjunto con los desocupados, trabajadores del PIT, estatales y municipales con el respaldo y la organización del Congreso de los Trabajadores Argentinos [ ] **Algo hemos aprendido en todos estos años de lucha y es saber cuando es el momento de atacar o de desensillar hasta que aclare,** por eso luego de la intimación del Juez procedimos a retirarnos de la ruta para evitar una eventual represión y convocar a una asamblea para planificar nuevas medidas. **La pueblada existió por la bronca de la gente, por la organización de los sectores que a la hora de luchar demostraron que más allá de las diferencias supieron estar a la altura de las circunstancias.** La rebelión de los pobladores de Senillosa hizo que los empleados cobraran, que no hubiera despidos, que se crearan los PIT provinciales [...] **los pobladores de Senillosa en su afán por soluciones han descubierto que cuando hay organización y gente capaz de sostener un conflicto es posible**

hacer que los funcionarios oigan nuestros reclamos y se pongan a trabajar con sentido de justicia.(ATE Neuquén, *Memoria y Balance 1994:20-21*, negritas nuestras).

Lo que ATE parece buscar en estos tiempos es legitimarse como interlocutora y directriz en los conflictos; más aún, como protagonista y sostén de la acción, porque si bien la bronca existe, ésta solo puede tener efecto alguno si es canalizada, encauzada, al fin, *organizada*, en este caso por ATE, pues si algo "descubren" los pobladores de Senillosa no es su potencial contencioso ni menos el haber echado mano a un recurso *novedoso* para entonces, sino que si éste está organizado, pues entonces triunfa. ¿Podría ser de otra manera cuando desde el gremio se intenta organizar y encabezar la resistencia a las políticas de ajuste?, ¿podría un corte de ruta borrar de un plumazo años de experiencias de lucha basada en otro tipo de formatos de matriz exclusivamente sindical?

En todo caso, no hay que olvidar que lo de Senillosa también fue fruto de internas *intra* MPN: Felipe Sapag había criticado duramente las políticas privatistas a pesar de que la bancada de su partido avaló con su voto a las mismas, e hizo responsables de lo sucedido en la pueblada tanto al gobierno nacional como a Jorge Sobisch. De allí que también ATE se aleje y juzgue negativamente,[26] *a posteriori,* lo que poco tiempo después le toque atravesar al mismo Felipe Sapag cuando sea elegido nuevamente gobernador (1995-1999), es decir, cuando deba enfrentar a las *pobladas cutralquenses*. En efecto, ellas, reforzadas por el alcance mediático que tuvieron, por su repetición en menos de un año, por el traumático recuerdo que dejó en el grueso de la militancia gremial neuquina y por la muerte de Teresa Rodríguez, también fueron juzgadas bajo el prisma de la pugna facciosa al interior del MPN, entre las huestes sapagistas y sobischistas, cuestión que, no es ocioso recordar, está en las reflexiones de todas las producciones académicas, periodísticas y partidarias que hasta ahora se han escrito. Por eso, el hecho de pensar a las pobladas cutralquenses como "provocadas" por estas fricciones dentro del MPN ha velado una valorización retrospectiva más compleja sobre ellas y que de algún modo afecta, por puro efecto rebote, a la pueblada de Senillosa. Quizás por eso su rescate es muy al margen y sólo en la memoria de ese año, como una acción encarada por el gremio, exitosa y bien organizada. El secretario gremial del CTA Neuquén comenta respecto de los sucesos en Senillosa:

---

[26] Las opiniones retrospectivas y negativas sobre las pobladas cutralquenses las desarrolla Silvana Gurrera en su trabajo ya citado.

> [...] **fue tan bien organizada, que salió bien** [...] **No hubo frustración** [...] porque nosotros siempre marcamos la diferencia, porque **una cosa es una pueblada y otra cosa es una medida de acción organizada** con los diferentes actores y sus organizaciones. Nosotros ahí llevábamos reclamos y los ejes de acción eran concretos. Y previo un acuerdo con todos los demás sectores [...] Es un debate el tema de las pobladas, algunos las defienden, otros si bien las defendemos las criticamos [...] creo que una pueblada organizada, bien planificada, tiene otros resultados. **El poder cuando está bien organizado tiene más probabilidades de articular la protesta.**[27]

Queda claro que en la visión de la dirigencia de ATE la acción organizada garantiza que las cosas salgan mejor, y por elevación, la legitimidad de sus acciones como sindicato queda así más habilitada. La sutil denostación hacia el formato "pueblada" quizás también se explique porque a fin de cuentas ella fue exitosa por ser organizada y no un despertar popular, o una suerte de reacción inorgánica también válida en las luchas sociales contra las injusticias que, al fin de cuentas, es parte de la caja de herramientas culturales al que ya miles de personas acudían cuando no estaban -o no querían estar- organizadas. Este punto nos parece importante de destacar como cierre provisorio, pues hace a los límites de las estrategias de ATE, marca una frontera entre el militante y el vecino o trabajador común no organizado (¿no afiliado?), prioriza un tipo de acción (la organizada) en función de sus resultados o su perspectiva (el poder) y, en definitiva, sella un campo de acciones válidas que obtura la invocación de ATE-CTA respecto de cierta flexibilidad y amplitud en sus orígenes. Esto, como veremos, resultará matizado a posteriori y a medida que los trabajadores no empleados o desocupados vayan ocupando cada vez más protagonismo.

Cierre (provisorio) y apertura de otros dilemas: sindicalismo y desocupación (o la pueblada en suspenso...)

El año 1995 en Neuquén no da respiro. Felipe Sapag, el gran caudillo político neuquino, vuelve al poder, aunque esta vez decidido a profundizar el

---

[27] Testimonio de Ernesto Contreras, 19/08/2003 (cedido al autor por gentileza de Silvana Gurrera. El destacado es nuestro).

ajuste que su rival apenas inició, y dejando atrás su aversión a las privatizaciones. En la visión de ATE esto implicaba lisa y llanamente que:

> [...] el gobierno provincial que asumió el 10 de diciembre, con un falso discurso de enfrentamiento a la política nacional, que ha producido con la complicidad de los gobernadores el vaciamiento de los Estados provinciales, se sumó como tantos otros mansamente al ajuste y lanzó un plan de recortes salariales, privatizaciones y otras medidas que atacan a los trabajadores estatales en particular y al resto en general (*Memoria y Balance 1995:7*).[28]

Todo el MPN es enmarcado en el campo enemigo, no hay fracción interna que sea vista con menor recelo por el gremio. Es que el Hospital de Autogestión, la privatización periférica de los servicios generales del Estado, la privatización de empresas estatales aún no tocadas como el EPAS, EPEN, EPROTEN, la PIAP, el pase del ISSN a Nación, los Parques Nacionales, entre otras, son los objetivos de Sapag, quien se había presentado como la contra cara de su rival y antecesor en el cargo. Para ATE el ajuste es "irracional", no sigue ninguna "lógica". Pero lo que está presente como tema central constituyendo la novedad del cierre de este período y la apertura del que comienza es la **desocupación** en su doble faz: como desintegrador del tejido social y como disciplinador del conflicto social.[29] Según fuentes sindicales, Neuquén ya tiene una desocupación abierta del 25, 9%; la PEA de Neuquén es de unos 166.090 habitantes en 1995 (43.017 trabajadores en esa situación de desempleo), y uno de cada cuatro tiene problemas laborales.[30] En este clima, desde ATE se anuncia que *"nosotros tenemos nuestro plan"*; es decir, se van a reforzar los llamados a la resistencia pero, siguiendo la lógica sindical, organizados alrededor del sindicato que ahora sí es ATE-CTA. Organizarse y movilizarse, ésa es la consigna; el sindicato, la herramienta válida para construir otra alternativa de poder. Pero las cosas no serán tan fáciles de cara a la desocupación. Si bien en la dinámica conflictiva persisten los formatos tradicionales, con paros sorpresivos y movilizaciones, cada vez se siente más el protagonismo que adquieren los desocupados que ya comienzan a organizarse, lo

---

[28] *Memoria y Balance 1995*, p. 7. También hay crónicas breves de hechos que "conmueven Neuquén" porque "no estábamos acostumbrados", por ejemplo el cierre de la Avícola Bambi, la huelga de hambre de trabajadores desocupados de Centenario y Senillosa frente a casa de gobierno, etc.

[29] Un año mas tarde la CTA en un Congreso celebrado en 1996 definirá a la desocupación como el problema principal de la crisis social argentina (Armelino, 2005).

[30] Datos extraídos del informe titulado *La CTA y la desocupación*, año 1995.

que produce serias fricciones entre los intentos de ATE-CTA por coordinar-los[31] y que tropiezan con la presencia de la izquierda trotskista neuquina -a través del MAS, el MST y del PO-, quienes a su vez poseían influencia en la UOCRA local, lugar desde donde provienen los primeros desocupados que conformarán en este año la Coordinadora de Desocupados de Neuquén. Su acción fundante es la toma del municipio neuquino el 29 de agosto de ese año y luego, en octubre, el audaz intento de tomar la Casa de Gobierno. Esta irrupción de la movilización de los desocupados neuquinos generó una divisoria de aguas al interior de los sectores combativos como veremos para el caso del sindicato docente ATEN, los docentes universitarios,[32] el mismo ATE, la CTA, a los que hay que sumar en la disputa por la cooptación de este emergente actor al aparato punteril del MPN y a la CGT. Es que este actor no parece querer respetar en sus inicios las prescripciones organizativas de los sindicatos, ni las condenas a los "hechos de violencia" que los gremios efectúan hacia ellos; en este punto tanto ATE, CTA, ATEN, ADUNC, es decir, los gremios más combativos de Neuquén, no logran digerir el nuevo e impredecible panorama y se muestran erráticos ante las acciones directas de los desocupados. En este contexto, la pelea que unifica coyunturalmente a los gremios (incluso a la CGT) es la implementación de un subsidio provincial. El 9 de agosto más de mil trabajadores desocupados encabezados por dirigentes sindicales llegan a la Legislatura neuquina, donde se logra el compromiso de los diputados para la inmediata sanción de una ley. Esa misma noche el subsidio quedó concretado dando origen a la célebre Ley 2128. A partir de allí comenzó otra lucha por la reglamentación y la rápida implementación del Fondo de Desempleo. Nuevamente la movilización de los desocupados ante la Casa de Gobierno y los distintos municipios fueron determinantes para reforzar las gestiones que los sindicatos, las Comisiones Vecinales y la Iglesia realizaron ante las autoridades del gobierno provincial. Finalmente, unos diez mil trabajadores desocupados accedieron a un Fondo de Desempleo de $200 en toda la provincia.

El 6 de junio hay elecciones en ATE nacional y en todo el país, también la CTA elige sus autoridades,[33] y es una clara oportunidad de convalidar lo

---

[31] En Zapala, el 11 de octubre se realiza la primear Asamblea de Trabajadores Desocupados de Zapala, en lo que fue el lanzamiento de algo histórico impulsado por la seccional de ATE Zapala. Luego denominada Unión de Trabajadores Desocupados-Asociación Cooperadora de Zapala, se intentará participar de proyectos de saneamiento urbano, de obra pública municipal y de forestación (ATE Neuquén, *Memoria y Balance 1995*).

[32] A la cabeza de ADUNC se encuentra Luis Tiscornia, miembro del PCR.

[33] En las elecciones del CTA participan más de 150.000 trabajadores (sobre un total de 600.000 afiliados) a través del voto directo. En Río Negro y Neuquén triunfa la Lista 1 (Agrupación Roberto Mandrick) con Víctor de Gennaro, Julio Fuentes y Daniel Gómez como secretario adjunto (éste último proviene de UNTER, sindicato docente rionegrino). Regionalmente

hecho hasta aquí. Sin sorpresas, Fuentes y De Gennaro repiten el triunfo en ATE, el primero con un 66% de los votos, el segundo con un aplastante 94%. En el acto de asunción, Julio Fuentes invoca a la voluntad militante del afiliado como la clave de la eficaz resistencia del estatal neuquino y vuelve sobre la necesidad de defender al Estado como garante de la sociedad:

> Pero sin duda la **voluntad militante**, la capacidad de todos los compañeros de redoblar esfuerzos, de ponerle mística, poner voluntad de no desalentarse, nos ha permitido llegar hasta hoy manteniendo nuestros puestos de trabajo, nuestros niveles salariales, nuestras queridas empresas y organismos en la órbita del Estado [...] **acá para enfrentar la crisis, para enfrentar a la política de ajuste, hay que fortalecer la única herramienta que tiene el pueblo neuquino que es su Estado** (*Memoria y Balance 1995*: 24, negritas nuestras).

Coincidiendo con lo que ya ha sido sugerido, la construcción de un ideario militante propio del sindicato es una característica insoslayable del modelo de ATE a nivel nacional, que se ve reflejado en el caso neuquino. Para entonces el proyecto de ATE va apuntando diferentes niveles de acción, que desbordan la esfera propiamente sindical y generan las condiciones para el tránsito de lo gremial a lo político, en donde se encuentran para esta época los esbozos de una alternativa sindical que se pretende como alternativa de construcción de poder político, ocupando el lugar vacante de los partidos políticos opositores.

En un territorio que experimenta como pocos los profundos cambios en los repertorios contenciosos, con un despliegue de actores que se abre constantemente, en un horizonte teñido de protesta recargada a su vez por la inmutabilidad del partido en el poder, la emergencia de una serie de patrones de acción, vale decir, la disposición a la acción (un *habitus* militante) irá ganado espacio como forma de hacer política, de entenderla de otra manera, alejada de la forma institucional (partidos, elecciones). La acción colectiva de protesta es la forma de expresión cada vez más utilizada por nuevos actores como los desocupados y ellos introducen, a la par de un sindicato -la gran peculiaridad neuquina-, algo novedoso como una pueblada o una coordinadora de desocupados. La suerte de los sindicatos neuquinos está desde entonces en gran parte atada a la impronta de las puebladas y al corte de ruta. La suerte de la cultura(¿estrategia?) política de los sectores opositores al gobierno se va sellando en las calles y rutas, se alimenta de la acción colectiva de protesta que construye la disposición a la acción.

---

participan 11.000 afiliados: la Lista 1 obtiene 9.094 votos, contra la Lista 2 que alcanza los 975 votos, mientras se registran 695 votos en blanco.

Los empleados municipales de Senillosa volverán en 1995 a cortar la ruta en reclamo de sueldos atrasados, con la modalidad de dejar pasar los vehículos cada diez 10 minutos. Estamos a meses de la primera gran pueblada en Cutral Có. Pero antes, veámoslo que ocurre con el otro gran sindicato neuquino: ATEN.

ATEN: Dilemas político-organizativos de un sindicato en formación

CTERA y ATEN: de los inicios a los años `90.
Politización, reorganización, confrontación

Un breve dato a retener antes de entrar de lleno con ATEN: como señalamos al inicio de este apartado apoyándonos en el estudio de Schuster (Schuster et al, 2006), es posible distinguir al menos tres rasgos fuertes del período aludido: a) la disminución notable del impacto político de las luchas sindicales de formato clásico, b) su corrimiento hacia las zonas del interior del país y, c) la hegemonía en términos de protestas del sindicalismo docente para toda la década de los '90 (además de encabezar las protestas también en los '80). Las protestas docentes constituyen el 44% del total en 1991, el 36% en 1992 y el 43% en 1993, año en que se sanciona la Ley Federal de Educación. Luego se observa un impasse entre 1994-96 y en 1997 recrudecen los conflictos hasta trepar al 38%.

En la historia del sindicalismo docente argentino, que luego se unificará bajo lo que hoy se conoce como Confederación de Trabajadores de la Educación de la República Argentina (CTERA), se registran cuatro períodos claros: 1) *1957-1973*, marcado por las luchas orientadas a la obtención de un Estatuto del Docente y que culmina con la unificación a nivel nacional de las organizaciones de docentes de la educación; 2) *1973-1982*, caracterizado por ser los inicios de la vida institucional de CTERA y que transita en el contexto del último período dictatorial; 3) *1983-1988*, período pos dictadura, de reorganización sindical y de resurgimiento del debate político al interior de los sindicatos; y 4) *1989-2000*, confrontación de CTERA a las políticas educativas neoliberales (Vázquez, 2005). En términos de "hitos" históricoidentitarios se pueden mencionar la fundación de CTERA (1973) y las acciones de protesta denominadas "Marcha Blanca" (1988) y la instalación de la "Carpa Blanca" (1997-1999). Según Silvia Vázquez, en sus inicios el sindicalismo docente argentino se caracteriza por la poca afinidad política hacia el peronismo, de allí que las asociaciones de docentes más numerosas estén dirigidas por socialistas, radicales y comunistas. No obstante ello, hacia inicios de los años '70 y en medio del clima de radicalización política que vive el país, las concepciones políticas que confrontarán de cara a la fundación de CTERA se vinculan a vertientes del liberalismo laico, por un lado, y al nacionalismo popular, por otro. Recién con el retorno de la democracia este debate interrumpido cobra nueva fuerza aunque, claro está, en otro contexto: las discusiones que emergen buscan reordenar la lógica política y sindical en un clima notoriamente politizado que cubre a todo el arco sindical nacional. En este período CTERA trabaja en base a jornadas, congresos o seminarios como el titulado "Propuesta de la docencia organizada para el Congreso Pedagógico Nacional", realizado en mayo de 1986 y cuyas conclusiones apuntan a instalar la necesidad de aumentar el presupuesto educativo; reafirmar la responsabilidad del Estado nacional en el financiamiento y en la conducción pedagógica del sistema; democratizar el gobierno de la educación ampliando la representación de los docentes, estudiantes y de padres; la propuesta de escuela única con cuatro ciclos y once años de obligatoriedad; el fortalecimiento de la enseñanza de los derechos humanos y hacer efectivo el Estatuto Docente mejorando las condiciones salariales. Por supuesto, siempre reaparecen la cuestiones candentes para la identidad docente: el docente es ¿trabajador, "apostol", profesional, educador?, ¿cuál de todas se adecua mejor al "sentir" docente? Otra cuestión que aflora con fuerza es la organizativa: ¿se trata de construir sindicatos únicos por provincia o una federación nacional? Y, finalmente, la relación con el resto del campo sindical nacional liderado por la CGT: ¿se debe participar dentro ó fuera de ella? Lo cierto es que hacia 1985 el congreso normalizador de CTERA elige su junta ejecutiva y corona a Wenceslao Arizcuren (UNTER, el gremio rionegrino de la educación) por la histórica Lista Blanca, que pugna por una confederación de sindicatos provinciales, mientras que en segundo lugar resulta la Lista Celeste con referentes de peso como Garcetti y Mary Sánchez, que sostienen el proyecto de sindicato único y pelean por el ingreso a la CGT; y, finalmente, muy por debajo de las dos listas anteriores resulta la Lista Naranja, conformada por distintos sectores de izquierda que no obtiene cargos. La lucha se genera entre las dos primeras listas y se impone el criterio de ingreso a la CGT en el año 1986 y la conformación de un sindicato único. A mediados de los años '80, la disputa entre las dos corrientes históricas mencionadas, la CTERA-Arizcuren y CTERA-Garcetti/Sánchez, se dirime a favor de ésta última, en especial tras los cuarenta y dos días de la "Marcha Blanca" y las discusiones abiertas en torno a la necesidad de aglutinar a los sindicatos docentes, discusiones que provocarán la reunificación de CTERA ahora bajo el dominio de la Lista

Celeste de Garcetti y Mary Sánchez, ocurrida a dos años del ingreso a la CGT liderada por Saúl Ubaldini.[34]

Los inicios de los años '90 anuncian un cambio radical en el panorama político de consecuencias impensadas para el sector docente y para la educación pública. Sin dudas, el primer escenario lo configuró la discusión en torno a la *Ley Federal de Educación* (LFE) entre 1991-1992, que favoreció la emergencia de posicionamientos político-educativos alternativos a los lineamientos oficiales, generándose ámbitos de discusión política, pedagógica y sindical. Pero también se realizaron acciones colectivas notables de las que participan padres de alumnos y estudiantes secundarios que ocupan masivamente las calles. La consigna unificadora de esas luchas fue *"En defensa de la escuela pública"*. Una segunda ola de protestas tiene que ver con la denominada *Transferencia* de los servicios educativos a las provincias. Frente a esto CTERA se posiciona reclamando el 6% del PBI para financiar la educación. Denuncias, petitorios, firmas, marchas multitudinarias y, en el medio, la sanción de la LFE (1993) provoca otra oleada de masivas manifestaciones que en Plaza de Mayo reúnen a ochenta mil personas, preludio de lo que será en 1994 la Marcha Federal, primer gran movilización de carácter nacional contra el gobierno de Menem.[35] En 1995 CTERA renueva la conducción y Mary Sánchez es reemplazada por una maestra que, huyendo de la dictadura, se había refugiado en Neuquén formando parte de la fundación del sindicato docente local, y accediendo a la conducción de mismo: Marta Maffei. Un año antes, Maffei será electa secretaria adjunta en las primeras elecciones directas de la novísima CTA, consolidando una ascendente carrera política que traspasará las fronteras sindicales.[36] Predominio "celeste" y fuertes expectativas políticas puestas en la CTA caracterizan a la CTERA conducida por Maffei.

El último gran hito de lucha docente durante los años '90 es sin dudas la instalación de la "Carpa Blanca", acción de fuerte significación simbólica que duró 1003 días e impidió, entre otros logros, la municipalización de las escuelas. La medida, redimensionada en la historia sindical como una nueva forma de protesta caracterizada por estar los docentes "en la calle" constituyendo un "acontecimiento político-pedagógico de oposición al neoliberalismo" (Vázquez, 2005), culmina con la sanción de la Ley de Incentivo Docente por la cual el Estado se compromete a aportar una suma de dinero

---

[34] Para Vázquez, a partir de entonces: "[...] las luchas de los docentes se transforman en luchas públicas, ocupan las calles, rompen los límites sectoriales porque son comprendidas (y apoyadas) por el ciudadano común, por otros trabajadores..." (Vázquez, 2005: 30).

[35] Para una síntesis de estos años ver "30 años de lucha y compromiso", *Revista Canto Maestro*, suplemento especial, CTERA, setiembre de 2003.

[36] En 1998 Maffei es reelecta secretaria general de CTERA, cargo que deja en el año 2003 para asumir como Diputada Nacional por el ARI, ocasión en la que se aleja del campo sindical para incursionar en el de las luchas socioambientales.

para incrementar el salario docente. Pero una peculiaridad casi que olvidada por la historia oficial de CTERA es que a una semana de la instalación de la Carpa Blanca ocurre la segunda pueblada en la localidad petrolera neuquina de Cutral-Có, que confluye con una masiva huelga docente del sindicato local: en las rutas patagónicas, docentes y piqueteros protagonizan arriesgadas acciones colectivas enfrentando a la gendarmería. Aquellos días, junto a la historia previa de ATEN, sellan otra suerte, muy distinta a la que transcurre en CTERA.

ATEN

Previo a la existencia de ATEN, en Neuquén funcionaban tres sindicatos que agrupaban a docentes y que enviaron representantes al congreso de CTERA realizado en Huerta Grande durante los años '70: la Asociación Neuquina de Docentes -AND-, la Asociación de Docentes Provinciales de Neuquén -ADPRON-, y la Cruzada de Recuperación Integral del Docente Argentino. Las tres entidades conformaron el Frente de Trabajadores de la Educación del Neuquén, que vio limitado su accionar de cara al golpe de 1976 (Salaburu, 2004).[37] Antes del colapso de la última experiencia militar, en agosto de 1981 y al resguardo que brindaba la omnipresente figura del obispo local, Don Jaime de Nevares, comienzan por iniciativa de aquél a reunirse grupos de docentes bajo la denominada Comisión Promotora para el Nucleamiento Docente, que se debate entre conformar ya sea un Ateneo docente o una Asociación Profesional hasta que finalmente decanta la idea de constituir ATEN, en agosto de 1982. Tanto la figura militante de De Nevares, y la de activistas que visitan Neuquén como Adolfo Pérez Esquivel o Alfredo Bravo (miembro del Partido Socialista, fundador de la APDH y docente torturado en la dictadura), van sellando la impronta inicial: peronistas de izquierda, intransigentes, comunistas, trotskistas, independientes y cristianos ligados a la pastoral social dominan los años inaugurales dándole un tinte temprano de compromiso político.

Las primeras demandas de ATEN están vinculadas al retorno de la aplicación del Estatuto Docente, aumentos salariales, la jubilación a los 25 años de servicio, la reincorporación de docentes prescindidos durante la dictadura militar y la participación de los docentes en la ley de educación. El funcionamiento gremial de este período inicial es en base a comisiones de trabajo que

---

[37] Jorge Salaburu fue un representante de peso de la vertiente social-cristiana de ATEN e integrará la primer comisión directiva del gremio.

secundan a la Comisión Directiva -CD- encargadas de organizar a los prescindidos y de realizar tareas como seminarios, festejos u homenajes. Aquella primera comisión directiva reúne a todo el activismo y asume como Lista única, condición que se extiende hasta mediados de los años '80, cuando la Lista Celeste comience un avance arrollador a nivel nacional hasta conquistar la CTERA. En esa originaria Lista única convivían todos los sectores aglutinados tras los oscuros tiempos de la dictadura y en donde el acto de juntarse luego de aquella traumática experiencia era vivido como toda una actividad. Así lo recuerda una docente de base, fundadora y miembro de aquella primer comisión directiva:

> Entonces cuando se cumplen los 25 años de la diócesis, él [Jaime De Nevares] hace una serie de charlas para estudiantes, otra para los trabajadores. Bueno, total que hace una para docentes a la que yo voy, va mucha gente porque era un tipo que tenía mucho predicamento y además uno sabía en qué línea estaba, ¿no?, porque yo tampoco he pertenecido nunca a la Iglesia [...] entonces vamos a una reunión, que ya no me voy a acordar bien donde era, entonces él, no sé si alguna vez lo habrás visto, aunque sea grabado, así, cómo hablaba, tenía una forma muy particular, era como muy campechano y como medio zorro, medio ladino para hablar, un poco te la digo y un poco..., ¡claro!, diluía un poco el final de las cosas que iba a decir, entonces bueno, dice en esa charla algunas cosas acerca de la educación y el trabajo de los docentes y que sé yo cuánto, pero, así medio ya terminando dice: 'bueno, a mí me llama la atención que ustedes no se reúnan, no se agrupen para tratar sus temas, ustedes tendrán sus cosas para tratar para conversar..., y yo conozco tanta gente del magisterio, qué sé yo, acá esta el Salaburu que es como un hijo mío, estaría bueno que ustedes empezaran a juntarse a charlar sus cosas', dice, bueno, así todo, por supuesto que terminó la charla y nos quedamos ahí mismo un grupo de gente, a decir bueno, ya está, hay que hacerlo, y bueno nos empezamos a reunir en el San José Obrero, que es donde trabajaba Salaburu (Testimonio de Graciela Domingo, Neuquén, 23/07/2007).

En Neuquén el crédito Celeste es, desde 1986 y hasta 1992, Marta Maffei, quien será tres veces electa secretaria general de ATEN. Encabezados por Jorge Salaburu (otro activista de fuerte liderazgo) un gran número de militantes migra también a la Celeste, provocando una suerte de "celestización" del gremio. Este proceso interno de ATEN significa, por un lado, la apertura de un período de hegemonía celeste en la conducción provincial y de las diversas seccionales del interior, que acompaña la suerte de la misma lista a nivel nacional; pero, a la vez, posibilita la emergencia de nucleamientos opositores de corrientes de izquierda que ven a la lista Celeste como una expresión del peronismo, aunque en Neuquén participen de ella intransigentes y comunistas.

Como comenta Liliana Obregón, referente histórica de la izquierda ateniense y también miembro de la primera comisión directiva de ATEN, este proceso va a implicar además un cambio en las prácticas sindicales que hasta ese momento ostentaba el gremio:

> Gana la Celeste, y la Celeste empieza a tener un gobierno diferente al nuestro, o sea, no tiene tendencias, tiene su mandato por mayoría, cambia los plenarios, nosotros teníamos los plenarios que se votaba por voto directo, o sea, si la seccional capital tiene 3.900 votos se cuentan 3.900 votos, mientras que Marta Maffei cambia esto y pone un voto indirecto, que le daba cierta prioridad a las seccionales mas pequeñas (Testimonio de Liliana Obregón, Neuquén,13/06/2007).

Acá comienza una puja entre fuertes personalidades en el seno de ATEN, que luego devendrán en conflictos ideológicos por el perfil de sindicato que cada uno propugna. Jorge Salaburu, como estandarte de la corriente social cristiana y vinculado por corto tiempo a la Celeste, Marta Maffei con claras y tempranas aspiraciones de liderazgo proyectado a nivel nacional en CTE-RA-CTA-Frente Grande, Liliana Obregón y Sara Mansilla como militantes del a la disidente y ortodoxa del Partido Comunista respectivamente, más otros nombres de peso, marcarán las primeras etapas formativas y de lucha de un sindicato que rápidamente deviene combativo, tanto por sus orígenes, por los fuertes liderazgos en pugna, por las posiciones ideológico-políticas, como por el contexto político que a nivel nacional genera un rápido cambio de escenario. Por caso, el evento de la "Marcha Blanca" profundizará la distancia entre la Celeste y la izquierda sindical de ATEN, que percibe la conciliación obligatoria dictada por Raúl Alfonsín como una derrota de la lucha docente.

La era Maffei, 1986-1992

Como ya se dijo, el período que se inicia con los tres mandatos seguidos de Marta Maffei implica el término de la fugaz experiencia de unidad de tendencias al interior del novísimo ATEN. Un poco por los fuertes choques de liderazgos en su interior y otro poco por el contexto de luchas docentes, lo cierto es que tras la "Marcha Blanca" del año '88 las oposiciones se agudizan. ATEN debe lidiar también con las gestiones de Pedro Salvatori (1987-1991) y la primera gestión de Jorge Sobisch (1991-1995), dos estilos diferentes de cara a los docentes: el primero casi sin diálogo con ATEN, mientras que el segundo se caracteriza por una estrategia de seducción hacia los sindicatos, que por momentos genera una sensación ambigua en la dirigencia local sobre cuál es la postura respecto de los problemas educativos. Con relación a las demandas, el período está dominado por la cuestión siempre postergada del Estatuto Docente pero, principalmente, por el intento desde el gobierno provincial de imponer el "presentismo", asunto que desatará durísimas huelgas que terminarán en sendas victorias sindicales.

Al interior de ATEN veremos surgir problemas que se repetirán durante todo el período, relacionados con la rivalidad entre la seccional capital -por lejos, la que más afiliados posee- y las del interior, que se abroquelan en oposición a ella (con salvadas excepciones). Esta rivalidad se reproduce entre la dirigencia: la Comisión Directiva Provincial -CDP-, siempre Celeste, vs la Comisión Directiva -CD- de la seccional Neuquén capital, dominada por activistas independientes y de izquierda. El trasfondo de estos enfrentamientos es claramente ideológico y en ellos se visualizan diferentes concepciones sindicales, de organización, de participación, de relación base-dirigencia, o sobre la dinámica de los conflictos, que podríamos simplificar a grandes rasgos entre un patrón de acción *orgánica e institucionalista*, característico de los celestes, por oposición a un estilo que asemeja ser más bien *inorgánico o espontaneísta*, identificado por la presencia de activistas de izquierda, anclado en la obediencia cuasi dogmática al "mandato de las bases".[38] Como ejemplo, a inicios de 1991, una deriva de las discusiones en los Plenarios es hacia las disputas internas entre activistas del MAS de la seccional Neuquén capital vs. Marta Maffei y la CDP, de cara a las negociaciones que se llevan entonces con el gobierno neuquino. Esto es típico de todo el período, pero lo interesante es apreciar el trasfondo de los desacuerdos. Maffei siempre va a mostrarse preocupada por la organicidad del sindicato, posición enfrentada a la seccional Neuquén que no parece tan adherida a los reglamentos y que constantemente debe lidiar con su propia asamblea, dominada por activistas. En efecto, Maffei les espeta que: *"el cuerpo de delegados no es quién para imponer ninguna presencia"*, ésta instancia -los delegados- son para Maffei: *"activistas o simples interesados"*, alegando con dureza que:

> [...] en esto desea ser muy clara. Como secretaria general de ATEN y como representante elegida democráticamente por los trabajadores de la educación

---

[38] Decimos que *asemeja* ser inorgánico por su autolegitimación en la opinión de las "bases", que en el caso de Aten capital suelen politizarse agudamente y a contrapelo de la CDP. Sugerir tal rasgo -el espontaneísmo a secas- sería una ingenuidad dada las características altamente estructuradas de la izquierda partidaria en general. Por lo demás, resulta claro que el "mandato de las bases" es en realidad la interpretación, siempre parcial, de lo que la izquierda entiende que aquellas "expresan".

no va a aceptar la presencia de observadores, veedores o lo que sea si los compañeros no confían (ATEN, *Libro de Actas de Plenarios de Secretarios Generales*, Libro VII, Acta 119/91, Folio 5).

La seccional Neuquén responde:

> Por el plan de lucha se consideró importante aceptar a los delegados sin mandato escrito y del mismo modo a los activistas [...] Esto responde a la línea democrática con que funciona la seccional como también las reuniones de la comisión directiva de seccional se realizan en distintas escuelas con la única finalidad de abrirse a todos los trabajadores de la educación (Íbídem).

Como puede observarse, acá el problema es de colisión entre diferentes concepciones del accionar gremial. El ingreso de un "veedor" -táctica clásica del activismo de izquierdas "antiburocrático"- de parte de la seccional capitalina introduce un dejo de desconfianza hacia la CDP, provoca tensión en éstos y desnuda prejuicios sobre el rol de los activistas, tachados por Maffei de "simples interesados." Pero además, la práctica de la seccional Neuquén, que exaspera a la CDP, prioriza el contacto directo con las bases, acudiendo ella misma a distintas escuelas para sesionar. Los activistas acusados pertenecen principalmente al MAS, corriente que en este período es la oposición política más fuerte en ATEN y que cuestiona con consignas de largo alcance a CTERA, a su política de inclusión en la CGT, a la falta de énfasis en los argumentos opositores, a las medidas de lucha -a su entender, timoratas-, y a los problemas de "cartel" en las movilizaciones. La sensación de presión, de empuje, de exigencia de un discurso frontal hacia la CDP es el principal escollo práctico para los "celestes". Maffei declara que la seccional Neuquén denuncia que una delegada celeste:

> [...] había tergiversado el mandato del Plenario en el Congreso de CTERA, o que Mary Sánchez habló 45 minutos para contestarle al MAS, pidiendo que los partidos políticos bajen las banderas, y dejó con claridad que somos oposición a la privatización, se defendió la escuela pública y el derecho y el deber de los docentes de enseñar la verdad como única contribución concreta al pueblo y a su situación de desinformación, *y al finalizar, en medio de los gritos del MAS y de algunos de otros partidos que no respetaron nuestro himno, ni el himno de CTERA y que durante todos los discursos gritaron, además de "paro general", "donde está que no se ve la combativa CGT", y la compañera Mary Sánchez que los denostó cuando saltaron las vallas y pretendieron romper nuestros cordones de seguridad para treparse al palco...* (Ibídem, F.9, cursivas nuestras).

En estas disputas no pocas seccionales del interior suelen tomar partido en respaldo de la CDP sumándose al coro que acusa a Neuquén de "patoteada", alegando como argumento el carácter democrático que es "tradición" en ATEN y que se expresa en que todos pueden emitir su opinión. Si bien el contexto en el que se encuentra la seccional capitalina es muy distinto a las seccionales del interior en general (máxima cercanía al poder político, mayor contacto con otros gremios en conflicto que piden su solidaridad, presencia de activistas de izquierda, mayor concentración de docentes, acceso rápido a información, entre otros), el hecho que demarca una diferencia notable es la organización distrital, esto es, una modificación introducida desde el propio Consejo Provincial de Educación pero que redundó en un proceso de democratización institucional en las escuelas. En efecto, desde la aplicación del PEP (Plan Educativo Provincial), las elecciones de directores, cuestiones pedagógicas y otras tantas actividades institucionales que se desarrollaban desde la territorialidad demarcada por la zona de influencia del distrito, cuestión que potenció, sin quererlo, la propia organización de delegados por escuelas, y que incluso se complementó con las reuniones de la CD en las escuelas. Tanto es así que hasta en la actualidad los participantes en las huelgas docentes se organizan por distritos. Según un testimonio:

> El PEP es Plan Educativo Provincial, que concebía instancias, era como un plan de democratización de la educación, era buenísimo, debo decirte, entonces había instancias, había reuniones así donde todo se discutía y se resolvían cosas distritalmente y se aplicaban planes de capacitación, proyectos educativos, eso fue una cosa muy importante y que a nosotros nos sirvió mucho y nos consolidó. Vos fijáte que aunque han quedado muchas de esas cosas, hasta el paro del '97, el corte de puentes y que se yo cuanto, las carpas se organizaban por distrito, acá el distrito Limay, y la gente se juntaba porque es gente que ha trabajado muchos años pedagógicamente y medio juntito con lo gremial, entonces era muy directa la relación, muy directa (Testimonio de Graciela Domingo, Neuquén, 23/07/2007).

Para dimensionar el peso de ATEN hay que contemplar que promediando el año '92 el gremio posee alrededor de 5750 afiliados activos. Finalmente, en la constitución identitaria ateniense va quedando claro que su rasgo más distintivo, convocado en toda disputa por la mayoría de sus integrantes, más allá de la fracción a la que pertenezcan, será la democracia sindical -expresada en la libertad de opiniones y tendencias- y la importancia otorgada a la asamblea.

La huelga docente desatada en marzo del año 1991 permite ejemplificar lo que afirmamos anteriormente sobre los dilemas formativos y organizativos de ATEN, sus discusiones ideológicas, los enfrentamientos entre la seccional

Neuquén y la CDP junto con el interior, la visión del orden social, y asperezas dentro del campo sindical neuquino más combativo. La huelga se dispara en oposición al intento del gobierno de Salvatori de implementar el "presentismo", a lo que se suma el anuncio, ya largada la huelga, de descuento de los días parados. Como toda huelga larga, ésta conoce altibajos, y para mediados de junio el sindicato atraviesa un período de amesetamiento en la adhesión de los maestros por lo que la medida es sostenida desde las grandes seccionales, como Capital y Cutral-Co. Esta huelga, además, está contextualizada por otro conflicto de larga duración encabezado por los trabajadores de salud enrolados en ATE, quienes lanzan una férrea resistencia a las políticas neoliberales: se trata del resonante *"plan de lucha de abril-junio"* (desarrollado en el apartado previo) de los trabajadores de Salud (Hospitales), que también rechazan entre otras cuestiones la aplicación del "presentismo".

En este contexto, la ya extensa huelga docente recrudece luego de un impasse en agosto, acompañada a nivel nacional por varias provincias que llevan mandato a CTERA de "no inicio de clases". Este nuevo impulso obedece también a un giro estratégico hacia la comunidad educativa, es decir, convocar a padres de alumnos y estudiantes secundarios para involucrarlos en los reclamos ya que lo queestá en juego es "la educación de sus hijos".[39] A mediados de agosto una cuarta propuesta del gobierno presentada a los docentes consiste en la eliminación del "presentismo" como tal, el pasaje de 330 puntos del "presentismo" al salario básico en dos etapas (a finalizar en setiembre), el adicional bonificable por zona para todos los cargos de 100.0000 australes (que se pasará al básico), la condonación del 60% de los días caídos y el descuento del 40% en dos cuotas, más el tratamiento en la Legislatura del proyecto de franquicias y licencias gremiales para delegados (Acta127/91). Esta propuesta, si bien no convence a las bases será finalmente aceptada y considerada como una gran victoria sobre el gobierno, en vistas de la inminente conciliación obligatoria que amenazaba desvirtuar toda la lucha hasta aquí llevada pero, fundamentalmente, porque emerge de una situación de reflujo y desánimo creciente de la base docente ateniense.[40] El final de este conflicto es simultáneo a la descompresión momentánea de las tensiones con el gobierno, puesto que asume Jorge Sobisch al frente del ejecutivo provincial, quien intenta distanciarse del perfil contencioso de su antecesor. Este

---

[39] El Plenario decide que en los cuadernos de los alumnos se escriba que esta lucha es por la "situación de miseria" de los docentes. ATEN, *Libro de Actas de Plenarios de Secretarios Generales*, Libro VII, Acta 120/91 (en adelante se usa: Acta).

[40] Casi ninguna seccional está de acuerdo con el total de la propuesta gubernamental. La aceptan, con condiciones: Zapala, Junín, Las Coloradas, Centenario, Plottier, El Huecú, El Chocón y San Patricio; y la rechazan Neuquén, Cutral-Có, San Martín, Senillosa, Las Lajas y Piedra del Águila; sin mandato quedan Chos Malal y Picún Leufú (Acta 128/91).

cambio de panorama, hacia fines del año '91, trae consigo la emergencia de un nuevo escenario de demandas vinculadas a aspectos más específicos del campo educativo, como las poco claras funciones que debe cumplir el Consejo Provincial de Educación -CPE-, la aplicación efectiva del rubro "zona desfavorable" y la eliminación del "presentismo", tal cual se lo había acordado, más una batería de nuevas situaciones escenificadas en nuevas palabras amenazantes: Transferencia educativa, privatización, descentralización, municipalización, Ley Federal de Educación -LFE-, entre otras. En general los primeros meses son de largas negociaciones, suerte de tanteo entre partes para ver hasta qué punto la una está dispuesta a negociar y la otra a revelar el nivel de su sintonía con la política de ajustes del sector público nacional.

El clima de dudas mutuas es fuertemente trastocado por la media sanción de la LFE en mayo del año '92, cuestión que llena de confusión a los docentes puesto que se trata de tomar postura pero también de tener cierto conocimiento de lo que vendrá. Para Maffei *"El partido gobernante no tiene lineamientos claros en educación, temo que sirva para el proceso de privatización"* (Acta 138/92). A esto se suma que los vocales gremiales que trabajan en el CPE observan la desorganización general del mismo respecto del funcionamiento de los distritos, la aplicación de la descentralización, la negación a discutir el Estatuto, o sobre las titularidades, entre otros. Evidentemente se trata de ver cómo actúa el gobierno. Seccionales como Plottier argumentan que es un proyecto político y pedagógico consistente en la destrucción de la escuela pública, o que se apuntala un proyecto *"municipalizador y luego privatizador"*. Ante esto Maffei propone insistir con la idea de CTERA sobre introducir la disputa por una legislación sobre Financiamiento Educativo. Entre los docentes en general no queda clara una postura homogénea de oposición a la LFE ni menos una caracterización de lo que el gobierno de Sobisch pretende, por eso, durante la primer mitad del año '92, en los Plenarios las seccionales informan cómo se va trabajando en base a lo poco que se sabe de la LFE a través de encuentros interprovinciales, reuniones con padres, charlas con diputados y senadores o en cooperadoras de padres.

Las otras demandas que se formulan tienen que ver con la situación de deterioro edilicio en las escuelas, con el pedido de un salario básico de $450, el rechazo a la municipalización y el pedido de más fondos para educación. Casi todas las seccionales denuncian el mal estado de las escuelas, la falta de gas, el no pago de alquileres de algunos edificios, o algunos municipios denuncian que se hacen cargo del financiamiento de las reparaciones con mano de obra de los padres. Esto es así hasta que se deciden medidas de fuerza a mediados de octubrede 1992: paro de 48 horas el 14 y 15 y de 72 horas el 20 y 22. Es que a pesar de las declaraciones del gobierno sobre que defiende la educación pública, queda claro que no hay voluntad de formular propuestas de aumentos salariales. En vistas de ello, además del paro, ATEN inicia *"cam-pañas de esclarecimiento"* con lemas como *"La Educación en Marcha"* con el objetivo de volcar y movilizar la población a su favor. Antes de noviembre circula un borrador de Acta Acuerdo, pero el Plenario decide endurecer las medias por escaso margen de votos. Aunque no se logra un acuerdo interno en ATEN, llega la noticia de que se declara la conciliación obligatoria. El gremio anuncia que no va a respetarla. ATEN, a continuación, lanza una huelga de hambre que se instala en la Catedral de la capital neuquina contando con el aval y la mediación del obispo neuquino, Radrizzani. Cuando la huelga se tensa al máximo afloran una interminable serie de acciones de protesta alternativas que las seccionales sugieren para sostener la medida. Por ejemplo, Las Lajas lleva el mandato de:

> Paro por tiempo indeterminado a partir del lunes. Movilización a la Legislatura, y luego a Casa de Gobierno, de no darse resultado. **Cortar la rutaen todos los puentes a la misma hora** (Acta 148/92, F. 268).

La Seccional de San Patricio del Chañar propone también, en el siguiente Plenario, realizar un corte de ruta, mientras que Loncopué propone realizar una caminata a Neuquén, con huelga de hambre y paro por tiempo indeterminado (Ibídem). En general, y esto es relevante para el estudio de la construcción de las protestas y sus formatos, en las propuestas que las seccionales llevan a los Plenarios hay una variedad amplia de acciones colectivas posibles, pero se eligen finalmente las más usadas y conocidas; es decir, hay una suerte de reservorio creativo de acciones potencialmente realizables, pero sólo llegan a aplicarse un escaso abanico de ellas. Esta característica a retener, sugerimos, no es un dato menor puesto que define, *a posteriori*, el carácter "innovador" de, por ejemplo, el corte de rutas, caro a la historia de ATEN, y posibilita un mejor acercamiento al por qué de la emergencia, aceptación y oportunidad de un formato de protesta determinado.

La huelga docente finalmente se descomprime en virtud del acatamiento a la conciliación obligatoria y la aceptación del Acta Acuerdo que acerca a las partes al cese de las diferencias. Al finalizar el año, ATEN debe renovar autoridades, cuestión que modificará el perfil de lucha gremial.

El período Scarpatti y el lento ocaso
de la Lista Celeste, 1992-1994

Los comicios realizados el 16 de diciembre de 1992 colocan a Carlos Scarpatti a la cabeza de la conducción de ATEN. La Lista Celeste vuelve a confirmar su liderazgo a nivel provincial por un amplio margen: sobre un total de 3862 votos válidos para renovar la CDP, la Lista Celeste obtiene 2019 (52%), la Lista Blanca 1105 (28%), la Lista Naranja 396 (14%) y finalmente la Lista Verde con 189 (4%). Pero en la seccional Neuquén las cosas no son tan buenas para la Celeste. En una apretada elección ésta obtiene para renovar la CD de la Seccional Neuquén, 536 votos (33%), quedando Hilda Reynoso como secretaria general. La Lista Blanca alcanza los 501 votos (31%) y la Lista Naranja 442 votos (27%).

Una de las metas que la CDP liderada por Scarpatti se propone es alcanzar los ocho mil afiliados, teniendo en cuenta que para mediados del año '93 ATEN cuenta con sies mil tresceintos afiliados. Este período se caracteriza también por una fuerte disputa con el ministro de educación provincial, Mario Ever Morán, a quien se lo sindica junto a otros funcionarios, de haber ejercido funciones durante la última dictadura militar. El carácter antagonista de éste último, que irónicamente propondrá utilizar un "faltómetro" para medir el "ausentismo" docente, más una serie de innumerables conflictos como la Resolución 140 que prioriza en cargos a los docentes neuquinos, la Transferencia educativa, el reagrupamiento de escuelas, el cierre de algunos cursos, el intento fallido de privatizar el Instituto de Seguridad Social de Neuquén -ISSN- y el siempre cuestionado funcionamiento del CPE, serán enfrentados con un particular tipo de acciones relacionadas con las características que desde la CDP se imponen. Por ejemplo, se realizan actividades como el Encuentro Provincial de Educación y Cultura mapuce el 14 y 15 de mayo de 1993 en Senillosa, la Jornada Regional de la nueva Escuela Sindical Marina Vilte organizado por CTERA, el Congreso Provincial de Educación, el Congreso Regional del CTA, o el Congreso del Trabajo y la Producción también organizado por el CTA en el año '94. Carlos Scarpatti es, además, una suerte de delfín político de Marta Maffei, dato que se torna evidente cuando la insistencia de ésta para comprometer al gremio en la construcción del CTA sea un nuevo motivo de disputas al interior de ATEN, más aún cuando el

CTA sea homologado al Frente Grande por la oposición de izquierda y, por lo tanto, rechazado.[41] Señala Maffei:

> El CTA congrega a las únicas organizaciones que enfrentan el proyecto neo-liberal, la CGT no hace nada, tiene un proyecto de resignación. ATEN tiene un techo, y para enfrentar este proyecto debemos construir otra herramienta, como el CTA, que está en construcción (Acta 168/93, Folios 342-343).[42]

Respecto de la dinámica de luchas, este período es de cruces discursivos y de explosiones de micro-problemas en cada escuela. La estrategia de la CDP se focalizará en esos puntos y recibirá un aluvión de cuestionamientos no sólo desde la oposición, que alega que prácticamente "no se lucha", sino también de las bases docentes y seccionales del interior. Dos grandes problemas sobresalen: el siempre postergado debate sobre el Estatuto Docente y el emergente conflicto en la Escuela de Bellas Artes de Neuquén, *locus* de aplicación experimental (junto a la ramas de educación Especial y Adultos) de resoluciones vinculadas a la LFE, hecho minimizado por la CDP y realzado, a contrapelo, por el activismo opositor que ve justamente allí a su principal caballo de batalla, vale decir, la oposición a la LFE.

Con avances y retrocesos, paros en especial desde junio a octubre del '94, con reflujos desmovilizadores, este período muestra como ningún otro un rasgo del sentir muy presente en el trabajador de la educación neuquino: el miedo ante lo desconocido (materializado en la LFE), la inacción ante la incertidumbre que presenta el futuro, y la reacción colectiva, cuasi espasmódica, frente a las amenazas de aplicación de ciertas políticas visualizadas como lesivas para los docentes. La privatización de YPF y de otras empresas estatales, acciones de alcance nacional como la Marcha Federal en el año '94, o el resonante triunfo del Frente Grande en varias regiones del país, son el complejo telón de fondo que acompaña el período. Por lo demás, las clásicas chicanas gubernamentales hacia el privilegio del ser docente en Neuquén (años más tarde Sobisch la resume en una frase que se usará de distintos modos por todos los gobernantes neuquinos de la década, sin excepción: *"pagamos los mejores sueldos del país, pero no tenemos la mejor educación"*) constituyen un dato folclórico de cada mensaje de apertura de la Legislatura

---

[41] Frente al buen acatamiento que un paro lanzado desde CTERA tuvo en Neuquén, Scarpatti señala: "[...] en Neuquén hay una situación diferente y a partir del triunfo del Frente Grande nos podemos posicionar mejor"(Acta 175/94, F. 10).

[42] Otras seccionales, además de la neuquina que se opone críticamente al CTA, son indiferentes (Senillosa) o desconocen totalmente el CTA y su significación (Las Lajas). En general, hay una mezcla de indiferencia, desconocimiento, desinterés, oposición, y aval sobre proyecto del ingreso a CTA.

neuquina, con condimentos de una no tan matizada xenofobia hacia los numerosos docentes venidos de otras provincias:

> [...] quiero hacer una reflexión. Dado que se trata de los sueldos que le paga la sociedad neuquina al docente para que vaya a la escuela, ¿hasta cuándo los neuquinos pagaremos sueldos que se gastan en otras provincias? (Discurso de Sobisch, HLN, 1994: 6).[43]

Algo notable de la etapa Scarpatti es la dinámica por momentos caprichosa de las acciones colectivas. Veamos: frente a los embates y amenazas del ministro Morán para con el tema del ausentismo, que avanza hasta relanzar la idea de volver al "presentismo", las bases docentes expresan divergencias: se rechaza a Morán o se culpa a los propios colegas por las elevadas inasistencias que creen injustificadas. O frente a la política de reagrupamiento de escuelas y cierre de cursos, algunos docentes aceptan como "natural" la situación y se muestran resignados porque "se la veían venir", o sabían que tarde o temprano iba suceder. El miedo es el gran factor desmovilizante que merodea y traspasa el período y frente al cual la CDP hace aguas en el manejo de los conflictos. En las actas consultadas se refleja el clima reinante. Un delegado oficialista informa:

> [...] telefónicamente hemos hablado con las seccionales para ver cómo confrontamos con el gobierno ante la situación de conflicto que se vive y la aparente *imposibilidad del sindicato de salir a confrontar*. Ante estas comunicaciones las seccionales han hecho diversos planteos [...] *La CDP cree que estamos en una situación en donde hay muchos conflictos pequeños aislados, pero que se van sumando, estamos tratando de impulsar medidas y éstas no salen, ¿qué pasa, quién se está equivocando?* (Acta 176/94, Folio 21, cursivas nuestras).

Otra delegada expresa:

---

[43] En el mismo discurso Sobisch enuncia los siguientes datos: a 1993 existen en Neuquén 20.000 cargos docentes, ocupados por 11.500 docentes, 2.400 administrativos. La masa total de alumnos ronda los 110.000. El 50% de la masa salarial del sector público se destina a los docentes: "pero ese gasto no se compadece en absoluto con los resultados", además sostiene que la relación promedio es de un docente por diez alumnos (menor al promedio nacional), la inversión por alumno es de $1800 por año, "tres veces más que el promedio del país y a escala del más alto nivel internacional". En relación a los egresados de los institutos terciarios que compiten en desventaja de puntos con aquellos que llegan desde otras provincias señala: "¿vamos a seguir formando maestros para que no tengan trabajo?". Si sus proyecciones son correctas, al año 2001 Neuquén llegaría con 18.000 docentes en ejercicio (Discurso de Jorge Sobisch, HLN, 2001).

[...] hay inmovilización (sic), especialmente en primaria, no quieren retiro; piden la postura gremial sobre las jornadas. *Sentimos un vacío, repetimos el discurso, sembramos pánico y desmovilización* (Ibídem, cursivas nuestras).

María Figueroa, futura secretaria general del período siguiente expresa:

[...] hay *temor,* todos dicen que hay que hacer algo [...] La gente se contiene en el conjunto [...] Hay que hacer una contrapropuesta elaborada desde el gremio. Insiste en hacer formación sindical. Nos quedamos sin militantes por la desinformación [...] no se ve una orientación clara hacia la confrontación (Ibídem, cursivas nuestras).

En general, las resoluciones de los Plenarios siguen el curso de los ánimos expresados y es común que se resuelvan jornadas provinciales de protesta, con modalidades adecuadas para cada seccional, al estilo de paros escalonados o paros por seccional, tan débiles como fuertes, de acuerdo al contexto de cada lugar.[44] Sin embargo, y al comienzo del año 1994, cuando se lanzan paros escalonados de alto acatamiento en interior y capital (entre 70 y 90%), y en medio del clima de desconfianza interna en las propias fuerzas, diversas seccionales lanzan propuestas sorprendentes como bicicleteadas o, por ejemplo en la seccional El Huecú que registra un 100% de acatamiento al paro y propone empapelar los frentes de las escuelas con demandas, instalar carpas en Casa de Gobierno y en la céntrica Avenida Argentina, el corte de ruta "por un rato" y en varios puntos de la provincia y una marcha provincial con banderas. La seccional de Rincón de los Sauces lleva también mandato de *corte de ruta* en cada localidad, y de entrar una hora más tarde y salir una hora antes en turnos (Acta 183/94). La seccional Centenario propone la derogación de la resolución 140, la defensa del Estatuto del Docente, el retiro del proyecto de la ESBA, la defensa del sector de adultos y de los porteros, el no descuento de días parados, la renuncia de Morán y su equipo, y el no realizar aportes a CTA y CTERA para sostener la huelga.[45] Otro delegado propone que los secretarios generales ingresen a Casa de Gobierno y no salgan hasta tener una respuesta (Ibídem). Entre lo probable y lo posible, se eligen acciones dentro de lo conocido: ese Plenario resolverá un paro parcial de una hora por turno,

---

[44] Seccionales chicas como Zapala no llegan a movilizar a 40 personas, y para otras existentes en zonas alejadas y casi inhóspitas del interior neuquino, el convocar marchas de 150 personas es un dato histórico que revoluciona la vida del lugar. En contraposición, es común que Neuquén capital protagonice movilizaciones multisectoriales con más de 10.000 personas. Se sabe además, por informaciones que circulan entre los gremios, que por ejemplo en Córdoba se considera una buena marcha aquella que reúne 2.000 personas.

[45] En la misma sesión Scarpatti, en un rapto de ingenio, propone "...que los maestros el día del cobro se depriman y vayan todos al médico" (Acta 183/94, F.63).

luego paro de 48 horas, con vigilancia en Casa de Gobierno, luego paro de 72 horas con marcha hacia Neuquén desde tres frentes: Plottier, Centenario y el puente carretero, instalando carpas el día 9 frente a Casa de Gobierno. El corte de ruta, por ejemplo, a ésta altura queda claro que aparece como propuesta en momentos de extrema tensión, o cuando las respuestas esperadas desde el gobierno no llegan tras largos períodos de negociaciones estancadas, y se cuenta, además, con un trasfondo de fuerte adhesión a los paros. Esta dinámica, con grandes altibajos, será evaluada por el activismo como resultado de la ambigua política de la CDP que "no lucha", argumento que será retrucado con la idea de que ésa es una noción restringida de lucha gremial y de que "luchar" es también organizar seminarios, cursos, etc., incluso esgrimiendo el acceso de Maffei a la junta ejecutiva de CTERA como un logro gremial de ATEN. Pero por sobre todo, Scarpatti va a evaluar que si la estrategia del gobierno es generar conflictos pequeños y multiplicados por escuela, la estrategia gremial debe, a su criterio, perseguir una dinámica similar. Scarpatti enfrenta también denuncias de corrupción y de autoritarismo por parte de sus propios compañeros de lista, más un *affaire* por malversación de fondos. Sea lo que fuere, lo cierto es que la gestión Scarpatti es muy cuestionada, se la percibe desde el interior provincial como ausente, y desde capital, como poco combativa. A la luz de éstos y otros problemas sobrevendrá la división de la lista Celeste -previa a las elecciones que anuncian la politización de ATEN hacia la izquierda-, de cara a la lenta agonía de aquélla y muy a contrapelo de su hegemonía a nivel nacional, rasgo que en adelante caracterizará al sindicato neuquino.

La izquierda al poder, 1994-1996

Las elecciones de renovación de autoridades de la CDP, Congresales a CTERA, y comisiones directivas de todas las seccionales, realizadas el 25 de noviembre de 1994, muestran un cambio en el escenario político interno de ATEN, escenario que también cambia a nivel provincial puesto que tras siete años de ausencia regresa el viejo gran caudillo de la política neuquina a la gobernación, don Felipe Sapag (1995-1998). Pero ATEN está por entonces muy ocupado en sus transformaciones internas. Por un lado, la división de la Lista Celeste le resta fuerzas a su bastión directriz histórico, la CDP y, por otro, de mayor gravedad para éstos, la seccional Neuquén cae en manos de la Lista Violeta Rosa (o también, lista "clasista" o lista "bolchevique"), una alianza de militantes de izquierda, en su mayoría de la vertiente trotskista

(MAS, PO, MST, e independientes), de presencia también a nivel nacional.[46] Y si bien la CDP es retenida por la Celeste, es evidente que la presión por izquierda pronto se revelará insostenible para el oficialismo. María Eugenia Figueroa -electa para conducir la CDP- deberá lidiar con la combativa Liliana Obregón -CD de la seccional Neuquén- y tras de ella, con un pelotón de activistas con cierta trayectoria en las luchas sociales neuquinas que poseen un estilo de plantear los problemas que hace de la urgencia, la frontalidad y la denuncia a secas un formato militante difícil de revertir. En primera instancia, la oposición a la LFE es determinante: cuando el grueso de las provincias la aceptan, o la critican pero admitiendo su lenta aplicación, en Neuquén, vía activismo, su rechazo irá *in crescendo* hasta convertirse en el enemigo número uno. Esta postura choca con la política de CTERA que, mientras comienza a delinear la manera de profundizar el reclamo a través de la idea de un Fondo de Financiamiento Educativo, en la seccional Neuquén sólo se habla en términos de rechazo total a la LFE, sencillamente porque representa a sus ojos la aplicación de las políticas neoliberales y privatizadoras en el campo de la educación pública. Para Susana De Luca, de la Lista Rosa Violeta, el problema es la división del campo gremial a nivel nacional cuyas organizaciones están *"divididas por ser burocráticas, lo necesario es una central única de trabajadores. CTERA es un aparato monstruoso. El eje del aislamiento de los trabajadores son las actitudes fascistas de sus dirigentes"* (Acta 187/95). Tamaño planteo no puede menos que generar un reacomodo forzoso en términos discursivos por parte de los miembros de la Celeste: Di Diego y Figueroa responden a ello que plantearon en CTERA la necesidad de discutir con las bases, pero que se debe *"construir una metodología."* En este período Marta Maffei será secretaria general de CTERA y Mary Sánchez ingresará al CTA. Sin embargo, pese a estos alineamientos político-sindicales, la participación en el CTA es un asunto pendiente y poco discutido en el grueso de la base docente ateniense.[47]

---

[46] Los guarismos son para CDP: Total de votos: 4564 (3567 para CDP), Lista Azul Celeste: 1837 votos (51,5%), Lista Violeta Rosa: 1116 votos (31,28%), Lista Roja y Blanca 614 votos (17,21%), Votos en blanco 976, votos nulos 27. En la Seccional Neuquén: sobre un total de 1493 votos; Lista Violeta Rosa: 759 votos (50,8%), Lista Celeste: 470 votos (31, 4%), Lista Roja y Blanca: 264 (17,6%), Votos en blanco 253, y nulos 5. Para congresales a CTERA van dos por la Azul Celeste y dos por la Violeta Rosa. En el interior se presentan además listas regionales. Las seccionales de San Martín de los Andes y Picún Leufú son ganadas por la Violeta Rosa (Acta 185/94).

[47] Desde 1994 y hasta diciembre del 2003, Maffei fue Secretaria General de CTERA (varias veces reelecta). Renunció para asumir su cargo de Legisladora por el ARI, incompatible estatutariamente en CTERA, con el cargo sindical. No pocas veces, de la lectura de las Actas se desprende que avanzado el año '95 hay cuestiones no resueltas, poco claras, no consensuadas o nada compartidas por la totalidad de las seccionales. El secretario general de la seccional Las Coloradas habla de falta de información sobre la participación de ATEN en CTA, "pregunta si es consecuencia de la participación de CTERA y cuál es el objetivo de la afiliación personal

Luego de que el activismo logra imponer la oposición total a la LFE se adicionan luchas y reivindicaciones dejadas de lado por la anterior gestión, como la existente en la ESBA (Escuela de Bellas Artes), la cuestión de los porteros,[48] la unificación de luchas con el arco sindical neuquino capitaneado por ATE, y otras más específicas del ámbito docente, como la titularidad para supervisores, directores y vice-directores, la permanencia sin concurso (violatoria del estatuto), la novedad de las Jornadas de Perfeccionamiento, la disminución de prestaciones del ISSN, el aumento de la cuota para hijos mayores de 21, el vademécum, entre otras. Un dato que va a exhibir Neuquén en este período y que refuerza en todas sus líneas aquella identidad orgullosa de su democracia interna es, no sólo el de ser la única provincia que rechaza la LFE sino, también, merced a sendas victorias sindicales,[49] la de poseer uno de los más altos niveles salariales dentro del concierto docente nacional, máxime cuando en una operación inevitable se compare la situación neuquina con la de sus pares rionegrinos, atosigados por la gestión de Pablo Verani, sucesor de Horacio Massaccesi, quien intenta sacar el rubro de "zona desfavorable", implementar el pago en bonos y suprimir el derecho a huelga para todos los trabajadores estatales.[50]

En particular, las Jornadas de Perfeccionamiento Docente provocan conflictos que evidencian la doble dimensión de la lucha: una que se despliega de cara a las resoluciones, circulares y disposiciones emanadas desde el Consejo Provincial de Educación, como aquélla que establece una duración de 7 horas para la Jornada de Perfeccionamiento, o el discutido otorgamiento de puntaje; y otra que cuestiona los contenidos respecto de su concordancia con los postulados de la LFE. Si bien la aplicación de las Jornadas es "un triunfo de la lucha", un derecho de capacitación adquirido, se ve en ellas la mano

---

del compañero en el CTA" (Ibídem, Folio 125). Gerardo Moreno informa que en la asamblea de la seccional Las Lajas no acuerdan las bases con la integración de CTERA al CTA, pero que tampoco existe un rechazo explícito a la Ley Federal de Educación. Ídem, Folio 126. En este contexto, la única seccional que acepta la LFE es Aluminé.

[40] Los porteros, denuncia ATEN, son "nombrados a dedo", es decir, adquieren trabajo en vistas de su afiliación y compromiso punteril para con el MPN, convirtiéndose en potenciales rompehuelgas.

[49] Liliana Obregón *dixit*: "Menem embolsó a todos los sindicatos, menos al nuestro" (Acta 193/95, Folio 194).

[50] Las provincias que no aplican la LFE son Buenos Aires, Río Negro y Neuquén. La diferencia de fondo es que mientras en las dos primeras el rechazo obedece a decisiones "desde arriba", es decir, a la oposición de gobiernos radicales enfrentados con el ejecutivo nacional, en Neuquén fue la oposición sindical propulsada desde ATEN la que obturó su aplicación. Por otra parte, la provincia de Río Negro protagonizará movilizaciones masivas de estatales que culminarán en octubre del año '95 con la quema de la casa del hermano de Horacio Massaccessi, en la ciudad Villa Regina. Esto ocurre, días después de la toma de la Casa de Gobierno por la Coordinadora de Desocupados de Neuquén.

del gobierno que pretende introducir contenidos curriculares desprovistos de discusión sobre su dimensión política. La Seccional Neuquén, ya híper-politizada, por ejemplo, no acepta los contenidos curriculares de los cursos, ni que ofrezcan puntaje (Acta 188/95). También la defensa de la ESBA, ubicada en Neuquén capital, más allá de las cuestiones ligadas a reglamentaciones de concursos, o la estabilidad del docente que accede a un cargo, la eliminación de horas o el cierre de cursos, entre otras, es interpretada como bastión de avanzada gubernamental de la LFE; de allí la custodia a ultranza de parte del activismo, pero que también obedece a que, curiosamente, gran parte de los que se postulan para acceder a cargos son, como señala De Luca, militantes políticos: *"los activistas tienen mejores puntajes y se quedaron afuera, justo a la fecha de cierre(...) no queremos que los activistas queden afuera y nos vacíen la ESBA"*(Acta 136/95). Esta clara argumentación de defensa redefine al docente como activista-docente, concepción ampliada que valora al trabajador politizado, y que de no estar allí, "vacía" la institución. La introducción de la figura del activista o docente politizado se profundiza en esta etapa hasta generar verdaderos encontronazos entre lo que ya denominamos como la vertiente institucionalista -y agreguemos ahora, corporativista-, en donde están los integrantes de la Celeste y de seccionales reacias a la participación de ATEN en otros conflictos, y la vertiente de izquierda, conformada por militantes de partidos e independientes, que pugna por enfatizar la presencia de ATEN en Coordinadoras de lucha y conflictos extra gremiales, lugar ocupado con preponderancia por ATE.[51] Esta última tendencia se caracteriza por empujar a la movilización, por denunciar el inmovilismo de CTERA y por incorporar nuevos tópicos de lucha: el flagelo de la desocupación, la dimensión de las luchas provinciales, la represión estatal (recordemos la muerte de Víctor Choque ocurrida el 21 de abril de 1995), la flexibilización laboral, entre otras. Valga un ejemplo: por primera vez se cuestiona, a instancias del activismo de la seccional neuquina, la *Memoria y Balance del año 1994*, criticando el rubro poco claro de "fondos comunes", acusando además que en esa *Memoria* no figura una versión combativa de la lucha en la ESBA, ni de oposición tajante a la LFE. No obstante esto, la moción de rechazo a la *Memoria y Balance del '94* pierde 35 votos contra 19 votos. Otro duro cuestionamiento lo recibe el abogado de ATEN -Cabrera- quien es acusado por Obregón de no defender con recursos de amparo efectivos a los docentes de la ESBA y por aplicar la "ley mordaza", homologándolo a un agente de la patronal. Pero se trata también de una tendencia hacia la prioridad de la acción

---

[51] De hecho, la seccional Neuquén es criticada en Plenario por sacar un boletín en donde fustiga el supuesto "corporativismo" de la CDP. Como sucede ya folclóricamente, la seccional capitalina es escarmentada por la CDP, a la que se suman algunas seccionales del interior con pedidos de sanción y hasta de intervención.

colectiva directa por sobre otras acciones gremiales posibles. Podemos tomar como ejemplo el reclamo del activismo de redireccionar fondos sindicales para eventuales huelgas, o las discusiones que enfrentan a la ya poco influyente Maffei y a otros miembros de la Celeste contra Obregón y el activismo de la seccional capital. En particular estas diferencias emergen cuando de señalar el rol docente se trata. Indica Maffei:

> [...] los docentes deben investigar la realidad, luego realizar proyectos institucionales a partir de lo investigado en su propio medio, vincular tecnología con ciencia y finalmente, *capacitarse pedagógicamente como hecho político* (Acta 194/95, Folio 10, cursivas nuestras).

A lo que Obregón responde que CTERA es:

> [...] posibilista y pragmática, que asumir el conocimiento para luchar es una aberración; con la lucha se cambia la sociedad, se debe luchar contra el modelo (Ibídem).

Es en las movilizaciones y actos en donde los problemas de cartel (quién y cuándo habla y qué se dice) hacen estallar en público estas disputas. En una movilización y acto de la Multisectorial neuquina en abril del año '95, una asamblea realizada detrás del palco decide que hable Liliana Obregón, ya que *"se lo pedían porque ATEN no lo hacía"*. Obregón efectivamente habló y, como era de esperar, golpeó a la CDP y a CTERA, cuestión que despuntó denuncias y réplicas desde la mismísima secretaria general del gremio sobre aquélla dirigente y su seccional Neuquén, porque:

> [...] siempre aprieta para hablar y que Obregón incluso amenaza con volantear las movilizaciones con acusaciones de burócratas a la CDP [...]ayer la asamblea no fue de Trabajadores de la Educación sino de militantes de partidos políticos a los que pertenece la agrupación de Liliana. El acto estaba organizado por tres agrupaciones, el CTA, MTA y CCC (Acta 189/95, Folio 152).

Obregón responde acusando de desmovilización a la CDP: *"llevamos a los activistas porque el gremio está desmovilizado desde hace 2 años"* (Ibídem, Folio 153).

1995: puebladas y desocupados tensionan a los sindicatos

Hasta aquí pudimos ver algunos aspectos de la constitución de un sindicato con una agenda cargada de conflictos externos y dilemas internos, éstos últimos expresados en el recambio dirigencial a distintos niveles y que tendrá consecuencias imprevistas en el corto plazo. Tanto por su origen como por su devenir, el contexto de reformas políticas, económicas y educativas trastoca las estrategias sindicales hasta el punto en que coinciden, por un lado, la profundización de lo que es percibido como un ataque a la escuela pública y, por el otro, el ascenso de una camada de activistas de izquierda que profundiza la denuncia del estado de cosas. Dicho proceso marcó un ritmo exigente a la dirigencia provincial oficialista (Lista Celeste) pero también a las mismas bases. Y es en este contexto, como adelantamos al presentar la trayectoria de ATE en esta primer mitad de la década, en que irrumpen las protestas de los desocupados organizados en la Coordinadora de Desocupados de Neuquén, tomando la Municipalidad y luego la Casa de Gobierno. En el interior de ATEN se produce una ríspida discusión en torno a la postura a tomar de cara a los hechos protagonizados por los desocupados. Peor aún, la posición de ATEN será compleja por estar involucrada en los episodios Liliana Obregón. En un contexto en que la seccional Neuquén se muestra muy politizada, rechazando las jornadas de perfeccionamiento y el currículum de los cursos con puntaje, incrementando su participación en los plenarios de la Multisectorial que ya discute el problema de los desocupados, y con algunos de sus miembros participando de la movilización en que concluirán los hechos mencionados, la acusación por dicha participación cae como un baldazo de agua fría en el grueso docente. De esta manera, tras discusiones sobre quién fue el responsable de prestar un megáfono a los desocupados, emerge el problema de fondo: la posición que el gremio asumiría frente al problema de la desocupación, ligado a la represión y persecución de los mismos. En efecto, en sus inicios la postura de ATEN fue de rechazo a los subsidios y a favor de la creación de puestos de trabajo y la demanda de "pleno empleo"; pero sucede que tras la protesta, la actitud será de condena directa hacia los desocupados, expresada a través de la mismísima CTA, que se pronuncia contra los activistas del movimiento de desocupados *"que no respetan el estado de derecho"*, exigiendo además *"que se actuara contra ellos en forma inflexible"*. ATEN, por su parte, agregará que se trató de un *"hecho aventurero, que provoca el rechazo de los trabajadores organizado"* (Oviedo, 2002).Y así, entre idas y venidas sobre si apoyar el reclamo de liberación de activistas presos, sobre si rechazar el accionar de los desocupados pero condenando el flagelo de la falta de trabajo, o frente al dilema de preservar o involucrar a ATEN en el proceso judicial abierto a los participantes, las discusiones tenderán a la condena de lo ocurrido, tratando de posicionar al gremio de una forma lo más decorosa posible de cara a las acusaciones gubernamentales y a la opinión pública local -fogueada por la prensa-, y finalmente atacada por izquierda (y ya por fuera de ATEN) de que los docentes, entre otros actores, dejaron solos a los desocupados; una acusación que volverá una y otra vez a caer sobre las espaldas del sindicato docente. Veamos ahora un poco más de cerca cómo se desarrollan estos episodios.

Capítulo IV

Desocupación, protestas y subsidios

La Coordinadora de desocupados de Neuquén, 1995

> [...] la ultraizquierda aprovecha el caos, como ya ocurrió con la toma de la Casa de Gobierno el año pasado [...] el tema del ajuste es de aceptación difícil. Pero es inevitable (Discurso de Felipe Sapag, HLN, 1996: 6).

Según datos censales oficiales, durante el período 1991-2001 la población total de Neuquén crece un 22%, esto es, de 388.833 habitantes la provincia llega al final de la década a 474.155 habitantes. Dentro de ese universo, la PEA (Población Económicamente Activa) crece un 27,6%. La población ocupada se incrementa apenas un 3%, mientras la desocupación crece fuertemente del 6,4% en 1991 al 16,7% en 2001, lo que representa un aumento del 385,4% (Taranda, 2007). Durante esta década se destacan dos picos de desocupación que no obstante se mantienen cercanos a los niveles que presenta el país: 16,5% en 1995 y 14% en el 2000. La tasa de subocupación crece sin pausa desde 1994 con un 7% hasta llegar al 2002 con 13,9%. Otro dato interesante es el recorrido del PBG para la misma década en Neuquén y en relación al país: Neuquén carece de saldos negativos como sí presenta Argentina (por ejemplo en los años '95, '99 y 2000), sin embargo el empleo, remarcamos, no experimenta crecimiento en Neuquén.

Neuquén. Tasa de actividad y de desocupación, porcentaje. Año 1985 y Periodo 1990/2001. Onda Octubre. Aglomerado Neuquén - Provincia del Neuquén

	1985	1990	1991	1992	1993	1994	1995*	1996*	1997*	1998*	1999*	2000*	2001*
Tasa de Actividad Total	37,1	39,2	39,5	39,2	40,6	40,4	40,0	41,8	40,5	41,2	42,1	43,0	43,6
Tasa de Desocupación Total	4,9	8,6	6,5	7,9	11,5	13,4	16,5	12,3	11,3	12,2	12,0	14,0	16,7

*Aglomerado Neuquén-Plottier.
Fuente: Dirección General de Estadística y Censos - Encuesta Permanente de Hogares.

Al menos desde al año 1992 se aplican a nivel nacional distintos programas de emergencia laboral como el PIT (Programa Intensivo de Empleo), luego PRENO, Proempleo y Plan Trabajar, con retribuciones de entre $50 a $200. En Neuquén estos programas se comienzan a implementar a través del FOCAO (Fondo Complementario de Asistencia Ocupacional) creado en el año 1995 a través de la Ley 2128;[1] sus requisitos principales eran: a) estar desempleado, b) ser único sostén de familia, c) integrar un hogar sin otros ingresos, d) tener domicilio real en la provincia de al menos dos años de antigüedad al momento de la sanción de la ley. Como ocurrió con la generalidad de los programas destinados a los desocupados, se requería de una contraprestación en proyectos de trabajo comunitario para cumplimentar su posesión. La ley 2128 comenzó a aplicarse en Neuquén sobre unos 12.000 desocupados en 1995 que cobraban por entonces $200 mensuales. A estos beneficiarios hay que sumarles otros tantos correspondientes a diversos programas aplicados por municipalidades del interior provincial como las de Cutral Có, Plaza Huincul, Senillosa, San Martín de los Andes y Piedra del Águila. El número de beneficiarios del FOCAO se estimó a junio del 2001 en 9.000, a los que habría que agregar los que reciben otros programas vigentes, sumando un total de 15.000 beneficiarios neuquinos que, según el criterio de medición, podían ser considerados dentro del ítem denominado como desempleo abierto o corregido (Bonifacio, 2011). Pero el punto es que estos planes y muy en especial la Ley 2128, tienen un origen directo en fuertes episodios de protesta social protagonizados por desocupados. Sobre el caso neuquino el trabajo de José Luis Bonifacio (Bonifacio, 2011) sostiene la idea

---

[1] La Ley 2128 se aprueba el 9 de agosto de 1995 y su finalidad es la de "complementar la atención de aquellos que no sean beneficiarios de los programas nacionales de empleo".

de que existieron oportunidades políticas para la movilización de los desocupados relacionadas directamente con la lucha interna del MPN, esto es, una puja partidaria que tuvo efectos directos en el interior del aparato estatal. Estas luchas emergen con las elecciones internas en el MPN para definir el candidato a gobernador durante el año '95 y que se resuelven momentáneamente con la derrota de Jorge Sobisch frente a su peor enemigo, Felipe Sapag. Este último se impone por 52.244 votos contra 50.743 de Sobisch, convirtiéndose en el siguiente gobernador neuquino; no obstante ello, y tras las elecciones internas, comienzan a proliferar problemas con los desocupados en el interior provincial: San Martín de los Andes, Cutral Có, Senillosa, Centenario, Plottier y Neuquén capital se transforman en múltiples focos de tensión. En San Martín de los Andes, el Concejo Deliberante crea el 31 de julio de 1995 el Fondo Solidario de Emergencia Ocupacional, financiado con aportes de los tres poderes municipales y con donaciones; posteriormente se constituye la Comisión de la Asamblea de Desocupados (Oviedo, 2001).

En este contexto y para abril de 1995, el INDEC mide en Neuquén la cifra histórica de 16,5% de desocupación (21.000 personas en una población activa de 130.000), mientras que el anuncio del presidente Carlos Menem sobre la construcción de 50.000 viviendas genera que se agolpen en la sede de la UOCRA neuquina unos 450 obreros desocupados, que luego del armado de un listado resultaron ser 3.500 (Bonifacio, 2011: 99). La cuestión es que frente al problema ya caliente de qué hacer de cara a la desocupación el sector blanco del MPN (sobischistas) abre el debate al proponer la creación de un fondo solidario con aportes (descuentos) sobre salarios de los trabajadores estatales, propuesta que desata críticas y movimientos internos y reuniones entre sindicatos y diputados de diversos bloques. Julio Fuentes (ATE) declaraba a la prensa que: *"Si insisten con este proyecto se lo vamos a parar como hicimos con la privatización del EPEN, con pura movilización"*, mientras que la referente de ATEN capital, Liliana Obregón, se expide por un subsidio de $500 agregando que: *"Se debe dejar de pagar la deuda externa y los recursos para atender el desempleo tienen que salir de quienes originan la desocupación"* (Bonifacio, 2011:100-101). Tras idas y venidas finalmente se aprueba el 8 de agosto la creación del Fondo Complementario de Emergencia Ocupacional, más conocido como Ley 2128, que establecía un subsidio para desocupados de $200. El financiamiento para su aplicación provendría de reestructuraciones presupuestarias, un aporte voluntario del 5% de sueldos de gobernador, vicegobernador, senadores, diputados, ministros, secretarios y aportes privados. Esta ley carece en su formulación de fecha límite para su aplicación en vistas de que el objetivo inmediato es descomprimir la eminente conflictividad que está latente en los miles de desocupados neuquinos. Ahora bien, ¿en qué medida esto refleja la interna del MPN?, la Ley 2128 venía a suplir lo que Nación dejaba vacante en términos de asistencia a desocupados en un contexto en que ya se estimaban en cinco mil los eventuales destinatarios; traducido en términos de gastos provinciales, se preparaba una verdadera bomba de tiempo presupuestaria a futuro para el gobierno que venía tras los últimos días de la gestión de Sobisch. Un verdadero obsequio para su rival, Felipe Sapag. A fin de cuentas, la Subsecretaría de Trabajo de Neuquén organiza una desordenada inscripción en donde se anotan efectivamente cinco mil desocupados *solamente en Neuquén capital*; a la sazón, Sobisch dispone de 1 millón de pesos para destinar a tal fin mientras convoca a una Comisión Ejecutiva Provincial para la Desocupación en donde participan la CGT, CTA, MTA, UOCRA, SMATA, el Obispado, el Consejo Vecinal, ministros y legisladores de varios partidos. Pero al conocerse la noticia de que en el interior provincial se anotaban también numerosos desocupados, comenzaron a generarse desinformaciones y disconformidades sobre la real posibilidad de brindar tales subsidios a un número creciente e indeterminado de personas, y es entonces que el clima se torna confuso, raro. En este contexto, desocupados toman el Consejo Deliberante de Senillosa.

La Toma de la Municipalidad de Neuquén

Un breve artículo descriptivo escrito por militantes de izquierda participantes de la Coordinadora de Desocupados y que circuló primero como fotocopia y luego fue publicado en una revista partidaria como "Movimiento de Desocupados en Neuquén: la experiencia de la Coordinadora del '95" (Sandoval, Romano y Fernández, 1997) narra justamente la emergencia de la Coordinadora de Desocupados. Este artículo describe cómo previamente en los barrios periféricos de la zona oeste de Neuquén se van generando las primeras manifestaciones y agrupamientos ("comisiones") de desocupados, en especial en barrio San Lorenzo, para luego sumarse los barrios Independencia, Amanecer, Hipódromo, Estrella, hasta llegar a aglutinar un total de diecisiete barrios. El activismo de izquierda impone la forma organizativa "Coordinadora", aunque aclara que de los vecinos participantes *"ninguno militaba en la izquierda, ninguno militaba en nada"* (Ibídem); por eso entre sus más de cincuenta delegados elegidos en el devenir de la organización será común el predominio de la extracción "independiente" junto a unos pocos punteros "honestos" del MPN. Desde la Coordinadora se va a intentar pensar y practicar actividades como la elaboración de proyectos de construcción de una plaza y una guardería y la confección de un padrón provisorio de miembros anticipándose a las inminentes negociaciones con sectores gubernamentales que, no debería sorprender, se negaron a reconocerla. Y así ocurrió con las primeras negociaciones con la Subsecretaría de Trabajo: ésta deslegitimó a la Coordinadora por no estar avalada ni referenciada en ninguna comisión vecinal. Frente a la bronca generada por esta situación, el 29 de agosto de 1995 los desocupados deciden marchar desde los barrios hasta el municipio neuquino. Siguiendo el testimonio de militantes, la movilización llega a la Municipalidad y cerca de las 11hs se decide tomarla:[2]

> [...] sin mucha planificación. Subimos a los pisos y declaramos "asueto administrativo" a los empleados municipales, pusimos una guardia en la puerta. Desocupado que venga: adentro... (Sandoval, Romano, Fernández, 1997).

En esta movilización se contabilizan unas quinientas personas. Los que asoman como referentes de la Coordinadora son Horacio Panario, Héctor "el vasco" Etchebaster y Alcides Christiansen. Una vez tomado el edificio, el intendente queda como rehén:

> No pudieron reprimir con el Intendente adentro, se intentó escapar dos veces y no lo dejamos. Así que estuvo sentado en su famoso escritorio, y las mujeres cambiando pañales en la cara de él (Ibídem).

Con una situación poco menos que inédita,[3] con la policía agazapada en las afueras de la Municipalidad y bajo una tensión extrema cerca de las 16hs, Jorge Sobisch anuncia que hay disponibilidad de dinero para pagar los subsidios que se reclaman, esto es, un total de 1000 beneficiarios. Con este anuncio la situación se descomprime y cuando la certeza de que la plata efectivamente estaba disponible se decide levantar, a las 21hs del mismo día, la toma de la municipalidad dejando libre al intendente. De inmediato se conforma un Comité Ejecutivo que será el encargado de empadronar a los desocupados a fin de que estos puedan cobrar. A ese Comité Ejecutivo lo conforman miembros del PJ, MPN, la Iglesia, ministros varios, comisiones vecinales dominadas por el MPN, la CGT y el CTA.

---

[2] Sin recursos disponibles, los desocupados viajan desde los barrios "confiscando" colectivos urbanos.

[3] Aunque cabe aclarar que lo inédito no es la toma de un edificio público en Neuquén por manifestantes, sino el que esa acción sea protagonizada por desocupados.

"*¡Si no salimos, rompan todo!*". La toma de la Casa de Gobierno

En el breve lapso de un mes, la vitalidad de las asambleas de la Coordinadora, que ya contaba con un local barrial, convocaba a unos dos mil asistentes por reunión, calculándose una base de tres mil eventuales nuevos pedidos de subsidios. En la mañana del 2 de octubre de 1995, apenas un mes después de la toma de la Municipalidad hecho que, conviene no olvidar, permitió lograr subsidios para mil desocupados, una columna de un millar de desocupados que marchaban reclamando el aumento del monto inicial de $200 y la quita de las restricciones para obtenerlo irrumpe intempestivamente en el edificio de la Casa de Gobierno neuquina.[4] Previamente se habían apostados policías en los principales edificios municipales siendo el de la gobernación el que menos oficiales tenía. Evaluando esta disposición de fuerzas, los manifestantes se dirigieron hacia allí. Sobisch, sorprendido, se escapa del edificio sigilosamente:

> [...] Nosotros nos habíamos puesto de acuerdo en que un sector que venía del norte entrara por la avenida y otro sector que entrara por la calle Salta y nos encontrábamos en la Casa de Gobierno y ahí nos metimos [...] el gobierno lo que había hecho era dejar toda la policía en la municipalidad porque pensaban que íbamos a ir ahí, porque como el mes anterior había sido la toma de la municipalidad no pensaban que iba a ser en la Casa de Gobierno, entonces no tenía mucha guardia, como no tenía mucha guardia pasamos, y una vez que ya estábamos adentro en los patios estaba lleno, ya entró toda la gente (Testimonio de Jorge Mora, citado en Bonifacio, 2011: 122).

Los ministros Jorge Lara (acción social) y Jorge Sapag (Ministro de Gobierno) quedan al frente de las negociaciones, pero con todos los desocupados dentro de la Casa de Gobierno, ya virtualmente tomada. En un célebre instante dentro de los relatos de la militancia de izquierdas, Horacio Panario, transformado en el máximo referente de la Coordinadora, comunica a los manifestantes su ingreso a negociar con las autoridades y agrega, megáfono de ATEN en mano y frente a las cámaras de televisión, que "*¡si no salimos, rompan todo!*". Al cabo de unas horas Lara y Sapag piden un tiempo para evaluar las propuestas de los desocupados y les solicitan que los aguarden en el patio del edificio. Mientras los manifestantes esperaban respuesta

---

[4] La prensa local oscila entre contar cuatrocientos y quinientos participantes, ver *Diario Río Negro* y *La Mañana del Sur*, 3/10/1995. En declaraciones a la prensa Jorge Sapag hablaba de un "copamiento organizado" con "maniobras de distracción" por parte de los manifestantes.

en dicho patio, la policía ingresa violenta y sorpresivamente lanzando gases lacrimógenos y desatando una feroz represión en donde se rompen vidrios, puertas y vuelan piedrazos desde el exterior del edificio. Es un clásico desalojo. Y tras el violento episodio comienza una caza de brujas en busca de activistas. Rápidamente se constituye una comisión de solidaridad que recorre los gremios en busca de ayuda, pero los apoyos son denegados por los principales sindicatos combativos (ATE y ATEN) que incluso los desautorizan como organización apoyándose en el argumento de que desconocían lo que iba a ocurrir.[5] Solamente se solidarizan algunos partidos de izquierda trotskista y unos cuantos estudiantes universitarios. En medio de corridas, la policía detiene el mismo día a Panario, luego a otros activistas que estaban prófugos como Christiansen, Etchebaster, Chiguay y Barriga. Otro de los buscados, Sandoval, se entrega por su cuenta recién en abril del '96. Unos meses más tarde lo hace Estrada. Las detenciones, la criminalización de los desocupados, la represión sistemática en los barrios, las persecuciones y hostigamientos constantes a dirigentes de menor envergadura terminaron por desmantelar la efímera vida de la Coordinadora, que nunca contó con el apoyo de los gremios combativos neuquinos.[6]

¿Autoorganización o activismo?

Difícil saber qué ocurrió en las vidas de cada familia de desocupados que transitaron las calles y rutas neuquinas luchando por su propia supervivencia. Tampoco tenemos acceso a su propia experiencia de lo sucedido ni a su vivencia de participación en las tomas o asambleas de la Coordinadora. Por el momento, lo poco que se sabe de este episodio obedece a las leyes de la tradición del activismo de izquierda, a sus prácticas de transmisión. En el apartado del libro de Bonifacio dedicado a esta Coordinadora de Desocupados, el autor se apoya en un documento inédito que es en realidad una "Minuta de Partido" de Horacio Panario, es decir, un documento de discusión interna del MAS (donde aquel militaba) fechado el 15 de noviembre de 1995 mientras se encontraba preso. Allí Panario ensaya una "autocrítica" y sostiene que su error fue creer que Neuquén se dirigía hacia un proceso de

---

[5] "[…] es más, hasta la misma dirección de ATEN Capital que prestó los bombos y el megáfono salió diciendo que ellos en ningún momento aprobaban actos de salvajismo y todo eso" (testimonio de Mora entrevistado por Bonifacio, 2011: 126).

[6] Un año más tarde, el 25 de octubre del '96 y por disposición de la Justicia, todos quedarán absueltos y en libertad. Ver "Absolvieron a tres dirigentes de izquierda", Diario *Clarín*, 26/11/1996.

lucha a tono con la situación nacional aunque destacando diferencias entre Neuquén y el resto del país:

> [...] donde hay una "chatura" total, casi no hay otros conflictos, aquí sí, tiene mucho peso el factor "particular" económico. Hay una gran estabilidad económica para el 70% de la población, los sindicatos cobran en tiempo y forma y se consideran ciertamente "privilegiados" en relación al resto del país. En cambio, en Tucumán o cualquier otra provincia quebrada, frente a estos hechos es impensable que los trabajadores organizados no se pongan del lado de los desocupados; en Neuquén esto demostró que las burocracias sindicales de la CGT y CTA sintieron que les disputaban los desocupados por izquierda (Panario, en Bonifacio cit.: 128).

Como puede observarse, las apreciaciones de Panario sobre Neuquén no son una rareza sino más bien una tradicional caracterización que apuntala al activismo en general (y también a sectores dirigentes del MPN), basada en datos "objetivos" para nada alejados de la realidad aunque discutibles en sus consideraciones; por ejemplo Panario observa que Neuquén, a diferencia de otras provincias desfinanciadas, tiene recursos; destaca que el gobierno neuquino en general viene cediendo a las demandas poniendo como ejemplos las huelgas docentes del '91 y '92; calcula, con alguna imprecisión, que desde hace unos cuantro años (1991-95) el gobierno no reprime "violentamente" y que se observan numerosas "tomas" de edificios públicos: los docentes tomaron la Subsecretaría de Trabajo en el '93, ATE la Subsecretaría de Salud el mismo año *"y el SITRAC (con Christiansen al frente) ocupó cuanto pudo": Subsecretaría de Trabajo, el IPVU, Obras Públicas [...] Casi todos estos conflictos terminaron en triunfo porque el gobierno cedió ante los reclamos"* (Ibídem). Y por supuesto, el gobierno en retirada había "aflojado" pagando a más de diez mil desocupados, sin discriminación, cuando en varias provincias argentinas se venía de "quemar todo" en violentas manifestaciones que pedían apenas si el pago de sueldos adeudados. Otro dato interesante es la apreciación del peso del activismo de izquierdas en el seno de la Coordinadora, cuestión que juega en contra de aquella idea de "autoorganización" sostenida por Bonifacio, siempre y cuando se entienda a ésta como surgida sin la intervención de agentes que ya posean una táctica y estrategia predefinidas de hacia dónde ir con la acción. Al respecto señala Panario:

> Los activistas de los barrios venían al local de La Coordinadora a buscarnos, para pedirnos "línea" (ayuda) y así organizar en sus barrios a los desocupados. Luego nos pedían que fuéramos a dar "las charlas políticas" (explicar el programa, las denuncias políticas) a las asambleas que ellos se encargaban de organizar. Eran tantas las asambleas que sólo pudimos responder a ellas porque

teníamos un grupo de activistas independientes organizados, a los que fuimos politizando y fueron ellos lo que **junto al partido, dirigieron el resto del activismo y el propioproceso de autoorganización** (citado en Bonifacio, 2011: 117, negritas nuestras).[7]

Entre la militancia de izquierda que activaba en la Coordinadora, según Panario, había seis miembros del POR, cuatro del MST, cuatro del PO, uno del MAS y uno del PAS (sic). Por lo demás, es probable que a través de la propia explicación de Panario se filtre la certeza de que, en efecto, se trataba de un proceso de autoorganización cuando en realidad quizás sea más prudente hablar de una conexión entre necesidades materiales concretas y la presencia de activistas dispuestos a intervenir sobre ellas y con cierto arraigo y reconocimiento entre los desocupados. Como sostiene el propio Panario en su minuta, existía un estado de desesperación entre los desocupados que potenciaba el accionar disruptivo de la Coordinadora, y en donde en las marchas -plagadas de mujeres con sus bebés a cuestas y hambrientos- en busca de la obtención de un subsidio de $200 eran una cuestión vital enmarcada en una "*miseria absoluta*", y donde finalmente, protestar o no era una cuestión tan elemental como aquella distinción entre "vida o muerte". Es en este marco que el fenómeno de la desocupación no sólo impulsa a ex militantes de la UOCRA sin trabajo a movilizarse y organizarse en busca de subsidios sino que también encuentra, como desarrollamos con anterioridad, a activistas de la izquierda trotskista que habían llegado a Neuquén a consolidar la ya extinta experiencia del MAS en aquel sindicato y cuyo arribo a estas tierras oscila entre fines de los '80 e inicios de los '90, con lo que aquello de apuntalar un proceso de lucha se extiende paradójicamente en sostener anímica y políticamente a uno de los detenidos más involucrados, Horacio Panario, miembro del Comité Central del MAS: y ahí están, entre otros importantes cuadros que migran a Neuquén,[8] Virginia Muhall y su compañero Edy López (PST-MAS), José "Chiquito" Moya (PST-MAS), Mariano (a) "Joaquín" (PST-MST),

---

[7] Y más enfáticamente: "El desarrollo del proceso de autoorganización, al pasar de 4 a 17 barrios (con más de 3000 desocupados) con un cuerpo de delegados de 50 activistas con decenas de asambleas muy combativas" (Panario citado en Bonifacio, 2011: 120).

[8] Ver nuestro *Excursus I*.

Heriberto Chureo,[9] el "Vasco" Etchebaster (MST), y Jorge Toledo junto a su compañera de entonces, Sandra Rodríguez (MAS).[10]

Jorge llega a Neuquén en 1989 y se estructura en la corriente sindical docente del MAS. Entre otras curiosidades de su vida está el caso de que ATEN mantiene una cuenta corriente a su nombre que sirve como fondo de huelga permanente del sindicato: ese fondo es un logro del activismo de izquierdas y que se sostiene hasta la actualidad más allá de las conducciones que estén a la cabeza de la seccional capital, pues a excepción de la lista Celeste, todas aportan para tal finalidad porcentajes de entre el 3% y el 5%. Ni bien se instalan con su compañera consiguen trabajo doble turno como docentes y gozan de lo que en ese momento era una rica vida cotidiana exclusivamente ligada a la labor militante. Un universo militante de plenarios regionales que alcanzaban, con mucho entusiasmo, casi mil asistentes, de los cuales, según considera Jorge, poco más que doscientos eran cuadros y cotizantes del MAS. Codearse con personajes ya legendarios en la simbología militante local como el chileno Juan Yáñez, César "Maravilla", Alcides Christiansen, el viejo Lagunas, más los que provenían de Buenos Aires con toda la experiencia a cuestas del PST, y teniendo enfrente grandes expectativas con ese movimiento obrero (entre ocho mil y diez mil contando las grandes obras) que se integraba a la UOCRA, entre otras experiencias, resultaba muy motivante para cualquier militante que llegaba a ese Neuquén combativo. Sin dudas, y como muchos lo señalaron, vivir en aquel Neuquén era una experiencia altamente seductora que ofrecía enormes territorios de intervención. Experiencia incrementada por la permanente conflictividad presente en otros sectores: docentes, estatales, barriales…y lentamente, desocupados:

---

[9] Ya en el inicio del nuevo siglo Heriberto Chureo liderará el MTD-Neuquén, el movimiento de desocupados más fuerte y numeroso de Neuquén, aliado de los ceramistas de Zanón. Luego de sufrir una importante desmovilización y desafiliación de sus miembros Chureo junto al chileno Jorge Salas (ver cap. I) anclan su militancia en la Federación de Cooperativas de Vivienda, Trabajo y Consumo Neuquina Ltda. y de allí se unen al partido Movimiento Unión de los Neuquinos (MUN), luego aliado de Jorge Sapag, y que trabaja en el plano nacional con Encuentro por la Democracia y la Equidad, que a su vez apoyó la gestión de Cristina Fernández de Kirchner.

[10] Las relaciones afectivas al interior del universo militante también deben animar a reflexionar tanto sobre la dinámica de rupturas, recomposiciones y armado de redes entre agrupaciones y partidos como de los pasajes y reconversiones ideológicas o de espacios de militancia. Jorge Toledo y Sandra Rodriguez luego de casarse, se separan en Neuquén. Sandra entabla relaciones con Carlos Fuentealba, también cercano al MAS y trágicamente célebre por encontrar la muerte al recibir un disparo policial en la cabeza durante un violento desalojo de un corte de ruta llevado adelante por ATEN en abril del año 2007. A su vez Jorge, luego de separarse de Sandra, se relaciona con Ruth Zurbriggen, en ese momento también militante del MAS y ex pareja de Alcides Christiansen (UOCRA). La trayectoria de Ruth la desarrollamos en el *Excursus III*.

> Fin del '91 [...] termina el conflicto docente en julio, fin de julio del '91, el 21 de julio y el 28 de julio se da una toma impresionante en todos los terrenos donde esta el Ruca Che, ...que fue el barrio Independencia, bueno ese barrio, los planos de ese barrio los hice yo, y después con la lucha que se da ahí junto con Chureo, teníamos un equipo, nos volcamos ahí y nos metimos a militar ahí, barrial, viste?. Y bueno, ¿y cómo hacemos los terrenos?, que sé yo, y bueno, terrenos que sean parejos, que no haya despelote, organizar las casas, o sea, metidos en todo, viste?, **entonces de repente salía de la huelga docente que había sido un triunfo, y yo ya estaba militando afuera en otro conflicto que era el conflicto de la Toma** esa que eran como 600 familias, viste? Y mucho es la vorágine de lo que sucede, del acontecimiento, lo que te lleva a ubicarte en un determinado lugar. En el '94 vienen las elecciones de ATEN [...] bueno, se aplica la política de unidad de acción con todo el activismo y toda la vanguardia, y nosotros imponemos en ese grupo el tema de la derogación de la Ley Federal, o sea, porque las otras corrientes no lo tomaban. Y el perfil de la lista que gana la seccional capital donde esta Liliana Obregón, Susana De Luca, Adriana Moyano, Ruth, estoy yo, había compañeros del PO también [...] Y somos los que impusimos de alguna manera esa lista, y nuestra corriente termina imponiendo la política que se toma a nivel provincial, ¿no es cierto?, que después de varios años termina la provincial tomándola, al principio era un combate incluso en las escuelas, porque yo me acuerdo que habíamos ganado las elecciones del sindicato y salíamos a recorrer las escuelas y las compañeras nos decían, "ustedes son chicos muy buenos, pero la Ley Federal ya está", que eso capaz te aporta, a tu planteo, no?, de cómo actúa el activismo, y cuando empalma con algo que se convierte en acción, puede modificar, no?(Testimonio de Jorge Toledo, Neuquén,30/04/2008).

Los activistas del MAS tenían contacto con las comisiones vecinales y éstas los reconocían por haber realizado acciones conjuntas. Horacio Panario, tras su paso por el SITRAC neuquino tenía muchos contactos con militantes de la construcción que ahora estaban desocupados en esos barrios. Lo mismo con Alcides Christiansen ("¿quién no lo conocía en los barrios?" sostiene con énfasis Jorge), cuyos vecinos habían sido obreros de la construcción o habían estado en Piedra del Águila o en Alicurá o en cualquiera de las obras grandes de Neuquén capital. Alcides era el más conocido *"por eso Panario lo agarra a Alcides y le dice, vení, flaco, hacéme pata"* (Testimonio de Jorge Toledo, Neuquén, 30/04/2008), y tenía seguidores fieles como Jorge Chiguay, un colaborador gremial de Alcides en la UOCRA (*"alcidista hasta la cabeza"* señala Toledo). En efecto, es Chiguay quien encabeza una pequeña columna que baja desde el Barrio Cordón Colón y secunda a Alcides en el centro neuquino en los hechos que terminan con la Toma de la Casa de Gobierno.

A todo esto, el problema de la desocupación ya había sido discutido dentro del activismo de izquierdas que lideraba la seccional capital de ATEN (y publicado en sendos boletines) y donde la solución transitoria era pensada mediante la aplicación de un subsidio de $500 con acceso a obra social. Esta discusión en realidad no estaba instalada en las bases y más bien era una línea política "bajada" desde los partidos de izquierda trotskista directamente sobre la conducción de ATEN capital que la hace suya pero sin demasiada capacidad de anticiparse a lo que vendrá, y que además será en buena parte el programa que elaboró la Coordinadora de Desocupados.[11] Pero así como no estaba discutido en profundidad el tema de los desocupados tampoco lo estaba en el terreno de la práctica por la militancia de izquierdas. Y eso se evidenció en el desguace de la brevísima vida de la Coordinadora[12] en donde por un lado colapsó, fruto de la represión y persecución policial sobre el activismo, su estructura y organización; y por otro lado signó como un *"desastre"* o una *"ultrada"*[13] el modus operandi de Panario que según la mayoría de los testimonios *"se cortó solo"* en la movida de tomar la Casa de Gobierno. En elmomento del apresamiento de Panario, Jorge y su pareja, Ruth (secretaria adjunta de ATEN capital), quedan prófugos. Luego serán los encargados de viajar semanalmente durante un año a charlar con Panario encarcelado, en medio de las pobladas cutralquenses, y con la soledad de ambos de cara a un MAS en descomposición abierta. Estigmatizados en el universo activista de ATEN se les llega a pedir la revocatoria de sus mandatos, que por muy poco no ocurre:

---

[11] Sin embargo, en poco tiempo esa aparentemente inocente discusión se encontró con la realidad:

"¿Y las bases cómo lo tomaban?

No, en ese momento no jodía a nadie, o sea era política, vos podías abrir la revista y pasar de largo, pero la directiva de capital lo había tomado. Y en ese marco se da la primera acción de Panario que, bueno, que fue festejada por compañeros de la directiva de ATEN, 'mirá ahí salió el compañero de ustedes en la foto' [...] Al mes siguiente, nos vinieron a decir a la casa, nosotros estábamos en la lista de los prófugos, que no fuéramos al local de ATEN porque la gente lo veía mal. Y nosotros, en lugar de venir a decirnos, 'muchachos, donde se quieren esconder' (risas), nos vinieron a decir, bueno...las riñas internas entre la izquierda, no?, pero como que esa directiva se desentendió" (Testimonio de Jorge Toledo, Neuquén, 30/04/2008).

[12] La desarticulación de la Coordinadora ocurre lentamente hasta promediar el año 1996, aunque persisten pequeñas comisiones de desocupados en Centenario, Plottier, Senillosa, Cutral Có, San Martín de los Andes, Junín de los Andes, Loncopué, El Huecú y la Unión Trabajadores Desocupados Zapala. Luego resurgirán hacia fines de los '90. El último documento de la Coordinadora sale redactado en el I Encuentro de Trabajadores Desocupados de Neuquén, donde además participa la Mesa Directiva regional del CTA. Puede consultarse en Oviedo (2002).

[13] En la jerga militante "ultrada" refiere a toda acción inconsulta, conspirativa, extremadamente direccionada *ex profeso,* realizada desde algún sector militante para ganar rápidamente posición u obtener algún beneficio político.

> Nosotros como dirigentes de ATEN, con Ruth, estuvimos en la puerta de la Casa de Gobierno en el momento en que se desata la represión, había otro dirigente que era Fernández, el de ATE, y el resto de la dirigencia de ATEN no estaba, bueno, fuimos discutir con ATE que teníamos que llamar a una conferencia de prensa por la represión, que sé yo, por lo que había pasado, fuimos a ver a Liliana Obregón y no quería firmar el comunicado de prensa, fue toda una discusión […] unas discusiones horribles […] todos… 'ah, por culpa de ustedes'…era un dolor de estomago horrible cada reunión… (Testimonio de Jorge Toledo, Neuquén, 30/04/2008).

Es válido pensar que detrás de esta hostilidad también hay una lucha *intra*izquierdas donde participan los sectores más radicalizados y persistentes en sus denuncias contra todo tipo de acciones encaradas por la dirigencia sindical a la que tildan de "burocrática" o de no "ir hasta el fondo" de una lucha;[14] por caso, el levantamiento de la huelga docente del año 1997, huelga que desarrollamos más adelante, fue duramente criticada por estos sectores atacando directamente a figuras como Obregón y De Luca y sus compañeros del Frente Granate que, incluso con la novedad de haber ganando a *posteriori* las elecciones gremiales, de ninguna manera podrán ser considerados como un triunfo por las izquierdas…Y más: al interior del propio campo partidario, las tensiones internas (nos referimos al MAS) harán explotar lo poco que va quedando de voluntad militante; Jorge a esta altura es miembro suplente del Comité Central del MAS, Ruth, miembro pleno. Ambos serán "tentados" ("aparatosamente") para volver a Buenos Aires a militar, pero Jorge rechaza el modo y la oferta. En el medio, la separación de ambos. Jorge, tras otros desengaños con la militancia y el Partido se aleja definitivamente en 1998.[15]

---

[14] Más detalles pueden consultarse en el libro de Luis Oviedo (2002).

15 Causas más profundas que en este trabajo no podemos ahondar remiten a prácticas partidarias poco democráticas, manejos de fracciones internas, discusiones que mezclan lo ideológico con lo personal, y a las dificultades en comprender el peso de las tensiones subjetivas que exceden el ciertamente limitado universo militante: "Y mi alejamiento del MAS en esa diáspora es con conclusiones respecto de cómo se milita, o sea yo empiezo a leer materiales que buscan explicación sobre esto. Primero con mucha culpa por alejarme, por el, viste…el estigma del fundido, del traidor, del que se fue, del que abandonó la lucha…" (Testimonio de Jorge Toledo, Neuquén, 30/04/2008). Sin embargo, la retirada del MAS posibilita una militancia más libre en ATEN donde Jorge vuelca todo su aprendizaje militante: "[…] y entonces participé, que sé yo, de todo lo que hubo en ATEN, como delegado, como activista, individual, y de la misma manera lo hice con Zanón, como un activista, como un delegado de ATEN, individualmente. O sea, si había que ir a quedarse adentro de la fábrica porque hacía falta […] a pelear la fábrica, yo estaba adentro de la fábrica, como estuve en la UOCRA cuando era militante del MAS. O sea, hay…o sea hay como una estructura personal que va más allá de mi militancia o no en el partido y es donde yo decido, bueno yo me voy de la organización, del MAS, porque me parece que no sirve para construir lo que se dice que se quiere construir, pero sigo peleando por eso que creí en algún momento y que sigo creyendo, con más escepticismo que en otro tiempo

Ruth hará lo mismo. La dirigencia de la Coordinadora, perseguida policial-
mente por donde se asome, se verá también altamente afectada por estos
conflictos.

---

cuando había un partido que vos decías, éste va a tomar el poder." (Ibídem). Las vueltas de la
vida (militante) lo harán reencontrarse, ya en el año 2007, con Sandra Rodríguez participando
en la COCAPRE (Comisión Carlos Fuentealba Presente) lugar donde confluye gran parte de
la militancia del viejo y extinto MAS. Militante independiente actual, Jorge también brinda
una visión retrospectiva alternativa a aquella que realza a Neuquén como un paraíso de luchas
sociales. No, para Jorge Neuquén es también otra cosa: "[…] lo que en algún momento me
parecía fabuloso, que es toda esta militancia concentrada de izquierda que hay en Neuquén,
ahora lo miro un poco de reojo […] y a veces tengo la fantasía de que vivo en los lagos del sur…
(risas), y de que los conflictos sociales me pasan bien lejos, porque en realidad, o sea, como el
objetivo de mi vida es vivir en paz, lo que pasa es que en esta sociedad es imposible vivir en
paz. No es que, que sé yo, hay capaz compañeros luchadores de izquierda que les encanta la
vida conflictiva de lucha, a mí no me gusta la vida conflictiva de lucha, yo quisiera vivir en paz.
Precisamente, tengo que luchar para ver si consigo vivir un poquito mejor en paz" (Ibídem).

Capítulo V

P:Puebladas y sindicatos. Una relectura del Cutralcazo

Las puebladas

En la historia reciente argentina *Cutralcazo* señala el comienzo ascendente de las resistencias sociales al modelo neoliberal. Remite a una trama de sucesos históricos y sentidos anudados, poco fáciles de desmenuzar, que ocurrieron en Neuquén a mediados de los '90 y cuyo impacto la coloca en ese haz de luchas sociales que son caracterizadas por el uso del sufijo "-azo". En un principio el término *Cutralcazo* refirió a una protesta masiva o *pueblada* protagonizada en junio de 1996 por habitantes de dos localidades del interior del país (Cutral Có y la vecina Plaza Huincul) que se levantaron cansadas de falsas promesas de apertura de fuentes de trabajo y que venían sufriendo el efecto vertiginoso de un aumento nunca visto en las cifras de desocupación (35% en Cutral Có en el año 1997), hecho motorizado tras la privatización a inicios de los '90 de su vital fuente de empleo: la entonces empresa estatal YPF. Aquella simbólica empresa del Estado no sólo creaba pueblos sino que abarcaba tantas esferas de la vida y tantas generaciones que produjo un universo en torno suyo que ha sido denominado como "mundo ypefiano" (Svampa, 2003, Favaro, 1999). El derrumbe de ese mundo fue expresado en cierto modo bajo el formato de puebladas que, no es ocioso destacarlo, fueron tales no sólo por la participación de un conglomerado policlasista de comerciantes, desocupados, asalariados, dirigentes políticos y sindicales, vecinos, hombres y mujeres de todas las edades, sino por darse en pueblos del interior del país: la doble condición de periferia y marginalidad política (acentuada por estar ubicados en la lejana Patagonia argentina) le inyectó a esa condición la urgencia de una medida de lucha para entonces igualmente extrema: el corte de ruta, o también el piquete. Se sabe, los pueblos del interior nacen a la vera de la ruta (antes, del ferrocarril) y ésta hace las veces de avenida central y divisoria de barrios. Lugar central, neurálgico, vital, su interrupción es la interrupción de la vida social del pueblo. Cortada la ruta, todo lo demás gira en torno a semejante evento. Así ocurrió también en General Mosconi y Tartagal (Salta) en los años 1997, 1999 y 2000.[1] *Cutralcazo* aglutina en rigor a dos episodios protagonizados por ambas localidades y que se dieron en dos años consecutivos apenas separados por espacio de diez meses: del 20 al 26 de junio de 1996 y del 9 al 18 de abril de 1997; de allí que se hable también de *puebladas cutralquenses*. No obstante ello, no fueron idénticas.

La primera (1996) fue una expresión más bien de alcance comunitario nacida, desarrollada y finalizada en ese territorio. El 20 de junio de 1996 en Cutral Có y Plaza Huincul se anuncia por radio la cancelación del acuerdo entre la empresa de fertilizantes Agrium y el gobierno provincial encabezado por Felipe Sapag. Esta situación va a articular y desencadenar una serie de sensaciones de injusticias y olvidos para con las poblaciones petroleras por entonces sumidas en graves problemas de empleo, tras la privatización de YPF. El tiro de gracia a las expectativas de supervivencia laboral y social en estas poblaciones fue particularmente azuzado desde la emisora radial de un amigo del ex intendente de Cutral Có, Adolfo Grittini, vocero del acuerdo con Agrium y principal actor generador de expectativas sobre la capacidad de empleo de la planta y de sus efectos beneficiosos para con las hambreadas localidades. Grittini estaba enfrentado al intendente de entonces, Martinasso; ambos simbolizaban otras tantas líneas de fractura interna en el gobernante MPN. Más allá de los pormenores y de los hechos que se fueron desencadenando, lo cierto es que de un primer momento relativamente manipulado por emisiones radiales y repartos de recursos e invitaciones a manifestarse en las rutas, se pasa rápidamente a un segundo momento en donde la pueblada emerge y escapa a la previsión de sus "organizadores": en las simbólicas Torres numeradas a la vera de la ruta la población se autoconvoca, organiza, discute y exige la presencia de Sapag, y finalmente se enfrenta a las fuerza represivas. Todo el desarrollo del proceso es un rápido clímax en donde se transforman viejas identidades y se generan otras tantas conmociones subjetivas: los ciudadanos son también nombrados como piqueteros, rebeldes, y hasta subversivos.

La segunda pueblada (1997) es un coletazo de la huelga docente lanzada por el sindicato neuquino ATEN, originada en la capital provincial y que fue

---

[1] Es importante aclarar que las puebladas no son una novedad en la historia argentina ni menos en la región patagónica, aunque los contextos históricos sí varían notablemente. Ver Aufgang (1989); Healey (2003); Laufer y Spiguel (1999); Favaro, Zapata, Araya (2010).

recogida y unificada junto a la anterior por los pobladores cutralquenses. Como consecuencia del "Proyecto de ley de remuneraciones" enviado por Felipe Sapag a la Legislatura neuquina a fines del año 1996, los estatales neuquinos debían de soportar, entre otras resoluciones, el achique de un 20% de sus salarios. ATEN tenía enfrente además la intención del ejecutivo de fusionar grados, cerrar salas infantiles, la eliminación de jefaturas departamentales en las escuelas medias, la eliminación de cargos de varias asignaturas y la cesantía de porteros escolares, todos ellos elementos que sumaban a la resistencia a la aplicación de la Ley Federal de Educación (Petruccelli, 2005). Lo cierto es que hacia fines de marzo de 1997 ATEN se lanza, en un acto inédito en la historia sindical docente argentina, a profundizar la huelga que venía realizando y decide cortar el puente y la ruta nacional 22 que une Neuquén con Río Negro. Luego de tres días, decenas de miles de docentes, padres, estudiantes secundarios y militantes sindicales son desalojados violentamente del lugar. En Cutral Có y Plaza Huincul, y a pesar de que la seccional local de ATEN no lo avala, se instala otro corte de ruta encabezado por la Coordinadora de padres, acompañado, por alumnos, vecinos y *fogoneros*, éstos últimos, jóvenes de barrios pobres y radicalizados que se distinguen de los *piqueteros* emergentes durante el año '96 en virtud de que aquellos habían levantado las medidas de fuerza acordando con el gobierno y por lo tanto "traicionando" el contenido de la pueblada al no cumplirse, claro está, los puntos del petitorio firmado por entonces.

En esta segunda pueblada hay elementos de diferenciación respecto de la primera: los protagonistas conocen ya la manera efectiva de hacerse escuchar y cuentan con un antecedente muy reciente, su posibilidad está fuertemente vinculada a la protesta que encabeza un sindicato docente que está en vías de masivizar sus demandas (la defensa de la educación pública), se sabe de la suerte de la anterior pueblada en términos de éxito, y entre otros aspectos, se produce la muerte de una mujer en Cutral Có, Teresa Rodríguez, durante la represión que efectúa gendarmería. Pero también, es la segunda vez que gendarmería no logra vencer a la población levantada.

Las puebladas se escenificaron en la ruta, a modo de piquetes: la señal de largada de ellos fue la quema de cubiertas y la conformación de una organización más o menos estable de personas que asegura y mantiene el piquete y lo conecta con los otros cortes. El método de toma de decisiones fue la *asamblea general* con participación de todos los manifestantes y que una vez lanzados a la acción comenzaron a denominarse *piqueteros*.[2] Aunque con

---

ciertas idealizaciones, la asamblea general le insufló un aire de horizontalidad y de autonomía política al fenómeno; por eso la ausencia de referentes o dirigentes, al menos en los primeros pasos de la acción, es un dato característico junto a la existencia de delegados revocables. Entre las puebladas y lo que se conoce como movimiento piquetero (desocupados organizados) hay una delgada conexión: es evidente que las primeras alimentaron simbólicamente al incipiente movimiento, pero no todas las puebladas generaron, a *posteriori*, un movimiento de piqueteros; en general el *movimiento piquetero* o *movimiento de desocupados* es el fenómeno organizativo que se produce inmediatamente después de ellas y que resignifica al piquetero como el actor social que politiza su práctica. Vale decir, el movimiento piquetero especificará sus demandas (subsidios, planes de trabajo o trabajo genuino) y las hará eje de su identidad y de sus movilizaciones. El movimiento piquetero se nutre del imaginario de las puebladas, los cortes de ruta, los piquetes (y la imagen de los piqueteros con sus rostros tapados), y se conforma casi exclusivamente en las grandes ciudades, muy lejos de aquellas puebladas, aunque existan casos como la constitución de la UTD de Mosconi -que tiene su origen antes de la pueblada de 1997 (Benclowicz, 2011)- o de incipientes coordinadoras de desocupados como en Córdoba (Gordillo y Natalucci, 2005), Salta y Neuquén (Bonifacio, 2011). Por eso algunos autores hablan de "matancerización" del movimiento piquetero (Massetti, 2004) para referir a la irrupción piquetera en el ámbito urbano bonaerense, cuyo "corte inaugural" se dará recién en el año 2000 en la Matanza.

El fenómeno de consolidación organizacional de los desocupados ocurrirá tras la Primera Asamblea Nacional Piquetera (año 2001) junto a la emergencia de un núcleo geográfico que condensa el fenómeno en términos urbano-territoriales en el mismo ámbito de la Matanza, provincia de Buenos Aires. De todos modos y más allá de su decurso histórico, tanto el *Cutralcazo* como el movimiento piquetero y el surgimiento del piquete y corte de ruta

---

while many state-owned companies were privatized. The first ""piquetero"" demonstrations were held in late 1996/early 1997 by laid-off oil workers in Salta and Neuquen provinces. Demonstrators blocked roads, including a national highway, and demanded re-employment or new jobs. The protestors did nt disperse until the provincial governors offered to create new jobs. Although these early local protests were not linked to any parties or social plans, their success set the standard for other social activist movements. Social organizations not only assumed the piquetero name, but adopted the oil workers' protest tactics. As a result, roadblocks flourished in Argentina increasing from 27 in1997 in Buenos Aires province to a total of 7269 protests by 2005, according to local researchers" Santiago O'Donnell, "The Piqueteorus", Diario *Página 12*, 11/03/2011.

como formatos de protesta generalizados tienen su marca registrada en los años '90.[3]

Muy ligadas al problema de la desocupación, las puebladas también se conectan con distintas modalidades de aplicación de políticas sociales asistencialistas durante los '90 que irán tomando forma bajo el nombre de subsidios para desempleados que existen antes del *Cutralcazo* y que se aplican tras una sucesión de fuertes conflictos sociales, muy relacionados con los efectos económicos del "efecto tequila" (1995) en las provincias del interior, gravemente trastornadas en sus presupuestos y con cifras récord de desocupación. Según Gómez, en el año 1994 existen veintiocho mil beneficiarios de subsidios para desocupados (PIT) que se incrementan a casi cuarenta y nueve mil en 1995 abarcando provincias como Tucumán, Salta y Córdoba (Gómez, 2009). El paso siguiente serán los conocidos Planes Trabajar, ya en el año 1996, y que se aplican en una magnitud considerable especialmente tras la primera pueblada en Cutral Có, alcanzando su pico en 1997 y quedando claramente como la respuesta en términos de política social a las puebladas (es decir, desagregar y desactivar las demandas mediante la gestión de tales planes). De esta manera rápidamente las puebladas se tornaban más previsibles y manejables desde el punto de vista de la estructuración de las demandas (concretamente: planes de trabajo o subsidios para desempleados) a la vez que moldeaban un actor específico que las reclama, el piquetero, y un formato, el corte de rutas, que el mismo proceso histórico unificará en sentidos y simbología.

La mirada sindical

La presencia sindical, orgánica o de militantes sueltos que participaron a título personal, es una constante en todas las puebladas y en especial ha sido mencionada por muchos de los estudios publicados que refieren al *Cutralcazo* (en particular a la segunda pueblada) o a protestas en la región patagónica (Svampa, 2003, Oviedo, 2002, Petruccelli, 2005, Schuster, 2006, Benclowicz, 2011). En el caso neuquino ya registramos la pueblada en la localidad de Senillosa durante 1994 con participación de miembros de ATE, y como concluimos oportunamente, parece temprano para que los sindicatos elaboren alguna interpretación de lo ocurrido, más allá de que la consideraran como *"espontánea, pero organizada"*. No obstante ello, ¿debían los sindicatos

---

[3] Como advierte Kohan, no es posible señalar el momento exacto en que el piquete comienza a usarse de manera sistemática por los manifestantes, pero sí está claro que se los encuentra desde el inicio de la década en las protestas de los gremios estatales jujeños (Kohan, 2002).

combativos de Neuquén tomar aquella primer pueblada como algo más que un levantamiento popular en contra de los efectos de las políticas de ajuste que ellos mismos venían experimentando? Evidentemente no, más aún cuando nadie podía predecir su repetición. Tanto ATE como ATEN estaban, y no podía ser de otra manera, absorbidos por las novedades políticas que en términos de ajuste ofrecía el panorama nacional y local, con Felipe Sapag recién asumido. Y esa actitud no podía ser otra si, efectivamente, cada año se manifestaba como una interminable sucesión de luchas para frenar políticas agresivas, más allá de quien estuviera al frente del gobierno. ATEN en su Memoria del año '96, escritas por su secretaria general, María Eugenia Figueroa, señala:

> El gobierno de Sapag mostró su decisión política de implementar el ajuste, ni bien asumió. Los últimos días del año '95 nos encuentran movilizados ya que el Poder Ejecutivo intenta sancionar una ley de emergencia que daría marco a todas las medidas de ajuste [...] Sapag ataca otra vez y saca diez decretos, nueve de los cuales son de aplicación directa al sector docente. Con ellos precariza las condiciones laborales: no se nombran suplentes, no se paga el proporcional de vacaciones, se congela la antigüedad se anulan los nombramientos de porteros y administrativos, las recategorizaciones y pases a planta permanente y, además, nos rebaja en un 50% el pago por zona llevándolo del 40% al 20% [...] Por primera vez en la vida sindical de ATEN salimos a luchar para que no nos quiten las reivindicaciones conquistadas (ATEN, *Memoria 1996*).

Mientras, ATE titula la introducción de su Memoria y Balance de 1996 como los *365 días de lucha*:

> Durante 1996 se marcó un punto de inflexión, fueron cinco paros generales, el apagón, distintas luchas sectoriales y regionales que marcaron el nivel más alto de protesta de nuestro pueblo contra el modelo neoliberal [...] Fueron 365 días de lucha, en los que pudimos recuperar gran parte de la rebaja salarial, frenar el intento de Autogestionar el Hospital, defender las empresas y organismos del Estado (ATE, *Memoria y Balance 1996: 5*).

A diferencia de ATEN, ATE mantiene siempre su ambición política de liderar la CTA local, en pleno crecimiento:

> Para 1997 el desafío será aumentar nuestra capacidad de lucha y organización, ya no alcanza con frenar el avance del modelo. Debemos fortalecer ATE para ser motor de la construcción de la Central. Durante este año las luchas en defensa de la Escuela y el Hospital Público, el ISSN, las empresas del estado, nos tienen que llevar a ser más ATE que nunca para construir el CTA (Ibídem: 5).

Está claro que ni la pueblada de Senillosa ni la primera pueblada en Cutral Có conmovieron demasiado a los principales sindicatos combativos neuquinos. A juzgar por sus publicaciones, sus boletines o las discusiones asentadas en Actas de Plenarios, el escenario para ambos pasa principalmente por posicionarse en el contexto político nacional y provincial.

Los frentes de lucha de ATE y su proyección política desde el CTA regional

En el caso de ATE, el año 1996 comienza con una Marcha de Antorchas el 29 de marzo, en protesta por el ajuste de Sapag y por los hechos intimidatorios contra un estudiante secundario. En el acto, que contó con más de cuatro mil manifestantes, hablaron Luciano Angelini –el dirigente estudiantil amenazado-, Julio Fuentes, quien reclamó al gobierno "la defensa de los intereses de la provincia" y la no privatización de los organismos públicos y, cerrando los discursos por el lado de ATEN, María Eugenia Figueroa, quien acusó a Sapag de "aplicar el ajuste que le dicta el FMI" y reclamó que el gobierno informe "lo que se robó en los últimos 30 años en la provincia" (ATE, *Memoria y Balance 1996*: 7). Ya en abril hubo paro y movilización contra la rebaja salarial y en defensa del Hospital Público, EPEN, EPAS, EPROTEN, ISSN y del estatuto del empleado público. Acá lo interesante es la modalidad utilizada y que consiste en la ocupación pacífica durante más de dos horas en la intersección de la ruta 22 y Avenida Olascoaga, inicio de la zona céntrica neuquina, pidiendo la derogación de los decretos de ajuste.

Lo característico de las luchas desde el sector salud de ATE es el rotundo "No a la autogestión", en referencia a los intentos de instalar el Hospital Público de Autogestión (HPA), trabajado con especial énfasis el 10 de abril durante el *1er Encuentro provincial de Trabajadores de la Salud*, seguido de Encuentros Regionales en la zona Norte (Zapala, San Martín, Villa la Angostura, Junín), más un *2do. Encuentro Provincial* realizado el 23 de mayo. Frente a la visita del ministro de Salud de la Nación, Alberto Mazza, quien llega a Neuquén para firmar un acuerdo de asistencia técnica con la provincia, un grupo de trabajadores de la salud se acercó al despacho del gobernador con bombos y redoblantes haciendo oír su rechazo al HPA y repudiando la presencia de Mazza, quien *"no pudo dar la cara y tuvo que huir por la puerta trasera, retirarse en un vehículo marcha atrás y fuertemente custodiado por agentes de seguridad"* (ATE, *Memoria y Balance 1996*). Estas acciones logran frenar parte del ajuste que se argumentaba desde el gobierno tras el supuesto déficit provincial, muchas veces incursionando en medidas como la retención de servicios no pagados. La propia Legislatura provincial, ya a fines del '96 y con el voto de veintiséis de sus treinta y cinco diputados, labró una declaración contra esos decretos recuperándose el 75% de la reducción salarial a la que aspiraba el gobierno (unos $8 millones de pesos).[4]

Otra victoria se dio en el marco de las elecciones de representantes de los jubilados en el ISSN, donde por primera vez se le gana a las listas del oficialismo. Este éxito de las luchas de ATE en un contexto adverso le hace concentrar sus energías en alimentar el rol de la CTA local mediante valoraciones positivas de los esfuerzos puestos en su construcción, agigantando su protagonismo, cuestión que le permite a ATE traspasar las fronteras del sindicato e involucrarse en luchas más amplias y de mayores chances de capitalización política.[5] Y por fin allí, en ese marco, aparecen entre otros actores, los desocupados.

Y es que el 26 de octubre se realizó en Neuquén el V Congreso Regional del CTA, que funcionó bajo el lema "Organizarnos y Crecer". Allí asistieron unos trescientos delegados de las distintas localidades de ambas provincias (Río Negro y Neuquén), de los cuales setenta y dos representaban a ATE. Con la presencia del secretario general, Víctor De Gennaro, el congreso lanzó varias resoluciones con un espíritu marcadamente local, entre otras:

> *-Consolidar el CTA en la región dándole presencia en cada localidad y unificando luchas de ambas provincias;*

---

[4] Ver artículo titulado "Con la unidad de acción frenamos el ajuste salvaje" (Ibídem: 12). En el mismo artículo se sostiene: "[...] lo que se demostró en las distintas reuniones en las comisiones de Presupuesto y Hacienda y Legislación laboral era que los recursos corrientes de la Provincia permitían hacer frente a los gastos corrientes incluyendo los salarios con el 40% de zona [...] se llegó a establecer, aceptado aún por los propios funcionarios, que el ejercicio '96 cerró con más de 100 millones de pesos de superávit cuando la rebaja salarial alcanzó a 72 millones, es decir, que con rebajarnos los salarios igual no hubiera existido déficit, lo que fue reconocido por el propio Contador Sabio, Subsecretario de Hacienda [...] Esta imposibilidad de parte del gobierno de mostrar que no existen recursos para pagar según nuestro reclamo, pero fundamentalmente el peso de la lucha de todo el año, llevó a que en las comisiones no obtuviera un despacho favorable, previéndose una votación en contra al tratarse en el recinto, hecho este que se materializó cuando expiraba el '96 en la votación que se definió 18 a 17 por el rechazo al ajuste y el pase a archivo del proyecto del Ejecutivo".

[5] Además de estas acciones se realiza un paro de 36hs el 8 de agosto, un acto en la región con presencia de la CGT, el MTA y la CTA en oposición a la flexibilización laboral, la II Reforma del Estado y por la defensa de las economías regionales. El 26 y 27 de setiembre se realiza un paro nacional desde la CTA y un apagón organizado por el "Foro Neuquino de Protesta y Propuesta" que convocó el 12 de setiembre a un apagón desde las 20hs a las 20,05hs., en rechazo a las políticas económicas nacionales. Fue "una forma inédita de protesta", señalaron desde ATE (Ibídem: 23).

-Tomar como eje la lucha contra la desocupación;

-Rechazo de la LFE;

-Solidaridad y compromiso en la lucha por la libertad de los presos políticos Horacio Panario, Alcides Christiansen y Basilio Estrada.[6]

Como indica la tradición de ATE Neuquén de realizar encuentros y organizar sectores de trabajo, la hora de los desocupados se apuntala por la fuerza del propio contexto local. El 24 de mayo se realiza el *Primer Encuentro Provincial de Trabajadores Desocupados* en donde se calculan unos cuatrocientos desocupados participantes que eligen delegados en Neuquén capital y representantes de los beneficiados por la Ley 2128. En Senillosa, más de mil desocupados que fueron detectados por ATE, se organizan y eligen delegados. Se constituyen también en Plottier, Centenario (doce delegados) Vista Alegre (cuatro delegados) El Chañar (ocho delegados) y Añelo. Es claramente el interior neuquino donde más golpea la desocupación y donde más frecuentemente se encuentran acciones de protestas tan intensas como desconocidas, que igualmente son resignificadas por ATE en su cruzada por ampliar su espacio de influencia vía CTA. Un ejemplo: hacia mediados de setiembre, el intendente municipal de Senillosa avalado por el Concejo Deliberante resuelve reducir la jornada laboral de los trabajadores municipales en una hora diaria (con la consiguiente reducción salarial). Esta situación fue denunciada por los delegados de ATE y su secretario general en el momento en que Sapag, acompañado por su gabinete, concurrió a la localidad para anunciar una supuesta reactivación productiva. Frente a la ausencia de propuestas claras, la Junta Interna de delegados del municipio convoca a una asamblea popular que se lleva cabo en el Gimnasio Ex Obreros del Chocón con la participación de más de cuatrocientos vecinos:

> [...] al paro general en la localidad que resuelve el CTA y que es acatado masivamente por los trabajadores no sólo del municipio sino que es acompañado por los trabajadores del EPAS, Hospital, docentes, Cámara de comercio, productores rurales, etc. así el jueves 3 de setiembreSenillosa estaba paralizada, y casi 400 compañeros se trasladaron a Neuquén. Encabezados por el Comisión Directiva Provincial de ATE [...] La presión de la comunidad en su conjunto en

---

[6] Para el 1er Congreso Nacional del CTA (4 y 5 de noviembre de 1996) en el que asistieron un total de 5121 delegados, la región aporta 320 congresales. Las resoluciones fueron: Libertad a los presos políticos y levantamiento de los procesos judiciales a Panario, Christiansen, Estrada y Bazán; ratificación de la unidad de acción del movimiento obrero; defensa y profundización de los espacios multisectoriales; hacer eje en la lucha contra la desocupación; rechazo a la II Reforma del Estado, LFE y HAG; impulsar a través de la iniciativa popular una Ley de Emergencia Sanitaria, Social y Previsional (ATE, *Memoria y Balance 1996*: 19).

las puertas de la casa de gobierno hizo retroceder al gobierno, que volvió atrás con la rebaja salarial, se otorgaron créditos blandos a los pequeños productores, se garantizó el subsidio para el pago de luz y gas a los desocupados y la conformación de un foro multisectorial para discutir el perfil productivo de la localidad. Este triunfo de la comunidad movilizada a través de la convocatoria de la CTA marca la necesidad de trasladar el conflicto social al que empuja este modelo de exclusión a los sectores populares, a espacios multisectoriales donde el conjunto de la comunidad con la presencia protagónica de una central de trabajadores marque el camino… (Ibídem: 24, negritas nuestras).

El patrón de acciones y protagonistas casi que se repite en Zapala y otras ciudades del Interior neuquino, donde la seccional de ATE trabajó junto a desocupados, docentes, amas de casa, domésticas, taxistas, cuentapropistas, dirigentes barriales, militantes de la Iglesia:

Es por esto que casi a fin de año y cuando el ejecutivo municipal pretendía rebajar los salarios, los trabajadores organizados le pusimos freno al ajuste […] desde el CTA local se impulsó la creación de la Asociación de Taxistas, se logró la reincorporación mediante la organización de los trabajadores viales que habían sido entregados por la UNAVP, se frenó al concesión de los servicios de agua y cloacas. Tuvimos el orgullo de ser 28 los compañeros que estuvimos presentes en el Primer Congreso Nacional de la CTA […] es por esto que el 8 de agosto **se ocupó el municipio** en forma pacífica durante siete días, en reclamo de creación de puestos de trabajo, los cuales se consiguieron gracias al esfuerzo y la lucha de los compañeros. Más de 250 compañeros pudieron acceder a un puesto de trabajo mediante la obra pública (Plan Trabajar) […] En Loncopué quizá el hecho más significativo o trascendente del año fue la toma del Ente Provincial de Termas (EPROTEN) en reclamo a la decisión del ejecutivo de reducir en un 50% la planta temporaria […] Finalmente y **fruto de las ocupaciones** además de las gestiones ante los responsables por parte de ATE los 250 trabajadores pudieron acceder a su fuente de trabajo y en consecuencia ponerle freno a la posible privatización del complejo… (Ibídem, negritas nuestras).

Y sobre el *Cutralcazo*, apenas un par de líneas, quizás demostrando que en la visión sindical de ATE aquella pueblada sólo se comprendía como parte de ese Interior, tal el título de la nota que describe los sucesos anteriores: *"También se brindaron durante la pueblada, atención de enfermería y ayuda en las comidas aparte de todo el apoyo solidario de los estatales"*. Sin embargo, el año 1997 marca un quiebre en esta visión de las puebladas y de las luchas sociales en general. Rápidamente y tras la segunda pueblada y su trágico saldo con la muerte de Teresa Rodríguez, la dirigencia de ATE expresa en sus publicaciones el punto de inflexión que significaba la derrota del menemismo en las elecciones legislativas (derrota a la que ATE contribuyó sin dudas, según su visión), inocultablemente ligada a las puebladas pero efectivizadas en las urnas. Vale decir, en la perspectiva de poder que enuncia la dirigencia de ATE son las elecciones las que marcan los cambios:

> [...] marcó un punto de inflexión en el entrenamiento que nuestro pueblo venía llevando contra el modelo neoliberal. **Por primera vez los paros, los cortes de ruta, las movilizaciones y las huelgas se tradujeron en una derrota del menemismo en las urnas.** Hasta el 26 de octubre parecía que todo lo hecho por miles de compatriotas, desde el santiagueñazo en adelante era inútil, porque en cada elección se convalidaba la alianza en la que lo sectores conservadores ganaban el apoyo de los sectores populares. Pero nuestro pueblo con su lucha de todos los días pateó el tablero y en las últimas elecciones impuso su voluntad para derrotar el modelo [...] estuvimos en todas y cada una de las acciones del conflicto (ATE,*Memoria y Balance 1997*:10).

Junto a cierta euforia militante también está presente la impronta del peso que adquiere la CTA como apuesta política específica de ATE que, a contrapelo de gran parte del sentir de las bases de ATEN, no duda en lanzarse a capitanear su construcción:

> Hoy ya no alcanza con decir lo que queremos, también hay que construir la fuerza necesaria para imponer lo que como trabajadores necesitamos [...] Por eso el año que pasó fue no solo de presencia de la CTA en todos y cada uno de los conflictos, sino también de un crecimiento en la organización (Ibídem: 22).

Durante 1997 la CTA dio un salto cualitativo, y fruto de la presión internacional, logró el reconocimiento y la correspondiente inscripción gremialcon lo que por primera vez unos 200.000 trabajadores elegirían, por medio del voto directo y secreto, la conducción de una organización de tercer grado. En Neuquén se vio además la necesidad de consolidar esta apuesta con la realización de Cursos de Formación para delegados y activistas cuyos contenidos buscan señalar la importancia de dar la discusión, especialmente *desde* los trabajadores estatales, sobre el rol del Estado como "garante de una distribución del ingreso más justa".[7] A su vez, este optimismo de ATE se alimenta de nuevas victorias en la resistencia de los estatales a los embates para privatizar

---

[7] En 1997 se dictó un curso con la participación de 30 militantes sindicales que abordaron la Historia del movimiento obrero en la Argentina, dictada por el historiador y docente universitario Enrique Masés. Julio Fuentes y Horacio Fernández se encargaron de la discusión acerca de la caracterización de la etapa social, política, económica, cultural, y la propuesta de la CTA en esos temas.

el Ente Provincial de Agua (EPAS),[8] esclarecer el déficit del ISSN,[9] en contra la nueva Ley de Riesgos de Trabajo (ley 24.557) que pretende desembarcar con las Aseguradoras de Riesgos de Trabajo, y el Hospital de Autogestión.

Apenas iniciado el año 1997 el gobierno neuquino, por medio del decreto 299, aceptó la propuesta técnica elaborada por un consorcio de capitales estadounidenses y británico (Odgen Yorkshire Company), que proponía la previsión de agua para Neuquén desde el lago Mari Menuco. ATE lanzó una agresiva campaña de esclarecimiento en medio de la huelga docente y logró frenar la medida. A su vez, los trabajadores de la salud realizaron una jornada de protesta a mediados de abril en el hall central del Hospital Regional Neuquén donde se impidió el inicio de su trabajo a la Consultora ASENSA. El miércoles 30 de abril, se realizó un paro parcial de actividades en rechazo a la política sanitaria y en oposición a la Autogestión hospitalaria. El 24 de junio, nuevamente, se intenta introducir la consultora en el Hospital Neuquén, pero esta vez con el respaldo de las fuerzas policiales; fue imposible, ya que los trabajadores la rechazaron apostados en la puerta. Finalmente, el 2 de julio se realizó un "Abrazo al Hospital" en defensa de la salud y contra la Autogestión hospitalaria con un alto grado de participación de los trabajadores. Salud es un rubro en que ATE crece en particular: en 1997 ingresan 1779 nuevos afiliados, y en Hospitales se posicionan treinta nuevos delegados, siendo el mayor incremento registrado en el Hospital Castro Rendón, con catorce nuevos delegados (Ibídem: 20).

ATE y los inicios de la judicialización de la protesta sindical

En éstas y otras acciones, como las ocurridas durante octubre del '97, recae sobre ATE una feroz persecución política basada principalmente en la detención de militantes sindicales (unos cincuenta y ocho en total) que entre

---

[8] El EPAS abastecía por entonces con agua potable al 98% de los 200.000 habitantes que poseía Neuquén capital. En el año 1997 uno de sus principales deudores era el propio Estado neuquino.

[9] Este déficit se explica desde ATE a partir de la rebaja salarial del 20% de zona aplicada en el año 1996, y que produce dentro de la Caja de previsión una diferencia mayor entre lo que ingresa y las jubilaciones que se pagan, debido a que una gran parte de los trabajadores pasaron a cobrar mayor importe en negro (adicional no remunerativo) que no ingresa al ISSN, aumentando de esta manera el déficit. Es por ello que los estatales presentan en la Legislatura un proyecto para la eliminación del déficit que contempla la devolución de la deuda histórica que los diferentes gobiernos del MPN mantiene con ella.

forcejeos, patadones, trompadas y empujones con funcionarios gubernamentales resultan también acusados de secuestro, coacción agravada o amenazas, además de recibir el mote, nada novedoso, de "subversivos" de parte del gobernador Sapag. El más grave de esos hechos recibió el nombre de "jueves negro" y ocurrió el 23 de octubre (Ibídem: 17-18). Con olfato previo sobre el panorama que se avecinaba, ATE crea durante mayo de 1997 su flamante Asesoría Jurídica que durante 1997 ejerció la defensa de cincuenta y dos trabajadores estatales con causas penales (Ibídem: 21). Es por esta razón, enmarcada en un clima de violencia que deja entrever la judicialización de los conflictos sindicales, que la interpretación sobre la segunda pueblada en Cutral Có resulta impregnada de esta atmósfera:

> [...] lo que se dio en llamar la segunda pueblada, de la que los compañeros estatales tuvimos una activa participación [...] Desde la Asociación de Trabajadores del Estado Cutral Có se promovió que se investigara el asesinato de esta compañera [...] Siendo tal vez la razón para sufrir diferentes atentados: intento incendiario, bombas molotov, amenazas telefónicas, disparos de armas de fuego contra el local gremial. También en el transcurso del '97 fuimos víctimas de tres robos... (Ibídem: 22).

Impregnada por la violencia creciente y en un espacio poco trascendente dentro de las memorias estatales, la segunda pueblada es en realidad abordada desde el relato del conflicto docente y, quizá testimoniando el difícil desciframiento de aquel levantamiento popular, la contratapa de este material contiene, a modo ausencia de las palabras, el rostro silencioso de Teresa Rodríguez.

ATEN: "el problema docente se transformó en una cuestión de Estado"

Así lo expresaba un miembro de la Comisión Directiva Provincial de ATEN en un Plenario, y de inmediato agregó la dosis de orgullo característica de los afiliados atenienses: "somos la única fuerza organizada".[10] Tanto ATE como ATEN construyen un universo propio, a pesar de la pequeña dimensión de la capital neuquina (las sedes sindicales están a pocas cuadras unas de otras), de los núcleos de sociabilidad militante compartidos, o de la vecindad barrial, ambos sindicatos expresan una vida interna tan rica como

---

[10] ATEN, *Libro de Actas de Plenarios de Secretarios Generales*, Libro VII, Acta 201/96, Folio 39.

por momentos cerrada, a la par que sostienen una identidad política en construcción que no cesa de agrandar su propia imagen. Carácter insoslayable de este tipo de organizaciones, lo cierto es que ATEN transita los turbulentos coletazos de la crisis interna de la Lista Celeste, de donde proviene su secretaria general, María Eugenia Figueroa, recientemente asumida. Por su parte, desde ATEN capital, la seccional más poderosa, numerosa y combativa, Liliana Obregón y Susana De Luca ocupan la Comisión Directiva. De extracción de izquierda, junto a una camada de militantes que la acompañan, será la voz cantante opositora y feroz a la aplicación de la LFE, no dando tregua tampoco a la Celeste. Mucho más allá de ambas está Felipe Sapag, quien no duda en impulsar sendos decretos a fines de 1995 que apuntan directamente al sector docente y que, entre otros aspectos, pretendían dejar sin efecto el Estatuto Docente, reducir el suplemento por zona desfavorable del 40% al 20%, congelar adicionales, bonificaciones y asignaciones, elevar el rango de la educación privada creando la Dirección de Nivel, crear la Dirección Provincial de Formación y Capacitación Docente Continua, etcétera. Éstas últimas medidas eran consideradas por el gremio como *"el brazo legal de la Ley Federal de Educación"* (Petruccelli, 2005: 41).

Frente a este contexto, los tempranos mandatos de las diversas seccionales del interior muestran un panorama difícil y agitado a comienzos de 1996, en vistas de lo cual piden el no inicio de clases, a la vez que reclaman constituir un fondo de huelga. Buscando frenar los decretos ante el ajuste sapagista, ATEN envía un pedido de declaración de inconstitucionalidad[11] de los mismos mientras prepara una movilización para el 22 de febrero, una jornada de protesta para el 4 de marzo con movilización y un paro provincial de 24hs para el 11 de marzo, además de la participación en la Coordinadora de Gremios Estatales a la par de ATE, a quien no obstante se acusa de conciliar en vez de luchar.[12]

A mediados de marzo la evaluación del rumbo del conflicto desde la CDP arroja el 90% de adhesión a las acciones planteadas. Se discute cómo seguir el plan de lucha, cómo potenciarlo, mientras, hay delegados que proponen dialogar con el gobierno, pero en general ganan las posiciones de seguir luchando y sumando sectores. La seccional Neuquén a través de Obregón mociona "aumentar la ofensiva desde la conducción ante la profundización del ajuste", progresar con el plan de lucha y autorizar retiros con el aval de las seccionales. Para el día 21 de marzo se propone otro paro con corte de ruta y concentración en Neuquén capital. Seccionales como El Huecú propone *"tocar a todos los sectores: Legisladores, jueces, comercio, etc., llevarles la propuesta*

---

[11] El abogado que patrocina a ATEN es Oscar Massei.
[12] ATEN, *Libro de Actas de Plenarios de SecretariosGenerales*, Acta 202-3/96.

de salida del conflicto", mientras que Cutral-Có plantea movilizar junto a los docentes rionegrinos agremiados en UNTER para efectuar entre ambos el cierre del puente carretero, más una marcha de antorchas con apagón en comercios (Ibídem, Acta 205, F. 70-75). Durante el desarrollo del conflicto, las acciones de protestas se van diversificando, buscando presionar al gobierno nacionalizando el conflicto: la seccional Picún Leufú propone coordinar cortes de ruta por más de cinco días y en toda la provincia, mientras que Junín propone el quite de colaboración, paro y corte de rutas. El Huecú mandata no participar en cursos de capacitación del CPE y la simpática medida de amenazar con enseñar *"historia de la familia de Sapag"*, más una sentada en la Casa de Gobierno formando un pasillo para el ingreso a la gobernación. En general los mandatos de las seccionales plantean extender el paro por tres semanas. Pero esto no ocurre exento de tensiones: la renovada conducción de ATEN no sólo se juega el primer conflicto largo sino también deja emerger las diferencias internas con respecto a la conducción de CTERA frente al pedido de Obregón de nacionalizar el conflicto luchando contra la LFE. Acá emerge la discusión de fondo, que es en realidad una disputa contra la lista Celeste y CTERA; en ese sentido se denuncia que las luchas nacionales ya están derrotadas porque la CTERA las deja solas, *"Nuestra organización madre no unificó la lucha"*. Mientras el debate se caldea Obregón pide no concertar, radicalizar la lucha y *"concientizar a los compañeros, sabemos de políticas perdidas por ser conciliatorias"* (Ibídem).

La resolución del Plenario plantea el plan de lucha por las cuatro semanas siguientes y establece que la primera semana de abril se realice trabajo gremial, la segunda semana un retiro provincial con volanteada y movilización nocturna de antorchas en cada localidad, la tercer semana un paro con movilización provincial y cortes de ruta, la cuarta semana (jueves 24 y viernes 25) paro con concentración y permanencia en Casa de Gobierno y sedes municipales o plazas en el interior provincial (Ibídem). Las notables diferencias políticas existentes en el interior de ATEN ejercen una doble derivación a través de su historia: o bien destruyen la unidad interna con sus efectos desmovilizantes hacia el exterior o, al contrario, son capitalizadas y hasta generan una sensación de orgullo docente, aumentado por la comparación con su imagen especular representada en ATE; así ATEN se fortalece al considerar que sus diferencias internas son un signo de democracia sindical. De allí que abunden expresiones como *"ATEN reúne al resto de la sociedad"*, *"el gobierno reconoce nuestra lucha", "somos combativos y fuertes por nuestras diferencias"* (Acta 207, F. 94-97).

Entre mediados de abril y mayo, la evolución del conflicto muestra que en el interior el acatamiento es disímil según las seccionales, por ejemplo en Zapala un 30%, en El Huecú 85% (Ibídem, F. 96). Neuquén, por el contrario, es homogéneamente dura: el acatamiento es de un 80% y el corte de ruta resultó exitoso.

Avanzado el mes de mayo, los reclamos de ATEN se concentran en el no funcionamiento del CPE, contra los nombramientos "a dedo" de funcionarios en esa dependencia, la desactivación de las escuelas rurales, la suspensión de concursos, la no apertura de las salas de 4 años en jardines de infantes, entre otras (ATEN, *Memoria 1996*). La propuesta ofrecida por el gobierno no convence al gremio que comienza a sentir el desgaste del conflicto expresado en la caída en el número de asistentes a las asambleas y en la clásica diatriba de la seccional Neuquén que critica al Plenario y a la CDP por dar "tregua" al gobierno, y también apunta contra la dirigencia de ATE, en la figura de Fuentes, a la que acusa de montarse en el conflicto y *"candidatearse junto a Mary Sánchez."* Frente a estas denuncias casi todas las seccionales critican a Neuquén: Piedra del Águila la acusa de "divisionista", Picún pide su repudio, Cutral Có solicita *"se analice posible sanción por desconocimiento de lo resuelto y por mostrar divisiones internas gremiales"*, Plottier y Junín, Chos Malal, Centenario, Senillosa, Aluminé también critican a coro a la seccional capitalina (Ídem, F. 114-117).

Como adelantamos más arriba, en momentos en que la lucha entra en un período de meseta la dinámica lleva las aguas hacia las diputas internas de ATEN (acrecentadas por la eventual elección de recambio de autoridades a realizarse a fines de noviembre), y entonces se entablan debates ríspidos entre listas o entre personalidades como Obregón y Figueroa, donde la primera acusa a los celestes de no querer involucrarse en la lucha, de que no "bajan información", que se "deforman los mensajes". También se entablan polémicas sobre temas como el posicionamiento de ATEN en los procesamientos de Christiansen y Panario (la Justicia ratifica las carátulas de coacción agravada), las reuniones con bloques de diputados del FREPASO, del MPN línea blanca, el Obispo, o las irrupciones de dirigentes de ATE y su apuesta con los desocupados en vías de organizarse generan una constante tensión. La presencia de CTERA, reclamada a viva voz por casi todas las seccionales es otra cuestión candente. Marta Maffei de hecho concurre a la inauguración del Salón de ATEN bautizado con el nombre de "Jaime de Nevares", y allí se le plantea la ausencia de la junta ejecutiva de CTERA durante el conflicto y la falta de respuesta ante el pedido de realizar un Congreso en Neuquén, a modo de hecho político, a lo que Maffei responde que por razones económicas es impracticable su realización. Según su opinión, CTERA considera que el conflicto está bien manejado por la conducción provincial de ATEN y siente tranquilidad ante la conformación de la Mesa de Diálogo (Ibídem, F. 137-138). En medio de estas disputas y negociaciones no es extraño que la primera pueblada de Cutral Có pase como una protesta más, al menos eso dejan entrever los registros de Actas de plenarios y la Memoria de 1996, en ella se dice:

> El 25 de junio, junto a la Multisectorial convocamos a un paro y movilización en solidaridad con los compañeros de Cutral Có y Plaza Huincul que comienzan el corte de ruta y la primera pueblada. Repudiamos la represión y reclamamos por las justas reivindicaciones de esos pueblos (ATEN, *Memoria 1996*).

A inicios de agosto, este largo conflicto termina con la firma de un Acta Acuerdo y la promesa de devolución de los días caídos en varios meses, aunque no se logra la devolución total, dato cuestionado fuertemente por la seccional Neuquén y que genera acusaciones cruzadas sobre "traiciones" a la lucha, además de haber "dejado solos" a los porteros de escuela.[13] En el ámbito nacional, las medidas continúan con un paro nacional de CTERA y CTA, una marcha el 26/7 y paro el 8/8, junto a otros gremios como el MTA y CGT. Como se señala, el acuerdo dejó sin soluciones a los porteros de escuelas, un sector que combina su posición de precariedad laboral con la apetencia de ATE de cooptarlos o mantenerlos en su gremio generando inevitables choques con ATEN. (El tema de los porteros y su cercanía con la problemática de la desocupación, será un incentivo más para que ATE se preocupe por ellos). La postura de Figueroa es la siguiente:

> Los porteros son trabajadores de la educación y los tenemos que defender, el único gremio que logró reivindicaciones sobre misiones y funciones, equipamiento, promoción de compañeros, tareas diferenciadas, planta temporaria y permanente, porque el portero de la escuela es un educador más (Ibídem).

La conflictividad en Neuquén dista de tomarse respiros o de ofrecer algún impasse, pues el 13 de noviembre el Tribunal Superior de Justicia de Neuquén falla a favor de ATEN y ATE considerando inconstitucional el Art. 44 de la Ley de Remuneraciones, con lo cual son también inconstitucionales los decretos del ajuste. Mientras en el sector docente se aquietan un poco las aguas y se retoman las fuertes discusiones sobre si derogar la LFE o apostar a la Ley de Financiamiento que propone CTERA, emergen otras protestas como la de las comunidades mapuce en Pulmarí y que generan un arco de solidaridades

---

[13] Según Petruccelli (2005), este acuerdo en realidad no había dejado conforme a ninguna de las partes: Sapag persistía en la reforma educativa y los docentes en recuperar el 20% perdido.

a su alrededor.[14] Pero ATEN no puede sustraerse a su propia dinámica[15] y ya sobre el final del año realiza sus elecciones aunque sin mayores cambios en los elencos dirigentes: el 14 de diciembre reasume en la CDP como Secretaria General María Eugenia Figueroa y como Secretario Adjunto Di Diego; mientras que en la seccional Neuquén es ratificada Obregón acompañada por Gabriel Pillado como adjunto.[16]

Rumbo a la segunda pueblada (o el recomienzo de la historia de ATEN)

[…] los huelguistas llevaron adelante un principio que no podemos aceptar, el de la supuesta legitimidad de sus reivindicaciones que están fuera de la ley y fuera de la reglamentación del derecho a huelga […] los manifestantes deciden que era legal la negación de las jurisdicciones, la toma de rutas, puentes y la rotura de la propiedad pública […] si tenemos los mejores edificios escolares del país, con el mejor equipamiento, si los sueldos docentes y el soporte para su tarea son casi los mejores del país, si el funcionamiento disponible es adecuado, ¿por qué falla la educación? No es por la LFE, que no tiene ninguna injerencia en lo que pasa en las aulas del Neuquén, ni es por los salarios. Entonces qué pasa? […] **no enfrentamos a un conflicto gremial sino a una movilización política.** La prueba más contundente de ello es la manera en que se jugó con fuego cerca de la pólvora seca. El gremio docente agitó toda la provincia y no tuvo mejor idea que pedir el apoyo a los desocupados de la zona petrolera. ¡Allí sí hay problemas en serio! Allí hay desocupación, cosa que los maestros no tienen. Allí en Cutral Có y Plaza Huincul los que tienen la suerte de trabajar, cumplen hasta 12hs por día y cobran sueldos mucho más bajos que los docentes que trabajan 20hs semanales (Discurso de Felipe Sapag aludiendo al conflicto docente, HLN, 1996: 15).

---

[14] A inicios de 1997 los mapuce serán duramente reprimidos en Pulmarí, cuestión que desencadenará reproches en ATEN por no haber sido más contundentes en el apoyo (Acta 219/97, F. 251).

[15] ¿Podría ser de otra manera?, Figueroa en las *Memorias del año 1996* es tajante: "[…] **Fuimos absoluta minoría en los ámbitos nacionales oponiéndonos a la Ley Federal de Educación y exigiendo su derogación** […] no es poca cosa en este contexto político. Todas las acciones de oposición al modelo se orientan a la concertación. ATEN plantea la lucha frontal y masiva con el conjunto, porque entiende que la LFE es la herramienta ideológica que garantiza la exclusión social consensuada, fruto del sometimiento que nos imponen las leyes del mercado" (ATEN, *Memorias 1996*: 4, negritas del original).

[16] Le siguen en los cargos de importancia: en finanzas, Susana De Luca, en prensa, Alejandro Castelar, en secretaria de preprimaria, Silvia Venero y como secretario de Media, Daniel Zapata.

A pesar de las grandes sacudidas en su agitada vida sindical, ATEN sabe informarse de lo que sucede en el resto del país igualmente afectado por los intentos de aplicar la LFE. En los primeros plenarios del año 1997 se intercambian discusiones y se insiste en que no hay postura clara de oposición de CTERA a la LFE. Se comenta de problemas en otras provincias como San Luis, donde tres mil docentes quedarían fuera del sistema, además de denunciarse el desmantelamiento de escuelas; o la vecina Río Negro, en donde se practican descuentos de hasta el 50% a estatales. Estas situaciones son vistas como escandalosas por los delegados de ATEN que se preguntan por qué no luchan. Se concluye que de esta manera se acompaña el inmovilismo de CTE-RA y que es necesario mandatar medidas de fuerza a nivel nacional, posición incluso sostenida por Figueroa.[17] Esta urgencia proviene del hecho de que el fallo del Tribunal Superior de Justicia será desoído por Sapag quien al expirar el año '96 envía el Proyecto de Ley de Remuneraciones que convalidaba el achique del 20% a los estatales. Durante el verano se emiten resoluciones para el ámbito educativo que implican la fusión de grados, el cierre de salas de tres y cuatro años de jardines de infantes, la eliminación en las escuelas medias de las jefaturas departamentales y los talleres; la supresión de cargos en educación física, música, plástica y educación especial, más la cesantía de porteros: en total se perdían nueve mil horas cátedra y alrededor de mil doscientos puestos de trabajo.[18] La respuesta de ATEN fue un plan de lucha contra las resoluciones y con el objetivo de la devolución del 20%.

Las clases no empezaron. La huelga sí. El mandato de las asambleas de seccionales decide las acciones a seguir: *"1º día de paro, martes y miércoles trabajo con la comunidad y asambleas; el jueves cortes de ruta de 1hs y en diferentes localidades, el viernes Plenario"* (Acta 221/97, F. 258-259). A posteriori, la ronda de seccionales que evalúa en Plenario el rumbo del plan de lucha demuestra una gran variedad de formatos de protesta por seccional:

Centenario: informa que de acuerdo a la resolución del Plenario se realizó junto con UNTER el corte del puente a Cinco Saltos, concurriendo cantidad

---

[17] Por supuesto que ante un panorama nacional desalentador los éxitos de ATEN incrementan el espíritu combativo del gremio: *"lo nuestro es un logro de la lucha"* sostiene un delegado, mientras otras acciones concientes de este perfil en franco aumento apuestan a politizar o cambiar el sentido de las medidas emanadas desde CTERA. Por ejemplo, frente a una medida nacional lanzada en el Congreso Extraordinario de CTERA en la que se resolvió un paro de 24hs y, para el 24 de marzo, de 1hora por turno en apoyo a la lucha en Río Negro más 1 minuto de silencio por el asesinato del fotógrafo José Luis Cabezas, un delegado propone cambiar el silencio *"por un minuto de aplausos"* (Acta 221, F. 258).

[18] Las resoluciones son las 075, 290 y el decreto 525. Datos extraídos de ATEN, *Memoria 1997* y Petruccelli (2005:49).

importante de compañeros y comunidad en general, a la noche se realizó un festival junto con municipales.

> *Plottier*: 85% de acatamiento [...] concentración en ruta de 200 compañeros [...] solicitar el retiro de la Ley Provincial de Educación, suspender aportes a CTERA y CTA mientras dure el conflicto
>
> *Chocón*: 90% de acatamiento
>
> *Chos Malal*: [...] corte de rutas con gendarmería pidiendo el retiro"
>
> *Aluminé, Las Lajas y Villa la Angostura*: 90% de acatamiento
>
> *San Martín*: movilización por la ruta entregando volantes
>
> *Neuquén*: trabajo comunitario y en escuelas. Si el gobierno baja los decretos y devuelve el 20% de zona, se dialoga sin medidas de fuerza. Informa que en la concentración en ruta hubo más de 4000 compañeros [...] Se constituyó la Coordinadora de Padres.
>
> *Zapala*: propone la asamblea concentrar en corta progresivos de una hora, 2hs el segundo día, etc.
>
> *Rincón de los Sauces*: [...] notas de los padres al CPE y gobernador. Se llevó al Concejo Deliberante la problemática [...] Presionar en Legislatura.
>
> *Piedra del Águila*: propone movilización provincial con pernocte
>
> (Acta 222/97, F. 261-265).

También se reciben declaraciones de Concejos Deliberantes del interior y muchas notas de apoyo de organizaciones de la comunidad y de partidos políticos como el FREPASO y MPN blanco. Resulta que tales apoyos son resultado de una exitosa campaña de *"propaganda militante"* refrescada y protagonizada por una nueva camada de jóvenes docentes que conforman nutridos grupos de activistas que recorren sin pausa escuelas, barrios y calles céntricas panfleteando y difundiendo los reclamos del gremio e instalando hábilmente la certeza de que la lucha de ATEN toca uno de los más caros tesoros de la historia contemporánea argentina: la escuela pública.

Sobre este punto se hace necesario abrir un pequeño paréntesis: el más agudo de los estudios publicados hasta la fecha sobre ATEN, y más específicamente sobre esta huelga, ha reconocido lo paradójico de que un sindicato que presume de combativo, altamente influenciado por sectores de izquierda -y marxistas- y férreo opositor de los perversos efectos del sistema capitalista en las sociedades humanas, formule e identifique su más eficaz discurso enarbolando una "apología" del clásico sistema educativo, un sistema por esencia de control social. En esos puntos profundos quizá encontremos los límites o fronteras –si es que resulta válido el término- de la cultura política de protesta neuquina.[19] El propio Sapag, por lo demás fiel a su estilo y ayudando en el mismo acto a constituir aquella frontera, caracterizó a esta huelga como un conflicto político manejado por "infiltrados de izquierda" embarcados "en su propia aventura" (Petruccelli, 2005:59).

La lucha entonces crece y toma forma de oleadas descoordinadas con grandes crestas y zonas de retraso, propuestas radicalizadas y desazón en los lugares menos activados; es que también a medida que avanza el tiempo avanza el desgaste, clásico ritmo de la dinámica sindical. Hacia fines de marzo una suerte de red anti-LFE se conforma tímidamente en torno de ATEN y convoca a los más diversos actores: partidos opositores como la UCR, los blancos del MPN, comisiones vecinales de diversos barrios, la APDH y la Confederación Mapuce. Mientras, se producen diversas situaciones tanto en el interior como en Neuquén: algunas localidades continúan conmovilizaciones sobre las rutas para complicar el turismo, afectando los puentes y la ruta 22.[20] Con este panorama y con el feriado de Semana Santa en ciernes, hay seccionales y numerosos sectores de activistas que se lanzan a radicalizar la huelga. La ruta es la opción más buscada. En palabras de Obregón: *"Necesitamos que el conflicto no se extienda. Hay que poner toda la gente en la ruta. Convocar a otros sectores porque está el paro del CTA. No esperar a Semana Santa"*. El Plenario de Secretarios Generales de ATEN resuelve:

1) Reafirmar la voluntad de diálogo en todo momento a fin de solucionar el conflicto provocado por las medidas salariales, educativas y laborales tomadas por el gobierno provincial.

2) Ratificar el paro y la movilización del lunes 24 de marzo coincidente con el paro nacional de CTERA y provincial convocado por CTA

---

[19] Sobre este aspecto ver la nota al pie en el citado libro de Petruccelli (2005: 54).

[20] La seccional Plottier anuncia que: *"Habrá reunión de directores para pedir que no informen las adhesiones al paro"*. En Picún *"se quebró el paro"* y piden hacer *"algo fuerte como puebladas"*, o rodear la Casa de Gobierno. La seccional San Martín propone: *"Hacer movilizaciones en ruta de todos los accesos a Neuquén. Propuesta de no pagar los impuestos"*. En Neuquén se advierte: *"tenemos problemas de seguridad (intentos de robo)...se conformó la Coordinadora de Padres"*. En El Huecú se describe un "bajón" en el acatamiento. Chos Malal habla de tomar la Legislatura. Por su parte, la cantidad de asambleístas es muy dispar y demuestra la disímil magnitud que ofrecen algunas seccionales: Cutral Có: 250 participantes, Las Lajas: 50 (y pide lanzar una huelga de hambre), Centenario: 160 (realizan una sentada en el Distrito, envían cartas de padres al gobernador, petitorios al concejo deliberante, y suelen cortar el peaje con intervalos para dejar pasar autos, ver Acta 223/97, F. 268-9).

3) Llamar a concentrarnos a las 12hs en Olascoaga y ruta 22 para marchar al puente de Neuquén-Cipolletti y confluir con la Comunidad y los Trabajadores de Río Negro (UNTER) en un gran abrazo en Defensa de la Escuela Pública.

4) Confluir en el Acto de repudio al Golpe Militar de 1976, convocado por APDH, HIJOS, sindicato de prensa y ATEN, dado que el actual proyecto social, político, económico y educativo es continuidad al instalado por la dictadura militar.

5) Continuar las acciones en toda la provincia tendientes a afianzar el apoyo a nuestros reclamos expresados por el conjunto del pueblo de Neuquén.

6) Continuar el Plan de Lucha con un Paro por tiempo indeterminado a partir del 25 de marzo.

7) Declarar al Plenario de Secretarios Generales en "estado de sesión permanente (Acta 222/97, F. 273-274).

De este modo ATEN se largó con todo a ocupar la Ruta 22, también conocida como *multitrocha* en virtud de los cuatro carriles que la configuran, más precisamente a cortar el neurálgico puente que une Neuquén con la vecina localidad rionegrina de Cipolletti. Como se evidencia en los registros de las discusiones de los Plenarios de ATEN, no es la primera vez que los docentes pisan una ruta o cortan el tránsito , ni hace mucho que piensan en saturar de cortes de calles a Neuquén o incluso hacer, quién sabe cómo, una pueblada…;[21] lo que sí fue una novedad es la decisión del Plenario de movilizar y marchar los 4km que distan del centro neuquino hasta el puente para instalarse, aparentemente sin mayores planes y confluyendo con los docentes rionegrinos.

Sobre este punto conviene evitar creer que ATEN se arrojó a cortar la Ruta 22 únicamente por los deseos desenfrenados de sus seccionales; más bien fue una decisión meditada y también consensuada entre las principales agrupaciones internas del sindicato que acordaron unificar sus fuerzas en virtud de sostener la medida. Con esa base activista elemental, más los miles de docentes ya movilizados, es que ATEN marchó y ocupó con casi diez mil personas el puente, una medida sin dudas masiva y contundente para cualquier sindicato argentino de entonces. La medida fue en ese sentido tan inédita que no pudo menos que generar un despliegue de sociabilidad que contrapesó

---

[21] Ni será la última vez que los docentes neuquinos se lancen masivamente a las rutas. Es inevitable aquí pensar en lo que sucederá diez años después, cuando en abril del 2007 y en medio de una extensa huelga y acuciados por la llegada de Semana Santa ATEN decida cortar la ruta a la altura de Arroyito, otro punto neurálgico de las rutas neuquinas, buscando con la interrupción del tránsito acelerar los tiempos de la huelga. Allí caerá asesinado Carlos Fuentealba.

semejante interrupción de los modos "normales" o previsibles del conflicto. Acudir en este punto al único trabajo que describe con suspicacia y agudeza este momento resulta indispensable, en particular porque nos ayuda a pensar *grosso modo* en el perfil del militante ateniense que a partir de entonces comienza a reescribir su historia en clave *piquetera*. El libro *Docentes y Piqueteros* describe la sensación que rodeaba a muchos docentes una vez llegados a esa instancia (el puente) y que se resume en las preguntas, algo impregnadas de cierto espíritu de clase media: "*Y ahora qué hacemos?, ¿qué va a pasar?, ¿hasta cuándo nos quedamos?*". Una entrevista realizada por el autor describe otro aspecto de esta incertidumbre de lo nuevo:

> [...] lo raro del puente es como –por la noche- iba habiendo más gente... vos pasabas por la Avenida Argentina (en el centro de Neuquén) y no había nadie...estaban todos paseando por el puente. (Petruccelli, 2005: 64).

Del otro lado del puente el avistaje del corte también constituía un motivo de paseo para los cipoleños que se acercaban en bicicleta, moto o automóvil. Contracara sin dudas de la urgencia que expresaban los cortes y piquetes durante la primera pueblada de Cutral Có, la impresión de uno de sus protagonistas no dejaba espacio para otras comparaciones:

> Allá en Neuquén era un paro turístico más que nada. Porque de esa manera no se lucha. Porque si vos estás conciente de la lucha, tenés que estar en la lucha no escuchando radio tirado en una reposera y cuando calentaba el sol te ponías unos anteojitos negros y tomabas sol...vos veías carpas, vos veías todo alrededor que parecía una zona turística, una zona de camping (Ibídem: 64).

Juicio tan certero como sesgado, la (in)comprensión del piquetero cutralquense marcado por su experiencia muestra también no sólo una frontera de clase sino también de actitudes que disparan determinadas situaciones que, aparentemente, (des)encuadran con una lucha ó, invirtiendo la posición, deberíamos poder pensar en que una situación conflictiva límite no impide el despliegue de ciertas conductas, normas y valores asociados al descanso, a la presencia buscada del sol en estos fríos territorios y que son propios de una clase que tiene incorporado el hábito del descanso o el recuerdo de las siempre anheladas vacaciones. Lo cierto es que estos elementos y otros más como la elección de la "*reina del piquete*" o la constitución coyuntural de una suerte de "*guardería para niños de manifestantes*" (Petruccelli, 2005) en una escuela ubicada a unas pocas cuadras del puente, sirven tanto como distractores y como relajadores de una situación de alta tensión que lleva a los manifestantes a buscar, en la incertidumbre y el miedo a lo desconocido, una dosis de cotidianeidad. Recordemos que el corte de ruta es, y los docentes lo sabían, una medida que además de novedosa es ilegal. Es que en cierto modo, y como apunta el testimonio siguiente, el imaginario reciente de las puebladas y de algunos cortes dispersos animaban a pensar que la medida podía durar sólo algunas horas. Por último, estas prácticas van construyendo y alimentando el perfil del militante ateniense, y por extensión neuquino, otorgándole especificidades a una manera de hacer política que incorpora desde aquí al piquete y al corte de ruta como una herramienta más.

Mientras tanto el Plenario de ATEN se reúne con la participación de los estatales de ATE que se encuentran cercados por procesamientos judiciales,- manifestando éstos su solidaridad. A partir de la noche del 26 de marzo se anuncia que la jueza federal que entiende por el despeje del corte de ruta comunica que comenzaría a correr el plazo a tal fin. Un delegado de la seccional Chos Malal propone, quizá como medida disuasiva frente a una eventual represión: "*convocar a 2 o 3 sacerdotes para celebrar misa para que los compañeros puedan participar, sobre todo ahora en Semana Santa*" (Acta 222/97, F. 280). La incertidumbre es total, Di Diego insiste y se pregunta con cierta perplejidad "¿qué es resistir? Si viene gendarmería, ¿nos quedamos?". Un delegado de Las Lajas llena de escepticismo el panorama sincerándose:

> No le ve salida al corte del puente, creo que la salida va a ser cuando llegue gendarmería nos vamos pacíficamente. Tengo miedo que el gobierno nos enfrente con la comunidad. Buscar la puerta de salida que menos nos perjudique. La información de Las Lajas es que el escuadrón de ese lugar se moviliza en 2hs para Neuquén. La experiencia de Las Lajas es que estuvimos sentados 12hs en la ruta (Acta 222/97, F.283).

Desalojo y después… Otra vez Cutral-Có

> Aquí pasó lo más importante desde años en el país. Reprimieron a los maestros (María Eugenia Figueroa, Acta 226/97, F. 8).

El desalojo y la eventual represión es inminente. Cerrando el Plenario, María Eugenia Figueroa rescata el orgullo ateniense: "*ayer fue el momento más difícil; pero de mayor aprendizaje y hoy nos sentimos orgullosos de protagonizar y responsabilizarnos de llevar adelante este conflicto*" (Ibídem, F. 284). Figueroa y toda la CDP estaban lejos de ser referentes indiscutidos de las bases docentes movilizadas. Mientras se sucedían las negociaciones con el gobierno, acompañados por otros sectores como ATE-CTA, diputados de varios bloques y la Iglesia, Figueroa iba y venía con novedades sobre las mismas pero no lograba sembrar confianza en sus dichos toda vez que la oposición de izquierda recordaba al resto el carácter negociador y, por consiguiente, "traidor" de la línea Celeste-CTERA. Antes de la represión final, Figueroa fue duramente abucheada justamente cuando volvía de la última negociación convencida de que la propuesta del gobierno sería aceptada; otra abucheada sufrió también Marta Maffei quien se animó a visitar algunos de los cortes menores (como los de Centenario y Cinco Saltos).[22] La contracara era Obregón, quien cada vez fortalecía más su discurso y su imagen (Petruccelli, 2005).

Dos semanas de huelga y trece días en la ruta duró la medida más impactante de ATEN en su corta historia. Sapag se encargó, antes de interrumpir las negociaciones, de diferenciar el corte de rutas en Cutral Có de éste que encaraban los docentes: fiel a su pensamiento político, frente a sus ojos veía "*ideólogos de izquierda*" interesados en la "*desestabilización*" de su gobierno. La madrugada del 27 de marzo el puente comenzó a ser desalojado. En pocos minutos un número de gendarmes superior al visto en Cutral Có irrumpió en el puente desatando la represión. Los docentes bautizaron el hecho como "*la noche de las tizas*".[23]

En el siguiente plenario, Figueroa notificó a los integrantes que CTERA había lanzado un paro nacional y, a continuación, expuso su opinión dejando en claro la politización del conflicto:

> Generamos un hecho político de envergadura en el país; los medios de prensa consideran sorpresivo como nosotros salimos con estas medidas contando con el apoyo de la comunidad, siendo que tenemos sueldos sin montos en negro, sin presentismo, cobramos en término. Salimos porque estamos en contra de este proyecto político, estamos luchando contra la LFE. El resto de los compañeros del país no llegan a entender que no sea por lo salarial, cómo no es éste el eje de la lucha. Hay que tener en cuenta que fuimos prolijos, cometimos errores sin dudas, hubieron situaciones que parecían de desborde. Nos acompañaron los estudiantes universitarios que intentaron conducir este hecho, pero logramos impedirlo, y estos compañeros así lo entendieron. Tenemos que analizar cómo seguimos relacionándonos con ellos y las organizaciones de padres. La comunidad nos apoya pero no deben manejar este conflicto ya que es nuestro y nosotros debemos conducirlo. Si se transforma en conflicto social

---

[22] La única seccional que repudió el abucheo a Maffei fue la de Aluminé, ver Acta 225/97, F. 291.

[23] *La Trastienda*. Periódico quincenal de información regional, segunda época, 4 de abril de 1997, año I, N° I, Neuquén, p. 4. Otro dato que aporta el diario en la misma nota es la denominada "Batalla de Sapere", en alusión a un grupo de jóvenes "marginales" de ese barrio que se las agarraron a pedradas con la policía esa misma noche expresando un odio visceral similar al que los fogoneros cutralquenses tuvieron frente a los gendarmes.

vemos cómo conducirnos. Nunca imaginamos que seríamos reprimidos de esta forma; que el conflicto se daría así. Resolvimos resistencia pacífica y un grupo plantea que sea activa y éste no era nuestro objetivo; esto debe ser evaluado [...] Somos noticia dentro y fuera del país (Acta 225/97, F.284-287).

Entre los dirigentes procesados por la medida se encuentran Julio Fuentes, Liliana Obregón y María Eugenia Figueroa. Ésta última aclara que la CDP no desea hacer un *"culto al puente"*, aunque sí capitalizar lo que fue ocupar las rutas, *"No hacer culto a la toma de nada [...] Nosotros no tiramos piedras, no estuvimos drogados, ni alcoholizados; todo lo contrario"* (Ibídem, F. 288). Fuentes se apersona en el Plenario y declara:

> **Esta huelga es comparable con la del Chocón**; la magnitud nacional y el impacto que provocó es importantísimo. Los medios nacionales han proyectado el conflicto a todo el país poniendo a los docentes del Neuquén en el centro. Las asambleas posteriores marcaron la derrota del gobernador. Hablamos con De Gennaro, vendrá el lunes a ponerse a disposición del Plenario de ATEN. La CTA sacó 2 solicitadas convocando al paro por la represión y la defensa de la escuela Pública [...] en Neuquén se pelea por la derogación de la LFE; va a impactar en otros trabajadores y en la comunidad. ATE paró solidarizándose con todos los compañeros (Ibídem, F. 294-5, negritas nuestras).

Daniel Gómez, de UNTER, expresa: *"el éxito de Neuquén será el éxito de todos"*, y Héctor Stagnaro:

> Los legislativos rescatamos esta gesta de los trabajadores de la Educación. Estamos orgullosos de los maestros neuquinos (...) esta lucha es un ejemplo a nivel nacional e internacional. El conflicto ya se ganó, Uds. son punta de lanza. Me siento orgulloso de estos docentes que son ejemplo para nuestros hijos (Ibídem, F. 295).

Figueroa, en tono docente, cierra con sus comentarios: *"los compañeros de todos los sindicatos hermanos participaron con fuerza. Hoy Neuquén da la mejor clase de nuestra vida"* (Ibídem). A pesar del tono épico de estas expresiones, los ánimos de las bases están caldeados y no cesa la movilización. Haciendo gala de su oposición al modelo conciliador de CTERA, Obregón rechaza que Marta Maffei participe de las negociaciones al estar vinculada al Proyecto de Financiamiento de la LFE. En su opinión ahora hay que nacionalizar el conflicto y promover un fondo de huelga nacional. La seccional Neuquén, que convoca a dos mil personas por asamblea, trae mandato de paro por tiempo indeterminado, con marcha de antorchas y permanencia en Casa de Gobierno o la Legislatura. Su moción prevalece y las resoluciones del Plenario son:

paro por tiempo indeterminado, movilización permanente en todos los lugares de la provincia, realización de marchas de antorchas, y una marcha provincial para el lunes 31 de marzo a Casa de Gobierno.

El conflicto sigue aumentando en tensión pero ahora bajo la amenaza de la Conciliación Obligatoria que será dictada el 7 de abril, algo no querido por los docentes ya que detenía su plan de lucha. Pero lo más complicado fue la ofensiva de Sapag, quien en un acto de provocación incita a la militancia de su partido a *"romper los candados de las escuelas"*, mientras el diputado ultra sapagista Gustavo Vaca Narvaja realiza un acto igualmente provocador en el centro neuquino con un irónico paseo de burros (ATEN, *Memoria 1997*).

La situación en el interior es muy dispar con casos antitéticos: en Zapala: *"La situación está muy difícil, muchos compañeros han vuelto a trabajar, sin embargo las asambleas ratifican el paro por tiempo indeterminado"*; desde Las Lajas proponen: *"huelga de hambre frente a la Catedral [...] Realizar cortes de rutas en cuatro puntos: Rincón, Cutral- Có o Zapala, Neuquén y la 237"* (Acta 227/97, F. 18). Aún con las negociaciones trabadas, el conflicto alcanza repercusión nacional. A Neuquén llega nuevamente para participar de ellas Marta Maffei, quien también se hace presente en un Plenario. Su intervención expone claramente las razones de CTERA para no nacionalizar el conflicto, que probablemente aumenten al haberse instalado la Carpa Blanca el 2 de abril, y explicita algo que no es novedad para la aguerrida oposición neuquina a la Lista Celeste, esto es, la apuesta fija de CTERA al Fondo de Financiamiento Educativo:

> En lo nacional el arco es muy disímil: en Tierra del Fuego no hay conflicto; Santa Cruz tiene un alto presentismo de $260 que les impide movilizarse; Chubut hace como que la Ley no existe; Córdoba tiene una ley provincial peor que la LFE. Hay que tener en cuenta todas las experiencias; en el sindicato esto se discute, hay crecimiento. Por otro lado podemos ver a Tucumán votando a Bussi; Jujuy lucha, trabaja, se mueve, La Rioja también. La Transferencia agudiza la dispersión y esto dificulta la nacionalización del conflicto; hay provincias enteras que no paran. El paro del 31 de marzo lo resolvimos desde la Junta Ejecutiva por dos cosas: la represión y en apoyo de las provincias que siguen con paro. La junta convocó ya tres veces a paro; pero ¿Qué es nacionalizar concretamente? Es necesario buscar 4 o 5 elementos que unifiquen a todos. La LFE no es rechazada por todas las provincias y esto lo decimos después de haber recorrido el país. Este año aparece distinto porque hay elecciones [...] Pensamos en 1997 como año para intensificar acciones exigiendo un Fondo de Financiamiento permanente para la educación" (Ibídem, F. 22-23, negritas nuestras).

Sin embargo, siete días después caerá bajo las balas de gendarmería Teresa Rodríguez… y otra vez Cutral Có está en las rutas.

El 9 de abril las rutas de Cutral Có son nuevamente cortadas por un nutrido grupo de estudiantes, algunos padres de alumnos -que de inmediato confluirán en la Coordinadora de Padres- y docentes que concurren a título personal, ya que la seccional cutralquense de ATEN no avala la medida. Al crecer los piquetes se constituye la Asamblea Popular y aumenta también la llegada de jóvenes de barrios más precarios de la zona, los que serán conocidos como los "fogoneros". Aparecerán como el ala radicalizada de la segunda pueblada, intransigente, anti-institucional por definición, y resistencia de primera línea a las fuerzas policiales y de gendarmería. Desconfiados de la clase política y de los acuerdos que entablaron los "piqueteros" –frente a quienes se distinguen por "no transar"- los fogoneros son portadores de valores cuasi puristas respecto del asambleísmo y la horizontalidad sin referentes. Reacios al diálogo, las treguas y las negociaciones típicas de los partidos políticos, su imagen mítica, audaz y trágica no puede desvincularse de la segunda pueblada en Cutral Có. Audaz por repetir la victoria popular –a pedradas- frente a lagendarmería, y trágica por el saldo de la muerte de Teresa Rodríguez, una joven empleada doméstica que recibió un balazo mortal de los gendarmes en plena refriega.[24] Luego del 12 de abril, el día de la feroz represión, Cutral- Có revive el ambiente asambleario al calor de las incumplidas promesas hechas por Sapag durante la primera pueblada. De modo que el reclamo docente será rebasado por las propias demandas de los olvidados pobladores de la comarca petrolera que extenderán el cortehasta el 18 de abril, momento en que se firma un acta acuerdo entre el gobierno y los representantes de la Asamblea Popular, dos días antes de que ATEN levante el paro.

Al conocerse la noticia del fallecimiento de Teresa Rodríguez, ATEN traslada las sesiones de su Plenario a Cutral Có. De inmediato se pide la renuncia de los responsables políticos ubicados en las figuras de Corach y Silva; el desafuero de Vaca Narvaja y el juicio político de Felipe Sapag. La bronca es tal que algunos piqueteros acorralan a los docentes y los amenazan si deciden levantar las medidas de fuerza, y que de hacerlo no los dejarían salir de la ciudad. Figueroa comenta que *"fue muy tensa la situación al llegar, los fogoneros nos rodearon, golpearon el techo del auto y reclamaron fuertemente que no estuvimos, que los abandonamos"* (Acta 228/97, F. 35). Lo que más indigna es la presencia de gendarmería aún luego del asesinato de Teresa Rodríguez.

---

[24] Se cuenta que durante el multitudinario sepelio de Teresa Rodríguez, los fogoneros se reservaron el "derecho de admisión" e impidieron el ingreso de representantes de la CGT y de notables figuras de la política local. Un relato completo y complejo de la segunda pueblada y del rol de ATEN en la misma se encuentra en Petruccelli (2005); allí también se describe la dinámica de esta pueblada y el relevamiento de la intransigencia "fogonera" a manos de los vecinos más moderados.

En Buenos Aires, militantes de Quebracho apedrean la Casa de Neuquén y la destruyen casi totalmente.

ATEN cuenta con el apoyo de la CTA, CTERA y MTA, sin embargo la CDP, ante la gravedad de los hechos, acelera el pulso de las negociaciones, piensa en acatar la Conciliación Obligatoria y levantar las medidas de fuerza hasta que salga la resolución judicial. Dos fogoneros que se presentan en el Plenario dicen respecto de las negociaciones para firmar un Acta Acuerdo:

> (Fogoneros Gargini y Cabañez) hay una cuestión política, uds. toman la decisión sobre los reclamos de uds. Implica triunfo del gremio, por lo menos esto es lo que nos parece. No es el sentimiento generalizado de la asamblea popular; el gobierno se despega de uds. **Y quiere darnos una paliza**. Necesitamos unión, si pasa porque uds. levanten la medida sirve, entonces no hay obstáculo para que firmen con el gobierno. **La mayor fuerza es la trascendencia nacional**. Mañana viene a Cutral Có Hebe de Bonafini. Hay mucho resentimiento, toda organización institucional molesta […] **hay un absoluto respeto por la decisión de ATEN** […] Uds. Como gremio no debían luchar por esos puntos, nosotros luchamos por ellos. Lo que sí se cumplió es el no procesamiento de los manifestantes actuales. Respecto a la gendarmería dicen que no se van por falta de combustible […] fue rechazada la propuesta del gobernador. Solo hay 300 puestos de trabajo por 3 meses (Ibídem, F. 37-8, negritas nuestras).

Más allá del tono solidario y respetuoso de los fogoneros, lo cierto es que la dirigencia de ATEN sabe que estuvo en deuda con ellos. El delegado Pablo Suárez dice: *"quedó en Cutral Có la sensación de que nos borramos y esto resulta peligroso"*. Figueroa observa al Plenario que la medida se levanta cuando hay dos tercios de los votos, pero eso no ocurre. Respecto del Acta, la mayoría vota su aceptación. La seccional Neuquén decide no tratarla, mientras que Senillosa se abstiene. Finalmente, y con la oposición de tres seccionales pequeñas, el Acta Acuerdo será aceptada por ATEN el mismo 12 de abril. Entre los logros del gremio se encuentran el mantener las Jefaturas de Departamento y los Talleres, la apertura de las salas de 3 y 4 años de jardines de infantes, la recuperación de las horas co-programáticas de Educación Física, la recuperación de cargos de maestro de grado, Música, Plástica y Educación Especial en escuelas primarias, la concreción de llamados a Concurso de Ingreso con el aporte de ATEN en su elaboración (ATEN, *Memoria 1997*: 5-6).

No existe a esa altura un balance inmediato del conflicto, que pasó como un vendaval y que se les escapó a todos de las manos, especialmente a ATEN. Con posterioridad cada seccional realiza su propia evaluación de esa experiencia; a veces positiva y alegre por el levantamiento del paro, otras muy negativas por las condiciones en que se firma el Acta, pos muerte de Teresa Rodríguez y sin alcanzar a cubrir la totalidad de las demandas. Respecto de la situación docente nacional no se decide una posición clara entre apostar al ayuno por aumento de financiamiento (línea de CTERA) o realizar nuevos paros en oposición a la LFE. El debate no está clarificado ni suficientemente discutido en las bases y es notable la desinformación sobre la LFE que aún persiste.

Tras bambalinas se asoma una tempestuosa interna en ATEN entre sus corrientes más militantes. La posición de Maffei-CTERA es fuente de severas críticas: *"Marta Maffei no apoyó el conflicto en Neuquén, excusándose de no conseguir pasaje en avión"*, *"que CTERA colabore con el Fondo de huelga no cobrando la deuda de ATEN"*, *"Marta Maffei minimizó el conflicto de Neuquén, dijo que fue solo un chorro de agua y había que compararla con otras represiones más bravas"*, o que *"salió por todos lados a decir que el problema era salarial"* (Acta 230/97, F. 52). Al tiempo, se genera un debate por la firma del Acta que se empantana en el por qué lo firma ATEN en ése momento tan crucial (por ello algunas seccionales exigen la renuncia de la CDP): *"Hay compañeros que dicen que nos cagamos en la sangre de Teresa y no es así"*. Sin embargo Obregón, desde la oposición, se ubica en solidaridad con la CDP:

> [...] estoy totalmente de acuerdo con lo realizado en la mesa. El sábado 12/4 tratamos más de una hora el tema Cutral Có. No firmamos la paz social lo que implica poder seguir con las medidas de fuerza [...] Tenemos acuerdos políticos con la CDP en función de lo que avanzamos. Sostener puestos de trabajo es una conquista (Ibídem, F. 66).

En general las discusiones se traban en torno a problemas de información al momento de decidir qué se hacía con la Conciliación Obligatoria, o con la represión desatada posteriormente a la asamblea, o se trenzan debates sobre los mecanismos y dificultades para decidir, siempre acompañados de fuertes acusaciones hacia la CDP de actuar como "mentirosos".

Balances y desmovilización

> Sin ATEN posiblemente Cutral Có y Plaza Huincul no se hubieran levantado, y sin Cutral Có y Plaza Huincul posiblemente ATEN no hubiera conseguido respuesta. ¿Quién lo puede afirmar? (Documento de la CDP de ATEN).[25]

---

[25] Publicados en *Atención*, marzo-abril de 1997, p. 22-3.

Pero los balances, en un sindicato que además de docente está impregnado de una fuerte cultura militante, no tardaron en llegar. En el capítulo X del libro de Petruccelli denominado "Balance de la batalla: la batalla de los balances" esto queda plasmado en varios posicionamientos que podríamos sintetizar así: a) un ala representada por las corrientes sindicales docentes que responden a la izquierda partidaria de raíz trotskista (PO, PTS, MAS) y que tildan de "traidora" a la conducción de ATEN por haber dejado solos a los manifestantes de Cutral Có y a las bases docentes, b) corrientes de izquierda que si bien no se manifiestan en términos tan cerrados (no usan el latiguillo de la "traición") igualmente condenan el desentendimiento de ATEN hacia la pueblada en Cutral Có (MST, CCC, Patria Libre), c) corrientes de izquierda que valoran positivamente el accionar sindical de ATEN criticando el esquematismo de izquierdas de las tendencias anteriores (Liga Socialista Revolucionaria), d) comisiones directivas provincial y capital de ATEN: la primera ensaya una explicación del complejo contexto político y emocional de las negociaciones, pondera el impensable efecto que la lucha contra la LFE le había inyectado -vía ATEN- al resto del sindicalismo docente argentino, cerrando algún tipo de autocrítica pero que de todos modos justifica su accionar ubicándose al lado de "las masas", los "trabajadores" y en defensa de la institución sindical; la segunda considera el resultado como un triunfo parcial, critica las posiciones conciliadoras de ATEN y la impaciencia de la izquierda dura, e incursiona en un debate sobre el grado de masividad alcanzada en la protesta pero que al mismo tiempo desnuda el aislamiento histórico (heredero en el plano local de las huelgas de la UOCRA) en que cae el sindicalismo combativo y en el cual se inscriben algunas corrientes de ATEN; su propuesta para salvar este problema es nada menos que volver a las rutas, y e) escritos publicados en boletines de escuelas o en revistas de militantes independientes de izquierda (por ejemplo la revista "Pido la palabra"): en general se destaca el hecho político que constituyó la lucha de ATEN y la significación más abarcativa que se creó junto a las puebladas en términos de resistencia al neoliberalismo, quedando como deuda pendiente la imposibilidad de coordinar todas estas instancias y actores y de generar espacios de debate más amplios.

El resultado inmediato de estos enconados debates es un saldo provisorio de fisuras y diásporas internas en casi todas las corrientes, renuncias a cargos sindicales, una incomprensión manifiesta (cuando no intolerancia) hacia los sectores más radicalizados de las puebladas (en especial hacia los fogoneros, que muchas veces fueron señalados como elementos marginales y violentos) y la indiscutible sensación general de haber dejado a Cutral Có librado a su suerte. El resultado más a largo plazo será la instauración de un punto de inflexión en la historia de ATEN, una historia que cumplía sus quince años de vida sindical durante 1997,[26] y que se colgó sobre sus espaldas un debate que ciertamente está condenado a sobrepasarla eternamente: ¿hasta dónde puede ir un sindicato en sus luchas enfrentando al poder gubernamental? Con esta daga clavada en su historia, ATEN comienza luego de este conflicto un lento proceso de desmovilización, imperceptible en lo que resta del '97, combinado con improductivas luchas internas y otras tantas externas principalmente en el ámbito del CTA regional.

Modelos sindicales en tensión

Durante 1997 se realizan el Congreso y las elecciones CTA (previstas para el 30 de setiembre), junto a la Marcha Federal. La agenda del CTA va a generar ruidos en ATEN en torno al modo en que ocurre la dinámica organizativa y deliberativa en la regional, ámbito liderado por la ambición clara de ATE de transformarla en una herramienta de lucha política. En este sentido, opiniones como la de Susana De Luca expresan molestias sobre la forma en que se dirimen las discusiones, donde todo aparecería resuelto de antemano por ATE, en contraposición a lo que destaca que ocurre en ATEN, donde los mandatos se discuten en asamblea (Acta 230, F. 87). Estas disputas se dan con la presencia de los referentes de ATE de mayor peso, como Julio Fuentes y Horacio Fernández, asiduos visitantes de los Plenarios docentes por estos tiempos. Sus fugaces intervenciones son para exigir definiciones rápidas de ATEN sobre algunos de los frentes de lucha que sostiene ATE y que, como vimos antes, son mantenidos frente a los intentos de achicar y/o privatizar entes provinciales como el EPAS o el EPEN. Antes este tipo de urgencias Obregón saldrá al cruce sosteniendo que *"los tiempos de ATEN son distintos a los de ATE"*, o al escuchar de boca de Fuentes que ATE impedirá sí o sí que se traten estos temas en la Legislatura, Norma Ruiz reacciona con un "¡cuidado! con las actitudes de los compañeros del CTA ¿a qué se refieren cuando dicen que de cualquier forma hay que impedir que se traten el presupuesto?"(Ibídem, F. 92). Y obviamente, cuando expiraba el mes de julio y el tratamiento de estos temas junto a una eventual modificatoria de la Ley de Remuneraciones[27] se trataba en la Legislatura, la posición de ATE será ir con

---

[26] Para este aniversario ATEN contrata a León Gieco, quien llenará con miles de personas el Estadio Ruca Che, en Neuquén capital.

[27] Frente a la Ley de Remuneraciones, ATEN lleva adelante la estrategia de presentar un recurso de amparo, pero su lentitud y la falta de información sobre la marcha de las negociaciones abre un conflicto interno apenas publicitado pero que emerge con evidencia de las Actas y se refiere al comportamiento de uno de sus abogados, apellidado Cabrera; éste será sistemáticamente

todo. Y delante de ellos, nuevamente la represión policial se desatará en las puertas de la Legislatura en momentos en que el Frente de estatales realizaba una asamblea. Y otra vez las discusiones dentro de ATEN sobre lo ocurrido, esta vez narrado por Figueroa, quien además deja entrever cierta disposición de las bases docentes a continuar con la lucha: *"(Hay) presión desde las bases, recuperar 20% de zona. Urge accionar, hay fuerzas."* Sobre los disturbios ocurridos analiza que: *"Los compañeros de ATE plantean hacer bochinche por la mañana [...] a nosotros nos acompañan siempre los pibes, arrojaron tomate y piedras. Nosotros no estamos de acuerdo con esto."*(Ibídem, F. 97). Los "pibes" son estudiantes secundarios que siempre están acompañando estas luchas y que frente al clima de hostilidad, con la presencia provocativa de la policía y su cuerpo especial de represión, la UESPO, se lanzan y arrojan con lo que tienen al alcance de sus manos. Estos condimentos nuevos en relación a eventuales disturbios cada vez que hay una manifestación se harán cotidianos y foguearán el espíritu de la movediza base docente que, para la perspectiva de su dirigencia, está claro que *"la gente quiere seguir"*, y que *"la lucha va a ser larga"*.

Para entonces existe convencimiento acerca de que la lucha de ATEN no es gremial, es en realidad política y reclama de un análisis que integre protesta social y oposición política. Por eso es factible pensar en una dialéctica intensa entre puebladas y huelgas sindicales, al menos en Neuquén. Como resultante de estos debates con ATE, al interior del CTA, ATEN comienza a resignificar sus propias demandas y a comprender la necesidad de combinarlas con sus compañeros de calle:

> [...] la pelea debe ser sacada de las escuelas y eso lo logramos; luchamos contra un modelo económico, la gente sabe que nosotros planteamos las consecuencias de este modelo. Necesariamente debemos estar todos juntos, analicemos la posibilidad de tomar una iniciativa política. Analicemos la posibilidad de un paro por tiempo indeterminado; el 95% de los docentes paró (Ibídem, F. 97).

Una recorrida por las opiniones de las seccionales confirma que las bases docentes reclaman seguir presionando, ahora intentando nuevas modalidades de paro,[28] por eso la resolución del Plenario confirma un paro de 24hs

---

hostigado por la seccional Neuquén al ser sospechado de que "trabaja para el gobierno", además de que "no es didáctico" y "no se lo entiende" (Acta 235/97, F. 101).

[28] [...] *Plottier*: ratifica el paro flotante abierto, "con volantes en contra de la violencia" [...] *Neuquén*: panfletada; impedir que sesione, tomar la Legislatura pacíficamente. Esto de arrojar piedras deberíamos debatirlo; al conjunto le gustó que nos retiráramos por seguridad. Esto hay que discutirlo.[...] *Las Lajas*: en caso de continuar el ajuste, llamar a una desobediencia pública

para cuando se reúna la Comisión de Presupuesto en la Legislatura y un paro de 24hs para cuando lo hagan los diputados en la Legislatura (el mismo día que en se trate el presupuesto). Para la semana próxima se decide mantener la lucha en conjunto con el resto de los gremios estatales coordinando acciones que incluyen movilizaciones, paro parcial, trabajo de esclarecimiento a la comunidad, entre otras medidas.

No obstante este renacer de medidas, ya se desliza en las mociones y mandatos de las seccionales el fuerte contexto de violencia estatal expresada en declaraciones de funcionarios oficialistas –muy a tono con el pensamiento menemista de la época que piensa la conflictividad social como llevada a cabo por "elementos subversivos"- que comparan sin ruborizarse al accionar de los gremios estatales con la organización vasca ETA y que se materializa en la situación que se ve vive en una Cutral Có *"prácticamente sitiada"* por policías, con represiones pequeñas pero sistemáticas sobre movilizaciones, persecuciones políticas, procesamiento de dirigentes gremiales, que son resistidas por manifestantes que se defienden y arrojan pedradas contra la policía o contra edificios públicos. Un comunicado de prensa de ATEN confeccionado durante un Plenario desarrollado en Zapala lo demuestra claramente. Transcribimos lo central:

1) Repudiar la represión, el accionar patoteril y el matonismo organizado e implementado desde el partido gobernante.

2) Ante el permanente intento de convalidar mediante la Ley de Presupuesto del año 1997 la "inconstitucional rebaja de nuestros salarios", declarar al Plenario de ATEN en sesión permanente y facultar a la CDP para convocar a un paro de 24 hs. para cuando se trate el proyecto de Presupuesto 1997[…]

3) De no tratarse el presupuesto en comisión o en la Cámara de la próxima semana, mantener nuestra decisión de lucha coordinando con el resto de los gremios estatales una medida que incluya la movilización en todas las localidades de la provincia […]

4) Repudiar las declaraciones del diputado oficialista Cavallo quien pretende mediante el miedo hacerle creer al pueblo que el CTA es una organización terrorista, al igual que la ETA de España (Acta 235/97, F. 110-1).

---

de no pago de impuestos […] *Centenario:* paro flotante, paros coordinados […] desobediencia civil; si me sacan el sueldo inconstitucionalmente, no pago los impuestos […] *Loncopué:* paro de 24hs flotante. *Villa la Angostura*: alerta permanente, paro flotante. *Picún:* paro en suspenso (Ibídem, F. 105).

Lucha político-sindical (adentro y afuera) en un contexto de judicialización de la protesta social

A inicios de setiembre el problema de frenar el tratamiento de la Ley de Presupuesto para el año '97 sigue movilizando a los estatales en conjunto. Al interior de la Legislatura el bloque del FREPASO se compromete a no dar *quórum* y actúa en solidaridad con los gremios que persisten en la calle. ATEN contabiliza a esta altura casi cuarenta y cinco días de paro y relanza su Plan de Lucha mediante un Comunicado de Prensa donde convoca a un nuevo paro con movilización.[29]

Con problemas y discusiones internas a cuestas, ATEN no logra concluir sus listas en el interior para las elecciones en la CTA; la disputa con ATE emerge nuevamente por el tema de la afiliación de los porteros y se choca insistentemente con la metodología de ATE que, a ojos de los docentes, implica muchas veces una concepción de *"ensuciarse las manos"* a la hora de trabajar juntos en el CTA.[30] Ni qué hablar del contexto docente nacional y su repercusión en el plano local; es que CTERA resuelve un Ayuno Nacional para la segunda semana de setiembre mientras la CDP de ATEN arma una carpa en la Legislatura: la carpa es homologada a la estrategia de CTERA y resulta repudiada por el activismo de la seccional Neuquén que la considera una metodología que "inmoviliza". A su vez, en Neuquén la CDP sufre también los ataques de una izquierda errática con sus propuestas.[31]

Desde la lista Celeste la defensa implica persistir con el argumento de que no corresponde *"quedar afuera del mandato de CTERA"*, y la reafirmación de una realidad tan evidente como ajustada a lo institucional: que el Plenario de ATEN *es CTERA en Neuquén: "yo soy CETRA. Las medidas a nivel nacional no se discuten cuando sale de un Congreso"*, replicó un delegado (Ibídem, F.

---

[29] Los reclamos son: "[...] devolución del 40% de zona, antigüedad, adicionales, recuperación de la Jornada Institucional, repudio a las políticas del CPE de avanzar en la aplicación de la LFE, recuperación y nombramiento de todos los cargos en Educación, por la recuperación salarial!. Por la derogación de la LFE." (Acta 239, F. 121).

[30] Una delegada increpa a Julio Fuentes sobre las mezquindades a la hora de repartir cargos en Zapala: [...] le dice a ATE que no pude entender como dos gremios que pertenecen a una misma central están disputando los trabajadores entre sí; [...] Le pido a Julio Fuentes que le pida a ATE que construya y no destruya. Estamos muy quebrados por lo que va a pasar en Zapala con las elecciones, es grave. Al compañero de ATE se le hicieron 3 propuestas, pero él dijo que él iba a la cabeza [...] ATE pasaba la desafiliación de porteros de ATEN". (Acta 239, F. 155).

[31] Para Obregón la carpa es "el anti paro" y representa lo más repudiado de las tácticas de CTERA: "Somos disidentes de la conducción de CTERA y debemos demostrarlo (...) salida en las rutas de toda la provincia tal vez. Reforzar la otra semana. Salir a la calle..." (Acta 238, F. 143).

137). Es que la Carpa Blanca instalada por los docentes de CTERA está por cumplir 6 meses. En el Congreso Nacional circulan dos propuestas de Ley de Financiamiento: una impulsada por la Ministra de Educación Susana Decibe y otra aportada por el FREPASO; se sabe que la primer propuesta es la que se inscribe en los lineamientos del Banco Mundial mientras que la segunda se acerca bastante al pensamiento de la dirigencia de CTERA. Quizás por esto los partidos en Neuquén que acompañan el reclamo docente frente al trabadísimo tratamiento del Presupuesto '97, más allá del oportunismo de la fracción blanca del MPN, son el PJ, la UCR y el FREPASO. Además, hay que considerar el reciente éxito de la alianza UCR-FREPASO en Cutral Có, un éxito indisociable del segundo *Cutralcazo* y del conflicto docente. De las reuniones con bloques partidarios algunos dirigentes destacan cierta idea de que los únicos que no recibirían nada de contemplación en sus reclamos son los docentes neuquinos, y las pruebas son algunos avances como el adicional a los judiciales, a los trabajadores de Salud y del ISSN. Este evidente rechazo a ATEN es visto por Obregón y De Luca como una política de destrucción de ATEN: "¿Cuál es la política? Está claro, destruir a ATEN" (Ibídem, F. 173).

Además, la apuesta al CTA desde la CDP de ATEN es una pulseada difícil de ganar. A veces queda la sensación de que la construcción de la regional del CTA es una prueba de fuego que exige la unión de dos modelos sindicales, ATE y ATEN, que sólo comparten en principio un alto grado de combatividad pero con especificidades organizacionales, tácticas, estratégicas, políticas y de clase que, sumadas al notable orgullo identitario que cada uno de estos sindicatos cultiva, hace extremadamente complejo el acuerdo y las coincidencias. Y si no fuera por estas diferencias no se comprendería cómo un mensaje tan ecuménico no da resultados positivos. Figueroa intenta una y otra vez convencer de que el camino de construcción del CTA es una auténtica apuesta a la emergencia de un sindicalismo alternativo al existente:

> En y con la CTA llegamos a un momento difícil. No todos discutimos desde la misma postura [...] desde ATEN nos proponíamos la construcción de una central de trabajadores con el conjunto de los compañeros. La CGT tiene al sindicalismo empresarial, con la CTA pretendemos construir un modelo distinto. Se entró sin consenso de Neuquén porque nuestros concejales no llevaban mandato. El tema es ver como aportamos para hacer un espacio sindical [...] Todos necesitamos acompañamiento [...] Hoy podemos construir desde la CTA. Tiene un programa que se entrega a todos las seccionales; están para debatir las conclusiones. En algunos lugares no se garantizaron las elecciones, todo forma parte del debate interno que hay que seguir. Si sólo pensamos en la CTA para que nos ayude en medidas de fuerza, la CTA sin consultar convocó a un paro que nos cubrió las espaldas, nos ayudó en la ilegalidad del paro; fue un paraguas que nos protegió aún sin tener personería [...] Se debe decir todo esto

en las escuelas. Falta el debate ahí, solos no nos salvamos contra este modelo, no podemos luchar contra la flexibilización, la LFE. Con el conflicto logramos molestar al PJ, menemismo y sapagismo. Se logró debatir sobre la LFE y se puso al país de pie [...] Los desocupados pueden expresarse hoy en la CTA [...] Ir con postura política para llamar nuevamente a la comunidad para que vote en contra del modelo, no sólo para recuperar el 20% (Ibídem, F. 181-2).

En medio de estas disputas, el 9 de noviembre nuevamente la represión a las manifestaciones genera confusos y violentos episodios en los que ATEN lleva las de perder ya que, acusada de generarlos y de no haber informado de sus medidas de fuerza, recibe un pedido desde el Ministerio de Trabajo de quite de personería gremial, a solicitud de Felipe Sapag, quien además lo restringe a este sindicato a pesar de que ATE también participó de las movilizaciones. En los últimos episodios participaron jóvenes que, según ATEN, estaban pagados por el MPN con la finalidad de generar tumultos y provocaciones a la policía, siempre dispuesta a reprimir. El diputado oficialista Pessino, apellido inscrito en el linaje de familias fundadoras del MPN, caldea más el ambiente y sale por las radios pidiendo que las balas de goma *sean cambiadas por balas de verdad*" (Acta 241/97, F. 195). A fines de octubre ATEN publica un Comunicado de prensa dando cuenta de esta situación y lanza las siguientes medidas:

1- Realizar una jornada de lucha provincial el día viernes 24 de Octubre con volanteadas y acciones en las escuelas repudiando el ajuste, la represión, los procesos y la persecución a los representantes gremiales y las organizaciones sindicales.

2- Asistir a los consejos deliberantes de toda la provincia solicitando se expidan en contra del intento de quitarle la personería gremial a ATEN y en defensa de la democracia y las instituciones sindicales.

3- Asistir con las comisiones directivas y cuerpo de delegados al superior tribunal de justicia para exigir el inmediato pronunciamiento con respecto al pedido de inconstitucionalidad del decreto de rebaja salarial 001/97 (Acta 241, F. 195).

Ya cerrando el año ATEN recibe la cédula de notificación de quite de personería gremial. Los abogados de ATEN trabajan con los del CTA para presentar un descargo en Buenos Aires.[32] Un nuevo frente de discusiones se genera con el ingreso de las ART al sector docente mientras reverdecen

---

[32] No obstante, en una intervención de Fuentes en un Plenario de ATEN explicó que ATE, a diferencia de ATEN, tiene personería única de alcance nacional. En cambio ATEN tiene su propia personería, más allá de estar vinculada a CTERA, con lo cual no caben dudas de que el

disputas sobre lo ocurrido en Cutral-Có, que lentamente va quedando en el olvido para ser reflotado a modo de pase de facturas nunca resuelto. Y sigue generando ruido la Carpa Blanca de CTERA y su ayuno nacional desde el momento en que hay que organizarse para enviar activistas, y enviarlos significa acompañar a CTERA y su método de Carpa Blanca, y eso reenvía a más discusiones entre seccionales (que a esta altura acompañan en su mayoría la carpa de CTERA a excepción de Neuquén y San Martín de los Andes), y entonces regresan las chicanas, las heridas no cicatrizadas…y alguien lanza una terrible frase:*"Teresa Rodríguez no murió ayunando"* (Ibídem, F. 44).

---

ataque de Sapag debe ser interpretado como una exclusiva represalia sobre los docentes. Ver ATEN, *Libro Actas de Plenarios Generales*, Tomo V, continuación de Acta 241/97, F. 3.

Excursus II
Historias mínimas

Laura

Laura Padilla nace en General Roca, provincia de Río Negro. Es maestra particular, tiene más de 40 años y dos hijos mayores al momento de ser entrevistada por el sociólogo Javier Auyero quien, en base a su testimonio y al de otra mujer residente en Santiago del Estero y protagonista en 1993 del "santiagueñazo", Nana, elaboró un sugerente libro titulado *Vidas Beligerantes* (Auyero, 2004). Laura proviene de una familia en donde la política se relaciona con algo desagradable, "sucio", poco digno de diálogo familiar. Durante su infancia, su madre mucho no la dejaba salir, cuestión que se complementaba y potenciaba con un ideal familiar que prescribía la constitución de un hogar tipo: tener un marido, una casa e hijos. *"Ese era el mandato"*, dice. Difícil para Laura pues en un traspié con un amor anterior a su marido tuvo a su primer hijo -sin casarse ni continuar esa relación- y, desde entonces, sufrió el estigma de ser una "mancha familiar". Por lo demás, su experiencia de vida es trágica: *"salí de la cárcel de mi casa a la cárcel de mi marido"*, y esto tiene que ver con la referencia, fuerte en el libro de Auyero, a su itinerario de violencia familiar: Laura es una mujer golpeada por su marido, humillada, infeliz, y que algo tardíamente -pues se pregunta repetidas veces cómo pudo "caer tan bajo"- reconoce el lugar desdichado al que hasta entonces su rutina la confinaba.[33]

Pero además, Laura admite su nulo interés por la política. Al comenzar su camino de autonomía y lucha contra su ya ex marido por la posesión de una casa en Río Negro, por evitar continuar ser golpeada, por el dinero para la manutención de sus hijos, o el régimen de visitas, o la discriminación sexual a la que el sistema judicial la sometía, entre otras cuestiones materiales y de otro orden, entabla otra lucha en soledad contra las arbitrariedades de un sistema social que expresa en toda su dimensión el menosprecio hacia la mujer. De allí que el ámbito experiencial de Laura se restrinja, por así decirlo,

---

[33] Una perspectiva que discute la mirada de Auyero respecto de la cuestión de género puede encontrarse en Andújar (2010).

al micromundo de su vida cotidiana y de la resolución de su tortuosa existencia: luchar por su dignidad, por sus hijos, por salir de la miseria económica en la que vive, por revertir la imagen hacia sus vecinos del barrio, en fin, por ser reconocida en su dignidad. Y será ese tremendo presente el que se manifieste al momento de asistir al primer corte de ruta masivo de la localidad neuquina de Cutral Có, donde entonces reside. Cutral Có está en camino de convertirse en la cuna emblemática de las puebladas, del corte de rutas, y del origen (mítico) del movimiento de desocupados y del actor político que lo expresa: el "piquetero".

Cuando la pueblada comience a tornarse masiva, Laura se anoticiará por amigos ya que ella *"vivía en una nube de pedos"* y la manera en que resuelve participar tiene menos que ver con un compromiso social y colectivo, o con una indignación, que con azarosas cuestiones que la llevan hasta un lejano piquete. Y sin embargo, Laura será una de las piqueteras más famosas de la resonante primer pueblada de Cutral Có; organizará y disciplinará su piquete y será la voz electa del mismo y luego de vertiginosos seis días, Laura firmará el acuerdo con el mismísimo Felipe Sapag, el "patriarca" cinco veces electo gobernador de Neuquén. Increíblemente Laura se transformará en piquetera, la identidad política beligerante por excelencia de la Argentina de las últimas décadas.

Cristina

Entrevisté a Cristina a mediados de diciembre del 2007, en Neuquén capital. Llegué a ella a través de la lectura de un libro que cita un escrito suyo inédito y que llamó mi atención en función de lo que contenía: un texto denominado *Panorama desde el puente,* y que refería al corte de puente que los docentes neuquinos mantenían en el año 1997, a meses de la primer pueblada en Cutral Có, y antecedente inmediato de la segunda pueblada. Cristina nace en La Plata en 1955. Es profesora de Filosofía y ejerce la docencia en el nivel secundario en varias escuelas de Neuquén capital. Tiene tres hijos, uno de ellos se llama Severino, en alusión directa al conocido anarquista que transitó la Argentina de las primeras décadas del siglo XX. A diferencia de Laura, la familia de Cristina discute de política: su padre es comunista y su madre peronista. Pero Cristina nunca se afilió a partido político alguno, y a pesar de su simpatía de juventud con la JP (Juventud Peronista) en los '70, siempre su identidad política buscó al marxismo, hasta llegar actualmente al feminismo y al anarquismo.

Antes de conocer a su actual marido, Cristina se casó, tuvo su primer hijo y se separó de otro hombre; en busca de reconstruir aquella relación llegó a Neuquén capital hacia 1983, donde residía su ex pareja, pero las cosas no resultaron. Pese a ello decide quedarse y es cuando se enamora de su actual compañero, que entre otras cosas es militante trotskista en el gremio de la construcción. De allí nace Severino.

Al reconsiderar su vida, Cristina no duda en expresar que siempre hizo lo que quiso. En el plano político-social ello implica participar -o mejor, "militar", "activar"- en movimientos estudiantiles, en sindicatos como ATEN, en la universidad -donde fugazmente dictó clases-, en organizaciones de Derechos Humanos -tuvo una pareja desaparecida- y en protestas sociales que en el Neuquén de los '90 son más que abundantes. Su elección militante está nutrida de los significados de su pasado en los '70; por eso, siempre dice que, como activista, tiene la convicción de que *todo puede ser diferente*, y de que su "lugar", su familia, es ATEN. Semejante declaración no puede menos que sugerir que el lugar de sociabilidad de Cristina es el político-sindical, que son las marchas donde se reencuentra con amistades difíciles de frecuentar en otros momentos, y que con reuniones junto a compañeros de militancia continúa su formación política en base a la discusión de libros y folletos.

Cristina cree en los cambios colectivos y permanentemente lee y escribe. Durante los primeros años de la década de los '90 activa fuertemente desde ATEN en contra de la Ley Federal de Educación, y está al tanto de cuanto movimiento de protesta existe en Neuquén, tanto por su militancia como por la de su compañero, que luego ingresa también en ATEN. La masiva huelga de los docentes neuquinos del año '97 es una de las tantas en las que participa activamente, aunque ellos (los docentes) jamás habían decidido como entonces cortar un puente y una ruta neurálgicos en la zona. Y tampoco imaginaron que, como en Cutral Có unos meses antes, esta huelga devendría en *huelga y pueblada*.

Laura y Cristina en acción

De acuerdo a lo hasta aquí descripto, no existirían demasiadas complicaciones para suponer *a priori* que frente a un evento de protesta como una huelga y/o pueblada, las actitudes de Laura y Cristina serían diferentes: Laura, sumida en sus dilemas personales, tardaría en incorporarse y participar, como de hecho ocurrió; más aún, su involucramiento obedeció a una necesidad recreativa -ir al corte de ruta a hacer algo distinto de lo que ocurre en su rutina- más otra material, pues tenía hambre y ofrecían un asado a los participantes:*"decidí ir a la ruta, se publicitaban grandes asados y medios para ir gratis"* (Auyero, 2004: 57).[34] Pero también podría no haber ido o hacer oídos sordos al clamor popular, aunque dada la magnitud de la pueblada, esta actitud sería más bien extrema.

Sea lo que fuere, Laura va. Y al llegar al piquete más lejano que le quedó, el de la localidad de Añelo, de inmediato es indicada por gente que la conoce para cumplir dos funciones: tranquilizar a los jóvenes que buscaban emborracharse, y hablar representando a su piquete ya que como maestra, dicen sus electores, *"sabe cómo hablar"* frente a la gente. Laura debía llevar la moción de corte total de ruta que allí se proponía, es decir, no dejar pasar a nadie a través de los piquetes. Sin embargo, estas funciones, lejos de implicar un reconocimiento de sus aptitudes, eran más bien cierto deslinde de responsabilidades para quien debía hacerse escuchar en las multitudinarias asambleas populares de la Torre Uno, escenario neurálgico de disputa y oratoria entre políticos profesionales y otras tantas personas como Laura. Por eso, al volver de su primera asamblea y comentar a sus integrantes su frustrada vivencia de sentir que no había lugar a sus planteos, de que la asamblea estaba dominada por intereses partidarios y de que por lo tanto había decidido retirarse sin hablar, de inmediato fue irónicamente increpada por sus compañeros, quienes les reprochaban el fracaso en términos de condición de género:*"claro, es como toda mina, grita adentro de la casa"*, y cosas por el estilo detonaron en Laura una reacción inmediata por la cual enfrentó a sus compañeros-agresores:*"Nos vamos a ir a la radio, te voy a juntar a todos los integrantes de los piquetes, te voy a demostrar que estoy diciendo la verdad y ojalá en la puta vida te vuelva a ver"*(Ibídem: 100). En efecto, luego de ese incidente, Laura pasó al frente y en menos de seis días se convirtió no sólo en la referente de su piquete sino también en la cabeza visible de la flamante "Comisión de representantes de los piqueteros", que luego la elegirá para firmar el acuerdo junto con Sapag a fin de levantar los cortes y concluir la pueblada.

La actitud de Cristina fue, por supuesto, bastante distinta. No sólo estaba profundamente comprometida con la huelga docente sino que incluso le preocupaba la falta de discusión y de toma de conciencia de sus compañeros/as respecto al qué hacer cuando gendarmería, tal como lo había hecho en Cutral Có meses atrás, se decida a despejar el corte de puente. Inútil referir pues, a cómo Cristina decide ir al puente. Esa decisión no cabe en un militante sindical de su trayectoria, porque las luchas se basan en el compromiso colectivo, y mal o bien encaminadas, nunca se dejan de apoyar activamente. Por eso la cabeza de Cristina está en otro lado: su preocupación, entre otras, es cierto ambiente de espontaneísmo en las bases docentes, una euforia algo

---

[34] Laura: "[…] que día tan aburrido. Y si vamos a la ruta a comer un asado?"(Auyero, 2004: 95).

inconciente entre ellas, la resolución urgente de cuestiones operativas como la conformación de un fondo de huelga, la actitud soberbia y enceguecida del activismo de izquierdas que a sus ojos sólo busca "dirigir" e indicar el camino "correcto" hacia un levantamiento popular, etc.[35] Sobre este último punto, reiterativo en sus escritos, me comenta:

> P: [...] *decís que en Neuquén eso iba a fracasar porque acá se quiso "inventar" la pueblada, o algo así, no?*
>
> ...bueno la pueblada fue en Cutral Có y nosotros nos solidarizábamos, y acá hubo como un intento de estos militantes de los partidos de izquierda, de, en el quilombo, digamos porque en Cutral Có están reprimiendo y que sé yo,[...] fueron a romper, me acuerdo en ese momento Casa Tía, que sé yo, después, no sé qué, íbamos a tomar los supermercados, y como que iban los activistas, ni siquiera los activistas de ATEN, que eran una base amplia, iban los activistas de esos mismos partidos de izquierda, con algún, que sé yo, desorientado que los acompañaba. Y eso no se inventa, o sea la pueblada de Cutral Có, independientemente del manejazo de Grittini o de determinados sectores, era que la gente se vio acorralada y era una cuestión de supervivencia, "salimos porque acá nos morimos de hambre, de sed". Y acá eso no pasaba y vos no podés armar una pueblada, que sé yo, hay un barrio ponéle, que el otro día hubo un enfrentamiento con la policía, y yo digo, bueno, vamos a armar una pueblada contra los policías, que hay gente herida, y que sé yo, vamos veinte y hacemos un quilombo... y acá se intentó, digamos como prender una mecha que saliera de Cutral Có y que acá (en Neuquén capital), por este grado de participación masiva que había en ese momento, y no salió y no salió porque vos veías que era a presión que querían sacarla, viste. Y está bien, la gente se solidarizó, fue allá, pero también era difícil, este, con la vida común que se lleva, estar mucho tiempo en Cutral Có, con la gente de Cutral Có. Que es lo que pasó en la gobernación, no?, también, la gente llega un momento, la gente común, que no es un, como te puedo decir, un militante profesional, de un cuadro profesional de un partido; tiene su casa, tiene que pagar la luz, tiene hijos, que sé yo... (Testimonio de Cristina Nieto, Neuquén,10/12/2007).

Justamente estos dilemas conducen a Cristina a escribir. Lo hace en el tono que mejor conoce: la minuta para la discusión. En no más de diez hojas doble faz, Cristina escribe *Apuntes para la militancia* -aludiendo implícitamente al

---

[35] Cristina: "[...] yo aprendí mucho de Marcelo, Marcelo trabajó por ahí con obreros, digamos en su militancia, y eso un obrero lo tiene claro, que si no tenés fondo de huelga, no podés largar una huelga, no aguantás. Y entonces, este, nosotros por ahí que éramos más viejos, con otros así de nuestra edad planteábamos cosas menos eufóricas y más prácticas, y por ahí estaban todos tan felices con la lucha que, que como que te miran, como que sos un aguafiestas loco, vamos a largar la huelga...". Marcelo es el compañero de Cristina. Utilizamos su testimonio al abordar la experiencia de la UOCRA.

escrito del militante peronista J. W. Cooke de los años '60[36]-, en donde hay subtemas como *Panorama desde el puente*, una sólida descripción del estado de cosas en el corte de puente (ánimos de los huelguistas, actividades, actitudes, cuestiones disciplinarias, relación de fuerzas, relación base-dirigentes, etc.) y otra serie menor de escritos titulados *Viñetas revolucionarias, Los discursos del poder I y II*. Fotocopia unos treinta juegos y los distribuye entre sus compañeros de confianza, con poco eco, según sus expectativas.

Lo cierto es que después sobreviene la represión y el desalojo del puente. Y luego el acuerdo entre ATEN y Sapag a fin de levantar la huelga, y en el medio la muerte de Teresa Rodríguez, en Cutral Có. Neuquén *estalla* por esos días.

Devenires

> Pero... el problema concreto es: ¿cómo y por qué la gente deviene revolucionaria? Y, por suerte, eso no lo impedirán los historiadores, por supuesto. ¿Qué son los sudafricanos, no? Están prendidos de un devenir revolucionario. Los palestinos están prendidos de un devenir revolucionario. Si luego me dicen: "Sí, pero ya verá, cuando hayan triunfado, si su revolución se impone, aquello terminará mal, etc.". En primer lugar, ya no serán en absoluto los mismos tipos de problemas, y además aquello creará una nueva situación, en la que de nuevo se desencadenarán **devenires revolucionarios**... Creo que el cometido de los seres humanos consiste efectivamente, en las situaciones de tiranía, de opresión, en devenir revolucionario, **porque no queda otra cosa que hacer**. Cuando luego nos dicen: "¡Sí, pero todo eso acaba mal!", no se está hablando de lo mismo. Es como si se hablaran dos lenguas absolutamente diferentes. **El porvenir de la historia y el devenir actual de la gente no son lo mismo** (Gilles Deleuze, *Abecedario*, negritas nuestras).

¿Podemos seguir hablando, con matices o neologismos varios, de "condiciones objetivas" para la movilización o de una percepción "subjetiva" de aquello que se llama, justamente, "objetivo", y viceversa? Algo que se

---

[36] En ese texto J. W. Cooke alude a sus propósitos generales, no muy distintos de los de Cristina: "Contar con una información adecuada [...] condición esencial para cumplir su misión histórica de liberar nuestra patria de la explotación nacional e internacional. Sin embargo, desde las estructuras dirigentes del movimiento únicamente le llegan trivialidades que nada agregan salvo confusión. Las funciones inexcusables es extender y ahondar ese conocimiento directo, elaborar críticamente datos de la realidad contemporánea y presentar conclusiones que aclaren su sentido, extraer y generalizar las enseñanzas que deja la acción colectiva, tareas sin las cuales no se perfeccionan las formas organizativas y de combate". J.W. Cooke *Apuntes para la militancia*, 1964, ediciones varias.

considere "objetivo" dependerá del grado de objetivación de lo que fue a su turno "subjetivo", y ese atolladero indeterminable parece ser todo lo que se puede decir al respecto (Bourdieu, 2007).

Laura recuerda, tras días en las rutas patagónicas: *"al día siguiente, cuando nos pegamos una ducha y nos sacamos el hollín de la cara, no nos reconocíamos"* (Auyero, 2004: 129). Su experiencia beligerante fue algo absolutamente inesperado, único, a tal punto que vuelve a trastocar su reflexividad biográfica: *"Jamás participé de algo así, si mis padres se enteran, me matan"* (Ibídem: 57). Es muy interesante el dato de que Laura también escribió. De hecho, gran parte del libro de Auyero descansa en su testimonio escrito. Pero en esas veinticuatro páginas, suerte de diario de las jornadas de protesta, sólo parecen haber algunas apreciaciones respecto de cuestiones organizativas o apuntes al estilo de una agenda de actividades, sin vocación de trascender o ser expuestas para la discusión: *"colocar volantes en los vehículos"*, *"convocar un encuentro con asociación de abogados"*, *"máquinas para cortar la ruta"*, *"los jubilados se ocupan de la comida"*, etc. Y ese escrito de Laura alcanzó las manos de un investigador por un hecho absolutamente azaroso.

Luego de la pueblada, Laura siguió en actividades relacionadas con la gestión de la ayuda social que el Estado repartía a modo de válvula de escape para evitar nuevos levantamientos, actividad ubicada lejos de su interés, pues le fue siendo delegada un poco por el mismo decurso del conflicto; siendo "la representante", la que firmó el acta acuerdo frente a las cámaras de televisión de todo el país, el seguir involucrada en cuestiones referidas a la administración de ayuda social era algo que escapaba a su propia voluntad. Pero la vida íntima de Laura volvió a hacerse omnipresente, y junto con su nueva fama de mujer dura, luchadora, las cosas en el juzgado comenzaron a cambiar a tal punto que sus dilemas referidos a la separación de su ex marido y a la recuperación de sus bienes, entre otros, le fueron imprevistamente favorables. Así, Laura se mudó de ciudad hacia General Roca, recuperó su casa y dejó lejos su turbulento pasado de violencia familiar, al menos en términos geográficos. Los habitantes de Cutral Có, en su gran mayoría, no le perdonan ese cambio y sobre Laura se comenzaron a tejer suposiciones, sabiamente alentadas por el poder político, bien distintas sobre las causas de su partida, de las que la más popular es el "arreglo" de cierta cantidad de dinero a cambio de la solución de sus problemas legales. De alguna manera, Laura se envolvió en su biografía. Pero las marcas son las marcas, y en su nueva ciudad se encargó de organizar un grupo de ayuda a la mujer golpeada y un programa de radio informativo sobre la violencia familiar. En ese sentido, y más allá del momento traumático que significó la pueblada, Laura siguió luchando y mantiene con orgullo su identidad, pasada y fugaz, de piquetera.

Cristina siguió militando y escribiendo. Continúa puliendo su identidad política, anarquista y feminista según sus propias palabras, y cada vez más lejos de los partidos de izquierda. Cristina se sabe activista, cuestión que me permite profundizar en las motivaciones de su elección. Para Cristina, ser activista:

> Es estar...se trata de...de que la realidad, en algún ámbito, y en algún grado se convierta en el sueño que vos tenés [...] es estar todo el tiempo mirando ese bloque duro y decir, yo de ahí voy a sacar la estatua. Aunque sea un dedo de estatua voy a sacar, y todo el tiempo estar pensando donde está la piedra que se va a convertir en dedo. Yo la miro, todo el tiempo estoy mirando la realidad, bueno...no está en ATEN, y habrá que buscar otro lugar [...] yo sigo buscando (Testimonio de Cristina Nieto, Neuquén, 10/12/2007).

En términos prácticos esto se traduciría en:

> [...] darle a la gente, darle duro, todo el tiempo [...] en cómo comés, en con quien te juntás, como decía una mina en el almacén "¡qué linda nena!", porque es nene, yo le digo, mire: va a ser nena o nene, va a ser lo que quiera.

Entre Laura y Cristina está el devenir y la historia; quiero decir, más allá de las condiciones que decimos que favorecen la acción están también las condiciones de un devenir, de una fuga sobre los bordes del patrón tradicional esperable que establece en cierta medida la idea de identidad. Como sostiene Auyero para el caso de Laura, ella resulta "absorbida" en la función de piquetera a través de sus interacciones en la ruta -"interacciones profundamente moldeadas por elementos de su propia biografía" (Auyero, 2004: 101)-, y la posibilidad de que ello ocurra obedece a una respuesta ante la falta de respeto de su condición de género: ahí Auyero encuentra una continuidad y una autocomprensión entre biografía y experiencia. Pero esa situación abrió un camino que no necesariamente es previsible ni esperado, porque Laura podría, como tantas otras mujeres, seguir soportando humillaciones. ¿Por qué Laura cambió?

Cristina encarna fragmentos de una imagen de militante clásica: posee un capital militante forjado en lecturas, en prácticas de escritura, de discusión, de observación del estado de cosas (relaciones de fuerza), más su propia trayectoria de vida que se continúa, de alguna manera, en su pareja actual y en su sociabilidad, también militante. Aquí aparece más patente la tradición, la continuidad, la historia, el *habitus*, y el nombre de su primer hijo, marcado de por vida bajo la estela del célebre anarquista Severino Di Giovanni. Cristina proviene de familia con tradición de discusión política.

Pero digo *fragmentos* porque en cierta medida Cristina oscila continuamente: si bien persiste en su tarea militante, ésta está sujeta a constantes revisiones, reformulaciones, a impulsos que por momentos la alejan del militante clásico y que bien podrían retirarla definitivamente de ese universo: Cristina no milita en ningún partido político de izquierda a los que critica ferozmente, y andaba en busca de espacios nuevos, abiertos, como la escritura, la poesía.

Entre Laura y Cristina existe un espacio de emergencia para el activismo, sólo que sus derivas son algo caprichosas de seguir. Por eso, quizá debamos leer varias veces a Deleuze cuando enuncia que: "*una cosa es la historia y otra el devenir, pues mientras haya opresiones, injusticias, habrá lugar para devenires*", y el devenir -y no la Historia que busca obsesivamente causas- es tan humanamente inevitable como impredecible resultan éstas y otras irreductibles trayectorias.

Capítulo VI

Protesta y oposición política II.

ATE y ATEN durante la segunda mitad de los '90

[…] grupos gremiales inadaptados y miembros de organizaciones políticas minoritarias en maniobras bien sincronizadas, utilizan el robo y el saqueo indiscriminado de comercios y oficinas del centro de la capital. Llegaron a la ocupación de instalaciones públicas como esta misma legislatura y la interrupción de puentes, calles y rutas, con el objetivo de crear un clima de desorden útiles a sus fines […] algunos sectores que todavía viven en la etapa contestataria de los años '70 y que necesitan del conflicto para mantenerse como dirigentes (Felipe Sapag, Discurso de apertura de sesiones, HLN, 1998: 23).

[…] aquí se trata de construir rutas, no de cortarlas. Los que quieran seguir cortándolas que lo hagan. La sociedad y el gobierno ya tomamos posición. No a la represión, pero tampoco a la presión (Discurso de Jorge Omar Sobisch, apertura de sesiones de la HLN, 2000: 9).

[…] para finalizar, señores jueces, les decimos que si las protestas sociales, los reclamos laborales y el legítimo ejercicio de la libertad sindical, van a ser penados o perseguidos judicialmente; nos van a tener seguido por acá porque no estamos dispuestos a renunciar a defender y representar los derechos de los trabajadores (Palabras de Julio Fuentes al terminar su declaración ante la Cámara Criminal N°2 de la ciudad de Neuquén en el juicio oral y público en su contra y de otros sindicalistas de ATE y ATEN, en ATE, *Memoria y Balance 1999*).

"rutas y calles son para transitar, reclamar y cortar" (Acta ATEN 277/99, F. 116).

ATE: Crecimiento, capacitación y judicialización de los conflictos, 1998-2000.

El período posterior a la segunda pueblada en Cutral-Có y hasta fines de la década de los '90, es una dura batalla entre los sindicatos estatales y el Estado neuquino que incesantemente busca avanzar con ajustes en cada una de sus reparticiones; decretos de emergencia de aplicación dispar o desordenada, recortes salariales o escasas mejoras selectivas en las remuneraciones, contrataciones precarias de desocupados bajo la Ley 212, despidos, intentos de privatizar entes estatales, avances de la LFE, entre otras medidas son resistidas ferozmente en una lucha que asemeja librarse en trincheras excavadas al compás de cada movimiento gubernamental. La puesta en acto de esta situación puede verse como una lucha callejera constante, con ocupaciones de edificios, cortes de calle y rutas, movilizaciones con altibajos, paros de gran acatamiento entremezclados con otras medidas de comienzo fuerte y final débil. No hay grandes victorias y el dato de contexto insoslayable aquí es la profundización de una tendencia que no dejará de incrementarse: la judicialización y criminalización de la protesta social, acompañada de una decisión estatal inquebrantable de reprimir los conflictos, absolutamente en sintonía con el pensamiento del patriarca neuquino, para quien Neuquén vive "un clima totalmente politizado", azuzado por "terroristas". No obstante ello, e intentando referir a un Neuquén que cumple cuarenta años de "vida institucional", Felipe Sapag va destacar en sus discursos que mientras el país se estanca en medio de un modelo que genera pobreza y desocupación, Neuquén crece, aunque *"nuestras reservas, en algún momento fatalmente se acabaran"*. En vistas de esta situación, el esfuerzo de acercamiento entre ATE y ATEN se profundiza, aunque manteniendo las cada vez más evidentes diferencias políticas y organizativas. Si bien ambos sindicatos marcan presencia conjunta en las calles, plenarios y asambleas, el intento de consolidar el CTA local no deja de ser un síntoma de desconfianza y desacuerdo mutuo en un marco de coincidencia implícita en la oposición al modelo neoliberal.

Entre los mandatos de Felipe Sapag (1995-99) y Jorge Sobisch (1999-2003), el avance del modelo de "ajuste" en las instituciones del Estado es notable. A mediados de año el gobierno de Sapag reflota el intento de reforma de la Ley de Remuneraciones, que ya fuera contestado por los trabajadores a fines de 1996, sólo que esta vez la ley tiene como "único objetivo", desde la mirada sindical, el darle cobertura legal a una rebaja salarial del 20%. Entre *"gases y represión"*, siguiendo la crónica sindical, la disputa se extenderá hasta inicios de noviembre, con los diputados encerrados en la Legislatura y resguardados de los combates entre la policía y los manifestantes estatales.

Gran parte del año '98 es una sucesión de intentos de ajuste y privatizaciones en sectores como Salud, ISSN, EPAS, EPEN y otros menores como Rentas y Catastro, combinados con avances de la LFE en el ámbito docente, por lo que la misma situación obliga a mantener vasos comunicantes permanentes entre ATE y ATEN, atenuando sus diferencias a la hora marchar juntos como CTA, para rememorar el desalojo del puente en el año 1997, la muerte de Teresa Rodríguez o asistiendo a los Congresos de cada sindicato.

Tempranamente, el 23 de enero de 1998, el sector de Salud recibe un primer aviso, pues toma estado parlamentario un proyecto de Ley de "aumento salarial para el sistema de salud" elaborado por la Subsecretaria de Salud, aunque se trataba de un aumento selectivo dirigido al sector profesional. Esto va a provocar un profundo malestar en tono de "discriminación" al interior del propio sistema en vistas de que ofrecía una ínfima recomposición para el sector de auxiliares de enfermería y dejaba sin beneficios al resto de los trabajadores: mucamas, camilleros, mantenimiento, choferes, administrativos, etc. Desde ATE se envían notas a todos los bloques legislativos a fin de expresar el total desacuerdo con este proyecto *"discriminatorio y elitista"* y solicitando formalmente reuniones para fijar postura y buscar una propuesta abarcadora de la totalidad del sector. En ese sentido se mantuvieron varios encuentros con el bloque del FREPASO, hasta que a comienzos del mes de marzo el diputado del MPN, Gustavo Vaca Narvaja, presenta una propuesta a la comisión de Salud de la Legislatura *"sin discutirlo ni buscar consenso de los trabajadores"* y que, según los estatales, era aún más discriminatorio ya que solamente incluía al sector profesional: de los tres mil ochocientos trabajadores merecían ser considerados salarialmente seiscientos, *"el resto pasaban a ser Kelpers, que aparentemente no cumplían una función preponderante en el funcionamiento del sistema"* (ATE, *Memoria y Balance 1998*: 12). No obstante ello, el 15 de abril la Legislatura otorga sanción general proponiendo su tratamiento en particular para el día 29. Frente a esta situación el martes 21 se reúne en SEJUN (judiciales) el Plenario Provincial de delegados de Salud, con representación de más de dieciseis hospitales y centros de salud de toda la provincia que adopta medidas de fuerza como el paro y trabajo a reglamento a partir del lunes 27 de abril, resolviendo cada hospital la modalidad de acuerdo a su realidad y posibilidades. La misma tarde en que se congregó el Plenario, sus delegados son recibidos en la Legislatura. Lanzada la medida, el paro es total en los principales hospitales neuquinos, como el Hospital Neuquén y el Bouquet Roldán, donde se trabajaba a reglamento, mientras que en el interior provincial la medida también es de alto impacto. Antes que se cumplan las 18 horas de paro la Secretaría de Trabajo llama a conciliación obligatoria, que el gremio rechaza a través de un recurso administrativo. Al día siguiente los presidentes de bloque y la presidencia de la Legislatura reciben a cinco representantes y tras la reunión surge un compromiso desde los diputados de entregar una respuesta esa misma tarde. En el ínterin se denuncian "aprietes" de los médicos y jefes de servicio, amenazas de acciones por supuesto abandono de personas y telegramas de intimación. El conflicto en Salud es particularmente difícil de sostener no sólo por la alta fragmentación profesional del sector sino también porque están en juego otras aristas vinculadas a la obras sociales por donde asoman, desde el proyecto de Vaca Narvaja, el gerenciamiento y la figura del Médico de Familia, un *"engendro"* neoliberal según ATE, y directamente vinculado a los intereses de la medicina privada.[1]

ATE denuncia que la consultora World Medical Service, calificada por el Banco Mundial, había firmado un acuerdo con el Banco Provincia de Neuquén a fin de desarrollar un modelo de gestión de salud, *"en otras palabras la bancarización de la salud y el gerenciamiento externo de nuestra Obra Social"*, lo que sería el segundo intento tras la avanzada de los hospitales de autogestión.

En el mismo sentido, y al realizarse el 2º Encuentro de Trabajadores de Minoridad, los estatales denuncian la aguda crisis institucional que ha determinado el compulsivo cierre de hogares para niños como resultado de *"no tener desde la Subsecretaría de Acción Social, una verdadera política de trabajo para nuestros menores y el personal que debe atender a los mismos"* (Ibídem: 22-23). Y la conducción de ATE sabe también que el territorio en disputa es claramente el ISSN, por eso con gran sentido estratégico organiza el 1º Congreso de los Trabajadores del ISSN y, junto a ATEN, dan la pelea en las elecciones de renovación del consejo de administración donde triunfa la lista gremial Nº3, conformada por ambos sindicatos. El Informe de gestión del ISSN, elaborado por Raúl Dobrusín e Hilda Locatti, ambos de la CD de ATE, describe un desfasaje entre el egreso y el ingreso que, por primera vez en la historia, muestra un déficit. La solución "facilista" que denuncian que tomó el gobierno fue la de cubrir el déficit pero con el dinero que se adeuda de aportes no realizados en períodos anteriores. Además se denuncia la baja de coberturas, eliminando líneas de remedios, limitando las prácticas de

---

[1] "[...] tenemos sobrada experiencia en esto de descubrir atrás de estos mensajes de mejora, eficiencia y calidad, los verdaderos objetivos de estas políticas neoliberales. Mucho más cuando, quienes motorizan estas propuestas, son los lineamientos políticos del Banco Mundial y sus ya conocidos programas y reformas estructurales [...] un modelo de atención primaria, que hipotéticamente prioriza el concepto de salud que compartimos, es decir no sólo recuperarnos de la enfermedad, sino fundamentalmente no llegar a ella; descubrimos al medico controlador de gastos. Este modelo es compartido entre todas aquellas obras sociales ya gerenciadas por el capital privado [...] Tal vez el ejemplo más claro sea el médico cabecera del PAMI" (ATE, *Memoria y Balance 1998*: 12).

laboratorio, disminuyendo los medicamentos que se cubren y complicando las coberturas de lentes.[2]

Otros conflictos intensos se desarrollan en el EPEN, EPAS y ENSI (energía atómica). Los trabajadores del EPEN ingresan a ATE en 1995 enfrentando exitosamente los intentos de privatización. Durante 1998 se vieron alcanzados por una interna entre la presidenta del EPEN y el Ministro de Economía, en la que se les desconocía el acta acuerdo y un ofrecimiento de recomposición salarial. En virtud de esto se desató un paro de 48hs durante el 7 y 8 de octubre con un nivel de acatamiento superior al 90%, según fuentes sindicales (Ibídem: 13-14).

Los trabajadores del EPAS, durante la primera quincena de noviembre, inician medidas de fuerza de 10 a 14 horas a fin de que se trate la recomposición de los sueldos, traducidos en los adicionales por insalubridad, prolongación de jornada y antigüedad en la empresa. Luego lanzan un paro de 48hs que alcanza un 90% de adhesión, pero entre la conciliación obligatoria y el cierre del año legislativo no se obtuvieron los reclamos pedidos a excepción de la entrega de ropas de trabajo para todos los sectores (camisa, pantalón, botines).

Los trabajadores del ENSI (rama de energía atómica) también se habían sumado con más de ochenta afiliados hacía poco menos de tres años, a pesar de que la empresa desconocía a ATE. El 11 de agosto se llevó a cabo la primera reunión formal entre ATE y las autoridades de la ENSI S.E., de la que participaron Fuentes, el abogado de ATE Mariano Mansilla, el Dr. Horacio Meguira (asesor legal de la CTA Nacional), delegados de la planta en representación de ATE y los Gerentes Generales y asesores legales de la empresa. Allí se reconoció a ATE como el ámbito de aplicación para discutir los Convenios Colectivos de Trabajo de la empresa y se realizó el primer reclamo de pase a planta permanente de diecinueve trabajadores contratados. Las jerarquías internas, al igual que el sector, es el gran escollo para el reclamo y la organización, más aún si la consigna llevada por ATE es *"igual salario a igual trabajo"*. De todos modos se logra instalar la discusión sobre el CCT, escala salarial, condiciones de trabajo, seguridad, junta de reclamos, servicio médico, comedor, transporte a planta, entre otros.

Como ocurre durante toda esta década, ATE mantiene una dinámica de crecimiento en afiliaciones y de avance en sectores en los que antes no tenía llegada. Fruto de la persistencia militante del equipo de Fuentes y de él mismo -presente en cada una de las actividades y en cada primer encuentro de

---

[2] En lo fundamental, el núcleo del problema se atribuye a que los jubilados eran reducidos en número (desde 1974 a la fecha) pagando el gobierno sólo con vistas a cubrir el déficit. Esta deuda acumulada se ha calculado técnicamente en alrededor de $250.000.000 (Ibídem: 24).

algún nuevo sector incorporado-, es que siempre se realizan encuentros bautismales como en 1998 lo fue el 1er. Encuentro de Trabajadores Municipales, entre ATE y SOEMC (municipales de Centenario) en el marco de la CTA, del que participaron más de setenta trabajadores contando además con la presencia de la Agrupación Naranja y Recuperación Sindical (afiliados y oposición en SITRAMUNE). Esos primeros encuentros armonizan las demandas acorde a la cosmovisión de ATE y que en el caso de los municipales circula por el desconocimiento de cuánto es el ingreso de plata a cada municipalidad en concepto de coparticipación, la necesidad de elaboración de estatutos marco, el escalafón municipal, el pase a planta permanente y el evitar contrataciones de los planes trabajar o de subsidiados por la Ley 2128.

En este sentido, un dato fuerte de ese año es el logro del pase a planta permanente de casi tres mil trabajadores estatales; y el otro dato es que en 1998 ATE alcanza los 8244 afiliados y lograr adquirir un edificio de dos plantas en la céntrica calle Yrigoyen 528 de Neuquén capital, donde funcionará desde entonces la sede sindical. Pero en el interior neuquino también hay novedades: en Zapala se reciben doscientas cincuenta nuevas afiliaciones, algo similar ocurre en Villa La Angostura, mientras que en Chos Malal y tras varios días de paro, los municipales nucleados en ATE logran frenar el intento de cesantear a una veintena de trabajadores (Ibídem: 32-3).

Sin embargo, a la par de estos avances ocurre una pronunciada judicialización de las protestas sindicales. La Asesoría Jurídica de ATE informa que el gobierno provincial posee *"un prolijo Plan consistente en llevar a los Tribunales penales todo conflicto o protesta social, lucha gremial, estudiantil, vecinal, etc."*:

> [...] La "Judicialización" de los conflictos aparece como una herramienta más del control social implementado con la clara intención de desarticular las luchas populares [...] aumentaron notablemente las causas penales contra trabajadores, derivadas del accionar sindical y posiblemente este año sean llevados a juicio varios compañeros [...] Existen alrededor de **600 procesados en todo el país de los cuales alrededor de 100 son de la provincia de Neuquén** (Nota firmada por los abogados Mariano Mansilla, María Miras Trabalon y Néstor Cañupan, negritas del original. En ATE, *Memoria y Balance, 1998*:35).

Por su parte, la asesoría jurídica del CTA Neuquén realiza el Primer Congreso Nacional de abogados de la CTA y conforma el comité de acción jurídica, cuyo primer amparo es por discriminación contra las comunidades mapuce. En esta acción, el CTA trabaja junto a la Confederación Mapuce debido a que el conflicto obedece a que se dieron de baja doscientos ochenta pobladores mapuce que percibían el subsidio de la Ley 2128.

Una de las maneras en las que ATE intenta dar consistencia a estas resistencias es a través de las capacitaciones para *"Crecer y enriquecer nuestra militancia"*, así, durante este año se desarrollaron cinco cursos de formación inicial en las localidades de Chos Malal, Cutral Có, Zapala, Centenario y Neuquén. La organización de los mismos se desarrolló en forma conjunta con la Secretaría de Estudios y Capacitación de la CTA y versó en temas como Historia del Movimiento Obrero, Caracterización de la etapa política, económica y social, Rol del Estado, Propuesta Organizativa de la CTA y Rol del Delegado (Ibídem: 34). Es indudable que el CTA es en este aspecto el gran convocante y se ve con mejor perspectiva en el impacto que tiene el *1er Encuentro por un Nuevo pensamiento en la Argentina* del que participan unos 100 invitados de distintas organizaciones y en convenio con la UNCo. Este encuentro es una suerte de réplica a pequeña escala del encuentro realizado en octubre en Buenos Aires y que comienza a difundir la idea de la lucha contra la hegemonía del *"pensamiento único instaurado por el neoliberalismo"* y con vistas a *"construir una nueva corriente de pensamiento que llene el vacío teórico"* (Ibídem: 38).

La profundización de la conflictividad y las fricciones internas en la perspectiva de lucha por el poder político

La cercanía al final de una intensa década plagada de numerosas luchas sociales de resistencia al neoliberalismo, tiene un efecto de inevitable balance en la dirigencia de ATE, una dirigencia que nunca dejó de lado el considerar la lucha por el poder político como posible, creíble y deseable. El cierre de la experiencia menemista y la apertura de nuevas expectativas sobre el gobierno de la Alianza, que colocaba a Fernando de la Rúa presidente y a Carlos "Chacho" Álvarez como vicepresidente, no significó un alineamiento inmediato desde el CTA por más que algunos funcionarios de la entrante gestión resulten mas digeribles que los de su antecesor en el gobierno. En el plano local, la vigencia imperturbable del MPN en el poder asfixia cualquier entrada de aire externo. Julio Fuentes lo sabe y lo que más le preocupa no es el cambio en el horizonte del poder nacional ni la vitalidad del MPN, sino la dificultad para construir un proyecto político desde los sindicatos locales que tenga como objetivo estratégico a corto plazo la disputa de poder, disputa que ya viene siendo planteada en esos términos desde el ámbito del CTA nacional. Convencido de que en los resultados electorales el pueblo neuquino se expidió en oposición al modelo político vigente, Fuentes no duda en vincular esos resultados con la lucha sindical de los estatales. En su editorial que abre la Memoria y Balance del año 1999 sostiene:

> [...] debemos reconocer que la imposibilidad de lograr acuerdos de unidad en la lucha con el resto de los trabajadores, nos llevó a una gran huelga parcial en la provincia, y eso debilitó la posibilidad de arrancar la respuesta que buscábamos. Enfrentamos en la provincia un poder político que lleva 40 años en el gobierno, y lo reafirmamos ya que las dictaduras militares contaron con los funcionarios del partido provincial. Durante 1999, en las elecciones generales, se marcó claramente el hartazgo de nuestro pueblo con las políticas que llevan adelante, tanto el partido provincial como el menemismo en el orden nacional. **Pudimos direccionar el voto en contra**, y dio como resultado un gobierno provincial debilitado, pero sin duda no hemos podido aportar a la construcción de una verdadera alternativa que represente las aspiraciones de los trabajadores y del pueblo. Para que nuevamente no quedemos atrapados en la mentira de los que piden a los demás que hagan lo que les corresponde a ellos, para que alguna vez podamos elegir a los buenos y no siempre al menos malo, debemos construir más poder y mejores herramientas de participación. Esta salida pasa por consolidar, más que nunca, la herramienta que es la CTA, sus delegados, sus agrupaciones sindicales, sus organizaciones barriales. Sólo la clase trabajadora, **empleada o no**, podrá construir un poder que enfrente al actual poder que gobierna a nuestro país, el de los grupos económicos (ATE, Memoria y *Balance 1999*: 7, negritas nuestras).

Es que en el plano estrictamente sindical, las acciones en conjunto con ATEN y otros sindicatos menores siguen firmes en lo esencial: la pelea en las calles, más aún luego de la resonante actividad de 1997, el recuerdo año tras año a modo de acto conmemorativo de la trágica muerte de Teresa Rodríguez sirve de aglutinador de sentidos. Con todo, en el interior de ATE no emergen ni disputas de poder que cuestionen el liderazgo de Fuentes, ni disonancias respecto al rumbo político a seguir. A sus Congresos asisten siempre numerosos delegados (casi doscientos en 1999), las memorias y balances son aprobados por unanimidad y el planteo de fondo dominante es una reiteración de anteriores: la recuperación del 40% por zona desfavorable para los trabajadores provinciales y municipales, la estabilidad de todos los trabajadores del Estado, la defensa del ISSN y la convocatoria a paritarias con el fin de dar cumplimiento a la Ley 1974 de Convenios Colectivos de Trabajo.

Así las cosas, el CTA local lanza su primer paro por 48hs, los días 8 y 9 de marzo, que alcanzó según fuentes sindicales un 90% de acatamiento. Frente a las perspectivas abiertas por el cambio político con la asunción de De La Rúa, el reclamo de devolución del 40% por zona, la defensa del ISSN,[3] y el reclamo por las deficiencias edilicias de las escuelas, unificaron a los estatales. Estos reclamos son en las calles o en el puente carretero que, al resultar ocupadas y bloqueadas, reciben la respuesta estatal en forma de desalojo y brutal represión, como ocurrió el 19 de marzo durante la inauguración del Hospital "Horacio Heller", en la empobrecida y periférica zona oeste de la capital neuquina donde -aprovechando la visita del ministro de Salud y Acción Social de la Nación, Alberto Mazza, acompañado por el gobernador neuquino- los estatales se movilizan hasta allí para expresar su oposición a la implementación del modelo de hospital de autogestión, del cual este nuevo edificio representaba su máxima expresión.

Tal como lo había previsto el Congreso Extraordinario de ATE, el 6 de abril se larga el primer paro y movilización con el eje puesto en la restitución de la zona desfavorable. A partir de Junio se profundizan las acciones, en la primer semana se lanza un paro de 48hs y una marcha el día 3 a la Legislatura, donde encuentran un escenario que en breve se tornará clásico: el vallado, las puertas cerradas, un importante despliegue de fuerzas policiales antidisturbios y, en algún momento indeterminado, los forcejeos y el lanzamiento de gases lacrimógenos.

El 7 de junio, en un plenario conjunto con ATEN se resuelve la continuidad del plan de lucha con un paro por 72 hs. a partir del 23 de junio, con cortes de calles y de rutas tanto en Neuquén capital como en el interior. Con la profundización de las medidas de lucha comienza también la de las formas represivas, con el uso del célebre carro hidrante que arremete indistintamente contra los trabajadores que cortan la Avenida Argentina. Es cuando el territorio céntrico se transforma en escenario de batallas con la policía, en especial sobre la pequeña zona bancaria de Neuquén capital.

A fines de mes y con las negociaciones estancadas se instala una gigantesca carpa donde se realizan diversas actividades frente a la plaza de la Legislatura. *"Los trabajadores deciden hacer el aguante y no dejar la calle*

---

[3] Durante 1999 y como consecuencia de atraso del gobierno en depositar los aportes y contribuciones, los consejeros gremiales efectuaron una denuncia penal contra la Subsecretaría de Hacienda, bajo el argumento de que el no depósito de los aportes personales de los trabajadores constituye un delito penal. En cuanto a la Caja de Jubilaciones, ésta presenta una situación de déficit estructural ya que los ingresos por aportes y contribuciones no alcanzan para cubrir lo que se paga en beneficios jubilatorios. Esta situación, señala los consejeros gremiales "[…] tiene como único origen y razón las reiteradas políticas oficiales de vaciamiento de la caja con años de no hacer aportes o aportes insuficientes, situación que ha generado una deuda histórica difícil de calcular con exactitud, pero que evaluamos superior a los 250 millones de pesos" (ATE, Memoria y *Balance 1999*: 44-5). La explicación de la crisis en el sistema de jubilaciones obedecía a dos factores: porque la población de los trabajadores activos envejece y se jubila en mayor proporción que años atrás; y porque cada vez hay menos trabajadores activos estatales debido a los despidos y privatizaciones de algunos sectores.

mientras la comisión permanezca adentro" (ATE, Memoria y *Balance 1999*). El paro lentamente se transforma en una medida por tiempo indeterminado que se potencia con innumerables acciones callejeras, marchas, cortes, escraches, y recibe eventuales apoyos de algunos diputados del bloque opositor cuando arrecian el desalojo por la fuerza y las detenciones de trabajadores pasan a ser moneda corriente. La Secretaría de Trabajo dicta el 1º de julio la conciliación obligatoria que el gremio rechaza profundizando el paro y las medidas de lucha. Así se llega al viernes 3, donde se decide el desalojo de la Legislatura; previo a la inminente represión, el Obispo Radrizzani intenta evitar el desalojo que finalmente no se produce porque el paro es levantado.

A partir de ese momento se potencian las acciones en la calle: el abrazo al Hospital Castro Rendón, los enfrentamientos con la policía el día 6 de julio en el aeropuerto de Neuquén y el desalojo de la ruta 22 en esa misma noche. Es en estos momentos en donde la fricción entre ATE y ATEN emerge; momentos en que las acciones se confunden con los enfrentamientos con la policía, donde la represión es esperable y frente a ella ambos sindicatos difieren en sus modos de transitarla: ATE no duda en el choque (y hasta lo prevé con mucha mayor claridad) y resuelve medidas discrecionalmente cuando la situación se tensa; ATEN se desintegra en luchas y acusaciones internas llegando a plantear en sus plenarios o en sus largas asambleas el debate sobre la práctica de la violencia en las manifestaciones. ATE es para ATEN un sindicato personalista que bajo el liderazgo avasallante de Fuentes tiende sin pruritos a la violencia callejera cuando el contexto se lo pide; a la inversa, para ATE su compañero docente en las calles es un gremio de maestras de clase media con muchas tendencias internas, predominantemente de izquierdas, y que se enfrasca en eternas discusiones políticas pero sin atisbos de que ellas aborden la cuestión del poder político. ATE vía Fuentes apuesta todo su capital político en el CTA, mientras que ATEN, como veremos más adelante, cuestiona el alineamiento político de la central, donde además juega fuerte una ex dirigente ateniense: Marta Maffei. Al compás de estas rispideces, las bases permanecen en las calles. Así lo pone en texto ATE:

> [...] Una reflexión: la posición de una parte de la conducción provincial de ATEN y de la Seccional capital de **boicotear el plan de lucha**. Los paros eran prácticamente arrancados por la militancia del gremio docente, las resoluciones de los plenarios conjuntos no eran aplicadas por la conducción, se limitaron los medios a los compañeros que permanecían frente a la legislatura o las seccionales del interior que querían viajar, se abandonó por parte de este grupo de la conducción provincial, a los miembros de la comisión que permanecieron casi una semana dentro de la Legislatura (ATE, Memoria y *Balance 1999*: 16-17, negritas nuestras).

Durante 1999 ATE Neuquén supera los diez mil afiliados y prosigue con su política de incorporación de nuevos sectores mediante la realización de encuentros.[4] Y durante 1999, ATE también refrenda victoriosamente a su conducción en elecciones gremiales para el período 1999-2003. En la provincia se presenta la Lista Verde Agrupación SUTEN, encabezada por Julio Fuentes y que postula entre otros a César Sagredo como adjunto. Esta lista responde en el ámbito nacional a la lista Verde Anusate encabezada por Juan González y que se enfrenta a la lista multicolor Bordo-Naranja-Violeta y Negra de Ricardo Bordón. De la elección participan 83.968 afiliados siendo ganadora a nivel nacional y con el 96,2% la lista Verde. En el ámbito provincial se eligieron también las autoridades de las cinco seccionales con que cuenta el CDP y que son Cutral Có, Zapala, Loncopué, Zona Sur y Zona Norte. La Lista Verde Suten fue ratificada por más del 50% de los votos en el interior y aplastó en la seccional capital con un contundente 93% (ATE, Memoria y *Balance 1999*: 23).

Con semejante hegemonía ATE a través del CTA prosigue consolidando su perfil político sindical ganando cierto prestigio dentro del campo de la formación política, algo que caracteriza al CTA nacional en particular. Un ejemplo de esto lo constituye la organización del *II Encuentro regional por un nuevo pensamiento en la Argentina,* que se desarrolla en Neuquén entre el 28 y 29 de octubre. Del encuentro participan más de noventa asistentes y las discusiones circulan en torno al cómo combatir la ideología dominante y el escepticismo mediante el rescate de la abandonada problemática del poder y la transformación social.[5] Estos lineamientos muy presentes en el discurso del CTA tienen un referente concreto en la experiencia del PT brasileño, al punto que Luis Inacio Da Silva (Lula), en el encuentro realizado en Buenos

---

[4] Así sucede con el 1er Encuentro de Trabajadores de Acción Social y Minoridad, el 1er Encuentro de Trabajadores de Vialidad, el Encuentro de los trabajadores del EPAS contra la privatización y/o municipalización y el Encuentro de Trabajadores de la Educación (porteros, administrativos y técnicos). En todos ellos asiste y diserta Fuentes planteando los lineamentos político sindicales centrales de ATE.

[5] En esos encuentros también puede verse la construcción de un relato histórico que alcanzará gran difusión en los ámbitos militantes y que apunta a hilvanar las últimas décadas: "[…] Argentina, parece preso de su historia y de un conjunto de cuestiones que, al igual que en otros terrenos de la vida nacional, reproducen una cultura de la sobrevivencia. En primer término, el horror de la tragedia que impuso la dictadura (reactualizado en las últimas dos décadas bajo distintas modalidades, Malvinas, Obediencia Debida, hiperinflación, indulto, desempleo), instaló como la consigna rectora de la intelectualidad dominante la idea de 'evitar lo peor'. En el marco impuesto por la derrota y el terror, el pensamiento perdió autonomía y audacia para arriesgar nuevos sentidos que pusieran en crisis el orden establecido" (ATE, Memoria y *Balance 1999*: 48).

Aires, será nombrado presidente honorario.[6] También en noviembre de este año se realiza en Neuquén a través del CTA el *Plenario provincial de delegados de base, activistas y juntas ejecutivas* y, en Mar del Plata, el II Congreso del CTA al que asisten ocho mil personas. El CTA cuenta a esta altura con poco menos de veinte regionales y 700.000 afiliados.[7]

Mientras ATE consolida su línea política, la legitimación del pedido de devolución de la zona desfavorable desde los sindicatos estatales se ancla en la noticia del notable crecimiento de la recaudación de regalías hidro-carburíferas, en la recuperación de los precios del petróleo y en el aumento en la producción de gas. Ante la falta de respuesta del ejecutivo provincial recomienzan las acciones conjuntas en la calle a fin de potenciar lo que se de-nomina *"la segunda etapa del paro"* que había comenzado el 8 de agosto. Ahora las marchas hacia el puente carretero son parte de la rutina militante al igual que ocurre con la instalación de carpas o globos. El 13 de agosto, el puente ocupado es desalojado en una de las mayores acciones de represión del año, trasladándose los enfrentamientos con la policía al Barrio Sapere, donde una vez más se puso de manifiesto *"la solidaridad de sus vecinos abriendo sus casas y ayudándonos a pesar de ser víctimas de una gaseada infernal"* (ATE, Memoria y Balance 1999: 20-21). En simultáneo pero bajo una descoordinación total, ATEN llamaba a una concentración en la céntrica Av. Olascoaga y Ruta 22.

En un contexto altamente represivo, ATE señala la "ejemplaridad" de los paros, la "masividad" de muchas de las medidas callejeras, la "dignidad" con que se sale de conflictos que son en su mayoría grandes derrotas signadas por la represión, los descuentos, el cansancio, y las disputas intersindicales y la "mezquindad" de la dirigencia docente. Si bien la restitución del 40% por zona desfavorable está lejos de obtenerse *"no hay represión que nos pueda llevar por delante en estas condiciones"*; así, en medio de este clima, los estata-les en conjunto llaman a no votar a *"los candidatos que representan el ajuste"*

---

[6] Entre las personalidades que asistieron al encuentro en Buenos Aires están presentes Franck Popeau (Francia), Horacio González, León Rozitchner, Daniel Illanes y Oriosto Otero (Colombia), Joachim Hirsch (Alemania), Julio Sevares y Carlos Giroti, Juan Villarreal, Fortunato Mallimaci, Alain Lipietz (Francia), Ana Esther Ceceña (México), Jaime Zuluaga (Colombia), Marta Maffei, Víctor De Gennaro (CTA), Francisco Dos Reis (APYME), Eduardo Buzzi (Federación Agraria), Pablo Javkin (FUA), Mabel Gabarra (mujeres), el sacerdote Aníbal Filipinni y José Nun (ATE, Memoria y *Balance 1999*).

[7] Marta Maffei es entonces una de las referentes indiscutidas del CTA. Una nota del periodista Pasquini Durán, del Diario porteño *Página 12*, manifiesta el entusiasmo que él mismo siente al cubrir este encuentro: "Fue un motín de la esperanza [...] Desde ese lugar, los congresales ratificaron que su central, la que los cobija a todos, sea independiente de partidos y gobiernos [...]", y más adelante sucumbe ante la imagen de Maffei: "Esa dama. Docente y matrona, habló lindo, con razones sencillas y hondas y con el sentido común de la vida, otra señal de identidad para las muchas mujeres que poblaban las tribunas" (Ver Pasquini Durán, "Me voy creyendo", Diario *Página 12*, 1/06/1999).

(Ibídem: 20-1). Y si persiste y aumenta la represión es pensable que idéntica situación ocurra en el ámbito judicial. En octubre de 1997, representantes de todos los gremios estatales se reúnen con los diputados justicialistas Salto, Galia y Sánchez quienes se comprometen a no votar esa semana el presupuesto que contenía la rebaja salarial y generar así un espacio de diálogo. Sorpresivamente, ese mismo día los mencionados diputados dieron su voto para que el proyecto avanzara de la comisión al recinto y, para justificar el incumplimiento de la palabra comprometida a los representantes de los trabajadores, se presentaron ante la fiscalía de turno denunciando que en realidad habían realizado ese compromiso bajo *"coacción agravadas, amenazas y que habían sido prácticamente secuestrados!!"* (Ibídem: 29). Aunque ese día participaron alrededor de cuatrocientas personas que acompañaban a las comisiones directivas de los gremios estatales, los testigos policías que fueron convocados por el fiscal identificaron a once dirigentes: Fuentes, Fernández, Sagredo, Baltazar de los Santos Álvarez, Zárate, Jorge Fuentes, Cides (ATE), y Figueroa, Ferrer y Di Diego (ATEN). Los casi veinte periodistas que declararon en la causa desmintieron categóricamente las afirmaciones de los diputados, adjuntando videos de los distintos canales que registraron el desarrollo pacífico de la reunión. Lentamente, la acusación sobre los dirigentes se fue reduciendo de *"secuestro y amenazas a daño simple por rotura de barrotes y un empujón a un policía que estaba en la puerta"*. El día de los alegatos el Fiscal de Cámara, Dr. Otegui, levantó la acusación señalando que había claras y contundentes pruebas que demostraban la inocencia de los dirigentes procesados, cuestión que obligó a la Cámara Criminal a dictar inmediatamente el sobreseimiento (CTA Neuquén, *Plenario provincial de delegados de base, activistas y juntas ejecutivas*, 23/11/1999).

Interiores

En el interior provincial también fueron iniciadas causas por los cortes de ruta en Zapala y San Martín de los Andes, siendo imputados los principales dirigentes de las seccionales de ATE y ATEN. Esto obedece a las luchas poco visibilizadas en la prensa sindical que llevan adelante las seccionales, como Zapala que en reclamo por el 40% por zona corta por primera vez la ruta el 3 de junio de 1998acompañado por trabajadores del EPEN, municipales, minoridad, salud, acción social, vialidad, cooperativa de viviendas "Jaime de Nevares" y desocupados nucleados en la UTD. En la misma ciudad son encarcelados tres trabajadores del EPEN acusados de ser los autores de un apagón de protesta, en medio de un paro y corte de ruta.

En Cutral Có y Plaza Huincul se lleva a cabo una intensa campaña contra la privatización del EPAS y se logra la reincorporación de veintiún cesanteados de la municipalidad de Cutral Có. En la seccional Zona Sur durante junio y a partir de una resolución del Directorio de Parques Nacionales, a cuya cabeza se encontraba María Julia Alzogaray, se decide rescindir el contrato de ochenta trabajadores. Se realizan movilizaciones de trabajadores junto a organizaciones y comunidades rurales en las ciudades de San Martín de los Andes, Bariloche, Puerto Iguazú y Calafate. Durante julio hay cortes de ruta en la localidad de San Martín de los Andes encabezada por ATE (EPEN, Hospital, Parque Nacional Lanín, INTA), UNCo y con la adhesión de ATEN. Por ese corte, la Justicia Federal procesa a dos dirigentes de ATE que luego son absueltos en el mes de noviembre. Al año siguiente se inicia un juicio a otros dirigentes de ATE: Ricardo Pérez, secretario general de ATE Zapala, Jorge Renzetti y Jorge Caderno, acusados por daño a la propiedad y la seguridad pública, tras un hecho ocurrido durante la lucha por la restitución del 20% de zona, en 1999. Una de las modalidades de lucha fue el corte de rutas por períodos de dos horas.

Al inicio del año 2000 en San Martín de los Andes, el intendente municipal intentó despedir a ciento cincuenta trabajadores, dejar sin efecto las recategorizaciones y pases a planta permanente y llevar adelante la privatización del servicio de recolección de residuos, barrido y limpieza. ATE lanzó una campaña de difusión hacia los vecinos incluyendo la recolección de firmas y logrando que el ejecutivo municipal desista finalmente. En cuanto a los trabajadores de Parques Nacionales, éstos se movilizaron enfrentando el Decreto 430/00 de rebaja salarial y contra la intervención a la institución.[8] En Cutral Có se logra frenar la concesión del sector Guardia del Corralón Municipal, se realizan las primeras elecciones de delegados en la municipalidad, se compra un terreno para la futura sede sindical y se realiza un curso de Formación sindical destinado a delegados, congresales y militantes en el Centro de Jubilados y Pensionados del SUPE. En Junín se logra que treinta y dos trabajadores contratados pasen a planta permanente en medio de movilizaciones y cortes de rutas de trabajadores desocupados. En Loncopué se despiden a trabajadores temporarios de Termas y en El Huecú. Los trabajadores en conjunto con los beneficiarios la Ley 2128 se movilizan a la

---

[8] El crecimiento de afiliación a ATE alcanzando en San Martín se calcula en un 30%. Es importante marcar que también las capacitaciones llegan al interior: la "Jornada de Capacitación Sindical para Delegados" se llevó a cabo en el mes de mayo del 2000 con la presencia de delegados de Villa La Angostura, Junín y San Martín de los Andes. También en conjunto con centros de estudiantes, ATEN y FM Pocahullo se participó de las distintas charlas-debates de la Cátedra Libre "Che Guevara" y la Cátedra Libre de Derechos Humanos, colaborando también con la muestra de afiches de las Abuelas de Plaza de Mayo y participando en el Taller de la Universidad Trashumante. (ATE, *Memoria y Balance 2000:* 44).

municipalidad para impedir la baja de los que se encuentran en condición de temporarios, al tiempo que los trabajadores del EPEN se reúnen con los intendentes de Loncopué, Caviahue y Copahue para tratar el mismo asunto.

En estas pequeñas localidades es habitual que se produzcan movilizaciones y cortes de ruta conjuntos entre trabajadores de planta, temporarios, afectados a la Ley 2128 y desocupados para, por ejemplo, peticionar puestos de trabajo, planes trabajar o bolsones de víveres.

En otras ciudades se enfrentan intentos de municipalizaciones o privatizaciones, como en Zapala donde se instala la consigna *"al EPEN lo defendemos con coraje neuquino"* y *"No a la Municipalización del EPEN"*, que luego es llevada por Aluminé y Villa Pehuenia. En estos municipios también se efectúan paros totales de actividades por parte de los recolectores de residuos que reclaman el plus por tarea riesgosa y por parte de trabajadores municipales, la inclusión en el presupuesto del 20% por zona desfavorable. En Las Lajas, donde se inaugura un pequeño local de ATE, se lucha por la reincorporación de cincuenta y ocho contratados que durante enero del 2000 quedaron sin trabajo después de estar entre siete y nueve años bajo este régimen. En Chos Malal se logra el pase a planta permanente de quince contratados del municipio de Las Ovejas. En marzo se logra que el Concejo Deliberante de Chos Malal rechace el proyecto de emergencia económica. En Villa La Angostura y tras los hechos en la localidad de Centenario, donde el ejecutivo declaró la municipalización del EPEN, se consiguió la declaración por amplia mayoría del Concejo Deliberante de que se detenga el avance sobre la municipalización. Otro hecho significativo es la inauguración del local gremial de ATE.

Sobisch, otra vez...

El regreso de Jorge Omar Sobisch a la gobernación neuquina significó el establecimiento de un estado de guerra con los estatales, no porque con su antecesor las cosas hubieran resultado de maravillas sino porque en el estilo de Sobisch, entre provocador y autoritario,[9] éste venía a realizar una suerte

---

[9] Los estatales hablan de un Sobisch *"soberbio y provocador"*, que al igual que en el año '93 gusta de hacer performances trasgresoras como aquella ocurrida durante un acto en San Martín de los Andes cuando pasó lentamente por el medio de los manifestantes "pretendiendo así aparecer ante los medios como el agredido" (Ibídem: 16). Una foto captura el momento en que Sobisch repite el gesto en el año 2000 frente a la columna que encabeza una marcha de miles de estatales; la foto aparece en *El Estatal neuquino*, primera quincena de marzo de 2000. Este periódico suele aparecer muy esporádicamente y sus breves notas luego salen en extenso en las *Memorias y balances*.

de "revancha" de aquel primer período como gobernador donde la resistencia de los estatales fue tan férrea que prácticamente no pudo avanzar con sus anhelados proyectos de gobierno. A la par de su ex rival -un debilitado Felipe Sapag ya en franca retirada de su vida política-, Sobisch es un político que vuelve con todas sus energías dispuesto a perpetuarse en la gobernación que, de hecho, lo cobijará hasta el 2007.[10] Los intentos renovados de Sobisch buscaron quebrar la resistencia de los trabajadores avanzando sin éxito en achicar la planta de trabajadores estatales con un fallido despido de cuatro mil agentes, luego buscando municipalizar el EPEN, el EPAS, las áreas de minoridad, gerenciamiento del ISSN, la tercerización de los servicios generales de Educación, la Ley de Función Pública, la jubilación anticipada, los retiros voluntarios, entre otras medidas. En este escenario predominantemente de resistencia metro a metro, ATE mantiene su perfil centralizado y referenciado en su máxima figura, mientras que ATEN no puede ocultar ya su retraimiento interno que impacta decididamente en las calles.

En este sentido, el año 2000 es recordado como el que los estatales neuquinos *"le ganamos al ajuste"* de Sobisch: proyecto de Ley de Emergencia Económica, despidos, pases a disponibilidad, rebajas salariales, pago en bonos del 25% del salario, ataque al Estatuto *"a fin de eliminar los supuestos "privilegios" de los que gozamos los estatales,"*[11] constituyen un historial de luchas enfrentadas desde los más diversos formatos de protesta como paros generales, innumerables marchas, concentraciones frente a los organismos públicos, cortes de ruta, carpas con trabajadores despedidos, plenarios conjuntos de los gremios de la CTA, escraches frente a las casas de los funcionarios, entre otros. Esta lucha, sin embargo, tiene sus costos:

> En muchas de estas luchas no contamos con el apoyo de la conducción del gremio docente, no siendo así con las bases del mismo, que luchó codo a codo con nosotros en cada frente, pero objetivamente con una fuerza diezmada, que no sólo facilitó los objetivos del gobierno sino que además colocó a la ATE en el centro de la ofensiva oficial. Ofensiva que fue desde el ataque difamatorio a nuestra organización, intentó quebrarnos económicamente pretendiendo

---

[10] El vice gobernador de Sobisch es Jorge Sapag, quien lo sucederá desde el año 2007.

[11] El ataque al estatuto corre en paralelo a la pugna por quién tiene legitimidad en la discusión por los CCT, discusión que comenzó y quedó trunca en 1993 durante el anterior mandato de Sobisch. A su regreso Sobisch vuelve a convocar la discusión pero con la estrategia de incluir "gremios inexistentes en el ámbito (como ATSA) o intentar recostarse en UPCN, reconocido en la historia como un constante traidor a los intereses de los trabajadores". ATE denuncia además que la Subsecretaría de Trabajo cometió irregularidades al permitirle a ATSA representar a los trabajadores, siendo esta representación inexistente puesto que apenas posee doscientos afiliados, y UPCN alrededor de mil, lo que en realidad daría como resultado ocho paritarios para ATE, uno para UPCN y ninguno para ATSA. Por eso se advierte desde ATE: "que les quede en claro; o discuten con ATE, o no hay convenio"(ATE, *Memoria y Balance 2000*: 28-9).

anular las licencias gremiales y buscó en la represión amedrentar a nuestros compañeros (ATE, *Memoria y Balance 2000*:12-13).

Además de no contar con una conducción del gremio docente sólida, el costo para ATE es la persecución a sus dirigentes detenidos y golpeados como los casos de Marcotte, Navarrete y Jorge Masa, del Hospital Neuquén. En un contexto donde se sabe de los beneficios por regalías petroleras, las calles son también ocupadas en defensa de lo que se entiende como "*la entrega de nuestro patrimonio*", es decir, la pelea contra la prórroga de la concesión del yacimiento de Loma de la Lata a la petrolera REPSOL, "*la defensa del más importante nicho de riqueza de nuestro suelo y tal vez de todo el país*" que fue "*vilmente entregado*" en un acuerdo "*vergonzoso*" efectuado por el gobierno provincial y REPSOL. En efecto, en su discurso en la Legislatura el gobernador Sobisch había señalado que prorrogaría el contrato de concesión de YPF-REPSOL por diez años en los yacimientos de Loma de la Lata y Sierra Barrosa, sosteniendo que con eso "*hemos recuperado YPF para la provincia, como el motor dinamizador de la economía*" (Discurso de Sobisch, HLN, 2000: 14). La prórroga implicaba el ingreso a las arcas neuquinas de 265 millones de pesos por año ("*no debe haber inversión más importante en el país*", espetó eufórico).

El desafío de fin de siglo es conservar la fuente de trabajo. Ejemplos de esta problemática son los conflictosdesatados a raíz de los despidos de personal administrativo y de portería de la planta funcional del Consejo Provincial de Educación, defendidos por ATE, como así también el que tuvo lugar en mayo de 2000 al dejarse sin empleo a personal de la planta temporaria y permanente, dependientes de la Subsecretaría de Acción Social.

Como ejemplo de frenos a los intentos de municipalización y tercerización (acompañados de despidos), en el EPEN se prescinde de setenta y cuatro trabajadores contratados. Además de rondas de negociaciones entre ATE y el Subsecretario de Energía y el Ministro de Economía Alfredo Pujante, que logran la reincorporación de la totalidad de los despedidos, los trabajadores deciden trasladarse a cuanta seccional sea posible para evitar que se tome la misma medida, como ocurrió en San Martín de los Andes y con la propia presencia de Sobisch (que en un arrojo provocador atraviesa la manifestación buscando ser agredido). En Centenario, los concejales del MPN en la última sesión del año votan la municipalización del ente en esa localidad, originando que los trabajadores de inmediato concurran a la sesión a plantear su oposición a esta política. Forcejeos mediante, un concejal acusa a varios trabajadores de causar "*daños en su domicilio*", lo que hizo que se citara a uno de ellos a brindar declaración indagatoria. Al asistir queda detenido en la Comisaría 5ta donde es salvajemente golpeado. Al circular la noticia se lanza un paro de actividades y se organiza una caravana en la ciudad de Neuquén que luego parte a Centenario.

El otro ejemplo de lucha en contra de la municipalización se desarrolla en el EPAS. En octubre de 2000 se presenta a la Legislatura Provincial el proyecto de reformulación del ente donde se argumenta desde el gremio que el EPAS cumple un rol social en especial en las pequeñas localidades, "*sin importar las ganancias que genere*". Después de charlas con diversos Concejos Deliberantes, se logran algunos compromisos y promesas de audiencias públicas o consulta popular, que por el momento no ocurren pero que ayudan a detener la municipalización. Como puede evaluarse, la forma de lucha que despliega ATE en paralelo a la lucha callejera es a través de sus contactos con partidos políticos que poseen representación parlamentaria, buscando la conformación de comisiones con diputados y legisladores de diversos bloques sin excluir necesariamente al propio MPN.[12] Este es el caso de la lucha por evitar el cierre de la ENSI (Empresa Neuquina de Servicios de Energía, Sociedad del Estado).[13] Para ello se buscó convencer a intendentes, concejales, legisladores provinciales y nacionales, y por supuesto al mismísimo gobernador de la provincia, de la importancia y necesidad de la continuidad de la Planta de Agua Pesada (PIAP) tanto para la provincia como para el país, como fuente de trabajo ycomo empresa de producción. Luego de varias movilizaciones encabezadas por ATE se logra conformar la Comisión en Defensa de la PIAP, integrada por los trabajadores de la misma, los tres bloques de diputados, el Poder Ejecutivo Provincial, los diputados nacionales y la Senadora Silvia Sapag (MPN). Esta comisión logró que la Legislatura declare de interés provincial a la Comisión en Defensa de la PIAP, la continuidad operativa de la misma y la terminación de Atucha II. Las gestiones siguieron, al igual que las movilizaciones, hasta la realización de la más grande de ellas, cuando se marchó desde la Planta hasta la Gobernación y la Legislatura neuquinas. En el trayecto los trabajadores fueron recibidos por el intendente de Plottier junto al Consejo Deliberante de esa ciudad, mientras que Sobisch se negó a hacerlo. El reclamo se centró en el financiamiento para producir las doscientas toneladas de agua pesada que el país necesitaba para la vida útil de las dos centrales que se encontraban operando: las de Embalse Río Tercero y Atucha I. Después de varias marchas se logra una audiencia en Buenos Aires

---

[12] El MPN exhibe un imperceptible minibloque o "MPN rojo", distante de ala dura sobischista y apenas nombrado en algún documento sindical, que es el que mantiene contacto con los sindicatos.

[13] La ENSI es una sociedad del Estado conformada por la Comisión Nacional de Energía Atómica (CNEA) y la provincia de Neuquén. Fue creada en diciembre de 1989. En la actualidad es una de las pocas proveedoras de agua pesada en el mercado internacional, y cuenta con la planta de mayor capacidad de producción en el mundo.

con los Ministros de Energía, Ciencia, y Técnica, el jefe de Gabinete y el canciller Rodríguez Lamarini, los presidentes de todos los bloques de la Cámara de Diputados y los presidentes de las comisiones de Energía, Ciencia, y Técnica, a quienes se les planteó la necesidad de ser incluidos en el presupuesto; finalmente y por intermedio del Diputado Salvatori (MPN, ex gobernador neuquino), se logró la inclusión en el Presupuesto Nacional 2001.

ATE: cierre provisorio de una década de luchas

Por tercer año consecutivo, ATE junto al resto de los estatales marcha al puente carretero sobre la ruta 22 al cumplirse el tercer aniversario de la muerte de Teresa Rodríguez y del desalojo de aquel puente por la fuerzas de gendarmería. Todo un resumen simbólico del quiebre que reinaugura, procesión militante de por medio, una tradición de protestas y resistencias que ubica en el acto de marchar al puente la mejor escena del *habitus militante neuquino*, como si en esas largas caminatas los cuerpos lograran la reafirmación de sus compromisos prácticos, tal como sucede en las marchas de los 24 de marzo o las de los 1° de mayo, y que en estos agitados años de finales del siglo XX neuquino aparecen violenta y sistemáticamente interrumpidas por las fuerzas policiales.[14] Y la reactualización[15] de esa memoria reciente se robustece por efectuarse a través del *continuum* de movilizaciones y protestas callejeras, sin interrupción posible: el 24 de mayo hay un paro de 24hs contra el Decreto de necesidad y urgencia dictado por Sobisch; el 31 de mayo otro paro por 48hs en repudio al ajuste planteado por Sobisch; el 6 de junio, paro nacional de CTA y CGT contra el ajuste anunciado por el gobierno nacional; el 23 de junio, paro y movilización en contra del ajuste de Sobisch;

---

[14] Las actividades que recuerdan los tres años del desalojo del puente carretero y de la muerte de Teresa Rodríguez también suceden en Cutral Có, con exposición de pinturas, fotografías y una suelta de globos a la que asisten unas trescientas personas y dirigentes de ATE, ATEN, SEJUN, la Pastoral Social de Migraciones y familiares de chicas asesinadas en el triple crimen de Cipolletti, ocurrido este año (ATE, *Memoria y Balance 2000*: 25).

[15] Para ser más rigurosos con nuestro enfoque habría que decir que los bailes anuales de ATE todos los 27 de junio (y que en algunos casos como en el año '99 pueden llegar a dos), forman parte de su repertorio de actividades militantes y no escapan a la construcción de un universo militante omnipresente: "Durante 1999 los trabajadores realizamos dos bailes que por hacerlos en medio de un conflicto no nos hizo perder la alegría y el orgullo de ser estatales [...] compañeros de diversos sectores del Estado, los que se tomaron una tregua en la lucha que desarrollamos en el año. El 30 de diciembre nos convocamos nuevamente para despedir el año y recibir el 2000 con renovadas energías y fortalecernos con la magia de la danza para seguir peleando por una sociedad para todos y con plenos derechos como trabajadores" (ATE, *Memoria y Balance 1999*: 40, negritas nuestras).

el 28 de junio, piquetes en las calles céntricas en rechazo al acuerdo entre Repsol-YPF y la provincia de Neuquén; el 21 de diciembre, marcha de la CTA y desocupados contra la represión policial al liberar cortes en reclamo de un subsidio de $300, y un largo etcétera. Y ATE persiste en la organización de sus encuentros: el 27 de octubre es el primer Encuentro de Trabajadores de Registros Civiles; entre el 13 y 14 de octubre es el II Encuentro Provincial de los Trabajadores de la Salud Pública[16] en Chos Malal al que asisten casi trescientos trabajadores, con presencia de Julio Fuentes, Horacio Barri (Córdoba) y Horacio Fernández (CTA Neuquén); y entre otros más se organiza el *III Encuentro Provincial por un Nuevo Pensamiento en la Argentina* realizado el 29 y 30 de setiembre en la UNCo, organizado por la CTA y la Secretaría de Extensión y del que participaron cerca de dos mil personas.[17]

Durante el 26 de setiembre del 2000 ocurre la segunda elección del CTA a nivel nacional, donde votaron 310.464 sobre un total de 767.430 afiliados,[18] resultando confirmada la tendencia al liderazgo de Víctor De Gennaro como secretario general y Marta Maffei como secretaria adjunta. Neuquén elige sus representantes locales sobre un padrón de veintidos mil afiliados. Concurren a votar más de catorce mil. La distribución de cargos entre ATE y ATEN refleja, a nuestro entender, la dispar atención que coloca cada gremio en la construcción de una alternativa de poder desde los sindicatos o, en el mejor de los casos, la correlación de fuerzas al interior del CTA de los gremios más poderosos: sobre veintisiete cargos disponibles, ATEN ocupa sólo cuatro (secretarías de DDHH, de Actas, Relaciones Institucionales y un vocal titular de la comisión revisora de cuentas), mientras que ATE ocupa diez cargos (secretaría gremial, del Interior, de Capacitación, de CyMAT, y el resto vocales titulares y revisores de cuentas). Otros sindicatos menores (AJEPROC, ANEL, APA, SOEMC y Prensa) acceden a un cargo, y tres afiliados directos completan el resto. En el interior neuquino hay dos regionales del CTA que también tienen elecciones a comisión ejecutiva: Zapala coloca un delegado de ATE como secretario general y su adjunto del gremio SEJUN, y Cutral Có elige igualmente a su secretario general proveniente de ATE mientras que su adjunto pertenece a ATEN. Qué duda cabe de quién es por segunda vez

---

[16] Entre otras actividades del sector salud, durante mayo del 2000 visita Neuquén la Dra. Celia Iriart, invitada por ATE-CTA, consejeros gremiales del ISSN, la Secretaría de Extensión de la UNCo y la Cátedra Libre de Derechos Humanos; fragmentos de su charla "El "gerenciamiento en Salud" es publicada en el *3er Boletín Informativo de la Rama Salud ATE-CTA*.

[17] De aquí surge la propuesta de instrumentar un Seguro de Empleo y Formación de $360 y una asignación universal por hijo de $60, para que nadie de nuestro país esté por debajo de la línea de pobreza (Ibídem: 50).

[18] En la primera elección (año 1997) votaron 207.560 personas sobre un total de 635.640 afiliados (ATE, *Memoria y Balance 2000*).

consecutiva el secretario general de la comisión ejecutiva provincial: Julio Fuentes, secundado por Jorge Izquierdo (SEJUN).

Respecto del año 1997 el avance de ATE es notable; en ese entonces las cosas estaban más equilibradas entre ATE y ATEN, que colocaban idéntica cantidad de miembros en la comisión ejecutiva: cuatro para cada gremio. Es más, como secretaria adjunta de Fuentes ingresaba María Eugenia Figueroa, de ATEN. Quizás una mayor afinidad política entre la Lista Celeste de los docentes y ATE operó por entonces como aglutinador de voluntades de la lista única que, no causalmente, se llamaba Germán Abdala.

La situación del año 2000 no es la misma en ATEN, que viene de realizar su experiencia con una conducción de izquierda a nivel provincial...

ATEN (1998-2000)

En contraposición a la dinámica que parece exhibir ATE en términos de organicidad y solidez de su proyecto político-sindical, llegando a fin de siglo ATEN ingresa en un proceso que la envuelve en sí misma: los dilemas sobre el apoyo a la Carpa Blanca instalada por CTERA, las fricciones con Julio Fuentes, las penetraciones difusas de la LFE en el ámbito provincial y una sorpresiva oleada de tomas estudiantiles enturbian un año que tendrá la paradoja de llevar a la conducción a las corrientes de izquierda dentro del sindicato docente, pero esta vez a nivel provincial.[19] En efecto, ATEN participa en la Carpa Blanca cuya continuidad se había resuelto en el congreso de CTERA de febrero de 1998. ATEN envía representantes que permanecen diez días participando de las numerosas actividades que allí se realizan y fundamentalmente del intercambio con otros colegas del país tras lo cual los docentes neuquinos recrean indefectiblemente una mirada ventajosa sobre sí mismos respecto de los avances de la LFE en el resto país y sobre la debilidad o fragmentación de las huelgas docentes en otras provincias. La lectura de coyuntura que realiza Liliana Obregón es similar a la de Fuentes:

> Si en el '99 Felipe pierde, el triunfo es nuestro porque habremos ganado en
> conciencia social [...] pueden perder la provincia en manos de la Alianza y lo
> saben. [...] Teresa, Choque, Cabezas. El proyecto de derogación de las leyes de
> Obediencia Debida y Punto Final causó mucho revuelo [...] CTERA va a estar

---

[19] Por lo demás, y sumando diferencias con su par ATE, ATEN nunca aprueba sus memorias y balances en unanimidad. Por ejemplo, para 1998 será fuente de fuertes encontronazos la falta en la *Memoria y Balance* de una mención clara de oposición al Financiamiento Docente, a la derogación de la LFE, al no acuerdo con la política de CTERA, entre otros.

mas combativa [...] la Carpa fue agitación, ya pasó. Ahora tiene que venir otra
cosa (Acta247/98, F. 78-79).

Pero aunque las pinceladas sobre el panorama político sean compartidas
a grandes trazos, ATEN ve dificultada su participación en el ámbito del CTA
local donde la ausencia de delegados a su plenario genera molestias internas.

Para los gremios docentes, el inicio de cada año lectivo es crítico en cuanto a tomar o no medidas de fuerza. En un contexto poco prometedor ATEN
decide el no inicio de clases y un paro provincial para el 2 de marzo con movilización, luego un nuevo plenario para el 6 de marzo, la semana del 9 con
"agitación" y el 24 de marzo adherir al paro nacional de CTERA. Pero sin que
medien tiempos ni esperas, los estudiantes secundarios neuquinos comenza-
rán a tomar sus establecimientos. ATEN sabía de malestares pero desconocía
las discusiones internas de ellos; en un plenario previo se comentaba que
un IFD (Instituto de Formación Docente, de nivel terciario) de Centenario,
con apoyo de secundarios y universitarios comenzarían la toma del establecimiento, pero la dirección de ATEN intentaba tomar posición frente a los
porteros de escuelas del Interior que pedían el ingreso de beneficiarios de la
Ley 2128 a las escuelas. Y en medio de estas discusiones hay que decidir sobre las tomas, que se apoyan pero como carecen de recursos para sostenerse,
ATEN decide aportarles con $150 a cada establecimiento tomado. Finalmen-
te el plenario avala la ocupación de escuelas de Centenario y decide sobre
la continuidad de los paros previstos resolviendo paro por 48 horas los días
martes 18 y miércoles 19 de Mayo (Acta 253, F.128-129). Esas acciones son
replicadas en otras localidades como en Plottier y San Martín de los Andes,
donde se propone ocupar los establecimientos por varios días y realizar trabajos comunitarios de difusión. Sin embargo, los mandatos de asambleas no
son homogéneos, proponen una gran diversidad de medidas que impiden
definir una posición única, por lo que se resuelven concentraciones parciales
y actos públicos dispersos. Mientras tanto,la lucha estudiantil se había ori-
ginado por oposición a la Resolución 597, también conocida como "Ley de
reordenamiento de los IFD", emanada del CPE, pero puede rastrearse su malestar meses antes, cuando a fines de 1997 este organismo comenzó a regular
los alcances de los títulos de los IFD en clara sintonía con los lineamientos
de la LFE. En ese entonces los docentes y los alumnos nucleados en la Coordinadora de Estudiantes Terciarios de los Institutos de Formación Docente
Nº12 de Neuquén y Nº9 de Centenario, se movilizaron a la sede del CPE, ingresaron a la sesión que debía tratar el punto y lograron el retiro del Proyecto
y la suspensión de su tratamiento hasta el inicio del ciclo lectivo siguiente,
previo una ronda de consulta con los IFD. Al recomenzar las discusiones
sin consulta a las comunidades educativas, se inician las tomas. Primero lo

hace el IFD N°9, luego el IFD N°6 y N°12 y la Escuela de Bellas Artes. En las asambleas de los estudiantes terciarios también estaban presentes estudiantes y activistas pertenecientes a la CUES (Coordinadora de Estudiantes Secundarios) que suman solidaridad y, en vistas de algunos problemas edilicios en sus escuelas, deciden plegarse a las tomas durante la primera semana de mayo. Tras la rápida conformación de la Interestudiantil, que coordina los diversos centros de estudiantes, se realizan masivas marchas de hasta cinco mil personas acompañadas por docentes y estudiantes universitarios. Mediante la presión en las calles se logra la suspensión de la aplicación de la Resolución polémica que rápidamente fue identificada como parte del avance de la LFE.[20]

Durante gran parte del conflicto estudiantil, ATEN no supo bien qué hacer aunque acompañó desde las bases la protesta, agregando paros para acompañar las marchas: *"hay 20 escuelas ocupadas pero con muy pocos docentes [...] los estudiantes se preguntan qué pasa con los docentes"* (Acta 256/98, F. 143-144). Cuando el conflicto ya transitaba su final, algunos estudiantes se encadenan al CPE generando más discusiones:

> [...] el encadenamiento de algunos estudiantes es parte de un proyecto político que nosotros no compartimos [...] es necesario hacer algo para que los chicos se desencadenen y que no lo haga la policía [...] los estudiantes nos presionan, por qué no puedo decirles que se desencadenen?[...] hay que responder ante 8000 afiliados y no ante 3 encadenados (Acta 258/98, F.135).

Si el conflicto estudiantil se escapa a las posibilidades de los docentes de encauzarlo entonces quizá la explicación haya que complementarla con los dilemas que ocupan al gremio, esto es, la oposición a propuestas que no resuelven el problema salarial de fondo -como el Incentivo Docente- o las formas de penetración de la LFE a través del los Cursos de la Red de Capacitación, que son rechazados con el armado de la Contra-Red de Capacitación, intentando instruir políticamente a delegados y representantes sobre los *"marcos de comprensión de la realidad"*, pero también de *"las lógicas de los movimientos sociales"*, en alusión a otras fuerzas sociales que comienzan a ocupar las calles. Por caso, chacareros autoconvocados que reclaman subsidios, comunidades mapuce que ven ocupadas sus tierras ancestrales, un

---

[20] Un breve relato de lo ocurrido desde la óptica de un militante del PO puede consultarse en Calducci, Norberto "El mayo neuquino", *En Defensa del Marxismo,* revista teórica del Partio Obrero, número 22, 1999. Una visión interesante que agrega este autor es la que sostiene que estos jóvenes protagonistas de las tomas venían forjándose como activistas en las pobladas cutralquenses donde la práctica y la mística de los fogoneros enfrentando la represión en las rutas fue consolidando un perfil militante que releva generacionalmente a sus predecesores. Por supuesto, el resto del artículo es una disputa folclórica entre las ramas estudiantiles del PO, el MST y el PTS.

incipiente movimiento antipeaje y otro incipiente proceso de lucha que se tornará enorme: los obreros de Zanón, todos comienzan lentamente a acercarse a los gremios estatales en busca de apoyo a sus medidas de protesta. En este clima confuso y de desacuerdos internos, ATEN va a elecciones el 13 de noviembre de 1998. El gremio docente cuenta para entoncescon 8054 empadronados habilitados para el voto, de los que sufragan efectivamente 5393. Triunfa a nivel provincialel frente de agrupaciones de izquierda denominado lista Granate con el 40,83% por sobre la Lista Celeste con 27,67%, la Lista Azul con 21,88% y la Lista Marrón-Rosa con 9,60%. Asume Liliana Obregón como secretaria general y Di Diego como adjunto, Norma Ruiz secretaria gremial y Susana de Luca en Finanzas.

En la numerosa seccional Neuquén, con 3.051 empadronados de los cuales votan 1917, también triunfa la alianza de izquierda Lista Granate que saca 946 votos contra 400 de la Lista Celeste. Le siguen la Marrón Rosa con 248; la Blanca con 308 y 15 votos nulos (Acta 265/98, F.187). Asume como secretario general Gabriel Pillado, secretaria adjunta Silvia Venero, Alejandro Castelar como secretario gremial, Daniel Huth secretario de Cultura y Difusión, Daniel Zapata en rama media, entre otros (Ibídem, F. 188). La asimetría con el resto de las seccionales del interior es notable. Las más numerosas son Zapala con 936 votantes, Cutral Co- Plaza Huincul con 864 (allí triunfa la Lista Azul con 245 votos seguida de la Lista Celeste que obtiene 200 votos), le siguen Centenario con 407, Chos Malal con 394, San Martín de los Andes 383 y Plottier con 370(Acta 267/98, F. 189-195).[21]

La izquierda en su laberinto

Al finalizar el año 1998 los reclamos generales del pliego reivindicativo mantienen las líneas centrales de oposición al avance de la LFE, la defensa del estatuto, la devolución del plus porzona desfavorable, la oposición a la incorporación de contenidos de la LFE a través de los cursos de la Red de Perfeccionamiento, la implementación del formato de Polimodal y EGB en escuelas técnicas, entre los principales. Estos son reclamos generales pero eventualmente se suman otros más coyunturales como la precaria situación de los porteros y del personal contratado.

---

[21] Para tener una dimensión numérica del resto de las seccionales: El Chocón posee 25 empadronados, Andacollo 128, Picún Leufú 88, Villa la Angostura 87, Loncopué 157, Rincón de los Sauces 73, El Huecú 45, Piedra del Aguila 79, Aluminé 162, Junín de los Andes 217, Senillosa 98, San Patricio del Chañar 115, Las Lajas 125 (Acta 267/98, F. 189-195).

La modalidad de presentación de las discusiones en plenarios que inaugura la nueva conducción provincial asemeja mucho a un plenario de activistas de izquierda en donde el planteamiento de la situación política económica mundial, por ejemplo, va dando paso a las subdimensiones de la realidad social, hasta llegar a lo local, donde uno de los elementos de distinción de Neuquén lo constituye el mantener, siempre por virtud de la lucha, las instituciones públicas esenciales en manos del Estado. Los problemas de protagonismo y diferencias político organizativas con ATE persisten (*"CTA está convirtiéndose en ATE)"*, aunque ahora se le suman la difícil construcción de una perspectiva de izquierda sindical que pretende incorporar nuevos temas en una atmósfera recargada de conflictividad novedosa. Como sostiene un dirigente de la CDP:

> [...]...hay que empezar a discutir de política gremial en general. Desocupados: **movimientos espontáneos**. Cortes de ruta. Toma de edificios. ¿Qué hacemos? Discutamos de política en general (Ibídem, F. 82, negritas nuestras).

Esta discusión se traslada al seno del CTA regional en ocasión del Pre-Congreso a realizarse en Marzo de 1999, en donde se plantea desde ATEN si se está conformando un Movimiento Social o un Partido o Alianza, o en todo caso qué significa aquello de *"construir una alternativa diferente"*. Al regreso del pre-Congreso ATEN revalorizará el espacio construido aunque demarcando en boca de sus dirigentes más influyentes el contrapeso imbatible de ATE que, entre otra cuestiones, llenó de delegados la instancia; pero no sólo eso: sectores "celestes" de ATEN allí presentes parecen jugar del lado de Fuentes y coquetear con las posiciones esbozadas desde Buenos Aires por Maffei (Obregón dixit: *"Maffei nos está vendiendo"* Acta 279/99, F. 138) con lo cual lentamente un clima de internismo feroz se convierte en el trasfondo de toda discusión.[22]

Otra novedad es también el incremento de los niveles represivos estatales y la judicialización de las protestas, de allí que preocupen tanto la reapertura de causas por cortes de ruta (que a su vez complica el proseguir con esa modalidad) como la seguridad interna en las movilizaciones callejeras. Junto a este panorama ATEN denuncia que el gobierno de Sobisch intenta *"ahogar a*

---

[22] Situaciones y expresiones como la siguiente pueblan folios enteros y dan cuenta de la superposición entre rivalidades personales e incompatibilidades ideológicas: "No me gana la política del rencor, no me junto con Fuentes porque él no quiere. Es porque tiene otra propuesta. Me banqué un golpe de estado gremial. De acá sólo me van a sacar con otro programa. No creo en la tercera posición. Se juntaron Maffei y De Gennaro y ataquen contra ATEN (sic). Sueñan con un PT que acá no funcionará porque no hay burguesía nacional. Hay capitalismo salvaje. No hay movilidad. En la vida las páginas no se dan vuelta como en un libro [...] (Acta 285, F. 187).

ATEN" en vistas de que no les liquida financieramente los aportes sindicales y limita las licencias gremiales.[23]

Un dato interesante es cómo el "destino puente", repertorio central de protestas de la época, se ve va cristalizando en práctica cotidiana: el *"De allí al puente y volvemos"* predomina en el trazado de las movilizaciones docentes elevando el gasto energético de semejante recorrido y, en el mismo acto, enalteciendo el sentido simbólico de ocuparlo aunque sea transitoriamente: una vez llegados los manifestantes al puente se realiza un pequeño acto, se reparten volantes a los transeúntes, se descansa, se toma algún refrigerio y se retorna. Lo central es comprender que a esta altura del desarrollo de nuevas prácticas de protesta el espacio público es territorio de militancia: *"rutas y calles son para transitar, reclamar y cortar"* (Acta 277/99, F. 116). En paralelo, la judicialización de la protesta hace pensar en qué es un delito, qué es lo ilegal, entre otras cuestiones que se confunden cuando, por caso, algunos militantes y dirigentes procesados o insistentemente citados a declarar (entre los que la conducción de ATEN posee varios como Pillado, Obregón, Figueroa) deben cumplir con una PROBATION.

Mayo de 1999 configura un mes clásico del período, muy recargado de protestas y actividades callejeras. Como ejemplo, el plenario reunido en Zapala elabora un comunicado de prensa donde aclara su posición y el Plan de lucha vigente:

> [...] Comunicado de prensa: Zapala 12 de Mayo de 1999. 1) Participar marcha caminar [...] jueves hacia puente carretero, concentrar en monumento a San Martín, [...] retiro en escuelas vespertinas y nocturnas. 2) paro provincial por 48 hs. 18 y 19 de Mayo. Convocar a marcha federal educativa. Actividades provinciales. 3) participar congreso CTA el día 14 de Mayo para unificar lucha provincial y nacional. Convocar a unir todos los sectores afectados al ajuste nacional y provincial. Por Aumento de presupuesto educativo. Derogación de Ley Federal y Ley de Educación Superior. No al financiamiento educativo. Recuperación del 20% de zona. Defensa del estatuto docente. No al pago de la deuda externa. No al descuento de días de paro (Acta 278/99, F. 134).

Este conflicto prosigue mientras ATEN continua en estado de plenario permanente; el plan de lucha con paros esporádicos se extiende al mes siguiente con movilizaciones que se concentran frente al Monumento a San Martín, luego hacia Casa de Gobierno y la Legislatura con permanencia en las afueras montando una carpa junto a ATE que, a contrapelo de ATEN y como vimos en la sección anterior, suele protagonizar violentos choques con

---

[23] La deuda ascendería a \$257.828 (Acta 276/99, F. 93).

la policía. En uno de los tantos plenarios en que los estatales de ATE participan durante los cuartos intermedios para coordinar acciones, se señala que:

> El Compañero Fuentes plantea la necesidad de reunir nuestros cuerpos de
> delegados para programar acciones en conjunto. Recién me enteré de un hecho
> de agresión que nosotros no alentamos. Ese tipo de violencia no compartimos
> […] (Acta 285/99, F. 179).

Luego de las vacaciones de julio y tras la declaración del candidato a gobernador Jorge Omar Sobisch en relación a la necesidad de aplicar un mayor
ajuste para la reconversión del Estado ATEN resignifica sus tácticas con un
mayor acercamiento a la comunidad y el resto de los gremios. ATEN sostiene
que el origen de las medidas de ajuste surgen de *"impuestos al pueblo"* y que
además su aplicación es condición para la entrada de la LFE y las reformas
laborales. Por eso se rechaza el Incentivo Docente y se resuelve intensifi-
car el trabajo con la comunidad y mantener estado de Asamblea y Plenario
permanente. La segunda mitad del año comienza con un paro por tiempo
indeterminado a partir del 9/8/99, junto a los trabajadores estatales, con evaluación semanal, para lograr las reivindicaciones que se venían planteando
desde comienzo de año, a lo que se suma el repudio a la represión de los
trabajadores estatales de Corrientes y la derogación de la Ley Federal de Educación (Acta 287/ 99, F. 199).

En la apertura del siguiente plenario, Obregón presenta el desolador
panorama nacional en donde destaca el avance de las escuelas privadas, el
deterioro de las condiciones laborales del conjunto de los trabajadores, la
aplicación del Incentivo Docente como una forma de *"ley federal a la Neuquina"*, y entre otros ejemplos de provincias con conflictos (Tucumán y Chaco),
se pregunta "¿como se sale?Somos nosotros los que decidimos como entramos y como salimos, como retrocedemos y como avanzamos. No discutimos
programa, solo tácticas". La angustia de la pregunta se enmarca en el aumento de los procesados por participar en protestas sociales que se incrementa
de 500 a 2500 en todo el país, con cerca de 500 de esos casos en Neuquén:
"Estamos controlados y hay amenazas y persecución" (Tomo VII, Acta 288/99,
F.3-4).

De la lectura de Actas queda la impresión de que ATEN experimenta o
percibe mucho más que su par estatal el cambio de clima sociopolítico, en
relación a los pedidos de cambios de modalidad en los formatos de lucha como frente a esa palabra clave que comienza a poblar el vocabulario sindical
y militante: "movimientos sociales". Por ejemplo, los "escraches" a partidos
políticos de la provincia son un caso de innovación aún tímidamente practicado. Entre las mociones que atraviesan un plenario tenemos:

> Escraches a partidos. No cortar puentes ni rutas. Exigir paro a CTA. Escrache a políticos [...] otra moción: lucha política en la calle con voto castigo a los políticos [...] Junín de los Andes: levantar paro [...] mantener paros por distritos todas las semanas. Cambiar metodologías. No corte de rutas, porque no contiene a mayorías (Ibídem, F. 5).

Muchas veces sucede que estas mociones tan contrapuestas (levantamiento de medidas de fuerza, hostilidad hacia los cortes de ruta, escraches, paros aislados por seccionales) generan desconcierto en la dirigencia que no puede menos que expresar, como lo hace un miembro de la CDP, que: *"no me queda claro en que termina la medida"*. El efecto incertidumbre produce el movimiento de retorno a lo conocido en discusiones que suenan remotas y que aún así son parte de la construcción de sentidos militantes sin los cuales sería imposible decodificar algún tipo de realidad:

> Seccional Neuquén: refrendar el mandato. Llegar a una conclusión: **es preocupante no poder dirimir el mandato**. Con respecto a la modalidad, propuesta contradictoria, no traen paro y moción personalmente. Ve dos políticas; **no de los cagones y valientes sino de masa y una foquista**. Muchos en la calle, con fuerza, laburo en las escuelas y unos pocos azurrando, disciplina gremial, no decidir por sobre el gremio. Aportar a las elecciones y fortalecer la estructura gremial sindical (Ibídem, F. 9, negritas nuestras).

Gabriel Pillado expresa:

> ¿Qué clase de sindicato somos? ¿Movimientista o qué? Discutir política de fondo. ¿Cuál es la posición de ATEN en los movimientos sociales? El paro se sostiene entre todos, al puente fueron unos 3900 y se volvieron casi todos. Quedaron activistas. Discutieron plan de lucha y se acordó en 18 mociones. Hay seccionales (Senillosa) que traen mandato de pedido de renuncia al abogado y a medio mundo ¿Por qué? Preocupación: hay una dirigencia que mira para un lado y las bases para otro? [...] debatir ¿los sindicatos como eje los trabajadores o los movimientos sociales? ¿Qué hace ATEN? (Ibídem, F. 9-10).

¿Cómo se sale?, nadie lo sabe. Y de todos modos, se actúa. Por eso en muchas opiniones queda claro que hay que discutir *"estrategia"*, y jamás se cuestiona si se lucha o no.

Huelga y Contra-Red

Entre los debates emergentes también se observa la apreciación de que las luchas de este período son *"sin conducción nacional"* y que las provincias que están peleando contra las medidas de ajuste son muy pocas. Desarrolladas las elecciones nacionales de 1999, y al igual que ATE, la dirigencia de ATEN pondera los resultados a favor de la Alianza como un *"voto castigo"* extensivo a la propuesta de gobierno de Sobisch;[24] sin embargo, dentro del CTA, los debates difieren en cuanto ATEN sostiene la independencia de los partidos políticos: ¿qué define entonces a ATEN?: *"Nuestra decisión es de confrontación, vamos a necesitar de la nacionalización del conflicto"* (Acta 291/99, F. 29). Esta posición, alejada de la perspectiva más partidocéntrica de ATE, paradójicamente la acerca a la tendencia movimientista de la etapa final de los '90 en donde la conformación de nuevas organizaciones sociales, que se constituyen a la luz de la crisis socioeconómica, demuestra una inobjetable diversidad de actores en la calle.[25] A la inversa, alguna influencia de las formas movimientistas quizá otorguen a los debates, junto a la tradición asamblearia ateniense, el matiz de cuestionamiento a su historial de toma de decisiones,[26] esto es, la multiplicidad de formas de lucha disponibles y utilizadas, la velocidad de ciertos momentos conflictivos, más la presión propia de dar primacía a la acción directa posibilitan el planteo de algunos interrogantes como el de la

---

[24] Con cierta dosis de orgullo e ingenuidad algunos dirigentes sostienen que: "ATEN pesa y nos siguen temiendo todos los gobiernos [...] Creo que nosotros le empezamos a firmar el certificado de defunción al MPN [...] no olvidemos que nuestro lugar de lucha es la calle" (Ibídem, F. 36). Y también, como efecto colateral de un sindicato prestigiado en el terreno de la militancia de izquierda, hay otras opiniones que resaltan los resultados positivos en el cuerpo de practicar el acto de protesta, como los señalados por un trabajador de la Salud y comentados en un plenario: "Fue muy interesante la exposición del representante de la asociación de profesionales del hospital, Zunino, que explicó la grave situación social. **Cuando la gente sale a luchar vuelve a la terapia mejor. La resistencia es parte de la salud mental**" (Acta 301/99, F. 61, negritas nuestras).

[25] En los documentos docentes ya asoma el gran conflicto de cierre de la década y apertura de la que vendrá: los obreros de Zanón se presentan en cuanto plenario de trabajadores estatales se realice: "Delegados de la cerámica: problema: compañeros delegados, oposición a conducción (1 año). El gremio pertenece a la CGT. La CD sindicato largó una campaña con la intención de expulsarlos porque los cuestionan a ellos. El pasado sábado se hizo una asamblea para cuestionarlos. La mayoría los respaldó o se declaró personas no gratas a la CD, el adelantamiento de las elecciones con la renuncia de los dirigentes, quieren recuperar el gremio, piden apoyo. Traen copia del acta que se hizo con un escribano y hacen un llamado solidario a todas las entidades. Liliana: sugiere que se haga un comunicado de adhesión y defensa de los compañeros que luchan con la firma de todos los secretarios generales" (Acta 293/99, F.78).

[26] Y podríamos arriesgar también que algunos actores como los desocupados siguen incomodando a los docentes, que parecen experimentar una distancia difícil de achicar. Frente al caso de un corte de ruta en Centenario "[...] se decidió apoyarlo. Estuvimos acompañando para no incidir en las decisiones de los desocupados. Salió un repudio a un docente que enfrentó a los que cortaron la ruta. Hay muchos intereses en juego, pero el rechazo es genuino" (Acta 301/99, F. 66).

utilidad real del sindicato, la validez del sistema de votación y de la instancia de toma de decisiones como los plenarios de ATEN y los que se realizan en conjunto (y superpuestos) con ATE en el marco del CTA. La frase *"no hay direccionalidad política"* (Ibídem, F. 43) lanzada en un plenario por un miembro de la CDP, una frase repetida varias veces por diferentes voces y en distintos momentos, revela y resume al menos dos cuestiones que se intersectan: la fuerza del contexto altamente conflictivo que sobrepasa cualquier plan premeditado, y el repertorio de tradiciones políticas predominantes en ATEN, donde la impronta de la "dirección" de las luchas remiten al *quid* central de las discusiones más politizadas en el ámbito de izquierdas.

En este sentido un rico documento propuesto para el debate es elaborado y repartido por la seccional Neuquén capital. Titulado *"Por qué reivindicamos la huelga como método"* (ATEN, seccional capital, 22/3/99), su breve reseña ayuda a comprender el clima político y las ideas en danza, al menos desde un núcleo dirigente con vastas influencias en la seccional más poderosa del sindicato. Este documento comienza despejando la discusión sobre los sentidos comunes que se vuelcan contra una medida como la huelga, sentidos negativos por sus efectos en los alumnos que quedan sin clases y que perjudica en el mismo acto *"el interés general"* de la sociedad. La idea es que con estas argumentaciones se oculta que el gremio realiza todas las gestiones formales hasta agotar las instancias de diálogo. Cuando esto ocurre: *"el único camino que nos queda es el reclamo colectivo"*, y ese reclamo colectivo es centralmente la huelga, un derecho de todos los trabajadores. Aclarados puntos centrales como éstos a los que se agregan una confesa oposición al *"gobierno y los empresarios"* y a sus *"intereses"*, nota que sólo en la cultura política de ATEN puede pasar sin objeciones, se aborda a la huelga en sí: *"no basta con movilizarse todos los días"* puesto que *"**se requiere una organización [...] y un programa claro**"* (negritas originales): esto apunta directamente a cómo ganar a sectores de trabajadores en la lucha contra el gobierno, debilitando sus posiciones. Para ello, *"los objetivos de las medidas deben ser lo suficientemente claros y el conjunto de la organización sindical debe estar resuelto a llevarlo a cabo, ya que no hay nada más sencillo para una patronal que derrotar a una huelga parcial o dividida"*. ¿Y cómo lograr semejante claridad?, *"la condición esencial reside en la voluntad de lucha"* con *"métodos y procedimientos que elevan el espíritu de unidad del conjunto"*, ¿y cuáles son esos métodos? *"las discusiones en las escuelas, en las asambleas"*, más la circulación de información entre cuerpos de delegados y activismo de base permiten decidir *"cuándo, cómo y por qué luchar"*.

Menos importante que determinar la resonancia de los clásicos escritos de Lenin, Luxemburgo o Trotsky, de considerar la certeza o señalar el tono prescriptivo (por otra parte inevitable en este tipo de organizaciones) de estas sentencias volcadas a modo de clásicos documentos de táctica y estrategia, nos importa dar cuenta de las bases políticas desde las cuales los cuerpos más politizados (o si se prefiere, con más capital político acumulado) interpelan a sus correligionarios. Poco importa el efecto visible, concreto; la riqueza de este sindicato reside allí mismo, en la sutil y violenta convivencia de perspectivas de acción y de consideración de aquello que llamamos orden social, porque como puede evaluarse de los documentos y las discusiones en los plenarios, nada resulta previsible, ni mucho menos encausable o dirigible desde las conducciones. Hay sin dudas una coloración ideológica de izquierda dominante, pero de ningún modo el *saber hacer* de izquierdas, digámoslo así, permite asir las acciones, sus derivas, sus discusiones. Visto desde esta perspectiva, el esfuerzo en plantear estas cuestiones probablemente sea una manera de autoafirmarse ideológicamente en momentos de alta incertidumbre y de desconocimiento del porvenir, es decir, una manera de ejercer fidelidad a una de las funciones más modestas de las tradiciones: la de conservar.

Otro ejemplo de elaboración de documentos políticos lo encontramos en la *"Propuesta de discusión interna de ATEN acerca del documento base sobre la Contrared,"*[27] que es una manera de responder a los avances de la LFE. Pensado como un movimiento de capacitación generado por ATEN, la Contrared es ideada como un *"espacio de resistencia ideológico-pedagógico(...)contrahegemónico"* y *"una herramienta de lucha"* que busca revalorizar al docente y su práctica partiendo de la formación que *"brinde un marco conceptual que permita interpelar la realidad desde lo ideológico, lo político, lo metodológico y lo técnico"* en una lucha que articule las organizaciones que *"se oponen a las **desigualdades que genera el capitalismo"*** (negritas originales). La lucha se libra en *"las trincheras escolares",* en las aulas, donde se busca la redistribución del conocimiento, a la vez que se busca derogar la LFE y *"el proyecto de destrucción de la escuela publica"*. La Contrared permite pensar junto a los derechos laborales los otros derechos conexos que tienen que ver con el saber, con la práctica pedagógica (*"la pedagogía es indisociable de la ideología"*) por lo tanto, se busca que mediante esta Contrared se forme política, pedagógica y sindicalmente. Si bien se reconoce como un movimiento que surge como oposición, hay un matiz hacia la búsqueda de una construcción a través de la lucha en donde se pueda "revelar" tanto las nuevas nomenclaturas conceptuales como el proyecto político de fondo que trae consigo la LFE, unificando

---

[27] Este documento no está fechado pero sabemos que corresponde al año 1999. Fue escrito en base a otros documentos y organizaciones previas: la Comisión de la Contra Red (1999), el Documento para la Contra Red (s/d), el Documento sobre Encuentro Fundacional de CONTRARED ATEN (junio de 1997), el Programa acuerdo de extensión Contrared de la UNCo (s/d) y el Proyecto Universidad Nómade-Universidad Nacional de San Luis.

el discurso de oposición y rompiendo el aislamiento de los docentes en la aulas. El acuerdo con la UNCo (que también se opone a la LFE) potencia las posibilidades de crecimiento de la Contrared. Entre ambas instituciones se logran acuerdos que implican, entre otros puntos: denunciar el mercado que la Red de Formación Continua impone mercantilizando la capacitación docente; exigir el perfeccionamiento estatal y gratuito; recuperar el espacio de las Jornadas Institucionales para la discusión político-sindical; promover el reconocimiento de espacios institucionales como ámbitos de revisión de la práctica docente; propulsar acciones por la derogación de las leyes mencionadas y rechazar la aplicación de otros proyectos con los mismos principios (*"neoconservadores y neoliberales"*). Entre las actividades propuestas se destacan encuentros de formación político sindical para delegados, activistas y *"compañeros de base"*, mientras que los objetivos apuntan a favorecer *"la reconstrucción del tejido social contrarrestando los efectos de la fragmentación"*. Los cursos deben autofinanciarse ya que son pensados sin fines de lucro por lo que el costo debe ser accesible al docente (*"no superar el 1% del salario"*) y permitir a la vez financiar los viáticos de los capacitadores, muchos de ellos externos (*"capacitadores externos militantes"*). Acá lo destacable es el planteo de la unidad inescindible entre práctica docente-pedagogía-política; la educación es un derecho que no puede entrar en consideración desde ópticas mercantilistas máxime si se considera al sistema social que nos constituye, el capitalismo, como el generador de las desigualdades sociales. El conocimiento, arma de liberación, entra en el terreno de las disputas al nivel de las aulas, verdaderas trincheras donde el docente define su posición complementaria a la que explicita en las calles; y es en el aula, si cabe la reflexión, donde el docente, solo y fragmentado políticamente, debe tejer relaciones causales y explicaciones políticas que excedan las mismas aulas. Así, el planteo de la Contrared se constituye como una herramienta que permite consolidar las mentes militantes uniendo calle y aula, huelga y saber: la reapropiación de las Jornadas Institucionales será en adelante una grandiosa victoria arrancada al gobierno y a CPE, pues allí los docentes, directivos y activistas, sin posibilidades de ser disputados en su propia cancha, marcan y remarcan el ritmo de la oposición a las políticas educativas.

Al inicio del año 2000 la situación en relación a los conflictos permanece muy similar al año anterior, con problemas de infraestructura que se acrecientan al mismo ritmo que las formas violentas en que se van resolviendo las manifestaciones, cuestión poco procesada en ATEN y bastante rutinizada en ATE. Por eso, a un miembro de la CDP le urge: *"definir estrategias de la movilización. Que los compañeros sepamos a qué clase de marcha vamos. Pacífica o violenta"* (Acta 295/00, F. 115). Los dirigentes de ATE, presentes en lo cotidiano de cada plenario docente, responden:

> Frente a la Ley de Emergencia que trae la desocupación, buscar una medida que podamos sostener […] Las características de la marcha dependerá si Sobisch reprime o provoca. Tenemos que tener medidas de seguridad y **organizarnos a las posibles provocaciones, primero el sonido, después los bombos.** Los carteles de ATE y ATEN juntos y después de las delegaciones gremiales, los partidos políticos (Ibídem, F. 115).

Aquel que haya presenciado las movilizaciones de ATE en Neuquén durante estos años, puede coincidir en que, generalmente, las marchas se desarrollan así: primero el sonido a todo volumen (puede ser una canción de León Gieco o Bersuit Vergarabat, clásicos de ésta época), luego un pequeño cordón con los principales dirigentes y tras de ellos la columna compacta de manifestantes. Lo más característico de ATE son los bombos batidos a todo pulmón por un pequeño e intenso grupo de jóvenes que musicalizan el paso junto a un coro de bombas de estruendo y petardos lanzados a manera de anuncio (algunos de los cuales pueden ser arrojados hacia ATEN). ATEN es distinto para marchar: columnas con las seccionales o pancartas con los nombres de las escuelas, sin bombos. Sólo se escuchan voces abrumadoramente femeninas cantando superpuestamente distintas canciones, más alguna dirigente arengando por megáfono. Estéticas diversas y combinadas, signadas por horizontes culturales, de género y de clase.

Lo cierto es que la dirigencia de ATEN apunta a cierta complicidad entre la Alianza y el MPN, mientras denuncia con radicalidad a CTERA, su otro contrincante ideológico interno que decide avalar el Incentivo Docente y silenciar la posición de ATEN de suspensión de la aplicación de la LFE (Acta 296/00, F-122).

Antes de mitad de año ATEN prosigue su Plan de lucha con las siguientes medidas: paro el 6/4 con movilización, paro provincial el 12/4 con concentración ese día a las 10 hs en Olascoaga y ruta 22 para debatir allí qué hacer en caso que se vote la ley de emergencia. Luego siguen una movilización el 19, jornada el 26, asamblea el 27 y plenario el 28, antes de la asamblea extraordinaria del día 29 de abril. Las Jornadas Institucionales son a esta altura jornadas políticas, absolutamente políticas; operan como micro-plenarios por escuela y como fermentos de nuevas acciones y discusiones. El dominio docente en ese ámbito es tal que en muchos casos se logra rechazar que se las haga fuera del horario de clases, tal como fue en sus inicios la voluntad del CPE. Es de imaginar también que transformar ese espacio en un ámbito de discusión política y pedagógica amplía enormemente la politización general de las bases que comienzan a profundizar, a través del intercambio con el activismo, ese rechazo histórico y visceral a los posicionamientos de CTERA, que además persiste en no declararle la guerra a la LFE a la vez que deposita sus esperanzas (y sus cuadros) en la Alianza. Por esto último desde la seccional Capital, y mediante la voz de Obregón, las diatribas a un supuesto pacto de estabilidad son denunciadas en cada ocasión que le toca hablar, máxime si se trata de opinar sobre los documentos que publica CTERA.[28] Por eso de las resoluciones salen medidas y posicionamientos como éste:

> Paro Nacional el 5/5 en el marco de la CTA. Exigir a CTERA Y CTA su pronunciamiento y adhesión. 10/5 jornada institucional. **No concurrir fuera de horario ni sábado**. Paro cuando se trate cualquier ley de ajuste [...] Movilización 1ª de Mayo 10 Hs. [...] sobre la reunión del CTA: se acordó garantizar la seguridad para evitar provocaciones de militantes del MPN. Llegar 10:30 después que entre Sobisch. Poner un camión con el sonido frente a la puerta de la Legislatura. ATEN se concentra en Montevideo y Olascoaga. (Los de ATE) **Se comprometieron a no producir desórdenes** (Ibídem, F. 20).

Las medidas resultan exitosas y masivas y se lanza un paro por tiempo indeterminado con asambleas intermedias para evaluar intermitentemente la eficacia de las mismas. Mientras, se comienza a practicar la *"permanencia en las rutas"* al tiempo que ocurren las negociaciones en la Legislatura, esto es, el acantonamiento de los militantes que permanecen en la vía pública como una forma de sostener la presión en las calles, cuestión que también los expone a las innovaciones en términos represivos practicadas con efusividad durante este segundo mandato de Sobisch: robos en los locales gremiales, coches sindicales baleados, y patrulleros que recorren la escuelas los días de Jornada Institucional. También comienza a utilizarse en estos períodos de movimientos rápidos el *"mandato abierto"* por parte de muchas seccionales del interior, que es una manera de habilitar decisiones dentro de un rango de medidas posibles y aceptables y que concede la posibilidad de resolver con celeridad una movilización, decidir un paro o cualquier otra medida de impacto.

Gran parte de este período ATEN pide insistentemente la renuncia de la directora del CPE, Cielo Chrestía, acusada de anular las funciones del mismo y de practicar todo tipo de sanciones a los directores que no cumplen con sus indicaciones persecutorias, como aquella que les compele a informar de docentes que adhieren a medidas de fuerza. Fiel a Sobisch y militante del MPN, Chrestía se verá envuelta y cuestionada duramente por ATEN en ocasión de la muerte de una docente: el viernes 2 de junio del 2000 Silvia Roggetti,

---

[28] "La dirigencia de la Alianza está traicionando lo que la gente votó. Además ¿vimos a Maffei o De Gennaro decir algo? Primatesta, el obispo de la dictadura, de Córdoba, que mandó a matar a los tercermundistas está avalando este acuerdo. Al documento le falta la estrategia de lucha" (Acta 297, Libro XII, F.17).

joven profesora de educación física, atravesaba un sector en construcción de la escuela 197 cuando se llevó por delante la punta saliente de un amurado incorrectamente colocado que, en el choque, la hizo rebotar hacia el suelo. El 9 de junio mientras se desarrollaba una masiva marcha del CTA se anuncia su fallecimiento, lo que provoca que los miles de manifestantes indignados se dirijan hacia la casa de Cielo Chrestía y la apedreen para luego dirigirse hacia la sede de REPSOL repitiendo el acto.

Que la muerte de Silvia Roggetti es una consecuencia del abandono de la educación pública no es muy difícil de demostrar, pues las obras "en construcción" en realidad se (mal) hacían luego de que los padres de la escuela, acompañados por docentes (y entre ellos, por la propia Silvia Roggetti), ocuparán la escuela en el año 1998 en reclamo de mejoras edilicias que no se realizaban desde su inauguración, a medias y sin terminar, allá por el año 1987. De allí que desde ATEN se diga que *"no fue un accidente. La mataron"*, y no pocos docentes los hayan nombrado como un verdadero *"crimen burocrático"*.[29]

Es entonces que ATEN prosigue con el pedido de renuncia de Chrestía al tiempo que mantiene reuniones con legisladores de la Alianza, PJ y MPN a los que se les presentan notas rechazando las leyes de ajuste y solicitando interpelaciones a varios ministros. Mientras que a nivel nacional CTERA declara el estado de alerta y movilización por la situación que viven provincias como Misiones, La Rioja, Tierra del Fuego y la propia Neuquén, aquí parece comenzar un breve impasse que abre paso a descoordinaciones, a momentos en que las medidas de fuerza se tornan muy variadas, mientras los ánimos, altos aún, no ceden al cansancio. En las rondas de opiniones de seccionales se propone desde el trabajo con las comunidades, suspender clases, paro por tiempo indeterminado, plenario por tiempo indeterminado, intentar acordar con ATE medidas en común, hasta todo tipo de actividades de difusión para *"no abandonar tareas de agitación"*, y todo en medio de asambleas de padres y múltiples marchas (Acta 303, F. 91-92). Y mientras algunos plenarios terminan sin medidas de fuerza claras ni consensuadas se comienzan a suceder acciones aisladas, las seccionales del interior no asisten a los plenarios y sufren la desmovilización (los casos de seccionales con más ausentismo son las de Aluminé y Piedra del Águila), los encontronazos con ATE se incrementan, y todo esto ocurre en medio de otros conflictos que vienen asomando como el de los obreros de Cerámica Zanón, donde la muerte de un joven trabajador,

---

[29] Una nota esclarecedora de los pormenores de la causa abierta por la muerte de Roggetti y que además sugiere una comparación de historias de vida entre Roggetti y Chrestía se encuentra "Silvia Roggetti: un crimen burocrático", publicado en la Revista *La Poronguita*, año 3, diciembre de 2001. Ver también "Obras públicas, muertes privadas", en *La Trastienda*, 15 de junio de 2000.

Daniel Ferrás, conmueve a toda la fábrica que declara un paro; los representantes de la comisión interna acuden a los plenarios de ATEN en busca de solidaridad que, por supuesto, es correspondida.

Una consecuencia de la ausencia sostenida de muchas seccionales (cansadas, desmovilizadas, sin recursos), que se agudiza al culminar el año 2000, es que comienzan a concebírselos Plenarios sólo con un carácter *"deliberativo"* sin poder resolver situaciones que exigen la presencia de todas las seccionales, y esto sucede en paralelo al recrudecimiento de las disputas, pases de facturas, rivalidades internas y personales nunca selladas. Puede resultar sorprendente que así ocurra pero lo cierto es que se llegan a estas instancias en donde las discusiones se vacían de contenidos y se suceden plenarios enteros en donde no se encuentra salida a ellas.

Tres cuestiones despuntan hacia este final de año: el sorprendente anuncio de Sobisch de que suspende la aplicación de la LFE en la provincia,[30] la proximidad de las elecciones en ATEN, y las prolongadas ausencias de Liliana Obregón aquejada por problemas de salud personales.

Impasse

La entrada en el nuevo siglo encuentra a ATEN con una nueva conducción a cuya cabeza está un histórico y respetado dirigente que acumula en sus espaldas una enorme historia militante trazada por exilios, prisiones y torturas que lo dejaron con una pronunciada sordera: Orlando "Nano"Balbo.[31] Militante de la JP y miembro del sindicato docente rionegrino (UNTER) en los '60-'70s, su campo de trabajo fue siempre el de la educación popular y la educación de adultos. A su regreso del exilio se interna en una comunidad mapuce cerca de Caviahue (1985), gracias a un nexo que le facilita la APDH Neuquén, institución que siempre mantuvo excelentes vínculos con ellos. Luego de esa experiencia se reincorpora a la UNCo (había sido cesanteado) y desde allí sigue abordando la problemática de las escuelas con alumnos mapuce. Entre sus logros más preciados está el haber logrado conformar un

---

[30] "[…] para preservar la paz social en Neuquén tomé la decisión de suspender en la provincia la aplicación de la LFE" (Discurso de Sobisch en la apertura de sesiones de la HLN, 2001).

[31] Su biografía ha sido novelada por Guillermo Saccomano, su compañero de "colimba" en 1969, quien publicó en el año 2011 *Un maestro. Una historia de vida, una historia de lucha*, ed. Planeta.

Departamento de Educación de adultos y de Educación popular entre los sindicatos docentes de Neuquén y Río Negro.[32]

De carácter más bien sereno, "librepensador", profundamente reflexivo (una suerte de sindicalista intelectual), Balbo es además un gran observador participante de la vida interna de ATEN; su paso por la conducción del sindicato le generó una mirada muy crítica sobre las tensiones que atraviesan la militancia del gremio docente, a las que divide en dos:

> 1) Ser un trabajador (vive de su salario) y a la vez, 2) ser un profesional (campo de saber, pedagógico). En Neuquén hay un fuerte sector de izquierda que se opone a las paritarias diciendo que el Estado es arte y parte (patrón), están más vinculados a un perfil de tipo profesional, mientras que los que se consideran trabajadores son más peronistas (Testimonio de Orlando Balbo, Neuquén, 13/06/2009).

En su perspectiva, Neuquén viene "en ebullición" hace años y posee actores muy fuertes como la Iglesia "protectora", de cuyo favor salen gremios como ATEN, que no obstante a poco de andar desarrollan insuperables chisporroteos: "*Obregón, Mansilla, Maffei, Figueroa…peleas entre figuras fuertes y no entre posiciones políticas. ATEN es visto como un espacio válido para el despliegue de prácticas partidarias*". En su balance de estos años transcurridos observa respecto a la LFE: "*Marta Maffei siempre dijo que la ley tiene cosas malas y buenas*", la lista Azul Celeste "*sacará un documento en donde dice que el alumno es consumidor, el conocimiento es mercancía, la escuela es una empresa y el maestro deja de ser sujeto de saber y se transforma en objeto de saber*", mientras que la izquierda, por su parte, se aferrará a las condiciones laborales y rechazará el ataque gubernamental sobre el estatuto: "*pero el logro neuquino es unir todas esas nociones [...] lo que pasa es que la izquierda fue mas viva, le dio mas al parche y se quedó con el triunfo*" (Ibídem).

Balbo despreciaba las internas de ATEN en las cuales trataba de no verse entreverado; ese rechazo al fuerte personalismo y al internismo constante lo alejó más hacia el espacio rural desde donde construyó un movimiento de docentes rurales que "*trabajan con asambleas pedagógicas*" y en donde "*existe realmente la comunidad educativa*". En su visión crítica del desempeño de la izquierda en el Frente Granate desde 1998 hasta su relevo, Balbo señala que el historial de "*enconos sin fecha de vencimiento*" entre personalidades y

---

[32] Balbo intentó desarrollar políticas e innovaciones pedagógicas como lo fue el armado de una tecnicatura que reemplazara y jerarquizara al viejo maestro de taller de escuelas técnicas; fue el caso del profesorado en educación tecnológica, semipresencial, desarrollado junto a la UNT (Tecnológica), pero "*a esas iniciativas ATEN las dejó caer, no lo siguieron, no hicieron más nada*". (Testimonio de Orlando Balbo, Neuquén, 13/06/2009).

facciones partidarias o posiciones ideológicas se tradujo en una feroz *"caza de brujas interna"*, y que a su arribo a la conducción hubo *"cosas que silenciamos porque el sindicato estaba fundido, extremadamente dividido…me fue muy difícil"*.[33] En sus intervenciones en los plenarios de secretarios generales siempre está presente su intento de introducir el matiz pedagógico mixturado con el clima político, en un intento por zanjar las rivalidades internas en un gremio que:

> Se tiene que transformar en un sindicato educador. ATEN no tiene propietarios, debemos ser intransigentes con la ética [...] un tema que me olvidé es trabajar con aquellos que piensan diferentes, esto se lo hemos expresado a los organismos con los que nos hemos reunido. UNC, Legislatura, Iglesia, etc. [...] pretendemos debatir, discutir y aceptar aquel que piensa distinto, trabajar sobre los puntos en común y dejar en remojo los que no acordamos (Acta 313, F. 18-19).[34]

Y las demandas persisten, y aunque la LFE esté "en suspenso", preocupa el ISSN, el "vaciamiento" del CPE, entremezclados con conflictos extra sindicales que cada vez se presentan con mayor asiduidad en los plenarios, como la contaminación de tierras mapuce por empresas petroleras, o decisiones políticas de Sobisch como la escandalosa extensión de la concesión a empresas transnacionales para la explotación gas y petróleo. En ese complejo panorama Balbo insiste sobre lo que considera prioritario:

---

[33] La idea de caza de brujas y el internismo fagocitante en ATEN durante la experiencia del Frente Granate es algo que muchos militantes de izquierda reconocen, pero en voz baja. Al respecto Balbo expresa duramente que: "hay un núcleo, desde mediados de los '90, de unos 300-400 militantes que su único escenario es ATEN, su vida afectiva, su vida política…, son un hueso duro, de izquierda. Es un sector que tiene su vida hecha en ATEN, un microclima… gente que hace 25 años son candidatos [...]". La orfandad ("el padre sustituto" grafica Balbo) que demuestra esa militancia ocurre tras la caída o ruptura de los partidos de izquierda como el MAS y el PC: *"Si no es ATEN es la intemperie…y a veces lo más creativo que tiene esta provincia es la intemperie* [...] No hay debates de argumentos. Asambleas numerosas interminables…"; de este rechazo a ese universo militante surge en Balbo la contraposición (cercana a la idealización) del maestro modélico del interior rural y su perspectiva anclada en lo pedagógico: *"La contrahegemonía se construye en la escuela"* (Testimonio de Orlando Balbo, Neuquén, 13/06/2009).

[34] Entre las novedades con las que debe lidiar Balbo al asumir está el informe sobre el estado de las finanzas de la conducción saliente, que arroja serias irregularidades: "Así como el gobierno se le exige cumplir con las leyes, como gremio debemos cumplir con nuestro estatuto, y el mismo dice que la gestión saliente entregará a la entrante, inventario, mobiliario, etc. Se encontró el gremio con embargos en los bancos, dejo constancia de mi disconformidad como se encontró el gremio"(Acta 313, F. 18-19).

> Tenemos que dar la lucha en lo conceptual. Casi todas las listas plantearon
> seguir luchando por nuestras condiciones laborales, pero también plantearon la
> profundización de un debate pedagógico, entendiéndolo como la relación entre
> el docente, la comunidad y el conocimiento (Ibídem, F. 40).

Pero el contexto es adverso a estas perspectivas: en las movilizaciones se respira un incremento de la violencia política reinante en la atmósfera social y que genera que muchas intervenciones planteen si es momento de volver a discutir qué se entiende por ella (la violencia), de dónde proviene, quién la ejerce, o cuál es su grado de legitimidad si es practicada por los trabajadores.[35] Es que el tono de las manifestaciones generales es el destrozo a pedradas de instituciones que constituyen referentes simbólicos de entidades financieras como el City Bank, cadenas de hipermercados o sedes de empresas petroleras.[36] Y si bien se entiende que ATEN no los genera ni aplaude, sus manifestantes se entremezclan con otros activistas que sí la practican. Es que, además, las movilizaciones hace rato que son protagonizadas por varios actores: los sindicatos estatales, los estudiantes y docentes universitarios que toman la UNCo por el período de casi un año, las comunidades mapuce en lucha por sus tierras,[37] los obreros de Zanón que solicitan la conformación de una Multisectorial, entre otros conflictos destacables, conforman este panorama de protestas generalizadas que refuerzan una visión del orden social en donde la sociedad se polariza al extremo de dividir aguas entre los

---

[35] Señala un miembro de la CDP: "El temor de la violencia lo hemos discutido en algunos plenarios, definimos que somos un gremio de confrontación, trabajar sobre la masividad con seguridad, lo planteo para que no nos fraccionemos" (Ibídem, F. 68).

[36] Un articulista de un periódico crítico a la gestión oficial sostiene, tras la descripción de una manifestación de este período, la existencia de *"un giro dramático"* no sólo en el método de protesta sino *"en el contenido"*: "Hubo pocas piedras contra el Estado; las más fueron contra los bienes de quienes son, efectivamente, los dueños del poder. Es como si hubiese llegado a la conclusión de que el Estado no es otra cosa que el administrador de los intereses de la clase dominante. Es como si, después de una década de lucha los gremios estatales (pero esta vez no eran sólo los gremios estatales) hubiesen llegado al punto de que la lucha sectorial se convierte en lucha política", Fernando Lizárraga "Lo que dicen las piedras", en *La Trastienda*, 29/05/2000, p. 6.

[37] Los días 27 y 28 de mayo de 2000 se realiza en Neuquén el Primer Encuentro de Jóvenes Mapuches. El objetivo es reunirse para compartir *"lo que sabemos y desconocemos de la cultura Mapuche y de la actual situación de conflicto que se vive en los Lof (comunidades) y lo que vivimos como jóvenes Mapuche"*. De las reivindicaciones de reconocimiento de su identidad, territorio y autonomía a través de su idioma originario, sus valores y principios y su historia de lucha, se destaca cuando sostienen *"rechazamos la integración que propone el Estado, con la cual pretende destruir nuestra identidad"* y cuando se señalan los lugares donde en ese momento se atraviesan conflictos por la tierra: Villa Pehuenia, Senillosa, Loma de la Lata, El Bolsón, entre otros. El documento cierra con un pedido de *"reparación histórica de nuestro pueblo [...] Por territorio, justicia y autonomía, marici wew marici wew"* (Comunicado de jóvenes mapuche de Puelmapu, publicado en *La Trastienda*, 15 de junio de 2000, p. 14).

manifestantes y los que detentan el poder. En palabras del propio Balbo: "*el partido gobernante, el gobierno, es todo lo mismo. Igual que el Estado*" (Acta 317, F.79). Palabras claves, frases sueltas e ideas como "*Déficit cero*", "*hay descreimiento de la gente en las organizaciones*", "*hemos entrado en crisis*", "*¿qué es el riesgo país?*", o "*Me refugio en el paro porque no sé hacer otra cosa y encima nos descuentan*" (Acta 322, F133-140) ilustran mejor que cualquier análisis el clima de época del fin de siglo argentino. Ni qué decir de las expresiones del gobernador Sobisch: "*los conocidos de siempre, dentro de cuatro años nos van a plantear como solución cortar las rutas.*" (Discurso de Sobisch en la apertura de sesiones de la HLN, 2001).[38]

Y si esta imagen es elocuente, lo es porque los gremios caen en la cuenta de que no pueden abordar tanta complejidad, y entonces actúan y deliberan en plenarios conjuntos del CTA (ATEN, ATE, SEJUN, ANEL, Municipales) en un esfuerzo por golpear unidos el rechazo de la Ley de Emergencia, del avance sobre el ISSN, la devolución de la zona desfavorable y estratégicamente para defenderse de la represión policial. Pero mientras avanza el 2001 y Neuquén y el país ingresan en un pico de movilizaciones sociales, ATEN sigue en la calle cargando con sus dificultades internas, desgastada por peleas entre agrupaciones y con un cansancio notorio en las bases. Algunas voces hablan de "*salvar la historia de ATEN*" proponiendo lanzar medidas de fuerza aún a contrapelo del sentir de las mayorías, resultan en medidas sin eco, pensadas en contextos de repetidas ausencias de seccionales del interior, que graciosamente y en no pocas situaciones no asisten porque la ruta está cortada por desocupados[39] y en donde emerge, como forma de no perder la capacidad de decisión política, el "*mandato flexible*", que, como todo en ATEN, genera polémica.[40]

Promediando la segunda mitad del 2001, el estado de beligerancia popular es inmanejable. De todos modos ATEN ya posee en los cuerpos de su militancia y de su historia el habitus de la protesta, y sólo habrá que esperar que este impasse de dificultades internas transcurra durante unos años para

---

[38] Sobisch aprendió de Sapag aquello de enrostrar a los docentes el nivel de gasto público que la educación se lleva de las arcas estatales remarcando con énfasis números sueltos que poco ayudan a comprender un déficit provincial: hacia el año 2001 en Neuquén se cuentan 18.000 docentes trabajando, el nivel salarial los ubica cuartos en el país, y siempre están "cobrando en término" (Ibídem).

[39] En otra situación ilustrativa los miembros de la CDP intentan ir en solidaridad hacia un corte de ruta en Picún Leufú y como manera de informarse de lo que estaba ocurriendo, pero al llegar el conflicto parece que se resuelve, no logran hablar con nadie que les esclarezca lo que ocurrió y entonces concluyen: "Es la típica pueblada, nadie lidera" (Acta 326, F. 187).

[40] "El mandato flexible no es como un chicle. Cuando sacamos la jornada de protesta, dada la gravedad de la situación, **no sabía cómo explicárselo** a la prensa. ATEN está respondiendo como puede en estas circunstancias. El compañero se siente agobiado por lo que le pasa." (Acta 323, F. 153, negritas nuestras).

volver a ver a este sindicato realizar otra enorme e impactante huelga que marcará a fuego la intensa historia de los docentes neuquinos. Mientras, una nueva generación que atravesó de muy joven los '90 está preparada para el relevo, cosa que ya ocurre en otros conflictos paralelos como el que nos ocuparemos a continuación.

Excursus III
Estatales y docentes

Fuentes de poder

> [...] Creo que el símbolo, para mí, el símbolo de ATE, todo ATE, son los bombos [...] los bombos, los bombos...el bombo es una cosa tremenda, porque en el momento de las peleas tan duras, nosotros lo que más cuidábamos eran los bombos. Lo que no nos podía faltar eran los bombos. Son el corazón realmente. Laten los bombos, son una cosa importante. Tremendo lo del bombo. El bombo... (Testimonio de Julio Durval Fuentes, Neuquén, 13/12/2007).

Julio Durval Fuentes nace en 1960 en la localidad de Plottier, a muy pocos Km. de la capital neuquina. Es el líder indiscutido de ATE Neuquén desde su fundación y secretario general durante todo los '90 hasta cuando decida partir a Buenos Aires a ocupar cargos de mayor jerarquía, coronando provisoriamente su carrera en las elecciones de agosto del 2011 que lo consagran como secretario general de ATE nacional (siempre desde la Lista Verde, con el 90% de los votos), reemplazando en ese cargo a Luis Micheli.

Imagen caudillesca de los estatales neuquinos, supo dirigir a un sindicato que en pleno auge del menemismo no hizo más que crecer en el número de afiliados en un contexto adverso (más de diez años de congelamiento salarial) y en el que su prestigio se consolidaba por resistir con dureza las políticas de ajuste: de mil ochocientos afiliados en 1989 ATE pasó en el año 2001 a tener once mil. Fuentes señala irónicamente que él fue *"el secretario general del cero aumento, es más, yo durante los años que fui secretario general lo único que conseguí fue una baja de sueldo"*, a lo que habría que sumar ya entrado el siglo XXI la increíble cantidad de cincuenta y dos causas penales por diversas participaciones en protestas sociales (en su mayoría, cortes de ruta y tomas de edificios públicos).

Fuentes compartió la escuela secundaria con otros futuros dirigentes sindicales que destacaron en ATEN, como Arturo Nahuel y Orlando "Nano" Balbo. De madre peronista y padre radical, ambos trabajadores ligados al Estado, Julio destaca su origen de familia obrera y con experiencia sindical, en especial por el lado desu madre, lo que quizás influya a la hora de ponderar desde muy pequeño a estas tierras como recargadas de una gran actividad político-sindical. A los veintiún años ingresa a trabajar al Instituto de Seguridad Social de Neuquén (ISSN) y de inmediato se conecta con un grupo de activistas de no más de treinta años, encabezados por otro referente y organizador del sindicalismo estatal pos dictadura, Luis Panetta, cuya preocupación central era la reincorporación de los ochocientos trabajadores que habían sido declarados prescindidos (una cifra enorme para la dimensión del empleo público neuquino de entonces y que a posteriori constituirá una base militante con trayectoria: *"nosotros decimos, ANEOP, SUTEN, ATE: hay una continuidad militante"*),[41] y la conformación de un nuevo sindicato que rivalice con UPCN (de donde Panetta y Fuentes habían sido desplazados) y que finalmente será SUTEN (Sindicato Único de Trabajadores Estatales de Neuquén), allá por noviembre de 1983. De ese novel sindicato, Fuentes, con veintitrés años, será secretario gremial. *"No tenía idea, cero conocimiento"*, recuerda. Sus maestros de militancia fueron el mencionado Panetta, otro dirigente llamado Juan De La Vista, compañeros de trabajo de raíz peronista, algunos amigos del ex PST, y lecturas cruzadas entre las que destaca el *"Qué Pasa?"*, periódico del PC argentino. Luego, ya en las primeras elecciones de ATE Neuquén, Fuentes confrontará con Panetta en lo que será el comienzo de su largo reinado como secretario general.

Respecto de la manera de incorporar aprendizajes del mundo sindical, Fuentes da cuenta de las corrientes que más tradiciones traían a sus espaldas, como es el caso del PC y el peronismo, y comenta que su actitud era escuchar (*"sobre todo escuchaba"*), ¿pero qué es lo que escuchaba?:

> [...] las cosas que yo escuchaba cuando habían estado presos [...] lo que fue la resistencia peronista en los '60...bueno, además a mí me atraía lógicamente,

---

[41] Retrospectivamente Fuentes verá allí el origen del combativo panorama neuquino de los '90 y que será fruto tanto de la acumulación de experiencias transitadas como de la capacidad militante de los cuadros sindicales de ATE: "[...] hay que entender los '80 para ver los '90, es decir... ATE, con toda esta incorporación militante, vos pensá que cuál es nuestra masa de delegados, son compañeros con mucha experiencia, y esto levanta el debate político. La incorporación a ATE a nosotros nos da una visión de lo que pasa. La capacidad de análisis de Víctor, de Germán, de los centros de estudio, de Claudio Lozano, de todo lo que fue la investigación, ATE invirtió mucho en investigación y formación...". Más adelante, cierta reflexividad militante reconoce algunos factores que hacen de Neuquén un lugar particular: "[...] acá siempre hubo actividad política [...] Las corrientes migratorias de la dictadura, nosotros somos receptores del exilio interno, es decir, otros militantes que provienen de otras provincias, fundamentalmente de los lugares de concentración de estudiantes, bueno, los lugares maduros, Mendoza, Tucumán, Córdoba, La Plata, donde fue muy fuerte la represión, Neuquén es uno de los lugares más grandes del exilio interno." (Testimonio de Julio Durval Fuentes, Neuquén, 13/12/2007).

yo soy un apasionado de esto y ahí descubrí la pasión por la causa del movimiento obrero. Y bueno, las anécdotas de esta gente, los comentarios, las enseñanzas, el trato que tenían hacia nosotros, eran personas que permanentemente estaban militando, y militando fundamentalmente a los más jóvenes, tratando de, bueno, de reclutar compañeros para esta causa (Testimonio de Julio Durval Fuentes, Neuquén, 13/12/2007).

Se trata evidentemente de relatos de militancia durante los años duros del proceso militar, a lo que se suma lo particular del caso neuquino y que es la convivencia de activistas comunistas y peronistas, evidenciado incluso en la prensa partidaria, desde la cual Fuentes comienza a interiorizarse de un tal Víctor De Gennaro.

El MPN

[…] siempre tuve buena relación, aun en los momentos más difíciles yo he conversado con él [con Julio Fuentes], porque yo conozco la familia de él [...] la abuela de él fue nodriza mía, mi madre cuando yo nací tuvo un problema de salud muy grave, tuvieron que llevarla a Buenos Aires y Adela, Adela Fuentes quedó al frente de la casa nuestra [...] y me amamantó a mí durante dos o tres meses (Testimonio de Felipe Sapag,Neuquén, 24/04/2008).

Este bello comentario que me profirió Felipe Sapag, comentario que invita a imaginar el profundo nivel de vinculación social entre actores y organizaciones aparentemente antagónicos, sirve también para comprender la constitución de un campo político sin caer en la ilusión de las "contradicciones" o de las fronteras cerradas. De allí que la intersección ideológica MPN-ATE lejos está de aquella lectura antitética entre ambos, que sí es la imagen que devuelven otros activistas rigurosamente de izquierdas. Esta relación deja permear valoraciones positivas de las políticas públicas: *"teníamos coincidencias"* en *"un proyecto de provincia"*, coincidencias extensibles a otros trabajadores:

[…] Había intereses comunes [con el MPN] en el desarrollo de la provincia, vos podías tener matices, visiones distintas, sobre dónde había que invertir, qué hacer, digamos, **pero era un proyecto desarrollista con fuerte contenido popular** [...]nosotros **como trabajadores nos sentíamos parte. Porque lo compartíamos ideológicamente, además porque nos hacían sentir que éramos parte de esa causa.** Bueno, con las cuestiones de la vivienda, viste?, es decir, las condiciones de vida de la gente, bueno, es decir en eso no había cuestiones. Ya con el gobierno de Salvattori empieza a haber algún ligero acomodamiento, también había cuestiones nacionales, el neoliberalismo empieza tímidamente a aparecer, con, bueno, el proceso de privatización que intentó Alfonsín. Pero todavía a la periferia, a la Patagonia estas cosas no impactaban (Testimonio de Julio Fuentes, Neuquén, 13/12/2007).

Esta valoración del MPN encuentra eco en la propia base sindical de lo que luego será ATE Neuquén, en donde el perfil del afiliado responde sin contradicciones votando al MPN a nivel provincial y militando en un sindicato duro y resistente a las políticas de ajuste locales, claramente visualizadas desde el primer gobierno de Sobisch (1991) y continuadas en el último gobierno felipista. Pero lo que interesa remarcar, y que orienta el análisis en comparación con su par sindical en combatividad durante los '90 (ATEN), es la diferente base social (*"somos distintos socialmente"*) de ambas organizaciones, lo que redunda, a ojos de Fuentes, en una distinta configuración funcional. Fuentes dice que ATEN se asemejaría más a un "Colegio Profesional" que a una organización sindical en donde los cuadros de base, sus delegados, son la estructura básica. ATEN funciona *"con 800 delegados, uno por escuela. Funciona una asamblea. Para nosotros hay que privilegiar la cuestión de los cuadros"* (Testimonio de Julio Durval Fuentes, Neuquén, 13/12/2007). A su vez, esta diferencia se acentúa por las diversas ramas de actividad que cubre ATE:

> ATE no es un gremio de empleados administrativos. ATE dentro del sector público es de los obreros fundamentalmente, obreros calificados, obreros industriales, del Estado, es decir, las fábricas Rastrojero eran de ATE, IME, es decir, todas, eran obreros de esa composición. En Neuquén ocurre lo mismo, en Neuquén vos pensá que Neuquén se construye en la década de los '80. Entonces el Estado tiene fuerte presencia en la obra pública, en la construcción de escuelas, es decir, nosotros llegamos a tener un sector que se llamaba Dirección de Obras por Administración de la cual proviene el actual secretario general, ese sector tenía seiscientos obreros [...] Yo digo, el último lugar que nosotros entramos fue la Casa de Gobierno (Testimonio de Julio Durval Fuentes, Neuquén, 13/12/2007).[42]

La mucama del hospital, la enfermera, el portero de escuela, el trabajador de energía... referencias alejadas de cualquier lugar sospechado de privilegio

---

[42] El sector de trabajadores de Obras Públicas fue la base desde donde arrancó ATE: el primer paro salió desde allí, en 1983, y con efectivamente unos seiscientos trabajadores, según coincide el testimonio de Raúl Dobrusín "eran alrededor de seiscientos compañeros, que tenían más conciencia de obreros" (Testimonio de Raúl Dobrusín, dirigente de ATE; Neuquén, 14/06/2007).

o corporativo alientan el argumento sostenido por Fuentes de que la coloración obrera[43] de ATE posibilita también una organización obrera fuerte, anclada en la acción directa y no necesariamente masiva: *"es más de cuadro, de tener un cuerpo de delegados tan importante, tan grande, tan formado..., hacía que las acciones eran (sic) realmente duras."*

Entre los sectores más duros habrá que sumar, a mediados de los años '90, a los ex afiliados de Luz y Fuerza *"que nos da un aporte y un toque muy interesante por su condición histórica"*, y que son luego los trabajadores del EPEN (Empresa de Energía del Neuquén), idéntico proceso realizan los trabajadores del EPAS. En el camino de construcción identitario de los estatales, el factor político parece definirse hacia el sindicalismo porque la pertenencia a una organización sindical de este tipo genera tan fuertes lazos de sociabilidad que logra diluir anteriores identidades políticas:

> ATE es una organización que se diferencia de las demás organizaciones en que los compañeros provenimos de una ideología política, un partido político más que una ideología, y como que acá adentro abandonamos. **Todos los que vienen acá abandonan su partido. Encuentran en esa organización, que los forma, que debate, nos contiene totalmente, es decir, nosotros nos vamos de nuestros partidos.** Acá los que vienen del Movimiento [MPN] son del Movimiento cuatro meses, a los cuatro meses son de ATE, son de la Verde, es decir, dejan el partido (Testimonio de Raúl Dobrusín, Neuquén, 14/06/2007).

En un sentido similar, la impronta de lucha callejera de ATE se intersecta con sus acciones bautismales, aunque lejos se esté de considerarlas como tales. La referida pueblada de Senillosa, durante 1994, fue desde esta perspectiva algo que se desencadenó muy en sintonía con la forma de hacer política que ATE va a practicar en adelante: *"Nosotros no fuimos a hacer una pueblada lógicamente, nosotros fuimos a cortar una ruta"*, comenta Fuentes, y al preguntarle si recuerda aquel primer corte de ruta, responde:

> ¡Perfectamente!, yo estaba ahí...no nos dan respuesta, no nos pagan los sueldos [...] vamos a la asamblea, yo no me acuerdo a quién, no fue idea mía... de alguno que estaba en la asamblea (risas), y nos habían acorralado...es decir, o nosotros aceptábamos mansamente, porque **el paro ya no tenía sentido. El paro no importaba**, nosotros ya veníamos de paro, no les importaba que estuviéramos de paro [...] Entonces bueno, es decir, la sensación era de estar acorralados, es decir, bueno ¿qué hacemos?, **hasta que a uno se le ocurrió,**

---

[43] Si quisiéramos ser más agudos, combinando clasismo y racismo, podríamos bucear en un comentario que Fuentes lanzó sin ambigüedades: "en la escuela somos distintos, nosotros somos lo que limpiamos, tan noble nuestra función como la del que enseña, pero somos los que limpiamos, para esta sociedad [...] somos más morochos".

"vamos cortemos la ruta". Lo que nosotros no éramos conscientes es que no solamente nosotros estábamos acorralados. Había un pueblo acorralado, de eso nosotros no éramos conscientes. Nosotros llegamos al puente, cortamos el puente, **es rarísima la sensación, la gente, es raro, nadie sabe porqué los que vienen**…cruzando, es muy raro, no hay reacción en contra por lo raro…pasan los tipos… (Testimonio de Julio Durval Fuentes, Neuquén, 13/12/2007).

Lógicamente, se trata de una pueblada en construcción. Lógicamente, Fuentes razona que *"nosotros perdimos la conducción"*, pues ATE es un actor más entre tantos: comerciantes, desocupados, vecinos, estatales… Frente a la paradoja de ser interpretada desde el gremio como una pueblada *"espontánea pero organizada"* y de haber estado entre los protagonistas principales, Fuentes reconoce que la misma no impacta en lo inmediato en el interior de la práctica de ATE aunque provoca algunos debates por la rareza del fenómeno. De todos modos resulta sugerente ver cómo estos actores reflexionan sobre el proceso de acumulación de experiencias prácticas que muchas veces no son más que un producto del agotamiento de instancias de negociación: *"la toma, el corte se transforma en una instancia más. Nosotros hasta los '90, las instancias eran, movilización, 24 horas, 48, y esta era la receta, 48, 72, tiempo indeterminado"*. Esa era la receta, *"ya era como que lo teníamos metido en la cabeza"*, señala Fuentes; como el sonido y la imagen del bombo, señalamos nosotros. Y si aparece una nueva instancia, se suma a las clásicas, dentro de las cuales la movilización descolla por su hegemonía:

[…]…si vos ves todos los conflictos arrancan con un paro de 24 horas. Ahora, esto se incorpora en la vida sindical como un método más, hasta los '80 esto no estaba […] ATE es la primera organización que lo incorpora, que asume que hay que decir, bueno, esta es una herramienta más […] Como tenemos el paro de 72, también tenemos que **tomar el lugar de laburo** (Testimonio de Julio Durval Fuentes, Neuquén, 13/12/2007).

"La municipalidad era a Senillosa lo que el SUPE a Cutral Có…todo el pueblo era trabajador municipal". Con esa elocuencia lo recuerda Horacio Fernández,[44] otro dirigente fuerte de ATE Neuquén que luego también alcanzará la conducción del CTA nacional: la pueblada *"empieza a surgir de donde te llevan…dónde te deja el modelo: ¡en la calle!"*. Y si la calle es el lugar del hambre,

---

[44] Entre 1997 y 2003 Fernández es secretario de estudios y formación del CTA. Nacido en Capital Federal (1952), ingresa al mundo laboral en ENTEL (años '70) donde comienza su militancia sindical: "yo vengo del trotskismo, del posadismo". En 1979 llega a Neuquén, con dos hijos, un poco por exilio interior, otro poco buscando trabajo y tranquilidad. Se especializa como técnico en telecomunicaciones y en 1985 ingresa a la dirección de telecomunicaciones de la provincia de Neuquén (Testimonio de Horacio Fernández, Neuquén, 16/06/2007).

se comprende que la protesta sea el último recurso. Luego, la forma de la protesta es casi secundaria, o en todo caso, es un reflejo de las condiciones materiales de existencia: la ruta, ya lo dijimos, es en el interior neuquino el epicentro de la vida social. Y si la protesta es urbana, la Legislatura (su toma, ocupación, o lo que fuere) es el lugar a intervenir, por lo mismo, si los diputados ingresaban a la Legislatura a votar el ajuste, las privatizaciones, rebajas salariales, despidos… "¡la única manera de frenarlos era no dejarlos entrar!". Al fin de cuentas, como sentencia tajantemente Fernández, resistir a como dé lugar significaba también una lucha por no "desaparecer"; pero además, es una lucha en la que *nadie pelea por lo que no conoce*. Defender furiosamente el Estado de bienestar, según lo entiende ATE, es defender la posibilidad de seguir viviendo.

Fuentes, quien tempranamente abandona su filiación alfonsinista en su corto pero intenso historial político, siempre tendrá la idea fija de la necesidad de acceder al poder; poder sindical primero, poder partidario después. Al dar vuelta el siglo los activistas de ATE-CTA, con Fuentes como máxima figura y en alianza con otros sectores del progresismo neuquino, conformarán su propio partido político: el UNE (Unión de los Neuquinos), sellando un ciclo caracterizado por una forma de hacer política que combinó hábilmente liderazgos, jerarquías, negociaciones, confrontaciones y lucha callejera a secas.[45] Como agrega otro referente fuerte de ATE, Raúl Dobrusín,[46] *"no teníamos limitaciones en cuanto a qué teníamos que hacer para defender nuestra fuente de laburo"*, y con esa base, por ejemplo *"no dejamos a Menem hacer ningún acto en el centro de Neuquén […] nunca pudo entrar al centro de Neuquén a pesar de que Sobisch estaba con Menem"*. Así como Dobrusín y Fernández, otros tantos dirigentes de primera línea acompañaron incondicionalmente a Fuentes durante los '90, por lo que sería ingenuo concluir que una sola persona movilizaba a todo un sindicato, máxime si se piensa que durante los primeros años la relación de fuerzas con su rival originario, UPCN, era de siete mil afiliados contra veinticuatro de la novel ATE…y es que por allí también transcurre la complejidad de ATE: su crecimiento es una disputa política y organizativa con UPCN; sus potenciales cotizantes responden a múltiples formas de empleo, de jerarquías profesionales, de escalafones, incluso variantes organizativas

---

[45] "Si nos venían a pegar nos íbamos a defender con lo que tuviéramos, y si lo que teníamos era una piedra, con una piedra […] nos defendamos de la agresión policial, viste?, es decir, que alguien diga que estaba mal defenderse de que te vengan a romper la cabeza a palos, y acá otra que romper la cabeza a palos, acá te fusilan…están locos, digamos, yo para eso no soy sindicalista, digamos. Si yo voy a una marcha nosotros nos vamos a defender con lo que tengamos, y donde no nos agredan nosotros no agredimos a nadie, nunca empezamos ninguna agresión" (Testimonio de Julio Durval Fuentes, Neuquén, 13/12/2007).

[46] Dobrusín es oriundo de Buenos Aires y fue durante muchos años militante del PC hasta afiliarse en ATE.

como los "sectores" o "ramas". Al forjar su identidad muy ligada al rol del Estado (y no tanto a conceptos como educación, trabajo o pedagogía, por citar núcleos de identidad docente) su entrecruzamiento ideológico con el MPN también es un terreno cargado de ambigüedades, de elecciones taxativas, o por lo menos de dobles fidelidades. Se pregunta Dobrusín:

> [...] ¿Qué me da ATE? Lo que damos es la pelea [...] Esto es todo lo nuestro, más de ahí no, y eso también es una diferencia, digamos. Ahora, por ejemplo, a UPCN el gobierno provincial le da créditos a tasa subsidiada [...] te afiliás a UPCN, te dan un crédito más bajo en tasa que a cualquier otro. Es una locura... (Testimonio de Raúl Dobrusín, Neuquén, 14/06/2007).

Resumiendo: carisma y liderazgo, pero también un sólido equipo de militantes nutren la dirigencia de ATE (César Sagredo, Hilda Locatti, Ernesto Contreras, entre los más conocidos). En el mismo sentido, dentro de ATE pero finalizando la década, existieron grupos opositores nacidos de la lista Verde, como el liderado por "Chato" Álvarez, del sector salud. Y también, cerrando la imagen férrea de ATE, existieron disidencias internas fuertes, silenciadas. En este sentido, una excepción iluminadora dentro de este panorama la constituye Laura Leyton,[47] de muy joven secretaria adjunta de Fuentes en los primeros años de los '90. Fuentes la buscó por su sólida militancia en el sector Salud del Hospital de Junín de los Andes, militancia que luego demostrará en el áspero conflicto del mismo sector en el año 1993, donde Laura participa de una extensa huelga de hambre. Tempranamente se interesa por la capacitación sindical, por eso viaja regularmente a Buenos Aires a realizar cursos para formar delegados, o de historia del movimiento obrero, *"en ese momento era un desafío, por ser mujer y por ser un sindicato machista"* (Testimonio de Laura Leyton, Neuquén,14/06/2007). Desde su experiencia define al crecimiento de ATE como *"impresionante"* a la vez que contradictorio: *"era imposible que no haya gente del MPN en la comisión directiva"*, en relación a que ATE siempre va a tener un contacto fluido con el MPN, por la base y por arriba. Por esa razón Laura concluye que ATE *"no pudo ser un sindicato diferente, horizontal, democrático"*. Su alejamiento, ya a mediados de los '90, obedece al menos a dos causas: por un lado, al debate que comienza en ATE (*"una discusión muy fuerte"*) y que en resumidas cuentas sería apostar a la creación de un partido político (al estilo PT brasilero), o mantener una línea

---

[47] Laura nace en 1962 en Buenos Aires. Militante de la JP, de joven llega a Treuco para hacer una experiencia en una comunidad mapuce, donde vive 3 años. Luego se afilia a ATE, en el año 1985. En ese entonces, desde su relato, nos comenta que el ascenso de Fuentes, en rivalidad con Panetta, tiene menos de afectivo y más de táctica de desplazar al mismo, a quien se definía como "un burócrata".

sindical que, en trazos gruesos, Laura la ve como un espejo del MPN *verticalista, que negocia todo desde arriba (el secretariado general negocia la huelga a puertas cerradas en Casa de Gobierno)*", es decir, más vinculada al estilo del viejo sindicalismo peronista pero que mantiene en simultáneo un discurso público de izquierda (*"pero por dentro es otra cosa"*). Por otro lado, Laura tendrá que investigar un caso de violencia de género que afecta directamente a un dirigente de alto rango y exposición pública. Será entonces cuando da a elegir a sus correligionarios: "él o yo". Y fue él. Y luego fueron el vacío interno, la falta de asignación de tareas sindicales…, es el año '95 y Laura pega un volantazo. Desde entonces decide alejarse de ATE y comenzar a estudiar Historia. En la universidad se liga a la Corriente Patria Libre y desde allí hace experiencia enel centro de estudiantes de Filosofía y Humanidades de la UN-Co, que conduce aquella agrupación. Al recibirse empieza a trabajar como docente e ingresa a ATEN (1999), situación privilegiada que le permite ver cómo las discusiones que se daban entre docentes prácticamente no existían en ATE: *"ATEN larga huelgas desde la base, en ATE eso es impensable"*.

Como tantos otros militantes, Laura atraviesa, no sin tensiones, varios campos internos del activismo neuquino; lo puede hacer porque capitaliza saberes prácticos, acumula capital militante, entabla redes de sociabilidades. Como tantos otros casos también, desde joven hace una experiencia política intensa: Laura conoce tempranamente la dinámica sindical de las dos organizaciones con más presencia en las calles durante los '90 (ATE y ATEN), puede entablar una distinción entre ambas que, si bien sesgada por la conmovedora situación que la llevó a alejarse de ATE, le permite inclinar su elección hacia otros rumbos. En su devenir se interna también en los pasillos universitarios por donde no pocos militantes hacen escuela. Luego egresa y puede volver a atravesar las difusas fronteras entre distintos pero no excluyentes ámbitos de militancia para recalar en ATEN. En otras palabras, esa inmensa red de relaciones y posiciones -el campo militante- es también un enorme territorio con caminos que se bifurcan, se entrecruzan, se conectan, caminos que son factibles de transitar por todo aquel que posea combustible, carnet de manejo y sea capaz de conducir en sus entreveradas callejuelas reconvirtiendo sus saberes según el tipo de camino por el que le elija circular, metafóricamente hablando. Quizá de esta manera es más comprensible el (re)comienzo de la vida de Laura -ya signada en su paso de juventud por la JP- al llegar a Neuquén para realizar una estancia de tres años en una comunidad mapuce…

Deconstructing Ruth[48]
(La militante-red)

> [...] me acuerdo que el MAS nos enseñó a pelear por el micrófono, a arreba-
> tarles los micrófonos en los actos a la burocracia, esas cosas. Liliana (Obregón)
> se ríe, porque me dice, ahora [...] "yo tengo el recuerdo de que vos me em-
> pujabas, me empujabas, me empujabas, hasta que le sacabas a Contreras el
> micrófono y me hacías hablar", cuando estábamos juntas en el sindicato (Testi-
> monio deRuth Zurbriggen, Neuquén,15/ 06/ 2007).

En un plano distinto aunque dentro del mismo universo militante, Ruth Zurbriggen es quizá la activista más reconocida y polémica que generó
el campo de protestas neuquino, tanto en su interior como por fuera de las
fronteras provinciales. De carácter aguerrido y hostil, Ruth combina un discurso entre sofisticado y virulento, elaborado y cultivado entre las aguas del
trotskismo y del activismo sindical docente durante los años '90, y reunifi-
cado bajo los nuevos aires del feminismo radical pos 2001. Nacida en Pozo
del Molle, Córdoba, durante 1964, su padre (ideológicamente *"reaccionario"*)
trabajó en la industria lechera mientras que su madre fue ama de casa hasta
que la necesidad la empujó a buscar trabajo afuera de su hogar. Segunda hija
entre ocho hermanos (cinco mujeres y tres varones), Ruth fue educada en
un colegio de monjas de su pueblo. Suele recordar su infancia y adolescencia
como una instancia plagada de necesidades económicas y violencia doméstica, por lo que la salida temprana del hogar constituía una forma de escape
de aquel pequeño y asfixiante universo. Y fueron las redes que aquel colegio
religioso poseía con otros similares lo que facilitó su despegue, a los 20 años,
del ámbito familiar hacia la lejana localidad rionegrina de Villa Regina; allí la
esperaba su primer trabajo como docente en las escuelas parroquiales del cura Rondini. Era el año 1984 y Ruth desembarcaba en la Patagonia con algunas
señas de su carácter tan particular que desde pequeña cultivó:

> [...] (En la escuela secundaria) era la organizadora de todo lo que acontecía
> en relación a nuestro equipo, inclusive así con mucha pelea con la profesora
> de educación física, que yo siempre decía que era una vaga y que no nos hacía

---

[48] *Deconstructing Harry* (Woody Allen, 1997) es una película donde su protagonista, Harry
Block, representa a un escritor de mediana edad y con un cierto éxito que se ha valido de sus
experiencias sentimentales y familiares para escribir sus obras. *Deconstructing* puede traducirse
como *desmontando*, jugando aquí con la idea de ir tras la construcción de la trama de un
personaje, su vida y sus relaciones.

hacer nada, y que no nos buscaba torneos (Testimonio de Ruth Zurbriggen, Neuquén, 15/ 06/ 2007).

Esa actitud permanente de señalar pasividades parece empujada por otra fuerza similar que aferra todo lo que hace a una convicción imperturbable, convicción que le permite adherir a las causas por las que su vida deviene: de la adhesión y la entrega total a la docencia cristiana rotará a la fervorosa pasión militante cuando rompa (en otro acto temperamental) con aquella experiencia religiosa. Mientras: *"estaba contenta y aparte estaba convencida que yo era maestra por vocación. Recuerdo cantar el himno y emocionarme, ¿me entendés?"*. Es que Ruth trabajaba doble turno en la escuela, y al salir continuaba planificando o realizando tareas parroquiales en barrios pobres de Villa Regina. Esto fue así hasta que un hombre se cruzó en su vida y quedó embarazada. La peor noticia para el ambiente ideológico donde se desempeñaba. Así las cosas, y ante las presiones de los curas y monjas porque resolviera el escándalo mediante el casamiento, tuvo que partir, masticando bronca y odio, hacia Neuquén.[49] Allí la espera un primo que la aloja un tiempo hasta que encuentre una casa para alquilar. Por supuesto, consiguió trabajo como docente de inmediato.

Su primo militaba en el MAS, dos hermanos que residían en Córdoba, también. Le insistían con que se acercara al local del MAS en Neuquén, pero a Ruth eso no le interesaba. De todos modos, mantenía relaciones de amistad con gente que, casualmente, militaba en el PC, es decir, estaba ciertamente *rodeada de militantes*. En ese ambiente intentó, por ejemplo, y tras leer varios volantes, ligarse al grupo de apoyo de Madres de Plaza de Mayo, pero percibió cierta hostilidad hacia ella, quizá porque se trataba de alguien absolutamente desconocido que se acercaba de la nada a ofrecer su apoyo. En soledad (política) resultó obvio que la vinculación parental con el MAS hiciera que su entrada al partido fuera por decantación, ayudada por el envío de materiales de la prensa partidaria a través de sus hermanos:

> ¿Sabés que recuerdo?, que en las marchas que después hubieron, que seguían habiendo de Derechos Humanos en el '87 acá en Neuquén, yo tengo el recuerdo de que yo iba atrás de la bandera del MAS, porque tenía este referente de mi hermana y mi hermano. Y además, recuerdo que me entusiasmaba mucho el ruido que hacían, los cánticos [...] Y me acuerdo que además me llamaba la atención que, ahí me empecé a dar cuenta como de cierta organización, no?,

---

[49] Al quedar embarazada Ruth comenta: *"¿yo sabés que hago? me voy a mirar vidrieras de vestidos de novia. Así, a caminar por Villa Regina, y a ver cuál iba a ser mi vestido de novia, porque, ¡embarazada, me caso!"*. Más reflexiva, analiza que el nacimiento de su primera hija *"la salvó"* de ese universo...

porque después yo me quedaba como a un costado cuando terminaba la marcha y veía que ellos enrollaban la bandera y había un compañero que después resultó ser el Chueco, que siempre daba como las directivas, "ahora nos vamos todos al local", decía, "y de ahí cada uno a su casa" … y a mi eso, como que te ibas dando cuenta de escucharlo, de mirar, que había como un tipo de organización donde se preparaban para ir a la marcha, por decirlo de alguna forma (Testimonio de Ruth Zurbriggen, Neuquén, 15/ 06/ 2007).

Esa organicidad sedujo a Ruth quien, podemos arriesgar como hipótesis, en ese acto de observación inició la comprensión de la dinámica y de los mecanismos de la militancia. Poco a poco su inserción en el gremio docente comenzó a resultar en una ubicación ideal para ingresar al universo militante; sólo faltaba que un episodio, una huelga, la lanzara de lleno al nuevo desafío:

Y empieza la huelga docente y me invitan a una reunión, ya la tercera vez que voy a comprar el periódico se acerca un compañero, me pregunta dónde trabajo, quién soy, qué hago, y entonces me dicen, bueno, acá tenemos algunas docentes, que sé yo, me invitan a una reunión y yo voy. Y…y empiezo a ir a las reuniones del MAS, y empezamos, me acuerdo que todo lo que hacíamos era prepararnos para las asambleas docentes (Testimonio de Ruth Zurbriggen, Neuquén, 15/ 06/ 2007).

Ruth estaba en medio de la huelga del año 1988 contra las políticas educativas del gobierno de Alfonsín. Y estaba navegando en el interior de la corriente nacional Alternativa Docente, rama sindical de docentes del MAS. Observadora y conocedora de las prácticas militantes recuerda:

[…] y se sugería qué hacer, pero era una sugerencia que venía pensada […] me acuerdo que Marta Maffei una vez dijo, ella dirigía acá, "los docentes del MÁS", dice, "se ponen un cartel y desde Ushuaia hasta Salta escuchás a todos decir lo mismo" (Testimonio de Ruth Zurbriggen, Neuquén, 15/ 06/ 2007).

Ese rápido aprendizaje interno y externo le permite pensar retrospectivamente en cómo la tarea clásica de cooptar un eventual cuadro fue algo que ella misma experimentó, aunque sin darse cuenta en qué preciso momento ocurrió:

[…] evidentemente en el partido, después, habiendo estado muchos años, sé que cuando un compañero o compañera que se acercaba y tenía determinada…, o veían que había determinadas características, **te rodeaban y te ayudaban a que rápidamente te conviertas en una referente.** Y yo me acuerdo que en una de las asambleas de ATEN me proponen que hable, "hablá vos Ruth que sos

nueva y…", y yo hablo, así hablo, y en la siguiente asamblea hablo, y a la tercera asamblea me paro arriba de una silla y hablo, y propongo […] terminaba la
asamblea de ATEN, volvíamos al local, hacíamos balance de lo que había pasado, nos íbamos a nuestras casas, y si había asamblea dos días después, al otro
día hacíamos reunión y discutíamos con docentes y les ofrecíamos la prensa, yo
todavía eso no lo hacía, pero me habían como pegado al lado a esta compañera
que había venido de Olavarría, que hacía mucho tiempo que estaba en el MAS,
y ella no se despegaba de mi ni a sol ni a sombra. De hecho inclusive necesitó
en un momento donde ir a vivir y me dijeron a mi, "Ruth, que Lili se vaya a
vivir con vos, ¿tenés problema un mes?", pero, ahora lo mirás y decís, eso fue
una política pensada para ponerme a un cuadro del partido que me ayudara
(Testimonio de Ruth Zurbriggen, Neuquén, 15/ 06/ 2007).

Ruth refiere a Lili, una militante arribada desde Buenos Aires al parecer
con la precisa tarea de apuntalar nuevas incorporaciones, en especial la de la
misma Ruth, quien ya evidenciaba capacidades de redacción de volantes, de
retórica pública, se mostraba en las asambleas, hablaba y difundía la prensa
del MAS. Por ejemplo, sobre el arte de hacer un volante comenta el cómo
aprendió el modo de comunicación militante:

Lili me explicaba, siempre hablamos primero de la política internacional,
luego de lo nacional y… no?, ese **esquema**, y yo lo hice el fin de semana y **ga-
ranticé** el volante entonces el lunes estaba el volante, y una compañera que era
dirigenta de la regional, la Negra, este…bueno, toma eso, y ella estaba volcada
a la huelga docente de Neuquén, en esto de que ponen viste, compañeros, para ayudar a la discusión política, ella no era docente, pero era un cuadro del
partido, y ella destaca en la reunión esta cosa, que yo me había quedado con
una tarea y que la había garantizado. Entonces que había una **reunión nacional
el fin de semana en Buenos Aires** de docentes y ella proponía que fuera yo…
(Testimonio de Ruth Zurbriggen, Neuquén, 15/ 06/ 2007).

Efectivamente Lili le transmitió gran parte del arte del activismo a Ruth y
que abarcaba desde destrezas de oratoria hasta tácticas para hacerse violentamente del micrófono en actos y movilizaciones: *"era todo el tiempo hablar de
marxismo, trotskismo, y Lili te sacaba los apuntes y se ponía a explicarte a las
11 de la noche"*. Nada parecía poder dejarse improvisado y las intervenciones
públicas en asambleas o actos venían preparadas para todo el "equipo docente" del MAS: *"la intervención tiene que ser alrededor de este eje"*… por lo que
es válido volver sobre el *efecto casette* denunciado por Marta Maffei y que en

realidad era bastante ajustado a lo que sucedía en las asambleas.[50] Aún más, era común que algún militante entrenado en las artes de la intervención pública cuidara que los márgenes de autonomía no fueran demasiado elásticos, algo muy semejante a los asesores de imagen en la política actual:

> Había un compañero que se sentaba al final de la asamblea, él escuchaba y veía cómo se manejaba la asamblea, y yo antes de intervenir le preguntaba a él, le decía, "qué te parece…", "ajustá tal cosita", me decía, "pero lo demás, vos seguí para adelante (Testimonio de Ruth Zurbriggen, Neuquén, 15/ 06/ 2007).

Rápidamente Ruth, con 25 años, ingresa a la vorágine de la vida militante, y fue entonces cuando cayó en la cuenta de que *"mi mundo comenzó a ser el Partido, mi hija, la escuela"*. Asambleas de miles de personas, junto a oradoras como Liliana Obregón (que en una peña se había mostrado indiferente a la recién llegada) o Sara Mansilla, huelgas y conflictos extensos y difíciles: *"pensarme en esto, hablar ante una asamblea de mil personas, cosas que no estaban para nada presentes en mi imaginario"*.

Y vendrán las reuniones nacionales del MAS, la participación como oradora en actos de la izquierda en Plaza de Mayo, los famosos plenarios regionales con militantes de Río Negro y de sindicatos en plena movilización como la UOCRA *"además había compañeros que eran de la dirección nacional del partido y estaban escuchando el informe que yo hacía"*. En este torbellino Ruth entablará una relación sentimental fugaz con Alcides Christiansen en momentos en que éste se encontraba en el cénit de su carrera militante, liderando la lista naranja de la UOCRA regional Neuquén. Cuando el MAS en Neuquén se lanza de lleno a ganar el sindicato de la construcción a través de la Lista Naranja, Ruth será de la partida y recorrerá obras de la capital presentada como *"la compañera de Alcides"*. Ayudada por el conocimiento de la realidad obrera mediante la docencia (ser maestra de hijos de obreros), Ruth recorrió cada obra en busca del voto que llevará a Alcides a ganar la UOCRA neuquina.

Ese crecimiento como militante que llevó a Ruth a ser dirección nacional del MAS generó también un micromundo altamente competitivo y ciertamente autorreferencial, en donde los otros partidos de izquierda virtualmente *"no existían"* y frente a los cuales el MAS crecía y se expandía aparentemente sin límites. Pero siempre hay un punto de inflexión, y en esta historia vendrá tras la campaña por la libertad de Alcides Christiansen y Horacio Panario, entre 1995-1996 (y tras los hechos de protesta de la Coordinadora de Desocupados

---

[50] Cuando le pregunté si efectivamente Maffei en algún punto tenía razón con aquello del "cassette" me respondió: "[…] tenía toda la razón, era así, yo sabía todo lo que iba a decir antes de que empezara la asamblea, porque íbamos preparadas a la política".

de Neuquén), una actividad que la desgastará en tareas altamente angustiantes y por las que tuvo que soportar las más rígidas reglas de la disciplina partidaria, incluidas maltratos de distinta índole:

> [...] la campaña por Horacio fue el centro de nuestra vida durante un año. Yo viajé una vez por semana a Zapala durante un año a visitar a Horacio, y me subía al colectivo y lloraba desde que salía de la cárcel de verlo, llegaba acá a las 10 y media de la noche hasta que me bajaba del colectivo. Y llegaba y me tenía que reunir o encontrar en mi casa con la compañera de Horacio Panario para contarle como estaba (Testimonio de Ruth Zurbriggen, Neuquén, 15/ 06/ 2007).

Esta situación ocurre justo al año de que la izquierda accede a dominar la conducción de ATEN capital (1995), tras la constitución de un frente entre todas las agrupaciones de izquierda (aunque luego al PO se lo marginará), la lista Violeta-Rosa, liderada por Liliana Obregón y que llevará a Ruth como secretaria adjunta en ATEN capital. Las consignas centrales eran la pelea por la derogación de la Ley Federal de Educación, y "el punto sindical" sostenía la propuesta de reemplazar el Plenario de Secretarios Generales por plenarios de delegados de base con mandato de toda la provincia. Pero la toma de la casa de Gobierno y las reacciones condenatorias al accionar de los desocupados, más la ligazón atribuida a Panario con el MAS provocarán la casi expulsión de Ruth sólo salvada porque la Asamblea General votó su permanencia en el cargo (esto se comprende desde el programa de la lista que incluía posibilidad de la revocación por la Asamblea del mandato de sus integrantes). En este punto es interesante recordar que desde la conducción capitalina se había comenzado a discutir la desocupación como cuestión social con la propuesta del reparto de horas para contrarrestar el desempleo dentro del sistema capitalista, pero esta discusión se daba con fuertes tensiones internas puesto que la mayoría de la militancia de izquierda veía a los desocupados como simples "lúmpenes" o "desplazados. Así las cosas, Ruth sintió el impacto del "desastre" del '95 y el derrotero tras el acompañamiento a Panario como una suerte de golpe a su prestigio y a toda su trayectoria militante, que quedó fatalmente ligada a la acción de los desocupados. Se sentía acusada, cuestionada en sus intereses políticos, mirada con desconfianza:

> [...] un día fui a comprar el periódico y a las tres semanas estaba en una reunión de equipo, dije, "me voy", y me fui. Y me fui con, sabiendo, por ejemplo, yo era la garantía del local que alquilábamos, ¿no?, yo tenía, todo lo del local estaba a nombre mío, la luz, el gas, yo vine y le dije: se terminó el contrato, esto es lo que te debemos, pagué la luz, pagué el gas y cerré el local (Testimonio de Ruth Zurbriggen, Neuquén, 15/ 06/ 2007).

Ruth describe ese momento como un período de "saturación", ya que el corte con el Partido corrió en paralelo con el fin de otra de sus relaciones también con un militante del MAS. El partido, a su vez, *"seguía como fagocitándose en la propia crisis"*, sin advertir los quiebres internos, respondiendo con violencia alos señalamientos sobre los errores ocurridos, y mirando para un costado cuando el eje recaía en sus propias prácticas militantes:

> [...] por ejemplo, Horacio (Panario) sale de la cárcel [...] hay toda una discusión de dónde va Horacio, dónde se va a militar, dónde se va a vivir, qué sé yo, y Horacio hace lo que quiere, y a mi eso me genera un odio, ¿viste?, porque yo recuerdo que en una de las reuniones le dije: vos te tenés que ir a morder la mierda, ahí tenés que irte, a morder la mierda y a laburar como no has hecho en toda tu vida (Testimonio de Ruth Zurbriggen, Neuquén, 15/ 06/ 2007).

¿La ruptura es total? Es verano del '98, Ruth con sus 35 años a cuestas realiza un extenso viaje por México y Cuba y a su regreso cierra el local. Decide estudiar y que su graduación sea un asunto ajustado únicamente a los tiempos académicos. Elige Ciencias de la Educación (*"me enfrasco en la carrera"*) y comparte estudios con una compañera que permanecía en las periferias del partido y con la cual coincidían desde antes en algunas inquietudes relacionadas con el feminismo. Esas inquietudes ya venían motorizadas por cierto giro del MAS en relación con la necesidad de que entren mujeres a la dirección del partido, movimiento que explica también la participación de Ruth en el Comité Central y que es previa a su ruptura. La cuestión es que el contacto con materiales de teoría antropológica y con docentes que comenzaban a incorporar algunas discusiones referidas al feminismo potencian las inquietudes de Ruth hacia el tema, que pronto cuaja en un grupo de estudio vigoroso y que será, años más tarde, el puntapié hacia la constitución posterior del colectivo feminista La Revuelta.[51] Hasta ese entonces las reuniones del grupo se hacen en ATEN, utilizando sus espacios y recursos y lanzando sindicalmente pequeñas luchas relacionadas con los derechos sexuales y reproductivos o comenzando una lenta tarea militante cuyas pequeñas batallas, o si se cambia la perspectiva, gigantes batallas, están más a tono con los tiempos que corren, o también, con las oleadas teóricas reinantes en la academia, pues tienen que ver con las *palabras* y las expresiones que enuncian (y determinan) lo social, aunque el punto de ese lanzamiento continúe siendo el sindicato.

La lucha de Ruth de ahora en más arranca en la discusión por el cómo se firma un comunicado: *"pongan mujeres de ATEN"*, sugiere un activista

---

[51] La génesis de este colectivo feminista fue publicado recientemente por las propias protagonistas. Ver Zurbriggen y Reynoso (comp.) *Colectiva Feminista La Revuelta: una biogenealogía*, ed. Herramienta (2011).

masculino; *"y nosotras dijimos, 'no, en todo caso pondremos **trabajadoras** de la educación en ATEN'"*.

Problemas de mecánica

> El primer centro de resonancia es la sala de profesores: el más pasivo está esperando que el más activo reaccione (Testimonio de Humberto Bas, Neuquén,28/07/2007).

> Hay tres tipos de personas en el mundo: los inamovibles, los movibles y los que se mueven (Benjamin Franklin).

¿Hasta qué punto podemos sostener que la militancia es una *elección,* y peor aún, *conciente*? ¿Qué ocurre si la resultante de la actividad política obedece más a las leyes del deseo que a las del cálculo racional o las arbitrariedades de la moral, siempre contingente? Al igual que Ruth, Humberto ingresa al universo militante por cuestiones afectivas, por relaciones de amistad.[52] Su gusto por la práctica de la escritura, en principio muy relacionada a la parodia del ambiente político local, hará que su ingreso sea también una práctica de observación profunda y sagaz de los estereotipos militantes, estereotipos que suelen sufrir los avatares de las luchas y de los tiempos. En particular Humberto señala el recambio militante que se produce en el año 1997 alrededor de la segunda pueblada en Cutral Có: claramente, la primera de ellas (1996) ocurrió, en su perspectiva, casi sin participación de activistas docentes, mientras la desarrollada durante 1997 lo encuentra a él mismo viajando en un colectivo organizado por ATEN junto a unos cuarenta docentes

---

[52] Humberto es paraguayo. Llega con 18 años a Neuquén merced a una suerte de intercambio estudiantil del que participaban otros tantos alumnos latinoamericanos. Al ver pintadas rojas por toda la universidad declara: "no comprendía el comunismo, el comunismo era satán", dice irónicamente. Con todo, la politización universitaria de entonces (1988) lo seduce enormemente: desde entonces, recuerda, se practicaban tomas y paros extensos, hasta que ocurre la más emblemática de las tomas en 1995 y en donde durante 14 días no ingresaba a toda la UNCo nadie más que los propios estudiantes. Más allá de eso, en particular a Humberto lo conmueven las movilizaciones por los derechos humanos, masivas movilizaciones. En 1991 se vuelve a Paraguay, pero a los 6 meses regresa definitivamente a Neuquén: "Me había agarrado ese clima centrado en lo político, político-cultural, pero todo subordinado a lo político". Describe con emoción las peñas de inicios de los '90, el auge del teatro callejero y otras tantas experiencias de debate político. En 1994 se inscribe en Física y años más tarde se recibe. Comienza a trabajar de docente y su ingreso a ATEN es algo que ocurre por decantación, casi un acto mecánico. Al mismo tiempo comienza su prolífica tarea como animador de revistas satírico-políticas de enorme circulación entre la militancia neuquina hasta nuestros días, como "Y ahora qué pasa, eh?", "El cascotazo universitario" y "La Poronguita".

relacionados generacionalmente. Y lo que vivió lo conmovió ("nos agarró por sorpresa"), a él y a todos. En efecto, en la huelga del año '97 *se nota un recambio militante que serán los que luego estarán en las conducciones siguientes*". Forjados en debates distritales profundos, con asambleas generales de dos mil personas en los picos de conflictos, atravesados por todas las tonalidades ideológicas de la izquierda que pudieran existir, lectores de prensa partidaria, la característica de las nuevas camadas sin embargo no es algo novedoso sino más bien algo *heredado*, puesto que su discurso es, naturalmente, de izquierda, pero *"más rígido que los partidos"*. Allí agudamente Humberto observa una *"inercia de la tradición"*: las nuevas generaciones se suman a una *forma* de actividad: la acción directa a secas, mas no se funda nada nuevo, excepto lo que sucede alrededor de las marchas; desde entonces, gradualmente, las marchas resultan festivas (*"son un buen programa"*, resalta con humor y en relación a la escasez de otras ofertas para la distracción social), divertidas, un buen momento de sociabilidad, de reencuentro, de armado de planes, excepto, claro está, cuando es dramática la situación e irrumpe la pregunta: *"eh, ¿qué pasa que no salen todos?"*. A diferencia de los años '80, desde mediados de los '90 hay pocos bailes y ninguna peña; sí, en cambio, muchos debates y charlas. Curiosas transformaciones.

En el mismo sentido, Humberto advierte, en tono de desencanto, sobre alguna probable razón del éxito sindical de ATEN referido al sostenimiento de conducciones combativas; se trata, desde su punto de vista, de que ATEN responde positivamente a sus afiliados defendiendo el avance permanente sobre derechos conquistados: en pocas palabras, en Neuquén, y merced a la lucha, el docente tipo cobra su salario a tiempo (*"un buen salario"*).[53] Las bases, las mitificadas bases, *"están lejos de la política...siempre"*. Por lo demás, a ATEN siempre le costó digerir las luchas de los desocupados, de los porteros, de los estudiantes ¿Cómo es esto? La politización ocurre en tiempos de lucha, y nada más. Pueden realizarse debates, charlas, encuentros; pero allí sólo circula el activismo, un numeroso activismo, sin dudas. El fenómeno de las bases combativas es casi un resorte exclusivo de lo que sucede en el micromundo de la sala de profesores de cada escuela: frente a algún problema que generalmente se advierte por alguna publicación de alguna de las corrientes sindicales o partidos que suelen distribuirse en ese espacio, se produce entonces el conocimiento de determinadas políticas que pueden resultar lesivas a los intereses docentes. Los docentes la comentan, la difunden, la discuten y casi que mecánicamente: *"desde ahí se puede plantear un pedido de asamblea: la*

---

[53] Humberto comenta que la izquierda más clásica, cuando fue conducción, pedía audiencias por aumento salarial *"todos los viernes"*, incluso cuando la pelea generalizada en las calles era por planes trabajar o por subsidios. A muchos docentes esta situación los avergonzaba...

asamblea es la panacea, sin la asamblea no se decide nada. Asambleas por pedido de las bases o por las conducciones". Y así comienzan las protestas. No hay otra forma conocida. No hay otra explicación para la acción.

Capítulo VII

Obreros de Zanón: La reconstrucción de una tradición clasista

> ¿Cómo se explica que con un aparato tan débil y una insignificante tirada de prensa pudieran penetrar en el pueblo las ideas y las consignas del bolchevismo? La solución de este enigma es muy sencilla: en las consignas que responden a las necesidades agudas de una clase y una época, se crean por sí solas miles de canales. La ardiente atmósfera de la revolución es un agente conductor de ideas extraordinariamente elevado (León Trotsky, 1985: 213).

> ¿Qué más se le puede pedir a una fábrica de 350 tipos, en el medio de la ruta 7, entre Neuquén y Centenario, en el culo del mundo, en el planeta Tierra? Es medio mucho. Más que todo lo que hizo es delirante[…] se gane o se pierda […] cualquier obrero en cualquier lugar del mundo puede decir, "eh, no es una cuestión de los libros...es una cuestión concreta". Porque en esa fábrica se estuvo tres años bajo control y administración obrera, generó puestos de trabajo, se relacionó con la comunidad, demostró que la democracia obrera se puede hacer. ¿Por qué Zanón no avanzó más? Y, por que no avanzó más la realidad. Es eso. (Testimonio de Mariano Pedrero, abogado del SOECN, Neuquén, 17/06/2005).

Absolutamente inesperado, imprevisible, incierto a futuro y, a la vez, totalmente en sintonía con estos años de lucha social en Neuquén. Los obreros y obreras de Zanón cumplieron en el año 2017 nada menos que quince años de autogestión obrera. Ya durante el año 2011 festejaron con un mega recital a cargo de Manu Chao, en el playón de la fábrica, con 15.000 personas y sin seguridad policial. Ni el gobierno provincial ni nacional accedieron nunca a adquirirles ni un metro cuadrado de producción; sin embargo, ellos siguen donando cerámicos a escuelas, hospitales y barrios periféricos, e imprimiendo tandas de regalo con poemas impresos de Jorge Gelman. También durante el 2011 se animaron a participar integrando desde la Lista Marrón el Frente de Izquierda de los Trabajadores (FIT) que en las elecciones provinciales logra colocar el primer *diputado obrero* en la historia neuquina, cargo que se rotará entre tres trabajadores. De un plantel de cuatrocientos obreros aproximadamente, en la actualidad unos cuarenta se encuentran procesados por participar en protestas sociales, alta proporción si se consideran los quinientos procesados en toda la provincia y los cuatro mil en todo el país.

La experiencia de lucha de los obreros de la ex Cerámica Zanón S.A comienza a construirse a mediados de los años '90 extendiéndose hasta la actualidad, en que la fábrica funciona bajo la forma de Cooperativa FASINPAT: *Fábrica Sin Patrones*, o también, siendo fieles a sus protagonistas, *Zanón bajo Control Obrero*; sin embargo, se suele inscribir esta lucha en el contexto de las grandes movilizaciones políticas, sociales y sindicales ubicadas en los albores del año 2001, y de allí hacia adelante, formando parte del relato militante de la rebelión de fin de siglo argentina que se resume en la vigorosa frase "Que se vayan todos". ¿Por qué es parte de ese relato?, simplemente porque antes de esa emblemática fecha y como describimos hasta aquí, la dinámica conflictual en Neuquén estuvo dominada por los sindicatos estatalesque solamente vieron menguado su protagonismo cuando se sucedieron las distintas puebladas o cuando la escalada de judicialización de las protestas aplacaba gran parte de las acciones sindicales, ya finalizando la década. Frente a los gigantes de ATE y ATEN, y en medio de un campo de protestas sembrado de una breve pero intensa historia de luchas, con organizaciones militantes muy desarrolladas y consolidadas (pensemos en los partidos de izquierda, los organismos de DDHH, los sectores militantes vinculados a Iglesia, las protestas de desocupados, los estudiantes secundarios y universitarios, entre otros) el registro de los obreros ceramistas es apenas un pequeño dato presente en alguna que otra acta sindical que los menciona desde 1998 pidiendo solidaridad y ayuda desde una ignota comisión interna fabril. Durante los '90 camadas enteras de obreros que intentaban organizarse para algún reclamo laboral eran barridas en despidos masivos, y los puestos de trabajo eran igualmente cubiertos con rapidez en un contexto donde trabajar en Cerámica Zanón constituía, tanto por los buenos salarios como por la creciente desocupación, un verdadero privilegio, algo así como una extraña y subterránea aristocracia obrera, disciplinada por la patronal, por su propio sindicato, y sin ningún contacto con la superficie sindical neuquina.

Por su parte, la izquierda, concentrada en ATEN o desperdigada en medio de una tremenda crisis ideológica de la que los militantes neuquinos no escapan, no había advertido a esta fábrica que, no es ocioso recordarlo, empleaba a la mayor cantidad de obreros (novecientos a mediados de los '90) si obviamos al sector petrolero. Sólo un pequeño e insignificante partido, escisión del MAS, colocará a un militante en su interior pero por cuestiones estrictamente laborales, sin jamás imaginar que con eso bastaría para acompañar un proceso de lucha enorme que recién saldrá a la luz cuando un impasse de ATE y ATEN -impasse de asedios judiciales y luchas internas- permita a otros ocupar el espacio de protestas: estudiantes universitarios, movimientos feministas, antipeajes, comunidades mapuce, chacareros y pequeños productores, organizaciones de desocupados y, entre todos ellos, los obreros de Zanón. Muy pocos de estos actores de relevo persistirán. Los obreros de Zanón, por el contrario, se convertirán en el fenómeno de protesta, resistencia y autogestión obrera más conocido del país y, quizás, del mundo.

Es que la gran particularidad de Zanón con respecto a las casi doscientas fábricas recuperadas por sus obreros en la Argentina de fin de siglo, es la elección del modelo de control obrero, más allá de que para comercializar sus productos deban usar la figura de Cooperativa FASINPAT. La elección del control obrero es el correlato de la radicalización política de esta experiencia, cuestión que la convirtió desde un principio en un faro referencial indiscutible dentro del universo de fábricas recuperadas y del movimiento de recuperación de empresas (Rebón, 2004, 2005, Fajn 2003, Calello y Neuhaus, 2006). Y esto es así porque el resto de las fábricas recuperadas optará por el modelo cooperativo desde sus inicios, logrando a corto plazo leyes de expropiación aunque al precio de reconocer las onerosas deudas patronales (que generaron las quiebras) y comenzar un silencioso camino de desmovilización. Estas fábricas conformarán el Movimiento Nacional de Empresas Recuperadas y el Movimiento Nacional de Fábricas Recuperadas por sus Trabajadores, los dos grandes agrupamientos existentes y afines a la política oficial ya en la era de los Kirchner (Lavaca, 2005).

Zanón nos presenta la imagen opuesta: no participa de esos nucleamientos sino que más bien capitanea diversos intentos de articulación de agrupaciones político sindicales opositoras a los gobiernos provincial y nacional y que pertenecen al arco de la izquierda clasista en su vertiente trotskista. El control obrero implica una militancia callejera intensa y cotidiana y un tipo de organización productiva inescindible de otra concepción política que reclama, entre otras consignas, la expropiación sin devolución de la deuda patronal y el pedido de estatización bajo control obrero, demandas que fueron tratadas por la Legislatura neuquina recién durante el año 2009. En un libro publicado ese mismo año 2009 describimos la historia de la fábrica, su relación con el régimen de promoción industrial provincial, la génesis de la deuda empresarial que provocará la quiebra, la breve historia del sindicato ceramista (SOECN) y la posterior lucha gremial por recuperar las comisiones internas, la implacable hostilidad del sistema político neuquino hacia los obreros en rebelión, la indefinición de la situación jurídica de la fábrica, las tensiones políticas internas antes del control obrero, como así también señalábamos la necesidad de estudiar la que aparecía como una vigorosa cultura política de protesta en la provincia de Neuquén que acompañaba decididamente la lucha ceramista (Aiziczon, 2009). En ese trabajo señalamos tres eventos que marcaron a fuego la historia y la experiencia de las bases ceramistas junto a la emergente nueva dirigencia: 1) la muerte en julio de 2000 del joven obrero Daniel Ferrás (registrado en las actas de ATEN), quien luego de una descompensación cardiaca no pudo ser atendido en condiciones adecuadas en la planta; 2) la *huelga de los 9 días* que se desató por la indignación de lo ocurrido, y; 3) la *huelga de los 34 días* entre mayo y abril del 2001 en resistencia a los despidos patronales. Los tres episodios también mostraron varios procesos subterráneos en la fábrica: por un lado, el hartazgo de larga data en los obreros frente a las reiteradas arbitrariedades de la empresa fue generando la reacción de paros que desbordaron y sorprendieron a los mismos activistas; por otro lado, la incipiente dirigencia combativa supo capitalizar huelgas desde 1998 y ponerse al frente de los reclamos ganando rápidamente la adhesión de la mayoría de los obreros. Pero en este proceso también juega su papel el arco militante neuquino; por ejemplo, al difundirse la trágica noticia de la muerte de Ferrás, se lanza un paro provincial desde ATEN, en especial la seccional Centenario, cercana a la fábrica y donde muchas esposas de ceramistas son docentes, y ATE, contando con la solidaridad de la Universidad Nacional del Comahue, organizaciones de desocupados, de Derechos Humanos y partidos de izquierda. Pero el principal brazo solidario que reciben los obreros de Zanón llega desde la comunidad aledaña de Centenario que, además de ser cuna de la mayoría de los ceramistas, brinda apoyo a través de múltiples organizaciones sociales (bibliotecas populares, centros vecinales, clubes, escuelas) un apoyo decisivo. Un doble proceso de interconexión entre solidaridad militante (sindicatos, partidos) y solidaridad comunal-vecinal (la ciudad de Centenario) cimienta un sólido bloque de defensa entorno a la fábrica. Estas solidaridades continuarán extendiéndose en el tiempo, como el caso de la alianza entre obreros de Zanón con el MTD-Neuquén (Movimiento de Trabajadores Desocupados), alianza que irá más allá cuando, en el devenir del control obrero, los desocupados de esta organización sean incorporados como obreros a la fábrica.[1]

---

[1] La solidaridad que lograron los obreros de Zanón fue una de las más extensas del período. Pero también generó la rareza de la admiración de la militancia de izquierdas hacia una de sus organizaciones más vinculadas con Zanón y del activismo neuquino en general. Un viejo militante trotskista perteneciente al PTS -como veremos, el partido con una influencia determinante en la política ceramista- recuerda un comentario que Julio Fuentes le hiciera en ocasión de compartir las carpas de acampe en las afueras de la fábrica, allá en los inicios del conflicto: "un día me dice (Fuentes), 'los trabajadores de Zanón consiguieron lo que nosotros

Presentaremos una breve síntesis del historial de esta lucha para luego concentrarnos en la perspectiva de análisis que ocupa nuestra investigación: los aspectos que hacen a la construcción de prácticas políticas que contribuyen a consolidar una cultura política de protesta. El caso de Zanón es, como intentaremos demostrar, la coronación simbólica de varios años de lucha social en Neuquén y de una voluntad militante de otorgar un claro sentido a una determinada línea interpretativa dentro de ellas.

La fábrica y el sindicato

Cerámica Zanón es una planta de molienda y fabricación de cerámica para revestimientos, pisos cerámicos y porcelanato que existe en Neuquén desde 1979. Está ubicada en el Parque Industrial de la ciudad, 7 km al norte sobre la ruta provincial n° 7 que conduce a la localidad de Centenario, aunque sus oficinas centrales operaron siempre en la ciudad de Buenos Aires. Esta fábrica fue una de las más modernas del país, altamente tecnologizada, en especial luego de la inauguración en 1993 de la sección porcelanato. Su producción alcanzó en el año 1999 los 750.000 metros cuadrados/mes promedio con una capacidad instalada de 1.100.000 metros cuadrados/mes. Los insumos minerales para la fabricación provenían en un 70-80% de mineral propio y el resto era proporcionado por terceros. El destino de la producción, sobre fines de los '90, se dirigió en un 70% a la industria de la construcción nacional mientras que el mercado externo ocupó el 30% del total producido.

Al frente del gobierno provincial, Jorge Sobisch manifestó en reiteradas oportunidades el orgullo que la fábrica representaba para Neuquén. Junto al presidente Menem, en el año 1993, inauguran la sección porcelanato, de las más modernas en Sudamérica. Zanón exportaba a una treintena de países y dominaba también gran parte del mercado interno argentino.[2] Rápidamente, de unos doscientos trabajadores promedio, la planta asciende su dotación de personal hasta orillar los ochocientos y novecientos obreros para mediados

---

no conseguimos, ser muy bien vistos por la población…el gobierno con nosotros nos ganó la difusión. El gobierno a nosotros nos logró poner a los estatales como vagos, quilomberos, y todo lo demás, y los obreros de Zanón esa se la ganaron'" (Testimonio de Titín Moreira, Córdoba, 07/06/2007).

[2] Zanón participaba del 25% del mercado nacional de cerámica esmaltada (año 1998), exportando a más de 35 países (entre ellos Brasil, Uruguay, Paraguay, Perú, Chile, Bolivia, Australia, Canadá, Caribe, E.U., Nueva Zelanda, Sudáfrica, entre otros) y fabricando a un ritmo anual de unos 13.200.000 metros cuadrados, entre revestimientos, pisos esmaltados y porcelanatos (pulido y sin pulir), lo que implica ventas anuales para este período (últimos 5 años antes de la quiebra) de unos 40 millones de pesos/dólares (Aiziczon, 2009).

de los años '90. Mientras, el grupo Cerámica Zanón S.A. se expandía e incluía a las empresas Canteras Zafiro S.A., Barda Negra S.A. y a la fábrica Motta (de sanitarios) en provincia de Buenos Aires, diversificando su capital también hacia otras inversiones, entre ellas, Aerolíneas Argentinas. Pero a mediados del año 2001 la empresa decide despedir a todo su personal y anunciar el cierre de la planta por intermedio de un recurso de "preventivo de crisis", que es contrarrestado por un fallo judicial que declara a la empresa en situación de *lock out patronal, o lock out ofensivo*. Esta "crisis" en Cerámica Zanón no era nueva y ya había mostrado un primer episodio cuando su gran competidora, Cerámica San Lorenzo, lograba acaparar una considerable porción de los mercados en donde operaba y, tras ganar una disputa en la que Zanón demanda a ésta por prácticas de *dumping*, la fábrica va a comenzar una lenta campaña en donde se muestra con dificultades para cumplir sus compromisos financieros. La idea era contener a sus acreedores y acceder a nuevos créditos -por 20 millones de dólares- mientras despedía sistemáticamente a sus obreros (Pedrero, 2001). En numerosas ocasiones Luis Zanón va a utilizar este discurso para acceder a repetidos subsidios otorgados por la provincia y, ya avanzado el conflicto, hasta llega a recibir dinero del Estado provincial para pagar los sueldos atrasados. Así, en el año 2000 la empresa muestra un quebranto de $23.184.871 y exportaciones que disminuyen de un 12% en 1998 a un 7, 27% en el año 2000. A pesar de ello, su participación total en el mercado de porcelanato sigue siendo importante: 42% en el año 2000 (11, 57% en el mercado interno).[3]

El Sindicato de Obreros y Empleados Ceramistas de Neuquén -SOECN- agrupa a los obreros de cuatro cerámicas neuquinas: Zanón, Estefani, Neuquén y Del Valle, y pertenece a la Filial 21 de la Federación de Obreros Ceramistas de la República Argentina -FOCRA-. Fundado en 1982 el SOECN se va a caracterizar por su afinidad a la empresa, en especial desde que asume Alberto Montes mediante turbulentas maniobras en las elecciones sindicales a mediados de los años '80. Montes y la comisión directiva de entonces son conocidos por los obreros como los sostenedores de la política patronal que se hará más evidente cuando a mediados de los '90 los despidos por parte de la empresa se conviertan en algo cotidiano. Los obreros suelen contar cómo la sensación de vivir en un "campo de concentración" por las medidas disciplinarias de la patronal se combinaban con una férrea vigilancia por parte de la dirigencia sindical encargada de informar sobre los obreros más

---

[3] Croceri, Alberto, "Informe sobre la empresa Cerámica Zanón", s/f., este informe está dirigido a la gerencia del IADEP (uno de sus acreedores), y llama la atención que en sus páginas se afirme que la empresa, con sostenidas ganancias durante un tiempo, "se aburguesó", no tomando medidas "racionales", y sobredimensionando algunas estructuras de costos (entre ellas, la salarial, que estaría un 40% por encima de la competencia), entre otros aspectos.

díscolos. El SOECN era, en síntesis, el correlato necesario de un empresariado dispuesto a todo para conservar una tasa de ganancia razonable; por eso no es extraño encontrar entre sus prácticas la ausencia de realización de asambleas, de libro de actas, malversación de fondos sindicales, entre otros;[4] la patronal, a su vez, contaba con un aceitado mecanismo de detección de participantes obreros en reuniones o en asambleas "clandestinas", sutilmente comunicados por correo electrónico entre los niveles gerenciales. Con todo, un grupo de activistas jóvenes llegados a la fábrica por el constante recambio generacional vía despidos, traen consigo otro de tipo de experiencia: flexibilizados, precarizados, no sindicalizados, descreídos de la política en términos amplios, estos jóvenes en su mayoría no poseen experiencia política previa; sus primeras armas serán la búsqueda de articular alguna resistencia pasándose papelitos escritos escondidos en las máquinas, improvisando reuniones a la salida de los turnos, siempre a escondidas en una fábrica que divide sus sectores con grandes telas y marca con colores el "sendero" a transitar para evitar tanto los accidentes como el mínimo contacto entre sus obreros, y todo ello, con los consabidos riesgos de ser despedidos como ya había ocurrido con tandas enteras de activistas. Pero un hecho no tan fortuito posibilitó que esto no suceda en adelante: en 1996, a pocos días de las elecciones generales del gremio, el despido de un obrero despertó el descontento en la fábrica, descontento que aprovechó Montes para lanzar un paro en señal de protesta y granjearse apoyos presentándose como un dirigente comprometido con sus afiliados. Toda la fábrica avaló la medida, en una acción que en años no se veía en la mayor planta industrial de Neuquén.

Por sorpresa, el que no resultó avalado fue el propio Montes, quien prontamente se vio desbordado por el descontento obrero y atravesó duros momentos cuando en una asamblea general en la que se dispuso a anunciar el acuerdo al que había llegado con la patronal, sea duramente descalificado y contrariado por las bases que anunciaron que no levantarían las medidas hasta que se efectivice el reclamo de reincorporación del obrero despedido. Entre las bases, el joven grupo activista supo capitalizar el malestar obrero y ganó en confianza, y si bien Montes ganó las elecciones en lo inmediato, no pudo quedarse con las que se realizaron en octubre de 1998 en donde el activismo logró conformar la Lista Marrón triunfando en las elecciones para la comisión interna (CI) de Zanón por sobre el candidato oficialista. De allí en más el ascenso de la Lista Marrón no se detendrá hasta ganar el sindicato

---

[4] Y por supuesto, la nula participación del SOECN en movilizaciones durante casi toda la década del '90.

en diciembre del 2000, en una sin dudas épica lucha cuyos ingredientes no le van en zaga a sus referentes setentistas.[5]

La conformación de ese reducido núcleo activista que se va forjando al calor de pequeñas batallas contra la empresa y el sindicato obedeció a varios factores de los cuales destacamos la coincidencia generacional y la generación de espacios de encuentro extrafabriles como los campeonatos de fútbol con equipos conformados por sectores que permitieron ganar apoyos, practicar la difusión de consignas y profundizar el contacto entre obreros. A este proceso hay que agregar la constitución de redes de solidaridad militante desde los ceramistas hacia el exterior de la fábrica, muy claramente en los primeros meses del año 2001, en especial durante la *huelga de los 34 días:* con la nueva conducción combativa del SOECN al frente, las solidaridades se amplían y el conflicto gana en resonancia convirtiéndose en el más convocante para la militancia local.

Paros, cortes de ruta, piquetes informativos, fondos de huelga, conformación de comisiones de solidaridad (de mujeres, de obreros, de sectores solidarizados), recitales a beneficio, charlas en la universidad y en la fábrica, viajes a Buenos Aires en busca de apoyos de otros sectores en conflicto, solicitadas, junta de firmas, visitas de intelectuales a la fábrica como Osvaldo Bayer, Eduardo Galeano, James Petras, entre otras actividades, cristalizan, por un lado, en una enorme legitimidad social que gana apoyos de los más diversos hacia los ceramistas y, por otro, en la lenta conformación de un proyecto político extra-provincial de coordinación de sectores marcadamente combativos en lo que se va a denominar como el Movimiento por la Coordinación Obrera, impulsado desde el SOECN junto con ATEN, y en donde participan organizaciones como el cuerpo de delegados de Luz y Fuerza y docentes universitarios (Córdoba), la ex-SOMISA, telefónicos, trabajadores de los subterráneos, seccionales del sindicato docente de Buenos Aires (SUTEBA), Aerolíneas Argentinas, la Unión de Trabajadores Desocupados de General Mosconi (UTD-Salta), delegaciones estudiantiles universitarias de La Plata, Rosario, Mendoza, Córdoba, organismos de Derechos Humanos (HIJOS, CeProDh), y partidos y organizaciones de izquierda de tendencia trotskista: PTS, MST, MAS, Convergencia Socialista y el POR.[6] Del "Movimiento" surgirá más tarde la "Coordinadora Regional Alto Valle", en el año 2003, nucleamiento local de gremios y comisiones internas combativas.

---

[5] Para una descripción detallada de este proceso de ascenso de la Lista Marrón remito al libro citado de mi autoría *Zanón. Una experiencia de lucha obrera* (Aiziczon, 2009).

[6] *Boletín Nacional delMovimiento por la Coordinación Obrera*, agosto del 2001, número 1. PTS: partido de los trabajadores por el socialismo; MST: movimiento socialista de los trabajadores; MAS: movimiento al socialismo; POR: partido obrero revolucionario.

A nivel local, los obreros de Zanón estrecharán lazos y alianzas duraderas con el MTD-Neuquén (Movimiento de Trabajadores Desocupados) y juntos, entre otras actividades, donarán cerámicos y mano de obra para poner el piso y revestimiento a una dependencia del Hospital de Centenario. La alianza Zanón-MTD[7] irá más allá cuando en el devenir del control obrero los desocupados de esta organización sean incorporados como obreros a la fábrica. Además, son también integrados en las consignas ceramistas: los desocupados tienen lugar con el "trabajo genuino para todos" a través de la obra pública dirigida al bien de la comunidad. Otras alianzas intensas se concretaron con los trabajadores del hospital Castro Rendón (que garantizaba guardias en la fábrica) y comunidades mapuce que donarán material de sus canteras de arcilla pertenecientes a sus tierras para apuntalar la incipiente producción bajo control obrero: esta donación de arcilla adquiere una connotación muy especial pues Luis Zanón durante el año 1994 supo invadir tierras mapuce para robarles ese material incluso al precio de destruir antiquísimos cementerios indígenas. Y finalmente están los partidos de izquierda, fundamentalmente el PTS, de donde proviene el flamante nuevo secretario general del SOECN, Raúl Godoy, y el también nuevo abogado del sindicato, Mariano Pedrero.

Esta inserción de militantes de izquierda es la que nos brindará la posibilidad de comprender el alineamiento político de los ceramistas y sus variantes y tensiones al interior de la fábrica. Nos detendremos en ellos porque la ubicación estratégica de ambos, el carisma y el respeto que se ganan serán claves. Cronológicamente, el análisis se ubicará en la etapa inmediata posterior a decidir el modelo de control obrero (año 2002) para de esta forma abordar su ligazón con el clasismo y el activismo de izquierdas.

El activismo de izquierdas. Raúl Godoy, Mariano Pedrero y el PTS regional Neuquén

El Partido de los Trabajadores por el Socialismo (PTS) es un desprendimiento del Movimiento Al Socialismo (MAS), partido de raíz trotskista fundado en 1983. En Neuquén, como vimos para fines de los '80, el MAS se consolida en la UOCRA colocando en su dirección a Alcides Christiansen,

---

7 El MTD fue la organización de desocupados más poderosa de Neuquén y la que poseía más miembros (1.400 en el año 2001). Su sede estaba ubicada en el barrio más populoso del Gran Neuquén, el barrio San Lorenzo, que es también la única comisión vecinal que no controlaba el MPN. El MTD contaba con delegados pertenecientes a otros nueve barrios y estuvo liderada en su momento de mayor auge por Heriberto Chureo, ex militante del MAS y participante de la Interbarrial en los '80.

reconocido cuadro partidario, logrando hilvanar en el imaginario obrero local, la tradición de un clasismo que se remontaría desde el "Choconazo" a la actualidad (Chaneton, 2005). Pero también vimos que el MAS se desintegrará lentamente y sin retorno desde 1991.

Junto al PTS y al MST, estos partidos hunden sus raíces en el "morenismo" (del que luego el PTS se distanciará), en alusión a su máximo líder, Nahuel Moreno (1924-1987), fundador del Grupo Obrero Marxista (GOM), en 1944 caracterizado por su clara inclinación "obrerista". Moreno funda en los '60 el Partido Revolucionario de los Trabajadores (PRT), que luego se fractura en un ala guerrillera, el PRT-El combatiente, y otra crítica hacia esa postura, el PRT-La Verdad (donde sigue Moreno, hasta fundar el PST, predecesor del MAS), éste último con presencia en el *clasismo* de los '70. En sus planteos centrales el PTS se declara "principista", en el sentido de que la ruptura con el MAS y sus posteriores replanteos teóricos y estratégicos implican una revalorización de la experiencia de la Revolución Rusa en su aspecto más relacionado con la "autodeterminación de las masas" y la conformación de formatos organizativos "antiburocráticos": *soviets*, consejos obreros, asambleas, comisiones, órganos de democracia directa, y en ruptura con las últimas posiciones del MAS calificadas como "reformistas" y de frentes estratégicos y electorales con partidos de tradición "estalinista" como el PC (Liszt, 2006). El énfasis en los formatos antiburocráticos de organización va a encontrar en el *clasismo* el referente histórico adecuado a la prédica petesiana:

> Luchamos por desarrollar estas experiencias, aún iniciales, y **porque predomine en su seno el desarrollo de una perspectiva clasista** -es decir, antiburocrática, antipatronal, antigubernamental y por la independencia política de los trabajadores- que retome y supere lo mejor de las experiencias de este tipo que se dieron en los '70, como la de los sindicatos clasistas de SITRAC y SITRAM en la Fiat de Córdoba en 1971, los metalúrgicos de Villa Constitución en 1974-75 o las coordinadoras interfabriles en 1975 ("Por qué luchamos", Manifiesto del PTS, julio del 2005, negritas nuestras).

El "principismo" del PTS y que se va a distinguir en Zanón, también es visible en su rescate casi literal del "Programa de Transición" elaborado por Trotsky, en donde el control obrero de la producción es entendido como un paso transicional al socialismo y germen de doble poder. Evidentemente estos rasgos señalados no sólo indican aspectos programáticos formales sino que también muestran entre líneas que el PTS responde, al igual que otros partidos trotskistas argentinos, al histórico afán de fidelidad a la palabra de Trotsky y a la generación de una dinámica de continuas rupturas y desprendimientos internos, en donde cada nueva corriente se bautiza con diversas combinaciones de purismo o principismo según la particular lectura que se haga de la tradición trotskista (Bensaid, 2002).[8] Por esa razón es que también se comprende la primacía de la forma Partido como modelo organizativo, inseparable a su vez de la consideración del obrero como sujeto revolucionario histórico que tiene como misión el acaudillar al resto de los movimientos sociales, indicando finalmente que la lucha de clases es la fractura elemental de la sociedad capitalista. Aunque estas nociones sean compartidas por todos estos partidos, la propia historia del PTS, nacido de una ruptura interna, hace que las relaciones entre los militantes de otros partidos trotskistas (incluso aquellos que no se escindieron del MAS, como es el caso del PO) sean de una hostilidad y competencia muy pronunciadas y, vista desde afuera del universo militante, hasta incomprensibles.[9]

A la par de estas consideraciones generales es importante destacar que el ingrediente particular del trotskismo argentino de las décadas posteriores a los años '70 es su esfuerzo de construcción (y apropiación) de una tradición de luchas bajo el nombre de *clasismo* y que, como veremos más adelante, ofrece un parámetro histórico al cual se pueden reenviar las luchas obreras contemporáneas, ya sea para alentarlas o para "superar" aquellas experiencias. De todas formas, y tal como se desprende de la cita, el fenómeno de cierto retorno del clasismo es apenas incipiente y sólo con el correr de los últimos años podrá verse mejor su despliegue.

Los relatos de dos militantes del PTS como Raúl Godoy y Mariano Pedrero, que activan en la experiencia ceramista, nos ilustrará mejor estas cuestiones, y aunque a veces los testimonios simplifiquen el proceso, no deja de sorprender la utilización sin mayores mediaciones explicativas de las consignas trotskistas por excelencia: apertura de los libros de contabilidad y control obrero. Así lo cuenta Mariano Pedrero respecto de las discusiones entre obreros frente a la crisis financiera en Zanón y que había tomado el nombre de "preventivo de crisis", forma jurídica inaugurada en los '90 que habilitaba a las empresas a ajustar de múltiples modos evitando la quiebra directa:

> [...] La patronal frente a eso tenía un discurso de que el sindicato y el activismo le cortaba la posibilidad de la cadena financiera [...] Entonces eso

---

[8] El PTS realiza a través del Instituto de Pensamiento Socialista (IPS) una importante y cuantiosa tarea de publicación de los trabajos de León Trotsky.

[9] Uno de los pocos referentes setentistas del PTS que ayudó a organizar la regional Neuquén, "Titín" Moreira, fue compañero de militancia de Edy López en Rosario allá por 1974 (Ver *Excursus I*). Sin embargo, y a pesar de conocerse entre ambos y de reconocer que el MAS "era una potencia" en Neuquén, señala que "yo no me saludaba con el tipo", y sincera que el PTS en sus inicios "era un grupo muy chico, con muy poca incidencia y con características más bien puteadoras (sic), que era basado en negar lo otro y no tener claramente definida nuestra estrategia" (Testimonio de Titín Moreira, Córdoba, 07/ 06/2007).

entraba en un sector de la fábrica diciendo que el problema no era la patronal sino que era la crisis económica nacional y que la dureza de la huelga, de los trabajadores, cortaba la cadena de pago, cortaba todo, entonces iba empiojando (sic) la situación mes a mes. Entonces frente a ese escenario, retomamos toda la discusión de "preventivo de crisis" y todo eso y dijimos: "Ah sí?, tenés problemas con la "apertura de libros de contabilidad"... si los abren, vemos -sabiendo que no los iban a abrir-. Si no los abren y provocan despidos, provocan rebaja salarial, provocan el no pago, bla, bla, bla, bla,... "ocupación y control obrero" [...] Toda la fábrica se homogeneizaba diciendo: "Bueno, despiden a uno: mostráme los libros". Entonces eso fue entrando, entrando, entrando como programa (Testimonio de Mariano Pedrero, Neuquén, 17/06/2005).

Mariano Pedrero, el joven abogado del SOECN desde inicios del 2000, es oriundo de Bahía Blanca. De allí se traslada a Buenos Aires para estudiar derecho en la UBA. Aunque de raíz peronista, en el ambiente estudiantil entra en contacto con En Clave Roja, agrupación universitaria y brazo estudiantil del PTS. Es entonces que ingresa al partido y en el año 2000 decide desembarcar en Neuquén junto a su pareja para profundizar su militancia, pensada para desplegarse principalmente en el gremio docente y brindar paralelamente asesoramiento a Godoy.

Raúl Godoy nace en la localidad neuquina de Centenario, cuna de la mayoría de los ceramistas neuquinos. Cuenta con 35 años al ser electo secretario general del renovado SOECN. También llamado "brujita" por sus compañeros, Godoy combina en su adolescencia el trabajo en chacras como peón con la militancia social junto al cura Graciano, en Centenario, ligado a su vez con Don Jaime de Nevares. Luego de terminar la secundaria prueba suerte estudiando medicina en La Plata, pero abandona sus estudios y comienza a trabajar en la construcción, cuestión que lo sensibiliza con las "huelgas salvajes" de la UOCRA neuquina (años 1984 y 1986) y lo lleva a colaborar con el fondo de huelga, a la par que aumenta su simpatía con la izquierda trotskista a través de la lectura de los periódicos partidarios. Así ingresa al MAS, que entonces iniciaba su crisis terminal, y luego forma parte del desprendimiento que conforma el PTS hacia 1988. Las duras condiciones socioeconómicas de finales de los '80 empujan a Godoy a aceptar una propuesta de su cuñado para volver a Neuquén e ingresar a Zanón, entonces prestigiosa y codiciada fábrica para cualquier obrero, en vistas de su avanzada tecnología y sus buenos salarios.

La regional Neuquén del PTS apenas llegaba a la decena de militantes, y durante los años '90 las oscilaciones en su dinámica interna la disminuía a cinco miembros. Las tareas se limitaban a elaborar panfletos, volantes, declaraciones o intercambiar pareceres sobre la situación del movimiento obrero neuquino. El proceso en Zanón, si bien mostraba algunos conflictos internos novedosos no levantaba mayores expectativas máxime si se lo comparaba con las huelgas docentes, de estatales o las puebladas que caldeaban intensamente el clima político neuquino. Al ingreso de Godoy, la situación política se presentaba compleja, sin posibilidades de establecer alianzas con los escasos activistas que, además, solían ser detectados por la patronal o el sindicato siendo inmediatamente despedidos, o de entablar discusiones entre compañeros para abrir perspectivas; por el contrario, sus actitudes hacían presumir la existencia de lo que se suele denominar como aristocracia obrera:

> [...] Zanón era inconmovible. Esa fábrica era inconmovible. Era la fábrica del parque industrial que no se movía. Adonde llegaban los compañeros en su 0 kilómetro o en autos más o menos buenos, donde trabajar era un privilegio, como decía la empresa... (Testimonio de Raúl Godoy, Neuquén, 06/10/05).

Esta imagen clásica de los '90 trocó rápidamente con el cambio de política de la empresa que comenzó a despedir grandes contingentes de obreros frente a una anunciada "crisis" financiera en Zanón. Entre huelgas y despidos, y ante el avance y la profundización del conflicto contra la empresa y el antiguo sindicato que tocará fondo con el cierre de la fábrica durante el año 2001, algunos sectores comenzaron a ser receptivos a estas ideas. Antes de ingresar a ocupar la fábrica ocurrió un acampe en las afueras que duró casi 6 meses y en donde los obreros debatían arduamente cómo seguir. Así relata Godoy el comienzo de las propuestas de control obrero:

> [...] la primera vez que dijimos "control obrero" saltaron compañeros. Se anotaron y dijeron: -"Lo que está diciendo Godoy es violar la propiedad privada, es ilegal" [...] Me lo dijeron, sí, en asamblea. Yo les dije: "Compañeros ¿qué otra alternativa tienen? Tienen razón, pero primero está la vida y la de mis hijos... ¿qué alternativa tienen?" Y después sí, hicimos experiencia. ¡Ojo! Porque, digamos, no es que Zanón cerró y nosotros la tomamos... pasamos cinco, seis meses, que si vos lo mirás desde un ángulo... fue un calvario. Vos decís: -"¿Qué esperaban estos tipos? Si ya la tenían clara, de entrada, lo que tenían que hacer... ¿por qué estuvieron cinco meses afuera?" Porque era precisamente para que estuviera absolutamente convencido todo el mundo de lo que tenía que hacer. Ahora, ¿nos sentamos a esperar a que se convenzan? ¡No! Dijimos: -"Comisiones de trabajo." Comisión de mujeres, militancia, un volante por un alimento... "Comisiones de trabajo". Entonces empezó a destaparse toda una militancia [...] (Testimonio de Raúl Godoy, Neuquén, 06/10/05).

Aunque la impaciencia militante lo indique, no necesariamente el camino a seguir era el control obrero. Mucho menos si recordamos que el grueso de estas experiencias de ocupación marchó directo al cooperativismo clásico.

Por lo demás, la otra fábrica con incidencia de activismo del PTS fue la textil Brukman (actualmente Cooperativa de Trabajo 18 de Diciembre), en Buenos Aires, donde los resultados no fueron como en Zanón, sino que tras la ocupación, las obreras se inclinaron por la senda cooperativa y en rechazo a las prácticas militantes del PTS, cuestión que definió su alineación al MNFR y mostró el reverso de este activismo.

Cuando Pedrero llega a Neuquén, el SOECN lidiaba con el asesoramiento del CTA que buscaba atraer a sus filas a los ceramistas proponiéndoles la conformación de un sindicato nuevo para desde allí insertarse al CTA; Godoy astutamente aprovecha la llegada de Pedrero y gana una batalla decisiva en términos ideológicos al presentar junto a él una propuesta de no "quebrar" el sindicato y unir las filas obreras desde el SOECN. La propuesta gana, y bajo la confianza que acumula cotidianamente Godoy en la fábrica se apuntala la inserción de Pedrero que, a su vez, gana otro prestigio tan sólido como el de su compañero de filas, cimentado en la claridad de sus exposiciones y en la agilidad para empaparlas de trotskismo. Con el desplazamiento del CTA, la batalla política comenzaba a jugar fuerte en Zanón una vez que su secretario general y el abogado del sindicato señalen frente a los dilemas político-legales el camino del control obrero y la pertinencia de desarrollar una identidad clasista. El por qué esto fue así puede comenzar a explicarse atendiendo a ciertas prácticas sindicales que caracterizan al clasismo, en sintonía con las personalidades de Godoy y Pedrero, siempre valorados por su frontalidad, su abnegación y su contacto intenso con las bases. Un joven obrero nos comenta sobre el accionar de ambos:

> [...] pedían opinión, alguna idea, conversábamos y hablábamos entonces ellos se llevaban un pantallazo de cada sector, de todos los sectores y después analizaban y veían que medida tomar, o sea, como manejarlo. Nunca se manejaron sin pedir opinión, nunca solos [...] En el comedor era donde ellos llegaban, preguntábamos o ellos venían con alguna rifa, con algo, siempre estaban estas cosas. Eso es lo que tenían, ellos andaban todo el día en la fábrica, la recorrían a la fábrica, estaban con la gente preguntando, charlando (Testimonio de Natalio Navarrete, Neuquén, 02/05/2003).

Es lícito pensar que la dimensión de estas prácticas adquiere un matiz mayor cuando proviene de una historia cargada por un sindicalismo burocrático. Por otra parte, la identidad política crea tensiones pero no define a un dirigente, puesto que es la honestidad el valor sustancial a la experiencia del clasismo en Zanón. Uno de los obreros más antiguos de la fábrica opina sobre la conocida filiación política de Godoy:

> A mí eso me tiene sin cuidado, que él sea izquierda, de derecha, de arriba o de abajo, a mí no me calienta, a mí me calienta que él sea buena persona, cuando tenga que decirte algo te lo diga de frente, para mí una persona así es buena persona, le puedo tener confianza (Testimonio de Enrique Keller, Neuquén, 13/03/02).

Carlos Saavedra, quien será el primer coordinador general electo de Zanón bajo control obrero, coincide con el testimonio anterior, aunque abre una tensión generada por la identidad política de sus referentes:

> Que Godoy sea de un partido político no influye en cuanto a que yo priorizo la verdad y el diálogo. Mientras la gente sea honesta, por mí puede ser de cualquier partido, lo que pasa es que en cualquier partido no hay gente honesta (Testimonio de Carlos Saavedra, Neuquén, 10/08/05).

Carlos ingresará luego al PTS. Con todo, existía un fuerte trabajo partidario "desde afuera" de la fábrica, principalmente con el aporte de otros militantes del PTS y que consistía en difundir la prensa partidaria, realizar reportajes audiovisuales sobre los conflictos, y opinar cuando el clima lo permitía. Sobre su tarea "Titín" nos comenta:

> [...] un colaborador, como un asesor, como un tipo que era...un tipo que laburaba con Raúl [...] yo siempre tuve más bien perfil bajo, frente a los obreros de Zanón, porque yo sé que hay cierto prejuicio...de la injerencia externa, de otras fuerzas [...] yo trataba de cubrir con ellos los temas que eran muy específicos de la fábrica y yo tampoco daba muchas opiniones tácticas sobre las cuestiones, yo más bien me ponía a disposición y daba alguna que otra opinión, para mí esa fue siempre la ubicación. Eso lo aprendí del morenismo (Testimonio de Titín Moreira, Córdoba, 07/ 06/2007).[10]

Política, honestidad, diálogo, verdad, son algunos de los ejes sobre los que gira la experiencia del incipiente clasismo en Zanón. En ese panorama, y como los mismos obreros dicen, la toma de la fábrica y su puesta en producción durante los primeros meses del 2002 contó con "dos patas" fundamentales: una productiva y otra política, íntimamente relacionadas, y definitivamente politizadas. Veamos.

---

[10] Junto a "Titín" –quien hasta entonces trabajaba como viajante de comercio y realizaba su gira entre Buenos Aires y Neuquén- en el año 2001 se instalan en Neuquén Graciela ("Grace"), otra militante setentista del PTS.

Fernando Aiziczon

El Control Obrero en Cerámica Zanón. La producción.

A principios de marzo del 2002 los obreros que ocupan la fábrica hace seis meses ingresan definitivamente y encienden los hornos, largan una línea de producción y presentan, ya en abril, lo que será el primer producto cerámico creado por ellos: el "modelo obrero". Luego vendrán modelos con nombres mapuce o en alusión a personajes emblemáticos y combativos de la historia argentina reciente. Al decir de los ceramistas, lo que generará y consolidará esta situación es la coherencia y coordinación de las "dos patas" del conflicto: la política y la productiva, aunque ésta última también defina el carácter político de la experiencia al quedar desplazada la opción del modo cooperativo en el aspecto de la organización.

A inicios de agosto los ceramistas incorporan los primeros diez trabajadores, quienes desdoblan sus turnos para duplicar el ingreso de más personas. Los primeros ingresantes pertenecen a organizaciones de desocupados: MTD, Movimiento Teresa Vive (vertiente del Movimiento Socialista de Trabajadores), Polo Obrero (vertiente del Partido Obrero) y Barrios de Pie (brazo de Patria Libre, corriente nacional-populista que acompaña en ese momento la gestión del presidente Néstor Kirchner) que los apoyaron desde el comienzo del conflicto, en especial el MTD. Luego ingresarán familiares y ex-ceramistas. Ante los imaginables dilemas productivos y de organización que afronta una toma fabril que se dispone a producir en un contexto político adverso y con una fragilidad jurídica extrema, en setiembre del 2002 los obreros van a elaborar y aprobar en asamblea general las *"Normas de Convivencia de Zanón bajo Control Obrero"*, verdadero estatuto interno que va a regir la organización fabril y definir el perfil político ceramista. Desde entonces, queda establecida la necesidad de una *"estructura y normas"* que no dejen de garantizar *"la democracia de los trabajadores y la disciplina en un marco de unidad"*.[11] Una de las características más salientes de las *"Normas…"* es el rechazo al formato cooperativo. La gestión obrera "autónoma" no estaría, dicen, garantizada en una cooperativa al no contemplar la organización y funcionamiento de una democracia plena según la entienden los ceramistas y en la que se asienta el control obrero. En vistas de esta situación, sólo se tomará el nombre de

---

[11] Ver *"Normas de Convivencia de Zanón bajo Control Obrero"*, documento aprobado por asamblea general en setiembre del 2002 (elaboradas en abril del 2002).

"cooperativa" por una cuestión legal, en otras palabras, porque están "obligados" a hacerlo.[12]

En las *"Normas…"* el funcionamiento fabril se va a adecuar al formato asambleario, con claros rasgos de prácticas clasistas. Desde ahora, la *asamblea* se institucionaliza como el *máximo órgano de decisión* de los trabajadores. La forma inicial de coordinar la producción fue simple: cada turno de cada sector contó siempre con uno o más referentes durante el conflicto que se encargó de mantener informado y unido al resto de los obreros, luego estos referentes serán los coordinadores "naturales" de cada sector. Asimismo, los coordinadores se reúnen semanalmente para evaluar y asignar prioridades de cada sector. Se propone un coordinador general para toda la fábrica y se establece como órgano de dirección máximo a la reunión de coordinadores compuesta por el coordinador general, los coordinadores de sectores y tres miembros de la comisión interna o directiva del SOECN. La reunión de coordinadores es el órgano equivalente al consejo de administración de una cooperativa y sus cargos son elegidos por la asamblea general y *revocable* por ésta. Se propone como principio la rotación periódica de los cargos a fin de que todos tengan la posibilidad de asumir responsabilidades directivas.

Todos los trabajadores de la fábrica cobran un mismo salario (entonces de $800), que luego sufre variaciones. Como la fábrica transita una situación de permanente riesgo es necesario cerrar filas adentro y sostener el conflicto afuera: la legitimidad y fortaleza de la experiencia requieren una revalidación constante traducida en la participación de contingentes ceramistas en todos los conflictos sociales regionales y aún nacionales. Y no todos participaban o muchos renegaban de esta suerte de "militantismo"; sin embargo, se debió establecer en función de diversos conflictos internos que fueron surgiendo una serie de sanciones disciplinarias que básicamente tienen el mismo esquema para distintas situaciones. Finalmente, hay un conjunto de actividades consideradas centrales, como son las "jornadas" mensuales en donde se reúne toda la fábrica a discutir por un lapso de ocho horas o más, y las movilizaciones, éstas últimas son de participación obligatoria.[13]

---

[12] Este es el formato sugerido desde el INAES para las fábricas recuperadas. Además "…la ley de cooperativas sancionada por la dictadura militar [1973] chocan con la democracia de los trabajadores", en consecuencia, el reglamento ceramista estará "por encima de las normas del estatuto presentado al INAES", cfr. "Normas…", sobre el rol del INAES ver Heller (2003).

[13] Pese a la aceptación de las *"Normas…"* no fue extraño que actos de indisciplina o faltas reiteradas ocasionaran el despido de no pocos obreros, en general recién ingresados provenientes de organizaciones de desocupados -que, al decir de los ceramistas más viejos, no estaban demasiado acostumbrados al ritmo fabril o no comprendieron la "responsabilidad" que implica trabajar desde entonces en Zanón-, o el alejamiento de otros tantos por la dirección política que el conflicto anunciaba. El total del plantel obrero era a julio del 2005 de 453 trabajadores, incluidos abogados, contadores, médicos (12 personas). Los ingresantes suman 218 obreros, casi la mitad de la planta. Las siguientes tandas correspondieron a familiares de ceramistas,

La organización política y el activismo en el rescate del clasismo.

Resulta notable cómo la extrema hostilidad del sistema político neuquino hacia el conflicto en Zanón jugó a favor del cierre de filas y de la unidad en el seno de la fábrica. A la indiferencia del ejecutivo provincial en buscar una salida, como ha sucedido con las leyes de expropiación en Buenos Aires y en el resto del país, hay que agregar la actitud de provocación directa constante hacia la gestión de los obreros: en diciembre del 2004 el entonces ministro de Seguridad y Trabajo de la provincia, Luis "Toti" Manganaro, anunció la implementación de un plan de seguridad "sin precedentes en América Latina" para combatir la inseguridad y el delito en la provincia y, acto seguido, atacó en público a los ceramistas y a otros referentes sindicales acusándolos de ser también "delincuentes" (*Diario Río Negro*, 7/12/04). Un año atrás, el 25 de noviembre de 2003, una violenta represión policial contra desocupados que se oponían a la implementación de tarjetas magnéticas para cobrar sus subsidios, deja al joven "Pepe" Alveal, de 20 años y recientemente ingresado a Zanón, sin un ojo, fruto de sesenta y cuatro perdigonazos policiales. Los blancos de la refriega fueron particularmente activistas del MTD y ceramistas que se acercaron a defenderlos. Es en este contexto, y volviendo sobre el texto de las "*Normas…*", que el perfil político ceramista se asienta en la organización interna pero también:

> [...] dando la lucha política en las calles constantemente, hermanados con el resto de los trabajadores ocupados y desocupados, buscando la unidad y la coordinación... (Normas de Convivencia de Zanón bajo Control Obrero, 2002).

Lo político permea toda la estructura ceramista. La constante prédica por la lucha política también fue el resultado de otra lucha política al interior de la fábrica por hacer prevalecer un perfil de izquierda que enmarque el conflicto y a los propios ceramistas, y fue éste el terreno en que mejor operó el activismo. Muchos obreros no se detenían a pensar el contenido político de lo que estaban haciendo ni menos les preocupaba el cómo denominarlo; por esto, es posible plantear una suerte de división de tareas en donde la parte productiva ocupa al grueso de los obreros que a su vez son los coordinadores;

---

ex-ceramistas despedidos por Luis Zanón y técnicos (electricistas, electrónicos, soldadores, mecánicos). El total de personas que se alejó por diversos motivos (indisciplina, desacuerdos políticos, otros trabajos más rentables) es de unos 45 obreros. Para más precisiones sobre la gestión obrera ver mi trabajo "Teoría y práctica del control obrero: el caso de Cerámica Zanón bajo control obrero, 2002-2005", en *Revista Herramienta*, Número 31, marzo de 2006.

mientras que la parte propiamente política queda asignada al SOECN. Es el SOECN el que delimita el "informe político", que luego es llevado a los coordinadores sectoriales y de éstos a cada obrero de sector. El "informe político" determina cuál es el curso de las discusiones sobre la situación provincial, nacional e internacional. En este sentido, el sector "prensa y difusión" es la verdadera usina política de la fábrica y el lugar estratégico para el accionar activista. Esto va a provocar un doble efecto: 1) alinear políticamente a la fábrica -vía sindicato- en el espectro local y nacional, y consecuentemente 2) enmarcar los contornos de discusiónen el interior fabril.

Un ejemplo lo constituye el polo de activistas dentro del campo militante neuquino conformado por la *Coordinadora Regional Alto Valle*, un nucleamiento de sindicatos, comisiones internas, organizaciones sociales y partidos de izquierda iniciada y capitaneada desde el SOECN que le supo disputar terreno y protagonismo a la CTA local. La idea de construir "Coordinadoras" fue típica de los formatos organizativos que la izquierda clasista propulsó en los años '70 en el movimiento obrero argentino y es uno de los rescates reivindicativo de tradiciones políticas que fue propuesta e impulsada desde el PTS a través de Godoy:

> La política de la Coordinadora nosotros la tomamos de los '70, le damos muchísimo fundamento desde ahí, le damos una política milenaria (sic) de soviet, de consejo obrero. Ocupado, desocupado, estudiantes y demás, de las corrientes... con libertad de tendencia al interior... es decir, eso era la Coordinadora. Ahora, también tiene que tener un plafond en la realidad. Y... acá tuvo un plafond enorme, porque había que coordinar la lucha del MTD con la de Zanón [...] Y los compañeros veían que sí, para poder estar con el MTD que te servía para luchar, con los compañeros de la rama Salud de ATE, la Granate que dirigía en toda la rama Salud, estaba la Rosa en ATEN Capital con distintas agrupaciones docentes (Testimonio de Raúl Godoy, Neuquén, 06/10/05).[14]

La conformación de nucleamientos al estilo de la "Coordinadora" fue impulsada desde el SOECN a través del PTS y tuvo una vida efímera (2001-2003) pero mientras duró, supo generar expectativas de conformarse en un polo clasista abierto al emergente movimiento desde las bases que operaban por entonces en Neuquén, y en el mismo movimiento logró generar, como en pocas ocasiones, la posibilidad de confluencia de la numerosa izquierda trotskista local con militantes combativos. Pero la izquierda partidaria repitió

---

[14] No casualmente el PTS a través de su Instituto de Pensamiento Socialista (IPS) editó un libro dedicado exclusivamente a revisar la experiencia del clasismo. Ver Werner, Ruth y Aguirre, Facundo (2007), *Insurgencia obrera en la Argentina (1969-1976). Clasismo, coordinadoras interfabriles y estrategias de la izquierda.* Buenos Aires, Ediciones IPS.

también la historia y con sus diferencias irreconciliables a cuestas marcó su apogeo y final.

Otro ejemplo más persistente lo constituyó el lanzamiento del periódico *"Nuestra Lucha"*[15] en abril del 2002, de alcance nacional, y que buscó articular vertientes sindicales clasistas. La edición y las notas estuvieron a cargo del SOECN, el MTD y la fábrica recuperada Brukman, junto con militantes del PTS, gremios y comisiones internas combativas. Además de la edición en papel supo contar también con su propia página web. El periódico estuvo en constante expansión y se leyó y vendió intensamente por la militancia de los obreros ceramistas de base. Contó en su apogeo con una tirada aproximada de varios miles de ejemplares que se distribuían en las zonas fabriles de Neuquén, Buenos Aires y Rosario.[16]*Nuestra Lucha* fue una publicación informativa sobre conflictos emergentes con características similares (antiburocráticos, de incipiente politización) y desde donde se intentó rearticularlos sobre la base del clasismo, dando voz a sus referentes y tratando de ampliar el juego a la izquierda partidaria.

Nuestra Lucha tuvo dos etapas; la primera, luego de un auspicioso arranque, sufrió un declive organizativo que tuvo mucho que ver con que fue percibido inmediatamente como un órgano paralelo del PTS por el resto de la militancia sindical, ya que era evidente que los esfuerzos de producción recaían casi en forma exclusiva sobre el PTS porteño. Una rápida hojeada también advierte la saturación del espacio ganada por Zanón.Ya en la segunda etapa,[17] durante el año 2004, se realizó desde sus páginas un llamado abierto a colaboraciones y notas críticas no necesariamente de simpatizantes con la causa[18], y fue entonces cuando ocurrió un fugaz pero ilustrativo debate entre intelectuales y militantes de izquierda sobre la significación del *clasismo* en ese momento. En efecto, la línea editorial buscaba un anclaje identitario desde el cual sentar las bases de un proyecto político sólido que traspase la mera descripción abarrotada de conflictos laborales. Y esa identificación será el clasismo. El disparador lo constituyó un breve artículo del historiador Pablo Pozzi, reconocido por sus trabajos sobre la guerrilla marxista (ERP), la izquierda setentista y su relación con la clase obrera argentina.

---

[15] Aquí resuenan los ecos del periódico fundado por Trotsky en 1897 llamado «Nashe dielo» ("Nuestra Causa").

[16] Oxigenados por el resurgir de conflictos protagonizados por activistas de comisiones internas en varias fábricas y sindicatos del país y que poseen cierta inserción de la izquierda trotskista (Kraft, Subte, ferroviarios, docentes, etc.) Nuestra *Lucha* volvió a salir durante el año 2011 pero no logró continuidad.

[17] En este segundo relanzamiento del periódico solo parecen como sus impulsores los obreros de Zanón.

[18] Escriben periodistas y personalidades reconocidas como Laura Vales (Diario *Página 12*), Hernán López Echagüe, Claudio Katz, Osvaldo Bayer, James Petras, Susana Fiorito, entre otras.

Pozzi aceptó gustoso la invitación del colectivo editorial y propuso dejar las "nostalgias" de los años 60'-70' para referirse al fenómeno como algo más que una consigna. Según Pozzi, los obreros clasistas eran "honestos, solidarios y combativos", defendían los intereses de sus representados, aunque con esto "no alcanzaba" ya que se trataba también de "cambiar el sistema", es decir, no se podía separar la lucha por las mejoras en las condiciones de vida de los trabajadores del socialismo como meta, de manera que "la revolución entronca con la vida cotidiana". El clasismo actual significa entonces para Pozzi "una sociedad que se rige por los intereses de los trabajadores y no por el de los patrones", es un "comportamiento" asentado en la honestidad del obrero, ya que "Ser clasista es ser un obrero digno".[19] En el mismo espacio opinó Ernesto González, viejo militante del MAS e historiador del trotskismo argentino, quien sostuvo que "Clasista, como la propia palabra lo dice, son los que defendían el rol del sujeto obrero, de la clase trabajadora".[20] González se mostró más preocupado porque los movimientos actuales, a los que no dudó de calificarlos como clasistas, "peguen el salto" hacia reivindicaciones políticas y no estrictamente sindicales, cuestión que reprochó en su artículo a René Salamanca, el desaparecido dirigente obrero del PCR en el SMATA de los '70.

Este efímero debate, que paradójicamente terminó con la abrupta clausura de la experiencia de *Nuestra Lucha*, incluyó voces viejas y nuevas; las primeras trataron de reivindicar el núcleo duro del clasismoaún con sus críticas, esto es, trataron de reflotar la centralidad del obrero en el discurso y de la clase obrera como sujeto del cambio social: en definitiva, el clasismo es allí una identidad fuerte sostenida por la metáfora del enfrentamiento de clases; clasismo es, por esto mismo, una frontera social establecida por la fractura de clases irreconciliable en las sociedades capitalistas.[21] Sobre esto, las segundas voces dejaron entrever un malestar acorde con el rechazo de ciertas prácticas de la izquierda argentina actual que permanecieron inmóviles cuando se reclamó unidad y flexibilidad en torno a los presupuestos ideológicos más rígidos; en estos casos, más que aportar definiciones se trató de reflexiones críticas sobre el rol tutelar que la izquierda se arrogó sobre el movimiento obrero, su desconfianza a la autodeterminación cuando sostiene la "incapacidad" de las bases para plantear "salidas políticas", o finalmente las eternas disputas y apelaciones doctrinarias al estilo de la culpabilización de las dirigencias sindicales por los errores estratégicos cometidos, rasgo típico de las

---

[19] Pozzi, Pablo "Me metí en un lío", en *Nuestra Lucha N° 13*, abril de 2004.
[20] González, Ernesto "Tenemos que ayudar a la vanguardia de hoy a superar la experiencia del clasismo de los '70", en *Nuestra Lucha*, Ibídem.
[21] Para Gregorio Flores, histórico dirigente del SITRAC-SITRAM "las ideas clasistas básicamente consisten en que la sociedad está dividida en dos clases: la burguesía y los obreros", Flores, Gregorio *SITRAC-SITRAM. La lucha del clasismo contra la burocracia sindical*, ed. Espartaco, Córdoba, 2004, p.168.

corrientes trotskistas.[22] La respuesta a estos planteos críticos vendrá del PTS por intermedio de sus más conspicuos representantes, como en el caso de José Montes, dirigente nacional del PTS. Las respuestas reconocen todas el mismo sentido lógico, reiterativo: el clasismo es un fenómeno insurreccional de las bases hastiadas de sus direcciones burocráticas, y el problema central es como construir una *"herramienta política de los trabajadores en perspectiva de un partido revolucionario".*[23] Las opiniones opuestas a éstas fueron calificadas como las de militantes "independientes" versus las de un "clasismo consecuente" (que sería el del PTS), que postula la necesidad insoslayable de la construcción de un Partido que trascienda el mero sindicalismo. El último número que salió a la calle de *Nuestra Lucha* muestra la faceta de cristalización, o mejor, la polarización de identidades políticas: clasistas partidistas versus clasistas apartidarios, división insuperable y replicada en el corazón mismo de Zanón.[24] División que sintetiza la no resolución del dilema del clasismo, cuatro décadas después, y que tampoco presenta una redefinición superadora de aquel. Por lo tanto, éste ya no está en suspenso sino que es corazón de disputas de sentido, lugar identitario, ya de un purismo de clase, ya de una redefinición pendiente y ambivalente. En todo caso, cabe pensar que el significado del clasismo tal como se lo rescató aquí encorsetó el debate a sus propios límites, al revelarse duro a otras interpretaciones.

---

[22] "Quizás la tarea de profundizar las líneas de investigación sobre la relación conflictiva entre la izquierda partidaria y el fenómeno del clasismo de los setenta sea una tarea excluyente de la historiografía comprometida con nuestras luchas y nuestra clase", Compañez, Manuel y Roscigna, Miguel "Debate sobre el clasismo", *Nuestra Lucha* N° 21, p.14. También otras voces no tan jóvenes denuncian : "En general los partidos de izquierda le ofrecen a la clase obrera una línea ya trazada y un programa ya estudiado, es decir, toman a la clase como un objeto, vengan aquí, yo les ofrezco esto, esta es tu salvación", opinión de Nano del Valle en *Nuestra Lucha*, N° 22, p. 16.

[23] Y parafraseando a la sentencia más trillada de Trotsky "el problema de los problemas, el de la dirección política del movimiento obrero y de masas", Montes, José "La prueba de Bolivia", en *Nuestra Lucha*, Ibídem, p. 15.

[24] Incluso en Zanón es común la asociación que realizan los militantes obreros del PTS entre el decirse de "izquierda"=pertenencia a partido, opuesta al "independiente", que no sería de "izquierda" por no estar inserto en estructura partidaria alguna. Esta suerte de vindicación de la militancia al estilo ortodoxo es parte de las críticas que una fracción desprendida del PTS realizó al comité central del partido al anunciar su retirada del mismo. Ver "Debate al interior del PTS", por *Socialismo Revolucionario*, s/f. Allí pueden encontrarse duros planteos al PTS respecto de su "obrerismo", su concentración excesiva en Zanón, el desprecio hacia los movimientos piqueteros, la ausencia de autocrítica interna, su equivocada política en Brukman, entre otros.

Límites y alcances del activismo en Zanón

Las consignas lanzadas por los nuevos militantes obreros de izquierda en la fábrica supieron operar a la par de otras más ligadas al efecto directo del conflicto, y de un matiz más comunitario, en donde las maniobras patronales fueron eficazmente combatidas a través de argumentos que los ceramistas utilizaron para interpelar a la opinión pública: la defensa del trabajo ante el avance de la desocupación, la denuncia de la utilización repetida de créditos estatales por Luis Zanón, el vaciamiento de la empresa y la complicidad del sindicato liderado por la anterior conducción burocrática, hasta llegar al propio gobierno provincial, demostrando que la fábrica con un determinado nivel de producción puede cubrir los salarios e incrementar su plantel y, finalmente, la presentación frente a la sociedad como auténticos trabajadores que defienden su "dignidad" ligada al puesto de trabajo, producen e incorporan más personal bajo la propuesta de estatizar la fábrica con la modalidad del control obrero, direccionando la producción al "bien público" -mediante un plan de obras públicas-, "devolviendo" lo que Luis Zanón no hizo, y dejando en claro que por todo esto "Zanón es del pueblo". Ambos marcos, el político impregnado por el trotskismo y el más comunitario, conviven, compiten, se tensan, se articulan. *"Nuestra Lucha"* es el lugar de los planteos políticos y el *"Boletín Interno",* de circulación exclusiva dentro de la fábrica, es el que más se acerca a las preocupaciones cotidianas y está justamente pensado para mejorar la comunicación al interior del colectivo obrero. *"Nuestra Lucha"* es la voz de un clasismo que adquiere mayor protagonismo en Argentina durante el año 2005: trabajadores de subterráneos, aeronáuticos, enfermeros y médicos del hospital Garraham en Buenos Aires, fábricas recuperadas como Brukman (Buenos Aires) y Supermercados Tigre (Rosario), entre otros. El "Boletín Interno" es producido por obreros de base, ofrece reportajes a los trabajadores/as de Zanón, relata experiencias de viajes al exterior, comenta actividades recreativas, sostiene un espacio para las obreras y hasta contiene publicidad.

Con este panorama no es posible pensar en una politización total, ni mucho menos homogénea, pero sí cuando hablamos de las comisiones interna y directiva. Existe también toda una camada de jóvenes sin experiencia política previa y cuyas primeras herramientas ideológicas son el definirse como obreros antiburocráticos, solidarios de otras luchas sociales, clasistas y hasta anticapitalistas. Están también los que miran con recelo toda politización en la fábrica, aunque habría que profundizar en qué es lo que se rechaza de "lo político". En síntesis, una suerte de tipología de identidades políticas y de procesos de politización, bastante diversos, puede mostrar la siguiente distribución:

- Obreros que eran de izquierda antes del conflicto: apenas Godoy (PTS) y algún militante de Partido Obrero.

- Obreros que se afiliaron a partidos de izquierda luego de estallar el conflicto: el grueso lo hizo al PTS, en algo más de una veintena de obreros, sin contar simpatizantes ni círculos obreros organizados por ellos (grupos de debates, lecturas, discusión).

- Obreros que pertenecen a organizaciones de desocupados (MTD, Polo Obrero, Patria Libre, Teresa Vive) e ingresan luego de iniciado el control obrero y son generalmente activistas: aproximadamente una treintena (muchos de ellos "cuadros" distribuidos entre el PO, MST, Patria Libre).

- Obreros que se mantienen prescindentes de alguna filiación partidaria pero que se autodenominan como activistas "independientes" y ocupan cargos directivos: aproximadamente unos treinta obreros.

- a) Obreros que se consideran "apolíticos" pero que su práctica y la condición de trabajar en una fábrica bajo control obrero los coloca en algún lugar de "lo político", y - b) obreros adversos a la política. a) y b) representan al resto de la fábrica en proporciones bastante similares.[25]

Esta distribución puede ser una muestra bastante fiel de la politización en la fábrica. El MST y el PO también son partidos trotskistas y en general empujan en la misma dirección que el PTS, a pesar de rivalizar constantemente ocasionando serias rupturas entre el ala "independiente" y los que militan en partidos. Por otra parte, los independientes tienen serias dificultades para clarificar su discurso en vistas de que sus argumentaciones provienen muchas veces desde la misma izquierda generando discusiones fuertes por quién aporta definiciones más certeras frente a una situación política.

---

[25] La elaboración de estas proporciones se basó en entrevistas informales a obreros de base ("apolíticos", independientes, militantes) y dirigentes. Las proporciones son válidas al menos hasta el año 2007.

La reforma de los estatutos y la institucionalización del clasismo

Las asambleas de fábrica y del sindicato son la autoridad máxima que permiten el debate, la confrontación de ideas y opiniones y la resolución democrática de todas y cada una de las decisiones a tomar por los trabajadores [...] el SOECN reconoce, se orienta y basa su practica en la lucha de clases y bajo los principios del sindicalismo clasista, conservando su plena independencia del Estado y sus instituciones, del gobierno y de todas las organizaciones patronales [...] buscando elevar la conciencia de clase de los trabajadores y lograr una sociedad sin explotadores ni explotados (Extracto del Preámbulo del *Estatuto del SOECN*, reformado el 16 de julio del 2005).

El suceso de la reforma de los estatutos ceramistas constituye la coronación del activismo de izquierdas en la fábrica a través de la adhesión institucionalizada a los principios del clasismo, tal como se lo entiende y practica en Zanón. La reforma estatutaria era una consigna lejana de aquella comisión interna emergente en los primeros años de lucha y que nunca pensó que llegaría a cristalizarse. El control obrero, las normas de convivencia, los intentos de coordinación política, la participación asidua de contingentes de obreros en otros conflictos, el ingreso a partidos de izquierda de varios representantes de los cuerpos orgánicos y la constante circulación de activistas de izquierda dentro de la fábrica hicieron cotidiana la discusión política sembrando la posibilidad de que ocurra, pues nuevamente el empuje provino del activismo y se produjo poco antes de la realización de elecciones en el SOECN, a comienzos de setiembre de 2005, anteriormente postergadas por la alta conflictividad que atravesaba la fábrica. Respecto de la negativa a realizar ambos cambios -reforma de estatutos y elecciones del sindicato- comenta Godoy:

Hay compañeros que lo plantearon, inclusive hay compañeros de la directiva que estaban en contra. Compañeros de la directiva que decían -"Está bien, pero más adelante". Inclusive la primera discusión fue... Reforma del estatuto: Sí o No. Recambio de directiva: Si o No [...] Nos decían: -"¡Son unos locos. Ustedes son unos irresponsables, quieren cambiar en el medio del conflicto". Nosotros teníamos la seguridad de que lo podíamos hacer tranquilamente. Vayamos a ese debate. Mostremos fortaleza. Nosotros decíamos al revés: "Demostremos la fortaleza que tiene Zanón en el medio de todo este conflicto... con amenazas... podemos discutir tranquilamente nuestro estatuto, podemos discutir la... el cambio de conducción, podemos hacer renovación, podemos hacer rotación de dirigentes, podemos hacer lo que queremos Por que tenemos un régimen sano. Para nosotros es un síntoma de fortaleza y bueno, pero costó convencerlos (Testimonio de Raúl Godoy, Neuquén, 06/10/05).

Los estatutos modificados establecen, entre otros puntos, que los dirigentes trabajan y ganan lo mismo que un obrero de base, que la asamblea puede revocar mandatos, que las minorías tienen representación en las comisiones directivas en proporción a sus votos, también se procede a un reempadronamiento de afiliación voluntaria para que los trabajadores decidan si aportan o no la cuota sindical, se establece un fondo de huelga permanente para solidarizarse con otras luchas, se mantiene la afiliación del trabajador despedido por más de 6 meses y hasta que encuentre nuevo trabajo, además de establecer las directrices históricas del clasismo: independencia del Estado y sus instituciones, de las organizaciones patronales y de los "partidos patronales", declarando su práctica como orientada por la lucha de clases.[26]La reforma del estatuto ya había sido procesada como demasiado "roja". Sorteadas provisoriamente las amenazas represivas, los intentos de desalojo, las dificultades económicas y legales, entre tantas otras, las limitaciones a esta contemporánea experiencia político-sindical quizás se encuentren muy distantes de las que atravesó el clasismo histórico hace unos cuarenta años atrás.

El clasismo en Zanón recoge en otro contexto gran parte de las características históricas desarrolladas en los '70. En Zanón el clasismo es una práctica sindical democratizadora sostenida por las bases obreras en relación tensa y dialéctica con el activismo. El asambleísmo,[27] la democracia directa, la revocabilidad de mandatos, su joven dirigencia "honesta", el rol del abogado, etc.,[28] son prácticas que obedecen a la traumática experiencia sindical previa, al deterioro de las condiciones materiales de existencia, y a su enmarcado en un discurso de izquierdas corporizado en el activismo, que busca reordenarlas y politizarlas. El agregado o *plus* que representa la introducción del control obrero y la reforma estatutaria como idea y como horizonte práctico no hace más que enriquecer y complejizar el bagaje que el clasismo histórico

---

[26] *Estatuto del SOECN*, reformado el 16 de julio del 2005.

[27] Alejandro López sentencia: "Esto es nuevo, esto de ir todos en asamblea. Esto es nuevo, esto de inculcar a los trabajadores de que son los que tienen la decisión [...] Esto es nuevo, de que cada vez que vas a discutir con la patronal no resolvés absolutamente nada por más que seas comisión interna, sino que resuelve la base. Ese mecanismo que se va aceitando todos los días, una vez que se hace carne es muy difícil de cambiarlo. Yo creo que esos fueron los pequeños grandes aportes que hizo la izquierda y del cual aprendimos todos" (Testimonio de Alejandro López, Neuquén, 07/10/2005).

[28] ¿Cómo no pensar en Mariano Pedrero y a la vez en Alfredo Curutchet? Otro abogado decisivo pero que se integró más tarde a Zanón fue Leopoldo Denaday, también del PTS, quien falleció trágicamente en un accidente automovilístico en marzo del 2011. Tenía 32 años. Su velorio, multitudinario, fue en el sindicato ceramista neuquino.

326

trae consigo, aunque Zanón demuestre menos una innovación o actualización del legado que una búsqueda identitaria referenciada en el núcleo duro de la teoría marxista y la tradición de lo que representó históricamente el clasismo en Argentina. Por eso es posible pensarlo como un clasismo revisitado, esto es, vuelto a practicar desde el presente. Un presente tan incierto que parece solo permitir, como reaseguro, aferrarse a lo conocido. Y es en ese movimiento que la tradición juega su rol como un baúl cargado de certidumbres que, metafóricamente hablando, no deja en paz ni a los muertos, tal como le sucedió al chileno Yáñez, cuyo velatorio en la sede del sindicato ceramista permitió reubicarlo en el panteón del clasismo neuquino…

Fernando Aiziczon

Excursus de los excursus
La irrupción de la protesta mapuce en Neuquén

Tierra y autonomía

> Sabemos que en la Novena Región hay gente escondida que pertenece a las FARC y a ETA que se relacionan con algunos dirigentes mapuches para instalar la anarquía total en Neuquén (Carlos Sapag, Diario *Río Negro*, 4/09/2009).

> La Sociedad Rural cree que la tierra les pertenece...los Mapuce sabemos que pertenecemos a la tierra (Confederación Mapuce del Neuquén, 2009).[29]

La colorida frase pronunciada por Carlos Sapag -hermano del entonces gobernador de Neuquén, Jorge Sapag-, fue escuchada y calurosamente aplaudida por estancieros, empresarios y familias tradicionales de la zona pertenecientes a la Sociedad Rural de Neuquén, convocados bajo el lema "Unidos en la defensa de la Constitución y la soberanía nacional". En declaraciones de prensa el vocero de la entidad, Juan Pablo Thourte, respaldó los dichos de Sapag y aportó como prueba un artículo del diario chileno *El Mercurio*, para luego denunciar que unos cincuenta miembros de la tradicional entidad mantienen conflictos con comunidades originarias por lo que decidieron elevar una presentación al Tribunal Superior de Justicia de Neuquén denominando al accionar mapuce como "delincuencia rural", expresando que frente a ello se encuentran absolutamente desprotegidos a causa de la "pasividad policial". Estas expresiones no venían solas. Apenas una semana antes, alrededor de cien policías neuquinos se lanzaron ferozmente sobre la comunidad mapuce Currumil–Quillén, quemando sus rucas (casas). Estas comunidades descubrieron que sus históricos campos de veranada habían sido recientemente alambrados por manos privadas, en vistas de lo cual dieron aviso al gobierno provincial. A falta de respuestas -el silencio del gobernador

---

[29] Recientemente los mapuce en sus publicaciones comenzaron a escribirse "mapuce", aunque en general se mantienen indistintamente ambas acepciones. El uso de mapuce tiene una carga política reivindicativa, de allí que a lo largo de este trabajo elijamos ese modo.

puede interpretarse como tal-[30], se embarcaron en una estrategia de recuperación de sus ancestrales territorios, que no es nueva. Como denunció en un comunicado la Confederación Mapuche Neuquina (COM):

> Un sector privilegiado de la región y ligado al poder político se apropió de tierras, desalojó a nuestra sociedad preexistente y consolidó un sistema de propiedad sustentado en la ganancia, donde nos corresponde el rol de peones de estancia (Diario *Página 12*, 12/10/2009).

La recuperación de tierras que han sido usurpadas por estancieros tanto locales como extranjeros no es el único tema que ocupa actualmente a los denominados pueblos originarios; hay otro de índole histórica, fuertemente ideologizado, y que retrotrae cualquier abordaje de las luchas mapuce a centenares de años atrás. En efecto, este episodio del año 2009 demostró que los vestigios de la colonización están lejos de ser eliminados y que, pero aún, fueron relevados por la acción estatal; que la discriminación de toda índole persiste y que, entre otros aspectos, en el caso de Neuquén los mapuce siguen siendo la otredad incómoda que, a falta de otras rotulaciones más sofisticadas, exacerba los sentimientos más violentos simbólica y materialmente.[31]

El ejemplo del irresuelto debate sobre el origen o procedencia de este pueblo muestra a las claras lo que venimos sosteniendo: que *"los mapuches provienen de Chile"* y por lo tanto no poseen derechos sobre estos territorios es una de las muletillas más popularizadas, o *"los mapuches mataron a los tehuelches"* (indios "argentinos" y por lo tanto "buenos"), aún se sostienen incluso dentro del ámbito académico, como es el caso del historiador Rodolfo Casamiquela,[32] quien desconoce la preexistencia de los mapuce a las naciones chilena y argentina. Casamiquela contribuye, sí, a reactualizar y homogeneizar pasado y presente en la misma línea ideológica cara a los protagonistas de la "Campaña del Desierto" de fines de siglo XIX, para quienes los "indios" eran aquellos elementos barbáricos e indeseables que con su presencia, paradójicamente, potenciaban la idea de "desierto" y obstaculizaban el avance tanto de la civilización capitalista, cristiana, blanca y occidental como de la

---

[30] La complicidad de Jorge Sapag no solo con su hermano sino también con la generalidad de los estancieros neuquinos fue denunciada por Bartolomé Clavero, miembro del Foro Permanente Para las Cuestiones Indígenas de Naciones Unidas. Ver "Argentina. Expolio del pueblo mapuche en Neuquén", http://clavero.derechosindigenas.org/?p=3484.

[31] Intelectuales como Marcos Aguinis escribieron sendas notas en el Diario *La Nación* denunciando, en tono demonizador, una supuesta oleada de recuperaciones de tierras en el sur argentino haciéndolas similares a las que ocurren en Bolivia o Ecuador; y con la particularidad de que acá confluirían estratégicamente con las protestas piqueteras (Briones, 2008).

[32] Casamiquela habría sido contratado por un estanciero argentino a fin de peritar la supuesta "chilenidad" de los mapuce. Ver "El debate mapuche", *Diario Página 12*, 1/11/2009.

frontera agropecuaria del emergente Estado nacional argentino. Conformadas ambas instancias estatales (Chile y Argentina), ellas coincidieron en un violento movimiento de pinzas sobre el pueblo mapuce, unidad sociopolítica que debía ser destruida (Delrio, 2005), aunque es importante destacar que para el caso argentino la supuesta "chilenidad" mapuce sirvió (y sirve) como acicate nacionalista para hostigar a los "invasores chilenos."

Historia

Los mapuce son parte de los veintiseis pueblos originarios que reconoce el Estado argentino y que se encuentran inscriptos en RENACI (Registro Nacional de Comunidades Indígenas). Según La Encuesta Complementaria de Pueblos Indígenas 2004-2005 (ECPI) realizada por el Instituto Nacional de Estadística y Censos (INDEC),[33] en Argentina existen más de 600.329 personas que se reconocen pertenecientes y/o descendientes en primera generación de pueblos indígenas. Entre ellos, los pueblos con mayor población a nivel nacional son: el pueblo Mapuce con 113.680, el pueblo Kolla con 70.505 y el pueblo Toba con 69.452 habitantes. El 80% de los mapuce reside en zonas urbanas de Neuquén, y en menor medida en toda la norpatagonia, Buenos Aires y La Pampa.[34]

Los mapuce en especial se ganaron fama de pueblo resistente e independiente en el contexto de la denominada "Conquista de América" puesto que los españoles no pudieron someterlos como al resto de los pueblos indígenas americanos. Si bien reconocieron la autoridad Real en los Parlamentos de Quilín (1641) y Negrete (1793), los españoles también les reconocieron en sendos tratados su autonomía en las tierras al sur del Bío-Bío (Bengoa, 1996). En un proceso previo, los mapuce se trasladaron y ocuparon lo que hoy conforman las pampas argentinas llegando hasta la frontera con Buenos

---

[33] La ECPI permitió conocer la pertenencia a un pueblo indígena en la población, a través de dos criterios: autorreconocimiento y ascendencia indígena en primera generación. "Para la selección de la muestra sobre la cual se realizó la encuesta, se utilizó como marco de muestreo al Censo 2001, considerando las respuestas positivas a la pregunta relativa a la presencia en el hogar de al menos una persona que se reconociera perteneciente y/o descendiente de un pueblo indígena y la distribución por pueblo de pertenencia. La ECPI se realizó mediante muestras de hogares independientes para cada pueblo indígena y para las categorías de "otro pueblo" y pueblo "ignorado". Dicha muestra resultante (alrededor de 57.000 hogares) representa a la población que reside en los hogares donde el Censo 2001 registró al menos una persona que se reconoce descendiente y/o perteneciente a un pueblo indígena." Ver "Información Estadística", página web del Ministerior de Desarrollo Social, Instituto Nacional de Asuntos Indígenas. http://www.desarrollosocial.gov.ar/INAI/site/estadistica/estadistica.asp.

[34] Información extraída de www.desarrollosocial.gov.ar/Inai/.

Aires. Pero el proceso independentista de las emergentes naciones argentina y chilena los tendrá en adelante como los nuevos sujetos a someter, en especial desde mediados del siglo XIX con las primeras campañas lideradas por Juan Manuel de Rosas (1833/34), luego con la construcción de la "zanja de Alsina", hasta 1883, cuando el territorio comprendido entre el Neuquén, el río Limay, la Cordillera de los Andes y el Lago Nahuel Huapi sea definitivamente incorporado a la nación, quedando Valentín Sayhueque como el único cacique sin rendirse. En efecto, la Campaña o Conquista del Desierto (que en Chile se denominó "Pacificación de la Araucanía") fue diseñada por el General Julio Argentino Roca y ejecutada en su fase final por la Cuarta División del Ejército Nacional comandada por el teniente coronel Napoleón Uriburu, quien redujo hacia el final de la misma a los caciques Namuncurá e Inacayal.[35] Sayhueque, que no sólo estaba en paz con el gobierno argentino sino que deseaba activamente ser parte integrante de ese Estado, fue atacado por Uriburu. Se rindió en 1885 con tres mil hombres. Lo que sigue, sin los detalles mayores del trágico destino de estos pueblos,[36] es el proceso de reparto de las ahora tierras fiscales de acuerdo a la Ley de Empréstito de 1878, que preveía el pago con tierras a los particulares que financiaron la Campaña, y por la Ley de Premios Militares, que otorgaba enormes hectáreas a los protagonistas del ejército argentino. Aquel reparto consagró la concentración de tierras en 545 propietarios que se repartieron 4.750.740 has (Rocchietti, 2007). Si bien a posteriori se entregaron escasas magnitudes de tierras a caciques como Namuncurá, Pichihuinca, Tripailaf, Sayhueque, entre otros, éstas estaban ubicadas en zonas marginales y reducidas, muchas veces se brindaba la ocupación por un lapso de determinados años, o se cobrara derecho de pastaje, coexistiendo formas de propiedad individual y colectiva. Es de imaginar que estas asimétricas negociaciones constituyeron el trasfondo de una restructuración de las relaciones políticas en función de la nueva articulación entre caciques referentes que eran reconocidos como interlocutores por el Estado argentino, pero también por las autoridades eclesiásticas, de activa

---

[35] Namuncurá fue uno de los hijos del famoso Calfucurá, el jefe indígena más importante. En 1835 logró imponerse sobre los araucanos de Masallé (La Pampa) y se proclamó "cacique general de las pampas". Calfucurá sometió a todas las tribus del sur y organizó en 1855 la "Gran Confederación de las Salinas Grandes", en la que confluyeron las tribus pampas, ranqueles y araucanas. Mantendrá en vilo a los sucesivos gobiernos hasta ser derrotado en marzo de 1872 en San Carlos, partido de Bolívar (Buenos Aires). Los obreros de Zanón, en homenaje a Calfucurá, sacarán un modelo de cerámico con su nombre.

[36] El sistema de distribución que se consumó implicó los siguientes destinos: las mujeres, ancianos y niños en las casas de familia porteña e instituciones salesianas; los hombres en el ejército y en establecimientos rurales como peonaje, mientras que otros grupos fueron reubicados en Entre Ríos y Tucumán para formar parte de la mano de obra agropecuaria. Por supuesto, aquellos que resistían estos destinos fueron perseguidos y estigmatizados como indios delincuentes, vagos o ladrones (Mases, 2000).

participación en la evangelización de los indígenas (Bandieri, 2000). Esta situación de despojo será recién reconsiderada hacia inicios de 1990 cuando el Estado argentino reconozca la presencia de Pueblos Indígenas en su territorio, y en 1994 –reforma constitucional de por medio- cuando declare su preexistencia étnica y cultural. Antes, la única mención constitucional recomendaba el "trato pacífico y la promoción de la conversión al catolicismo".

Los mapuce en Neuquén. Bajo la Iglesia y Estado

> La historia de los pueblos que tienen una historia es, se dice, la historia de la lucha de clases. La historia de los pueblos sin historia es, diremos por lo menos con algún grado de verdad, la historia de su lucha contra el Estado (Pierre Clastres, 2008:186).

La suerte del pueblo mapuce entrado el siglo XX en Neuquén no fue muy distinta a la que siguieron las clases desposeídas confinadas al trabajo como peones en el interior rural de la provincia. Las comunidades que resistían el paso del tiempo en zonas inhóspitas y alejadas de los emergentes centros urbanos norpatagónicos combinaban entonces el olvido de las políticas sociales con la estigmatización construida en torno a su ascendencia. De allí la insistencia estatal en transformarlos en "argentinos", en detrimento de su identidad originaria, tildada de perezosa e incivilizada, y en un claro movimiento de homogeneización poblacional en donde lo "chileno" o "indio" complicaba el proceso de consolidación de la argentinidad.[37] Empobrecidos, miles de mapuce comenzaron a emigrar hacia zonas pobladas y con cierta dinámica económica; allí las mujeres encontraban trabajo como empleadas domésticas y los hombres en la construcción. Ese movimiento generó una profunda desintegración en las comunidades de origen que, sumado al desarraigo que la vida citadina produjo en los ya miles de mapuce emigrados, dio como producto una silenciosa "integración" a los barrios periféricos de la ciudad capital. Sin embargo, el elemento mapuce fue de tan fuerte presencia que a la hora de imaginar la simbología de la nueva provincia

---

[37] Briones (2008) denomina "formaciones nacionales de alteridad" a las regulaciones de existencia de "otros" internos que se reconocen parte histórica o reciente de la sociedad sobre la cual un determinado Estado-Nación va extendiendo su soberanía. De allí las construcciones al estilo "ser nacional", "ser argentino", "ser neuquino", etc., que delimitan "geografías estatales de inclusión y exclusión". Para el caso del otro indígena utiliza la noción de "aboriginalidad", que da cuenta de un tipo de alteridad que obviaría los efectos nefastos del dominio colonial bajo la forma de distancias culturales, temporales y espaciales respecto de la autoctonía de algunos pueblos.

su impronta no pudo ser obviada; aun más, estamos tentados en sostener que, paradójicamente, quizá *lo mapuce* fue el único elemento "autóctono" que encontraron los encargados de inventar la simbología del nuevo Estado provincial.[38] Recordemos que por la ley N° 1.532 del 16 de octubre de 1884 se crearon los Territorios Nacionales dividiendo las Gobernaciones de La Pampa y de la Patagonia, y entre ésta última el Territorio Nacional del Neuquén, estableciéndose por primera vez Neuquén como una jurisdicción territorial separada. El 15 de junio de 1955 el Congreso Nacional sancionó la ley N°14.408 promulgada por el Poder Ejecutivo Nacional por la cual se creó la Provincia del Neuquén y otras cuatro más. Por el decreto ley N° 4.347 del 26 de abril de 1957 se facultó a los comisionados federales a convocar a los habitantes de las nuevas provincias para que elijan los convencionales que procederían a dictar sus respectivas constituciones. La Constitución Provincial fue sancionada el 29 de noviembre de 1957, enmendada el 20 de marzo de 1994 y reformada por la Convención Constituyente el 17 de febrero de 2006. La bandera neuquina, creada en 1989, refiere a elementos culturales mapuce como el pehuén y las araucarias, mientras el himno se titula *Neuquén Trabun Mapu*, y dice en fragmentos[39]:

[...]

Neuquén es compromiso
que lo diga la Patria
porque humilde y mestizo
sigue siendo raíz.

Del árbol esperanza
Maná cordillerano
Que madura en Nguilleu
El fruto más feliz.
Y su tahiel mapuche
Hoy es canto al país.

---

[38] En 1961 se realiza el "I Congreso del Área Araucanista Argentina" convocado por el gobierno provincial y cuyo objetivo era "[...] ordenar, sistematizar y documentar todo lo referente al patrimonio material y espiritual, relacionado con los valores del pueblo araucano, que habitó el suelo argentino para reconstruir ese período de nuestra patria..." (citado en Falaschi, 2008: 155).

[39] La nueva bandera e himno de Neuquén se juramentaban el 20/11/1989 (nacimiento del Gregorio Álvarez). En ese entonces el gobernador Salvatori declaraba: "sus acordes marciales y su melodía mapuche constituyen la combinación ideal que enfervorizará la mística neuquina de amor al terruño" (Pedro Salvatori, HLN, 1990: 79).

> Un presagio de machis le corre por la sangre,
> Multiplicando panes igual que Nguenechén
> Su vocación de pueblo palpita en los torrentes
> Y estalla en soles lejos con otro amanecer.

Pero la utilización de elementos culturales mapuce en la simbología de la nueva provincia no se condecía con la situación general de los mismos. A mediados de los '60 Felipe Sapag, el patriarca neuquino, en su primera de cinco gobernaciones efectuó lo que a sus ojos era un acto de reparación histórica hacia el "despojo" sufrido por los "hermanos mapuches", y sobre los que ahora era responsable como jurisdicción provincial. En el lanzamiento de su política proclamada "Operativo Araucano" explicitó su vocación de *"asimilarlos al resto de los habitantes del Neuquén, sin distingos de ninguna naturaleza"* (Sapag, en Falaschi, 2008: 158), promoviendo consolidar las "reservas" indígenas como modo de regularizar sus tierras. Por decreto 737/64 se aseguraba:

> […] a la totalidad de las agrupaciones indígenas la utilización permanente y definitiva de las tierras que ocupan, permitirles acrecentarlas en la medida de las necesidades y lograr su explotación ordenada y sustentable (Ibídem).

Se beneficiaban con este decreto unas dieciocho comunidades en una superficie de 175.000 has. El modo en que se efectivizaría y en que se consideraría acrecentarlas, más la concepción de una explotación "ordenada y sustentable" -conceptos ajenos al modo mapuce de concebir el elemento Tierra- quedaban a merced del Estado. En el mismo sentido el decreto expresaba sus deseos de ayudar a las comunidades con campañas de extensión agrícola ganadera, la construcción de escuelas primarias, caminos de acceso, y centros sanitarios *"para revertir el cuadro lamentable de abandono y miseria que viven los mapuches, que fueron los dueños de estas tierras"* (Sapag, 1994).

Si pobreza y miseria eran sinónimos de mapuce cabía esperar que las escasas instituciones encargadas de esta situación pertenezcan a la órbita de lo que se conoce como Bienestar Social. Los erráticos organismos indigenistas provinciales comenzaron a existir hacia 1967 con la creación del Comité Coordinador Interministerial de Asuntos Indígenas, sucedido inmediatamente por el Instituto de Promoción Social (ya dentro del Ministerio de Bienestar Social), que para 1969 cambiará a Servicio Provincial de Asuntos Indígenas, todos encargados de "ejecutar programas de protección integral al aborigen" bajo la creencia de que estos pueblos superarán su atraso:

> [...] en Neuquén existe un **grupo étnico** netamente diferenciado de **raza** araucana que se distribuye en distintas reservas indígenas; que si bien constituye una minoría dentro de la población total del Neuquén, no por eso deja de tener importancia como **problema humano**, en cuanto significa la supervivencia de las comunidades que, viviendo en una **economía de subsistencia**, vienen perpetuando a través del tiempo una marcada situación de **subdesarrollo**, incompatible con el grado de desarrollo que aspira alcanzar la provincia del Neuquén… (Citado en Falaschi, 2008: 159, negritas nuestras).

La pobreza mapuce era la pobreza del interior provincial. Hacia los años '70 la población neuquina rondaba las 154.570 personas, con porcentajes muy similares respecto de su distribución en el campo o la ciudad. Sobre 16 departamentos censados, solo cinco experimentaban relativos aumentos, mientras que el resto –todas ciudades del interior- perdían habitantes (Fuente: Censo Nacional 1970). Sapag no encontró mejor frase para el ahora moderno desierto que la alberdiana de "gobernar es poblar"; en su libro *El Desafío* –compuesto de recortes periodísticos y transcripciones de sus mensajes como gobernador, reuniones de gabinete, cartas, etc.-, Sapag transcribe ricos fragmentos de un periodista que por los años '60 recorre la provincia a modo de antropólogo no tan moderno y publica sus impresiones en el diario regional *Río Negro* y en *La Nueva Provincia*, de Bahía Blanca. El visitante, autorizado y legitimado por Sapag, traza el mix que caracteriza al Neuquén de entonces en donde la fusión de términos como pobreza, interior e indio constituyen la argamasa de la emergente y siempre admirable "argentinidad", tan desconocida para el lego visitante como recargada de una épica de nacionalismo de frontera: [40]

> Donde hubo un fortín y quedaron tumbas, el valle de Guañacos prosperó con el trabajo de pobladores indígenas ya incorporados a la paz. Alquilaban esas feraces tierras a propietarios chilenos (*Entre indios y chilenos*).

> Muchos [indígenas] de los emigrados van a los núcleos [urbanos], y seguramente a las villas de emergencia. Otros construyen ranchos misérrimos a la vera de los caminos, junto a zonas de quintas y viven de changas que muchas veces mendigan (*El indígena neuquino: un solitario a perpetuidad*).

Bajo la idea de constituir *Artesanías Neuquinas* podemos encontrar uno de los ejemplos que mejor ilustran el modo de asumir la cuestión mapuce desde el Estado provincial. Creada a mediados de los '70 por Decreto Nº 790/75, esta empresa estatal nace del modelo de feria artesanal que organiza

---

[40] En adelante cito fragmentos del periodista Miguel Cavallo, transcripto en Sapag, Felipe, *El Desafío*, Fundaneu, Neuquén, 1994. Entre paréntesis se coloca el título del artículo.

anualmente la Sociedad Rural de Junín de los Andes. Bajo la idea de que las mujeres mapuce se dedican principalmente al tejido de matras, matrones, tapices –"verdaderas obras de arte"- para su subsistencia familiar, pero que deben enfrentar solas a los intermediarios que las comercializan restándoles sumas importantes de su valor comercial, el gobierno decide pues facilitar la compra para luego ponerla a la venta al público, con un recargo del 10%. De esa forma se ayudaría a *"revertir este cuadro de desamparo y bajo nivel de vida de las agrupaciones indígenas que superviven, relegadas, en los pedregales de la cordillera"* (Sapag, 1994:214).[41]

Claro que en este punto estamos frente a un específico modo de entender el sentido de la reparación histórica, de la medida de la ayuda estatal, y de la función futura que le estaría reservada a este maltratado pueblo. Por eso, desde los objetivos gubernamentales se expresa sin titubeos que *"la pretensión es convertirla, paulatinamente, en un atractivo más de la actividad turística"* (Sapag, 1994: 215).[42] La *folclorización* de lo mapuce, su confinación al universo de un pasado muerto útil en la medida en que sirva de elemento comercial sin conflictos ni referencia alguna a su trágico devenir colonial ha sido señalado como estrategia de construcción de hegemonía desde el Estado provincial y como incorporación subordinada y tolerante del Otro –indígena- válido para el relato fundacional de la "neuquinidad", del "modo de ser" e incluso de una "mística neuquina" que, como más adelante veremos, no es privativa de los sectores dominantes (Mombello, 2008).

Aunque con diferente intensidad que el accionar estatal, la insoslayable participación de la Iglesia neuquina en la deriva del pueblo mapuce tiene aristas tanto o más complejas que la estatal. A Don Jaime De Nevares, primer obispo de Neuquén, Pastor de los descendientes de los Namuncurá, y figura emblemática de esta institución en la provincia, puede pensárselo como completando una imaginaria pareja patriarcal (junto a Don Felipe) que cayó sobre los mapuce en su paso por la historia neuquina.

Siguiendo el relato de su única biografía, desde su llegada a Neuquén (1961) se encuentra con que la mujer encargada de atender los menesteres en

---

[41] Analizando el rol de Artesanías Neuquinas, Balazote y Rotman sostienen que: "[...] La estructura asistencial del Estado neuquino se vuelca con todo su peso y de manera compacta sobre las unidades domesticas Mapuche o se repliega en todas sus áreas, disminuyendo la asistencia que brinda a las familias que optan por no involucrarse en su propuesta política. Si bien pertenecen a diferentes espacios burocráticos, Artesanías Neuquinas, Acción Social y otras áreas del estado Neuquino se presentan ante las comunidades mapuche como un todo unívoco y monolítico que presiona duramente en procura de lograr el alineamiento y el disciplinamiento mapuche. 'Con artesanías neuquinas va el bono de gas, la leña, el pago de subsidios laborales'..." (Balazote y Rotman, 2006).

[42] En el directorio de la flamante nueva empresa, conformada por nueve personas, no hay lugar para los mapuce.

el obispado es mapuce: doña María Huincamán.[43] A su arribo también recibe un regalo particular: el escritorio personal que había usado el General Roca, obsequio de la familia del militar, que frecuentaba a los De Nevares en Buenos Aires. El obispo, no obstante aceptarlo y señalar la cantidad de estatuas y recordatorios existentes en la provincia que refieren al comandante de las primeras tropas argentinas en llegar a estas tierras, no dejó pasar la ocasión para señalar a los familiares la pregunta de si no serían también los indígenas "más argentinos" aún. Así comenzaba su revisión de la Campaña del Desierto, del rechazo al aniquilamiento indígena, del pensarlos bajo el prisma de los Derechos Humanos, entre otros temas, aunque siempre bajo el mote de "argentinos". En 1979, año del Centenario de la Campaña del Desierto, el obispado neuquino emitió un documento crítico hacia el intento conmemorativo que se avecinaba en Neuquén, donde incluso se contaba con la presencia del entonces presidente de facto, Rafael Videla, y donde se sostenía:

> 1. solicitamos a las organizaciones de los actos de homenaje y a los demás responsables, una reconsideración de sus programaciones de acuerdo a la tradicional hidalguía argentina, cristiana, noble y constructiva, en que la figura del Mapuche no sea meramente instrumentalizada o sacrificada en aras de la epopeya, sino respetada y valorizada objetivamente.
>
> 2. [...]...nos declaramos solidarios del pesar y de la humillación que sufren y han sufrido los Mapuches en estos cien años y que ponen en cruel evidencia ciertos aspectos de la actual conmemoración. Nos auguramos que estos festejos centenarios logren concientizar a todos los argentinos en torno a un problema grave que se planteó hace más de un siglo y que dista mucho de haberse resuelto: la marginación del indígena (San Sebastián, 1997: 259).

La perspectiva de De Nevares era en su arribo la de declarar "tierra de Misión" a Neuquén, una suerte de estado de emergencia que facilitaba ayuda material y personal desde la Iglesia, y aunque no lo logró sí se continuó con lo que se denominó Pastoral Aborigen, esto es, la concientización, promoción, y valorización de la lengua, cultura y religiosidad mapuce.[44] En una carta a su madre el obispo describe:

---

[43] Según el Padre Juan San Sebastián, María habría expresado su deseo de ser la cocinera del Obispo, y ante su negativa a percibir un salario por tal función dijo "Yo trabajo por amor a Dios". María Huincamán hace 14 años que trabajaba en el servicio doméstico del Obispado (San Sebastián, 1997: 141).

[44] El Padre Francisco, perteneciente al obispado de Neuquén, se interiorizó en la lengua mapuce y confeccionó un diccionario bilingüe (español-mapuche) de 3500 vocablos, tradujo el Evangelio al mapuce, y realizó una temprana propuesta para la educación intercultural en el Congreso Pedagógico a mediados de los '80. Se cuenta que llegó a dar clases de mapuce a varios indígenas que por vergüenza a su lengua no sabían hablarla.

[...] los frutos son extraordinarios entre esa gente tan desmoralizada. Una india vieja, al despedirse, con lágrimas dijo: "Es la primera vez que el Huinca (cristiano) viene a nuestros ranchos y que no sea para prometer o para robarnos algo" (San Sebastián, 1997: 178).

Parte de esa concepción evangelizadora se materializaba en la Escuela Hogar Mamá Margarita[45] (escuela albergue de la localidad de El Malleo) a cargo del Padre Barreto y otros misioneros venidos desde Italia,[46] o en la red de Cooperativas Indígenas que llegaron a ser veintiseis, en donde se comercializaba pelo de chivo y lana, alimentos no perecederos y artesanías en forma similar al emprendimiento estatal a fin de, sostenían los salesianos, evitar el abuso de los bolicheros. Para comprender esta perspectiva inclinada hacia el indígena hay que hacer un rodeo histórico más y ponderar que estas acciones hunden sus raíces tanto en el Concilio Vaticano II (1965) y la creación del CELAM y se continúan hasta las vísperas de la conmemoración del V Centenario de la Conquista de América.

Entre julio y agosto de 1955, se reunían en Río de Janeiro obispos de toda América Latina convocados por el Papa Pío XII para celebrar la I Conferencia General del Episcopado Latinoamericano. Fue un primer paso que traía los aires de renovación que más tarde desarrollaría el Concilio Vaticano II. El denominado *documento de Río* tiene varios temas tratados y quizás se puedan destacar de manera particular dos de ellos que resultaron centrales: la necesidad de una adecuada instrucción religiosa para "nuestro pueblo"; y la urgencia de promover un "auténtico y evangélico compromiso social". Uno de los principales frutos de la I Conferencia General fue la creación del *Consejo Episcopal Latinoamericano* (CELAM). Su acción permitió además articular una línea de continuidad en las siguientes tres Conferencias Generales del Episcopado Latinoamericano celebradas en Medellín, Puebla y Santo Domingo. El tema de la II Conferencia General del Episcopado Latinoamericano

---

[45] Nombre de la madre de Don Bosco. En 1962 se levanta el hogar en una escuela abandonada de El Malleo, a 30km de Junín de los Andes. En 1963 reabre la escuela hogar con una treintena de alumnos internos y unos 60 externos. Es trasladada y vuelta a inaugurar con el padrinazgo de Onganía, en 1967. Un relato interesante se puede leer en el libro *Pampa del Malleo*, de Delia Boucau, ex directora de la escuela, secuestrada durante la última dictadura y liberara por la intervención de De Nevares. Ver también *Revista Comunidad* s/n, SERPAC, Obispado de Neuquén, 1986. A inicios del 2009 la escuela fue ocupada por la comunidad Painefilú por el incumplimiento del Consejo Provincial de Educación sobre actas firmadas para realizar modificaciones edilicias y de contenidos curriculares para crear una escuela intercultural. La Confederación Mapuche declaró que: "El sistema de albergues atenta contra la forma de educar de nuestro pueblo y de nuestras autoridades originarias", Diario *Río Negro*, 20/11/2008. Ante la ocupación, las monjas pertenecientes a la congregación María Auxiliadora –quienes regentaban la escuela desde hace décadas- se retiraron.

[46] En febrero de 1965 llegan desde Italia los Padres Galbiatti, Garlando, Giaccone y Tizzani. Garlando trabajó en la comunidad mapuce de Ruca Choroi.

(1968) fue: *La Iglesia en la actual transformación de América Latina a la luz del Concilio*, y produjo un famoso escrito conocido como *Documento de Medellín* (1968). Este documento poseía, entre otras cuestiones, orientaciones sociales muy similares a lo que podría llamarse como "activismo pastoral", y en donde se trataban temas como "Técnica y Pastoral":

> [...] Nuestro primer deber en este campo es afirmar los principios, observar y señalar las necesidades, declarar los valores primordiales, apoyar los programas sociales y técnicos verdaderamente útiles y marcados con el sello de la justicia, en su camino hacia un orden nuevo y hacia el bien común, formar sacerdotes y seglares en el conocimiento de los problemas sociales... (II Conferencia General del Episcopado Latinoamericano, Documento de Medellín, Bogotá, noviembre de 1968, ediciones varias).[47]

Sobre la cuestión indígena, en sendos documentos del CELAM -publicados por la Revista Comunidad del Episcopado neuquino-, se proponía una *"Evangelización nueva. Nueva en su ardor, nueva en sus métodos y en su expresión"*, una auténtica *"liberación cristina"* basada en la creación de Iglesias Particulares Autóctonas, *"Iglesias particulares indígenas con jerarquía y organización autóctonas, con teología, liturgia y expresiones eclesiales adecuadas a una nueva vivencia cultural propia de la fe"*, interpretando que el valor de la tierra para los pueblos indígenas *"es sobre todo un espacio religioso con el que mantienen relaciones místicas"* (Revista Comunidad, 1986:12). Se reconoce su lucha por la autodeterminación como pueblo oprimido y desde allí se propone, en síntesis: trabajar por el rescate cultural, defender y recuperar las tierras, apoyar la lucha legítima por la autodeterminación, asumir la inculturación,[48] y promover las iglesias particulares. Para ello, las acciones a seguir son: apoyar el surgimiento de organizaciones indígenas, rechazar políticas indigenistas que pretendan "racionalizar, civilizar" o cualquier otro propósito "etnocida", abolir leyes nocivas, destinar recursos a agentes pastorales y animarlos en su convivencia con el indígena (que aprendan su lengua, costumbres, tradiciones mitos, símbolos, etc.).

Si bien, en una frase ya histórica, se privilegia a aquellos *"rostros de indígenas y con frecuencia de afroamericanos, que, viviendo marginados y en situaciones inhumanas, pueden ser considerados los más pobres entre los pobres"*, se cuida expresamente de respaldar organizaciones indígenas siempre y cuando *"no*

---

[47] El documento íntegro se encuentra disponible en Internet (http://multimedios.org/docs/d000273/).

[48] Inculturación es la asimilación del evangelio a través de la propia matriz cultural ("verdadera evangelización") a manera de encuentro entre una determinada cultura y la propuesta evangelizadora. Ver Boff, Leonardo *Nueva Evangelización. Perspectiva de los oprimidos*, Lumen, Buenos Aires, 1990.

asuman actitudes o actividades antievangélicas", y que estén *"libres de ideolo-gismos y manipulaciones"*, porque, en la interpretación final, la Iglesia vuelve sobre sí misma alejando la posibilidad de una revisión mas radical: *"Recono-cemos en el resurgir de los pueblos indígenas como sujeto histórico una señal de Dios en los tiempos de hoy, que interpela a nuestras Iglesias"*(Ibídem: 13).

Con todo, y a diferencia de la visión estatal neuquina, el acercamiento ha-cia la lucha del pueblo mapuce es enorme y tendrá consecuencias decisivas, máxime cuando de organizar a los "oprimidos" se trate. Por su parte, Jaime De Nevares asistirá a las sesiones del Concilio II en donde se encontrará, se-gún sus colaboradores, "en su salsa", y que en Neuquén serán recibidas con entusiasmo, imprimiéndose tres mil ejemplares de la encíclica "El desarrollo de los pueblos". Como sostendrá uno de los colaboradores más cercanos a Don Jaime:

> Fue tema de discusión, debate y puesta en práctica. Era la palabra del Papa que nos hacía aterrizar en lo social. Como si fuera el aterrizaje del Concilio, porque estaba en la misma línea, y era algo así como su continuación práctica (San Sebastián, 1996: 205).

Entre la COM y Nehuen Mapu. La emergencia del activismo mapuce

Juntando las acciones y prédicas de Don Jaime y la Iglesia neuquina, más el limitado y ambivalente reconocimiento estatal emepenista, podríamos pen-sar que cierta apertura, desigual y combinada, había operado "desde arriba" para alivianar la opresión histórica sobre el pueblo mapuce. No se pretendía, pues, su autonomía estatal ni religiosa ni cultural, pero sí la ubicación en al-gún lugar que no incomode la narrativa de la joven provincia, por un lado, y la reivindicación de su lucha al interior del otro gran relato que es el evangé-lico posconciliar. ¿Pero qué pasaba dentro del pueblo mapuce en Neuquén? Difíciles de seguir ante la inexistencia de una tradición escrita al modo cul-tural de occidente, los primeros rastros de latencia de un tipo de activismo mapuche, que a *posteriori* decantará en protesta abierta, pueden hallarse en la conformación hacia 1983 en Neuquén capital del grupo u organización denominado *Nehuén Mapu* que esboza breves comunicados visibles por frag-mentos que aparecen en la prensa episcopal. Sus huellas escritas aparecen tímidamente en referencia a la inmensa figura de Don Jaime, acrecentada tras su muerte, o bien en las arriesgadas reflexiones de cara a la inminente llegada de los quinientos años.

Conmovido por la proximidad de esa fecha, el Padre Francisco escribió en la publicación oficial del Episcopado de Neuquén una *"Carta de un misionero"* subtitulada *"a cien años del ocaso mapuche"*; de tono conmovedor, describe anécdotas de religiosidad popular por él vividas en el interior neuquino y capta suspicazmente los elementos de aculturación en los mapuce. Tras evaluar cariñosamente los avances precarios en la evangelización de entonces, el Padre Francisco se interna en la insoluble revisión del proceso de la "Conquista..." con este tono: *"Querido hermano, ya sé que Ud. no tiene la culpa de lo que pasó; pero puede tener responsabilidad sobre lo que va a pasar [...]el pueblo mapuche ya no es un pueblo niño..."* y recomienda al lector seguirlo en el siguiente párrafo, extraído de una Declaración *"de una entidad de indígenas mapuches del Neuquén que se autodenominan Nehuén Mapu (Fuerza de la Tierra)"*:

> [...] esclavizaron a los hijos del Sol [...] pero nuestro pueblo seguirá viviendo más allá del imperio de la muerte...y surgiendo después de un siglo de opresión, evocando la grandeza de nuestros antepasados, y en memoria de nuestros mártires, JURAMOS SOLEMNEMENTE controlar nuevamente nuestro destino, y recuperar nuestra completa dignidad y el orgullo de ser un pueblo indígena (*Revista Comunidad*, 1986:12, mayúsculas del original).

Ante la afrenta transcripta por el P. Francisco, éste no encuentra otra manera de digerirla que no sea la solidaridad hacia ellos, invitando a *"hacerse cargo por ellos"*, ¿cómo?, *"clarificando"* conceptos, *"sensibilizando"* el ambiente a su favor, se trata en fin, de acompañarlos y de *"sanear su imagen"*...

Al conmemorarse diez años de la muerte de Don Jaime, ocurrida en mayo de 1995, la *Revista Comunidad* edita un número especial con testimonios de reconocimiento hacia la obra del Obispo. Entre otros, *Nehuén Mapu* revisa su historia. Allí sus militantes afirman que la organización surgió *desde* los mapuce pero gracias a la "semilla" de la nueva Iglesia que profesaba Don Jaime. Una de sus primeras directrices fue la independencia de partidos y religiones:

> Y esto lo fuimos descubriendo cuando esta Iglesia, que ahora cumple años, nos mostró, se mezcló entre los pobres y nos hizo sus preferidos. En contra de esa otra Iglesia que llegó hace 500 años y que predicó rabiosamente un infierno terrible [49] (*Revista Comunidad*, 2005: 33).

---

[49] Recordemos que en el documento de Medellín se ubicaba a los pueblos indígenas como *"los más pobres entre los pobres"*.

Luego, en breves párrafos se cuenta que las primeras "juntadas" eran en base a un "asadito" que oficiaba de excusa para las reuniones, y que ante la escasez de recursos el mismo Don Jaime aportaba los gastos de esos encuentros. Cuando se necesitaba algún móvil para las movilizaciones la camioneta del obispo era utilizada asiduamente. Las reuniones del primer grupo responsable elegido como *Nehuén Mapu* fueron en el local del Obispado y los gastos de pasaje para el traslado de miembros del interior también eran cubiertos por la institución. A pesar de que las relaciones luego fueron más bien tensas o distantes entre *Nehuén Mapu* y Don Jaime, éstos nunca dejaron de reconocerle los más grandes honores que un Huinca haya recibido de los mapuce. Por ejemplo, es sabido que Don Jaime participaba de las selectas rogativas (ceremonias) del *nguillatún*. En el año 1990 una comunidad mapuce le entregó un pergamino que dice: *"En señal de afecto y gratitud, declaramos a nuestro Obispo: Peñi Jaime de Nevares, Miembro Honorario de la Agrupación Mapuche Huayquillán de Colipilli".* Peñi significa "hermano".

¿Pero por qué estos mapuce decidieron buscar esta forma de organizarse? Antes que *Neuhuén Mapu* -que en sus inicios fue un reducido y heterogéneo grupo que luego se constituyó con personería jurídica como Asociación Mapuche *Nehuén Mapu*-, se había fundado en 1972 la Confederación Indígena Neuquina (CIN), precedente de la Confederación Mapuche de Neuquén (CMN): *"siguiendo el ejemplo de otros grandes mapuce como Kalfvkura, Lautaro ó Purrán, decidieron reunir sus fuerzas por la defensa de la vida y cultura mapuce."* (*Historia de la Confederación*, CMN, s/f). Y otra vez el Obispado oficia de propulsor de la organización:

> [...] En el '1° Cursillo para Líderes Indígenas' promovida por el Obispado de Neuquén y realizado en la Escuela-Hogar Mamá Margarita de Pampa del Malleo, el 6 de Junio de 1970 se crea la Confederación Indígena Neuquina. Treinta representantes de distintas comunidades dan origen organizativo a la lucha por los derechos como Pueblo Originario Mapuce (*Historia de la Confederación*, CMN, s/f).[50]

El contenido de aquellos cursillos, la cantidad de integrantes, los resultados, la suerte en términos de continuidad, o el por qué se decidieron

---

[50] Los mapuce explican que la CMN debe su nombre a la decisión del *Toky* (jefe) más emblemático de *Puelmapu* (este del territorio mapuce), Kajfvkura, quien habría mandatado a su pueblo a organizarse para *"no entregar Karwe al Wigka"*. Integran la CMN cada una de las comunidades (*lofce*) a través de sus Autoridades Originarias, confederadas históricamente desde su creación en el I° Parlamento Mapuce realizado en el Paraje Pampa del Malleo (*Lof Painefilu*) el 1 de Mayo de 1971, y los nuevos *pu lofce* a reconstituirse en cualquier punto de la Pcia de Neuquén. Todas ellas conforman el Pueblo Originario de Neuquén, siendo la CMN su representación jurídica y política (*Historia de la Confederación*, CMN, s/f).

proyectar en ese lugar, quizás pueda responderse en parte por la corriente ideológica que mostramos en el apartado sobre las transformaciones internas de la Iglesia en relación a América Latina; pero la historia del cómo ocurrió en Neuquén –si es que responde a ese flujo- continúa siendo una incógnita inexplorada. Lo que si sabemos es que estos cursillos los convocaba y organizaba el Obispado neuquino, que de allí surgió la CIN, que el Padre Barreto tuvo una importancia decisiva y que uno de los objetivos centrales era detectar líderes y consolidar una dirigencia mapuce que pueda traducir las demandas y reclamos hacia el Estado, lo que ha sido también caracterizado como una forma de disciplinamiento a través de la canalización y legitimación de ciertos tipos de reclamos tolerados, toda vez que existía un claro límite de lo considerado como reclamable (Falaschi, 2008).

A pesar de ser una organización que se presentaba como novedosa por su especificidad identitaria, la CIN estuvo no obstante fuertemente condicionada por el MPN quien la habría estimulado materialmente con fines de ampliar su base electoral (Kropff, 2005), dificultando su autonomización. Por eso habrá que esperar varias décadas, frente a los preparativos del contra festejo de la llegada de Cristóbal Colón a América, para que distintas organizaciones que subterráneamente se venían constituyendo salgan a la luz.

Estos procesos no eran privativos de Neuquén, muy por el contrario, formaban parte de una oleada reivindicativa que tuvo varios factores a su lado para crecer con fuerza. Fue así que la CMN, Nehuén Mapu, Newetuayiñ desde Buenos Aires y el Centro Mapuche Bariloche (Río Negro) confluyeron en base a sus demandas en la *Taiñ Kiñe Getuam* (TKG, *"para volver a ser uno"*) y elaboraron unas suerte de programa con la idea de consolidar al Pueblo-Nación Mapuce -en su nueva denominación-, como una entidad preexistente a los Estados provinciales y nacionales, exigir el reconocimiento estatal al territorio, y generar espacios para ejercer el derecho a la Autodeterminación y la Autonomía (Briones, en Kropff, 2005). Así, uno de los pilares en cuanto a demandas comenzó a ser el de la recuperación cultural (rituales, lenguaje, conocimiento). Junto a ello, según las autoras que venimos citando, a mediados de los '90 operó una provincialización de las demandas y de trayectorias de politización de estas organizaciones: mientras que en Neuquén se consolidó la COM (Coordinadora de Organizaciones Mapuches), bajo la cual siguieron activando Nehuén Mapu y la CMN, en Río Negro el Centro Mapuce de Bariloche con otros grupos menores creó la Coordinadora del Parlamento Mapuce de Río Negro. En ambas provincias, y a diferencia de lo que ocurre más tarde en Chubut, la generación de espacios institucionales desde el Estado que los interpelaba aceleró la cristalización de estas instancias; sólo que en el caso de Río Negro es posible ver una mayor disposición legal a trabajar con las comunidades y como contrapartida una mayor fragmentación de los colectivos mapuce. Allí el reclamo pasa, por ejemplo, por el rechazo al ALCA o a las políticas de los organismos multilaterales transnacionales. En Neuquén, la dura realidad de la hegemonía emepenista impone otro orden de cosas que se traduce en un fuerte reclamo en términos de territorio indígena protegido, y de reformas del marco legal (y su aplicación). Por eso la COM ganó en fuerzas y hegemonizó el reclamo mapuce.

En ambos casos es importante destacar que lo que se ha dado en denominar "activismo cultural" (Briones, en Kropff, 2005), es decir, la generación de nociones y términos que luego sirven como soportes de las protestas: Pueblo, Territorio, Autonomía, Comunidad, etc, nociones que, paradójicamente, no fueron generadas *ex nihilo* por los ahora "pueblos originarios" sino que están influenciadas por la presencia de instancias de financiamiento de proyectos culturales indígenas, como el Banco Mundial y distintas ONG's que interactúan con estas organizaciones desde los '80, aunque este tema es más complejo y remite a la interacción y a las redes que este activismo tejió con otras organizaciones.

Veamos ahora las trayectorias de dos miembros de comunidades mapuce para acceder en detalle a este proceso general de activación de demandas, con algunas peculiaridades.[51]

María y Jorge, pequeñas grandes historias

María Piciñam nació en 1967 en una comunidad mapuce cerca del paso Tromen, en el límite con Chile, rodeada de grandes estancieros que se apropiaron de los ancestrales territorios de su comunidad.[52] A los 14 años se instala junto a sus hermanos en Neuquén capital para buscar trabajo. Comienza como empleada doméstica y pronto siente el peso del desarraigo.

---

[51] Lo correcto es decir *comunidades mapuce*, pues si bien los mapuce constituyen una unidad cultural, en su interior desarrollaron, tras la colonización, diversas comunidades que en Neuquén alcanzan actualmente el número de 38.

[52] Señala María: "[...] casi todas las comunidades estamos rodeadas de estancieros; estos estancieros, por lógica, están organizados con el estado provincial, por lo tanto por eso están tranquilos ahí, ninguno de ellos ha pagado ese territorio ni nada [...] Y como nos rodean las comunidades y son ellos los que se quedaron al principio con nuestros territorios, eso el Estado en aquel entonces, te estoy hablando solamente del 80', permitía a partir de las leyes, y sino las armaba también, que los estancieros siguieran corriendo alambrados. Como para darte un ejemplo, mi comunidad, que tenía más o menos 30.000 hectáreas cuando yo era chica, el estado recién le quiso dar el titulo de propiedad cuando la comunidad quedó con 5.000 hectáreas, toda esa reducción territorial era un juego entre el estanciero y el Estado [...], cuando la comunidad tenía recién 5.000 hectáreas, le quedaban, el estado le dijo, aquí vengo a hacer un hecho histórico a entregarle el título de propiedad."

La ciudad está llena de mapuce, recuerda, pero todo es discriminación. Esa fuerza hostil hace que comiencen a juntarse, casi instintivamente, para "recordar", y en forma latente a preguntarse quiénes eran:

> [...] empezaron a reunirse con los mayores, que los mayores eran muchos, sólo que no se notaban, empezaron a juntarse, a recordar, porque los mayores extrañaban mucho su territorio, su gente, y los jóvenes que tenían más o menos 20 años, empezaron a ver de que los mayores sufrían muchísimo acá, y empezaron, como a querer juntarse para recordar por lo menos esos años, y así empezamos a juntarnos. Nos juntábamos los fines de semana, a compartir algo, cada uno vivía en lugares muy diferentes, como muy distantes unos de otro, y por eso también cada uno vivía con más crueldad la discriminación (Testimonio de María Piciñam, Neuquén, 02/05/08).

Sueltos pero no solos. La Iglesia y la figura de Don Jaime con su prédica de "ayudar a los mapuches", más el conocimiento de su rol en la constitución de la COM venían de la mano con el irrenunciable intento de evangelizarlos. Por otra parte, el MPN ya ostentaba una política clientelar que sedujo a no pocos mapuce que comenzaron a participar orgánicamente, siendo muchos de ellos candidatos en elecciones de diversa índole. Mientras, otros tantos realizan otros recorridos, como Jorge Nahuel, generacionalmente cercano a María,[53] quien comienza su militancia como joven cristiano y luego sindicalmente en la UOM, en momentos de ingresar a un taller metalúrgico. Pero su recorrido se trastoca radicalmente:

> [...] ¿sabés cuándo la cuestión comenzó a tomar su lugar?, cuando la iglesia empezó a promover la creación de la Pastoral Aborigen, la iglesia de De Nevares promovía crear la Pastoral Aborigen. Existía la Pastoral Juvenil, existía la Pastoral de Migraciones, la Pastoral Universitaria, no sé cuantas pastorales, y él veía y ansiaba tener, que se conformara la Pastoral Aborigen [...] todavía la dictadura no se iba. Y ahí comenzamos a reunirnos, y obviamente uno de los promotores de la Pastoral Aborigen fue el que estaba estudiando, el seminarista que estudiaba para cura, el mapuche. Ahí fue que empezamos a desestructurar y a cuestionar todo, no? Porque empezamos a ir a la fuente, entonces nosotros éramos los que íbamos a organizar a los pueblos mapuce atrás de una supuesta Pastoral Aborigen cristiana, y de pronto cuando vamos a las fuentes nos encontramos con que hay, hay otra dimensión [...]

---

[53] Ambos pertenecen a la misma camada generacional que dio prestigiosos dirigentes mapuce (excelentes oradores, pensadores, activistas) como Verónica Huilipán quien se desempeñará en la Secretaria de Relaciones con los Pueblos Originarioso del CTA (alineada con Micheli y De Gennaro), o Roberto Ñancucheo, que será Director de Pueblos Originarios y Recursos Naturales de la Secretaria de Ambiente y Desarrollo Sustentable de la Nación.

P: *¿Qué es "la fuente"?*

Ir al territorio comunitario, escuchar a los loncos, escuchar a los huerkenes, entender qué es, qué es la cosmovisión mapuce, a qué responde... (Testimonio de Jorge Nahuel, Neuquén,15/12/07).

Tanto Jorge como María atraviesan la experiencia *de Nehuén Mapu*. En la *Ruca* (casa, sede de Nehuén Mapu), donde luego estará la CMN, conformaron una suerte de *comunidad en la ciudad*. Pero allí tampoco están solos. Se acercan a esas primeras reuniones activistas sueltos (en general, no mapuce) que comparten las primeras discusiones que, poco a poco, se irán trasformando en más intimistas y específicamente mapuches. El brazo exterior reconocido unánimemente como determinante es el de la APDH Neuquén y dentro de ella de una de sus figuras históricas, Noemí Labrune. Nahuel supo militar allí también. A diferencia de otros colectivos combativos, la APDH prestó especial atención y fue particularmente sensible al planteo mapuce, cosa que no ocurrió ni con Madres de Plaza de Mayo y, en menor medida, con los sindicatos emblema de la oposición política al MPN, como ATE y ATEN, más el grueso de la izquierda partidaria a excepción, ya entrado el nuevo siglo, de los obreros de Zanón:

> [...] empezamos a conocer a la APDH [...] y la APDH empieza a respaldar nuestra demanda, si bien ellos no entendían, porque nosotros tampoco entendíamos mucho de lo que era nuestra demanda, estábamos recién retomando lo que significaba ser nosotros mismos. No teníamos una visión política, por lo tanto las organizaciones también nos veían de una manera más culturalista, más de 'estos pobres mapuce, hay que darles una mano', y en ese entonces empezamos a tener estos apoyos así de la APDH (Testimonio de Jorge Nahuel, Neuquén, 15/12/07).

En el movedizo campo de protestas neuquino la búsqueda del ser "nosotros mismos" que los mapuce enfrentaron, desde *Nehuén Mapu*, encontró su mayor desafío: desprenderse de la impronta de Don Jaime y por extensión, de la Iglesia, en especial porque a diferencia de otras "tutelas", como por ejemplo la estatal, su cuestionamiento resultaba harto difícil habida cuenta de la existencia de una honesta y profunda autocrítica al rol violento de la evangelización cristiana, sumado al incuestionable empuje organizacional que Don Jaime realizó. Había entonces que colocar la balanza en alguna justa medida, algo imposible, desde luego:

> [...] De Nevares es una figura que merece todos los honores porque fue un abanderado de los derechos humanos, porque, para qué voy a decirte las

cosas que ha hecho... De Nevares acá protegiendo a los perseguidos políticos, o creando, ATEN se creó bajo el amparo de De Nevares, la Pastoral de Migraciones, el Club del Soldado [...] las Madres de Plaza de Mayo, la organización mapuce, todos teníamos un cobijo bajo la figura de De Nevares, un cobijo, un resguardo. **Pero De Nevares entraba a una comunidad mapuce y era un elemento colonizador, porque era una herramienta de evangelización y su deber era ese, evangelizar a los mapuce.** Entonces nosotros rendimos tributo a De Nevares pero, cuando de Nevares se relaciona con el pueblo mapuce lo hace desde un rol evangelizador y eso es colonizador y eso ... destruye la diversidad. Bueno eso significaba, es como cuando ahora hablás de Ceferino, viste, o como cuando hablás de cómo la iglesia salesiana toma elementos de la cultura mapuce y te viste la misa de elementos de la cultura, desde la estola que se pone el cura que es tejido mapuce, hasta los vitrales que están hechos con simbología mapuce, hasta la música que incorpora instrumentos mapuce, es decir lo que aparentemente es un signo de respeto y reconocimiento, es un signo de integración, y como te decía la integración es asimilación, es destrucción (Testimonio de Jorge Nahuel, Neuquén, 15/12/07).

Estos posicionamientos generaron fortísimas rupturas interiores y descalabros subjetivos en personas que tenían una profunda convicción religiosa o partidaria y que de repente debían tomar distancia, dolorosamente, para seguir siendo fieles a su búsqueda:

[...] al inicio de la organización acá en Neuquén, la conformaron gente muy ligada a la Iglesia [...] tanto es así que uno de los principales promotores de la organización era un seminarista mapuce, el mapuce está estudiando para cura. Todo este debate interno nuestro que se generó en cuanto a lo que implicaba darle contenido político a nuestro proyecto como pueblo, llevó a cuestionamientos muy fuertes al rol de la Iglesia y por lo tanto significó una crisis para toda la gente que era mapuce, militante mapuce y a la vez provenía de un movimiento de Iglesia (Testimonio de Jorge Nahuel, Neuquén, 15/12/07).

En la perspectiva de María:

[...] Jaime De Nevares fue una persona que tuvo una visión distinta, como persona no como Iglesia [...], pero, a nosotros nos evangelizó a todos, y todos somos hoy *pro* Jaime De Nevares. Siguió visitando las comunidades, él vivía casi en las comunidades mapuce, y eso hacía de que también tuviéramos un adormecimiento, porque Jaime De Nevares era como el ídolo, el santo, y eso hizo que durante muchos años el pueblo mapuce no tuviera una visión de movilización desde sus derechos, porque la cuestión era ser pasivo, era ser bueno, era aceptar la pobreza, porque eso era lo que nos decían "el llamado del señor" y toda la historia, por lo tanto costó de repente mucho más movilizar a las comunidades mapuce, que los mapuce que vivíamos en la ciudad (Testimonio de María Piciñam, Neuquén, 02/05/08).

Un ejemplo de la forma del activismo de *Nehuén Mapu* puede esclarecer las profundidades de este proceso lento y doloroso de autonomización política y cultural. Las intervenciones del activismo en el interior neuquino muchas veces tenían como escenario situaciones dramáticas que transcurrían en los hospitales públicos. Allí la dominación persiste aun hoy en forma violenta, y pone en escena los efectos *en* la sociedad del proceso de colonización. Citamos en extenso a María pues su testimonio ejemplifica claramente el tenor de la lucha mapuce:

> [...] **la gente venía al hospital y estaba creída de que si la traían al hospital era para venir a morirse**, y que de hecho era así, la gente lo veía desde la otra lógica no?, pero la gente como no quería ir al hospital la traían cuando ya estaba gravísima, viste?, y llegaban al hospital y moría, qué resultado más querías?!, entonces la gente tenía otra visión de eso y creía que el mapuce que lo traían al hospital era para matarlo. Nosotros empezamos a hacer un trabajo con eso, viste, es decir, empezar a hacerle entender a la gente que si ellos se hicieran atender pronto el familiar no debería morir. Había un mal que hoy todavía existe que es el quiste, que hacía que la gente no tuviera cuidado con eso, con la carne y había muchas muertes de jóvenes, niños, por los quistes, que era impresionante, y nosotros empezamos a acompañar a la gente al hospital. En el hospital era una lucha cultural terrible, porque la mayoría de la gente que viene de las comunidades no hablaba castellano, te imaginás [...] y los doctores que no tenían la mínima paciencia ni el respeto mínimo, entonces los maltrataban, les decían de todo, de que, no se comunicaban con ellos porque les decían, no le entiendo, no era que el otro hablaba un idioma diferente, sino que no lo entiendo, es un ignorante, no sabe nada, eso lo escuchaba la gente. Nosotros empezamos a hacer un trabajo de visitas al hospital, a ir a acompañar a nuestros hermanos, estar ahí, y evitar que los católicos y los evangélicos los adormecieran ahí, empezamos también a tener una batalla con ellos ahí adentro (Testimonio de María Piciñam, Neuquén, 02/05/08).

¡¿Quiénes somos?! La dialéctica ciudad-campo.

La pregunta inaugural que despunta la búsqueda como pueblo mapuce es una pregunta que se torna radical, tanto histórica como políticamente. Lo que emerge como curioso en el caso mapuce es que, a pesar de la densa imbricación con la Iglesia, el Estado, partidos de izquierda, sindicatos y organizaciones de derechos humanos, sumado a años de educación huinca, las respuestas vuelven a transitar un ida y vuelta hacia ellos pero tamizados por alguna coraza cultural que supo mantenerse a través de los años bajo el formato de la transmisión de conocimiento mapuce por excelencia: la tradición oral. Y fue sólo cuando los jóvenes de *Nehuén Mapu* regresaban a sus comunidades, para activar allí, que recibieron el impacto del saber acumulado silenciosamente en los ancianos y otros referentes indígenas. Dice María:

> [...] el movimiento mapuce parte de la ciudad a las comunidades. En el '80 nosotros empezamos a hacer ese proceso acá [...] porque también nos preguntábamos eso, quiénes somos, porqué somos lo que dicen ser que somos, cuál era nuestra cultura, éramos católicos, éramos evangélicos, si decíamos tener una religión mapuce, cuál era esa religión mapuce, eh?... hubo todo un proceso de preguntarnos y preguntarnos y empezar a darnos respuestas, porque esas respuestas las daban nuestros hermanos que eran mayores, que buscaban, investigaban. En el 88' empezamos a hacer un proceso de que realmente nosotros no era que éramos Nehuen Mapu aquí tratando de sobrevivir, [...] empezamos a revisar porqué nos prohibían, quiénes eran los mapuce, era el Estado, quiénes eran, empezamos a revisar que la historia pasaba por un estatuto, por una personería jurídica, por una visión política del Estado, una estrategia de subordinación y de quita del territorio, empezamos a tener, medianamente, visualizado el problema (Testimonio de María Piciñam, Neuquén, 02/05/08).

El proceso se profundizó en cuanto una ordenanza estatal limitaba el regreso de los mapuce a sus territorios si se ausentaban de ellos por más de dos años. Cuenta María:

> [...] el proceso empieza cuando nosotros nos damos cuenta aquí en la ciudad de que empezamos a querer volver a nuestras comunidades, no a vivir sino a volver, a visitar a nuestra familia, empezamos a darnos cuenta también, algunos con más visión que otros, de que no podemos entrar a las comunidades, porque el estatuto que hizo el Estado para las comunidades establecía de que el mapuce que se iba por dos años ya no podía volver a su comunidad de origen [...] Eso estaba controlado por las mismas comunidades, porque las mismas comunidades eran manipuladas por este partido político, el MPN hizo un trabajo tan eficaz en la provincia, que lo sigue haciendo hoy tan eficaz, que en aquel entonces sus propios, los patrones de las comunidades era el MPN, las comunidades eran sus sirvientes, y ellos informaban qué era lo que ocurría (Testimonio de María Piciñam, Neuquén, 02/05/08).[54]

---

[54] Un ejemplo entre miles. Sobisch, en su discurso anual de apertura de sesiones de la Legislatura del año 1993, deslizó un comentario tan honesto que parece involuntario. Al recalcar la entrega de tierras a comunidades mapuce dijo: "[...] hemos dejado de buscar a las agrupaciones indígenas solamente para votar, hoy las llamamos para entregarles tierras" (HLN, 1993: 8).

Consultada sobre si una interacción mayor con, por ejemplo, abogados, hubiera resultado en un camino quizá menos tortuoso, contesta:

> [...] no hubiéramos tenido visión de **autonomía**, porque en realidad lo que nosotros no nos dábamos cuenta, de que en realidad estábamos ejerciendo la autonomía, desde la cabeza, no?, [...] desde la cabeza sí estábamos de alguna manera, sin darnos cuenta, usando la autonomía que nos llevó a estar hoy en este lugar... (Testimonio de María Piciñam, Neuquén, 02/05/08).

Jorge Nahuel destaca el rol fundante de los referentes históricos mapuce:

> [...] ahí hay un trabajo muy intenso de los wuerkén de la organización, que comenzaron a cuestionarse toda su identidad organizativa, porque todos de alguna manera veníamos con algún grado de colonización ideológica, sea partidaria, sea religiosa, sea ideológica, y necesitábamos replantearnos qué éramos y para dónde íbamos, y eso significó revisar todo lo que era nuestra historia. Fijate que en ese sentido la Confederación había estado durante décadas, durante décadas eh?, controlada y manipulada por el MPN, muchos de los presidentes de la Confederación Mapuche eran candidatos partidarios del MPN, muchos de nosotros provenía de movimientos religiosos, porque nos hemos formado en grupos católicos o cristianos [...] para poder darle forma al planteo político mapuce, a la demanda, al proyecto político que nosotros queríamos representar como pueblo, fue un debate absolutamente interno, tan interno que tuvimos que sacarnos de encima a un montón de influencias que todos traíamos de todas estas formaciones previas que yo te decía [...] ese es el rol del wuerkén, el wuerkén es como una especie de canal, de, cómo te dijera... de puente intercultural, no?, porque sin duda que un parlamento donde está hablado todo en *mapuzungun* y en base a todo un protocolo mapuce, es incomprensible para la otra sociedad y es necesario traducirlo políticamente no?, y ahí está el trabajo de los wuerkén [...] no se hace de manera tan sistemática, pero si hay escenarios donde se van formando tanto el huerkén como los *kona* [jóvenes], los encuentros, donde se van escuchando, se va recuperando la historia a través de los loncos, de quienes tienen la memoria histórica. Y a eso le sumamos toda la necesidad de investigar la historia también, la historia huinca, la historia nacional, la historia europea (Testimonio de Jorge Nahuel, Neuquén, 15/12/07).

La lucha interna en la Confederación Mapuche de Neuquén

Como ya se adelantó, la CMN nació a inicios de los '70 y tempranamente fue cooptada por el MPN. La CMN es un órgano histórico que buscó referenciarse en los antiguos Parlamentos mapuce; la COM, por el contrario, es una creación que atravesó los '80-'90s, y como Coordinadora tiene un rol más político que aquella. *Nehuén Mapu* se propuso recuperar la Confederación que en su visión estaba lisa y llanamente en manos del MPN, que seleccionaba sus representantes y también manipulaba los parlamentos de una manera grosera:

> [...] el gobierno también limitaba la participación, o delimitaba que cantidad, el lonco solamente era el que venía al parlamento, entonces se juntaban los lonco, venía cada uno con su nota de pedido, entonces, chapa tanto, ropa tanto, comida tanto, y todos los lonco, era una constante, que todos los lonco pedían la personería jurídica de la comunidad, pedían el titulo de propiedad de la comunidad, eso era un requisito que la comunidad nunca se cansaba de detallar en su nota, no?. Venían al parlamento, ese parlamento donde ponían una mesa delante, se sentaban todos los, ministros de acción social, el de cultura, el de educación, todos esos personajes que encima no tienen ninguna autoridad de decisión política, los mandaban a ese lugar, de vez en cuando venía un ministro así en gran categoría, como para impresionar más a los mapuce...[...] era una campaña electoral, siempre fue una campaña electoral, ellos les decían cómo se tenían que manejar en la comunidad, era una dictadura además, perfecta dictadura, porque ellos venían y te impulsaban, bueno, 'recuerden que la comunidad debe hacer esto, lo otro y aquello, sino la personería jurídica no sale', [...] si ese lonco había logrado captar más gente para el Movimiento, a ése se le daba más chapas (Testimonio de María Piciñam, Neuquén, 02/05/08).

De todas formas, *Nehuén Mapu* empezó a ganar simpatías y sumar gente en la comunidad entre aquellos que esperaban un cambio o sentían que su búsqueda y necesidad eran las mismas. Lentamente la idea de ganar algún puesto en la Comisión Directiva de la COM desde *Nehuén Mapu* fue creciendo hasta transformarse en una estrategia. Sin embargo, existían piruetas increíbles entre lo que podríamos denominar la cúpula de la COM y el MPN, al punto tal que la cuestión del idioma se convirtió en un problema que estalló repentinamente:

> [...] ellos tenían a un tal Nicasio Antinao, era su traductor, **era el traductor del MPN**. Él... hacia y deshacía, por supuesto que no era la decisión tampoco de Antinao, eh..., porque no tenía ninguna viveza, pero él traducía, por ejemplo si un lonco, por ejemplo mi papá, mi papá era una persona muy política, con una ambición muy, muy grande, y por ejemplo mi papá iba a romper todo, iba a romper porque él no estaba de acuerdo con nada de lo que se hacia, no estaba de acuerdo con el MPN, no estaba de acuerdo con los estancieros, y cada vez que se hacía un parlamento mi papá iba a denunciar, solamente a denunciar, y por ejemplo, Antinao lo que hacía era que si un lonco iba a denunciar o iba a decirle algo a los políticos, Antinao se dedicaba a traducir eso, **y lo que le**

traducía a los políticos era otra, totalmente otra cosa. O sea esa fue una movida bien importante que hizo [...] se dieron cuenta todos los que fueron en aquel entonces, a pesar de que la mayoría de los que vivíamos acá no sabíamos hablar *mapuzungun* (Testimonio de María Piciñam, Neuquén, 02/05/08).

Mapuzungun es la lengua mapuce. La gran mayoría de los mapuce ya no lo practicaba como forma de evitar la discriminación, o porque en el caso de los que vivían en Neuquén capital les generaba vergüenza. La recuperación del *mapuzungun* fue un paso enorme porque les abrió un campo de significaciones tan vasto que se convirtió en una verdadera trinchera desde la cual fortalecer sus reclamos culturales. Con la lengua el camino de la autonomía ya se habría definitivamente.

La lucha por ocupar cargos en la Confederación continuó y dio frutos:

[...] yo creo que eso fue en el '88, en el '89 se hizo una movida, porque ya que ellos utilizaban una herramienta muy dañina para el pueblo mapuce, nosotros decidimos que esa misma herramienta la íbamos a usar para poder captar a la Confederación. Entonces se hizo una campaña, se salió a las comunidades y se hizo una campaña [...] ir a hablar, de nombrar también a un representante para que se pueda hacer campaña para que a ese mapuce se lo nombrara en el nuevo parlamento, se hizo todo un trabajo de concientización, así a pulmón [...] esa movida que se hizo en ese parlamento, tuvimos la posibilidad de después llegar a las comunidades, que nos conocían por lo que habíamos hablado, por lo que habíamos dicho. Y empezamos a iniciar esa campaña [...] Fue un suceso terrible, muy importante [...] quedaron dos referentes dentro de la comisión directiva, en esa metida así a la fuerza, y para el próximo parlamento se trabajó directamente para poner una persona. Y logramos, logramos por una amplia mayoría tener, si bien no pudimos captarla toda, pero si logrando representantes de la Confederación la logramos nosotros [...] En el '90 ya estábamos con una Confederación en manos mapuce que costaba muchísimo porque el Movimiento estaba todo el tiempo ahí queriéndose meter, incluso tuvimos muchos mapuce adentro, que después se nos dieron vuelta, porque claro, venían, se nos hacían los mapuce y resulta que eran del MPN; eso ocurrió y ocurre hoy (Testimonio de Jorge Nahuel, Neuquén, 15/12/07).

En un parlamento que poseía entonces veintinueve comunidades lograron ingresar varios militantes que son hoy dirigentes de la Confederación. La Confederación posee otras autoridades como un lonco, un huerkén, un inal-lonco. *Nehuén Mapu* logró en ese entonces ubicar a dos de ellos, que en esa época no se les llamaba así, sino "el cacique", "el secretario". En vísperas del año 1992, "conmemoración" de los quinientos años, encuentra a una COM diferente, decididamente combativa y muy a tono con el espectro de organizaciones sociales y políticas que en Neuquén vienen desplegando una intensa actividad de protesta.

¡¡Marici Weu!!. Algunos rasgos de la resistencia mapuce

> [...] y nosotros decíamos, ¿cómo poder representar en una palabra lo que es la resistencia, lo que es la denuncia, lo que es la reafirmación?. Y el *Marici Weu* es para nosotros un grito de reafirmación, significa: ¡Diez veces estamos vivos, diez veces triunfaremos! (Testimonio de Jorge Nahuel, Neuquén, 15/12/07).

En charlas informales mantenidas con varios miembros de la comunidad mapuce movilizada resultó notoria la imperiosa necesidad de salir a confrontar y decirle a esa sociedad neuquina, también altamente movilizada, quiénes eran los mapuce. Esa necesidad se generalizó allá por mediados de los '90. Luego, el afán por buscarlo auténticamente mapuce es otro rasgo tan fuerte que si no se está lo suficientemente atento puede saltearse el hecho de que la operación de reivindicación del pueblo mapuce –para ser precisos habría que limitarlo a las comunidades más movilizadas- está íntimamente relacionada con un modo de diálogo con actores "huincas"; vale decir que, si una vocera de la comunidad nos habla de que los mapuce son "sujetos de derecho" pertenecientes a un "Pueblo originario" en constante pelea por su "autonomía cultural", o de que su lucha es por una relación de tipo "intercultural" entre Estado y Pueblo Mapuce, pues allí estamos también ante una muestra de la profunda conexión del discurso identitario mapuce con los saberes políticos y académicos, una reapropiación desde el activismo mapuce de nociones que sirven estratégicamente para enfrentar políticas estatales adversas.[55] A la inversa, y como nos lo explicó en términos duros una werken, intentar someter todo este enorme proceso histórico a los eventos de "protesta social" de los '90 olvidando que no es una mera acción colectiva sino una lucha contra una opresión practicada desde hace más de quinientos años, es un reduccionismo que quita todo potencial explicativo al fenómeno, aún reconociendo la impronta de los movimientos de protesta locales. Sin embargo, y tratando de no perder de vista lo anterior, nuestro objetivo aquí es muy modesto: explicar cómo surge la movilización mapuce contemporánea en Neuquén y cuáles

---

[55] Se trata de conexiones profundas en el caso de docentes e investigadores universitarios (abogados, antropólogos, historiadores). Ver por ejemplo la compilación de Claudia Briones, 2008. En el mismo sentido, María Piciñam es la encargada por la Ruca de la flamante Universidad Mapuche Intercultural creada en octubre del 2009 junto a la Universidad Nacional de Río Negro, mientras que Jorge Nahuel es Director de Pueblos Originarios en la Secretaria de Ambiente y Desarrollo Sustentable de la Nación Argentina.

son los factores que ayudan a entender la fuerza de su irrupción en un determinado momento histórico.

Por eso, a esta altura resulta imperioso poner de relieve y destacar los factores contextuales que oficiaron como condiciones de posibilidad para la irrupción de la movilización mapuce. En este sentido, el Estado provincial realizó a mediados de los '80 los "Cursos de capacitación de líderes mapuche", impulsó la creación -con el retorno de la democracia- de instituciones indigenistas como la Dirección de Asuntos Indígenas (1983), dependiente de la Subsecretaria de Acción Social y con un responsable mapuce para canalizar las demandas. En adelante será notorio un cambio en el vocabulario referido a los mapuce: ahora se trata de "elaborar proyectos", "estimular la organización mapuche" de acuerdo a sus pautas culturales, "divulgar" el conocimiento mapuce, o elaborar normas jurídicas que regulen el funcionamiento de las comunidades, en especial desde el año 1988. Por supuesto, no hay que perder de vista que el carácter del régimen político neuquino ha permanecido casi invariable, por lo que no es de extrañar las vetas de clientelismo acentuado con estas nuevas políticas sociales, ni es de sorprender que desde las esferas gubernamentales se comience a denunciar la "politización" del reclamo mapuce (Falaschi, 2008). Más aún, durante los últimos mandatos de Jorge Sobisch (1991-95, 1999-2003, 2003-2007) se dará lugar al lanzamiento de la famosa fórmula "Estado-empresa" -graficada de manera ejemplar con la alianza Repsol y Estado Neuquino- de consecuencias nefastas para las comunidades mapuce asentadas en Loma de La Lata, uno de los más grandes yacimientos gasíferos de América Latina.

Por otra parte, en términos mundiales y latinoamericanos se está en presencia de una nueva retórica de tolerancia relativa y respeto hacia la minorías, de otorgamiento de derechos a nuevos sujetos, y el hecho fundamental de que en 1989 se firma el convenio 169 de la OIT sobre *Pueblos Indígenas y Tribales en Países Independientes*, por el cual se comprometerá vía Constitución Argentina ante los Pueblos Originarios *"a asegurar su participación en la gestión referida a sus recursos naturales y a los demás intereses que los afecten"*. El art. 6 de dicho convenio sostiene:

> Que los gobiernos deberán : a) consultar a los pueblos interesados, mediante procedimientos apropiados y en particular a través de sus instituciones representativas, cada vez que se prevean medidas legislativas o administrativas susceptibles de afectarles directamente; b) establecer los medios a través de los cuales los pueblos interesados puedan participar libremente, por lo menos en la misma medida que otros sectores de la población, y a todos los niveles en la adopción de decisiones en instituciones electivas y organismos administrativos y de otra índole responsables de políticas y programas que les conciernan; c)

establecer los medios para el pleno desarrollo de las instituciones e iniciativas de esos pueblos, y en los casos apropiados proporcionar los recursos necesarios para este fin. 2. Las consultas llevadas a cabo en aplicación de este Convenio deberá efectuarse de buena fe y de una manera apropiada a las circunstancias, con la finalidad de llegar a un acuerdo o lograr el consentimiento acerca de las medidas propuestas.[56]

La misma denominación de "Pueblos Originarios" significa tanto la acreditación de derechos históricos perdidos en el proceso de despojo de la Conquista, como el reconocimiento de nación soberana que en un pasado fue obligada a firmar tratados violatorios de su condición, por lo que se comprende el sentido y el impacto de la reforma constitucional de 1994 –art.75, inc. 17- cuando trasforma a los indígenas de "objetos" en "sujetos" de derechos, entre otras cuestiones.[57] Al modificar su estatus a soberano, el reclamo de libre autodeterminación pasa a un primer plano al igual que la redefinición de Argentina como nación pluriétnica y multicultural, que a todo esto ya había creado en 1985 el INAI (Instituto Nacional de Asuntos Indígenas). Estos nuevos factores políticos reforzaron los reclamos mapuce en cuanto éstos comenzaron a explicitar su cosmovisión en temas como el Territorio:

> [...] es el espacio en el que se desarrolla la cultura Mapuche, el cual comprende como un todo (*waj mapu*) los recursos naturales, la superficie (*xufken mapu*) y el subsuelo (*minche mapu*) de la tierra, el aire (*wenu mapu*), la historia de sus relaciones sociales, culturales, filosóficas y económicas, como también su evaluación. En el territorio no existen las partes sino las continuas relaciones entre ellas, que conforman el Todo (*waj mapu*) (COM, Boletín informativo, 1999).

Como sostiene Semorile (2008) la *intelligentzia* mapuce –"joven, bilingüe y culturalmente híbrida"- hábilmente entrelaza en marcos interpretativos estratégicos parte de su "stock" cultural con la ideología ecologista/ambientalista, y le suma categorías tolerables para el sistema ideológico dominante,

---

[56] En el año 2000 Argentina ratifica el Convenio 169 que regula también sobre consulta y participación en temas de condiciones de trabajo, seguridad social y salud, educación y medio ambiente.

[57] A partir de entonces son atribuciones del Congreso reconocer la preexistencia étnica y cultural de los pueblos indígenas argentinos, garantizar el respeto a su identidad y derecho a una educación bilingüe e intercultural, reconocer personería jurídica de sus comunidades, la posesión y propiedad de las tierras comunitarias que ocupan, asegurar su participación en la gestión referida a sus recursos naturales, etc. Además se firmaron más de diez pactos y tratados sobre cuestiones como derecho a la libre autodeterminación.

representando algo contradictoriamente a su cultura hacia afuera e importando formas dominantes de cultura política hacia dentro de la comunidad.[58]

Todo el proceso de emergencia de este núcleo militante que va descubriendo -en interacción con sus comunidades- la posibilidad de una identidad política más cercana a sus necesidades y que construye un discurso con pretensiones de autonomía, fue generando también formatos de protesta y militancia que poseen características distintivas respecto de las protestas sociales que se observan en Neuquén. Los mapuce van y vienen a sus comunidades, están en contacto directo con las usinas de conocimiento de su pueblo y ejercitan lo que denominaríamos una suerte de formación autodidacta mixturada con el aporte de otros tantos miembros que ingresan a las universidades, en especial los *konas* (jóvenes) con lo que no se podría alegar ingenuidad ni colonialidad a secas en sus discursos públicos.

Las prácticas políticas organizacionales combinan dos niveles: la asamblea general (Parlamento), y las asambleas por comunidad o por organización, mientras que en las movilizaciones no se evidencia una separación entre dirigentes y base sino que es toda la comunidad afectada la que se participa (Semorile, 2008). Esto también se relaciona con las prácticas de viajes para conocer otras experiencias que los mapuce emprendieron durante los '90 por el interior argentino, contactándose con otros pueblos en lucha, como los wichi, los diaguitas, los kollas, guaraní, tobas, entre otros; y por Latinoamérica, donde comenzaron a observar otros procesos similares a los suyos, destacando que aquellos "pueblos originarios" ya protagonizaban experiencias de una envergadura mucho mayor: por ejemplo, Bolivia fue la que más impactó, pero también Chile, Perú, Ecuador y la irrupción de Chiapas con el EZLN en 1994, más la figura deslumbrante del Subcomandante Marcos.[59] Y en Neuquén mismo, la movilización mapuce será contemporánea a las grandes huelgas estatales de los '90, de desocupados, a las puebladas cutralquenses (1996/97), y otras tantas protestas apoyándolas y recibiendo la solidaridad de esos mismos actores, como lo demuestra el caso mas reciente de la fábrica recuperada Zanón.

---

[58] Esto se ve claramente en los documentos mas recientes elaborados por la COM que por una parte están cargados de una fraseología ambientalista y culturalista, mientras que otros sostienen una posición frontal y muy ideologizada como en el caso de la afrenta a las petroleras que operan en suelo neuquino, y donde se pide la re-estatización de YPF ("*El pueblo mapuche, las petroleras, y el estado*", Documento de la COM, s/f.).

[59] En Chile los mapuce suman unas 600.000 personas y poseen una gran tradición política fruto de un largo proceso de discusión interna. Sus formulaciones incluyen la conformación de un partido político (el *Wallmapuwen*, "Compatriotas del País Mapuche") o de secciones internas de ellos, como en el PC chileno. En los últimos tiempos los enfrentamientos con el estado chileno implicaron la muerte de varios de sus dirigentes de la zona de la Araucanía.

Por las características mismas de los mapuce es de imaginar que ni las huelgas, ni los paros les son posibles, aunque sí practican formas de acción directa como cortes de ruta, escraches, y marchas. En estas últimas suelen manifestarse solos o acompañando otros reclamos en columnas con sindicatos, partidos de izquierda u organismos de DDHH, asistiendo con sus ancianos, niños, dirigentes y *konas*, que con sus vestimentas tradicionales e instrumentos musicales suelen cantar o gritar *Marici Weu*, ya conocido entre la militancia neuquina. Sin embargo, la mayor parte de las protestas refieren a problemas territoriales y no ocurren en la ciudad capital (contaminación por petróleo, usurpación de campos, corrimiento de alambrados por estancieros, invasión de lugares sagrados, etc.), se desarrollan en el interior de las comunidades existentes en Neuquén y de las que sólo una ínfima cantidad son resaltadas en los medios de comunicación masivos:

> [...] cuando nosotros les planteamos el cuestionamiento a este modelo económico, perverso, destructor, acumulativo, lo hacíamos desde el centro de ese territorio que ellos estaban invadiendo, por eso las principales acciones se hicieron en territorio, sea a las petroleras…[...] tratando de obstruir esa explotación, nosotros planteamos primero la denuncia y la necesidad de cuestionar este modelo económico, que traía solamente miseria no sólo para el pueblo mapuche sino para el conjunto de la sociedad, y cuando nuestras denuncias eran ignoradas nosotros lo que hacíamos era pasar a la práctica en el mismo centro de esa explotación, sean las petroleras, sean los complejos turísticos, sean las empresas forestales que quieren apropiarse de los bosques nativos [...] ellos estaban dentro de nuestro territorio, desde nuestra visión, no?, porque desde la visión jurídica huinca la empresa estaba actuando todo legal, porque había recibido una concesión, porque esa concesión estaba sobre tierras fiscales, porque lo había otorgado el dueño del recurso que es el Estado, toda esa lógica era la que nosotros queríamos cuestionar. Acá el dueño, si hay que utilizar ese concepto, es el pueblo mapuce, quien tiene que otorgar el permiso o denegarlo es el pueblo mapuce, por lo tanto lo que está haciendo la empresa es ilegítimo, es ilegal. Desde esa lógica nosotros nos paramos y le impedíamos a las empresas funcionar, trabajar. Desde, no sé, desde Zanón que quiso explotar todo lo que era la riqueza ahi de arcilla refractaria en zona centro, hasta las petroleras, hasta las empresas estatales que querían explotar los bosques de Pulmarí o, no sé, el nido del Chapelco que quería explotar el complejo turístico a costa de toda la contaminación aguas abajo, toda esa cuestión, o a un terrateniente que de pronto te impedía ingresar a tus tierras, todo eso se hizo ahí en el lugar, se hacia ocupación efectiva de el lugar (Testimonio de Jorge Nahuel, Neuquén, 15/12/07).

En efecto, uno de los conflictos centrales ocurrió durante 1992-93 y enfrentó a la comunidad mapuce Zúñiga con propietarios de enormes estancias del Departamento de Catán Lil, los que cerraron sus tranqueras impidiendo el paso -por un camino público-[60] entre comunidades, perjudicando el abastecimiento vital entre ellas, cuestión que ocasionó la muerte de un mapuce que necesitaba atención médica. Varios mapuce rompieron los cerrojos y fueron denunciados penalmente por los propietarios. El juicio sentó precedentes pues el juez ponderó a favor de los imputados el hecho de que éstos, por pertenecer a otra cultura, no tenían obligación de conocer la jurisprudencia pero fundamentalmente porque hablaban otra lengua, el *mapuzungun*, lo que hacía que la interpretación del proceso resultara extremadamente dificultosa para ellos, y el acto de defensa prácticamente sin garantías.

Otro conflicto paradigmático lo protagonizó el empresario Luis Zanón, quien en julio de 1994 inicia trabajos de extracción de arcilla invadiendo territorio perteneciente a la comunidad Kalfucurá, que responde a esa invasión ocupando físicamente esos espacios. En la medianoche anterior a uno de los días de trabajo los mapuce se acantonaron en la zona y al amanecer comenzaron a cortar los accesos al lugar con consignas como "no destruyan más nuestra vida mapuche" (Informe UNC-APDH, 1996: 330); la consigna hace referencia a que la zona de extracción era nada menos que un cementerio mapuce. Casi diez años más tarde, en un acto de reivindicación y de solidaridad con sectores combativos del campo de protestas neuquino, los mapuce donarán y brindarán acceso a las mismas canteras, pero a los trabajadores de Zanón Bajo Control Obrero.

Entre el 15 y el 25 de mayo de 1995, familias enteras pertenecientes a las comunidades Salazar y Aigo, apoyados por la COM y sectores de la ciudad de Aluminé, ocuparon la sede de la Corporación Interestadual Pulmarí (CIP),[61] cita en dicha ciudad, luego de agotar instancias de diálogo que hacían oídos sordos a sus varios reclamos, como el de la incorporación al Consejo de la CIP (donde se decide, por ejemplo, la concesión de explotaciones mineras) o el acceso a tierras.[62] Como se dijo, en cada acción de protesta la participación es de toda la comunidad involucrada

> [...] esa acción en el lugar tenía por un lado el protagonismo primario de la comunidad involucrada al lado de su organización, y tenía inmediatamente una política de alianza con los sectores sociales. Todos estos sectores sociales

---

[60] El cierre de la tranquera fue custodiado por la policía y avalado por el ingeniero Daniel Sapag, titular de Vialidad Provincial.

[61] La CIP fue creada durante el gobierno de Alfonsín (1987) con el objetivo de gestionar la explotación de recursos forestales, ganaderos, mineros, turísticos, industriales y comerciales.

[62] Informes detallados de estos sucesos desde el punto de vista jurídico pueden consultarse en el documento *Defensa y reivindicación de tierras indígenas* (1996), Proyecto Especial de Investigación y Extensión de la UNCo y la APDH Neuquén, en donde varios informes están redactados por la máxima referente de la APDH neuquina, Noemí Labrune.

que vos identificás que fueron protagonistas del '90 eran sectores que siempre estuvieron dispuestos a apoyar y una de las fortalezas de la lucha mapuce era haber creado toda esa política de alianzas con esos sectores. Eso fue muy importante, igual que grupos de apoyo que se conformaban con jóvenes, con estudiantes, grupos de apoyo que te ayudaban a denunciar, a hacer escraches acá en la ciudad, era, para nosotros era parte de la estrategia no?, de la herramienta de lucha. Primero, era protagonista la comunidad que estaba afectada, estaba la organización respaldándolo, y siendo la vocera de ese conflicto, y estaba la red de apoyo político que siempre estuvo (Testimonio de Jorge Nahuel, Neuquén, 15/12/07).

La conflictividad está circunscripta en cierta medida a la zona de Parques Nacionales, centro privilegiado en términos de biodiversidad. Las protestas más resonantes ocurrieron durante 1995-98 en la zona de Pulmarí, que incluyó enfrentamientos con gendarmería. También la lucha frente al avance contaminante de las petroleras, como el caso del yacimiento de Loma de la Lata (1998), o en los centros turísticos como Chapelco. La exteriorización del discurso en términos de autonomía territorial fue aprovechada por la prensa local para distorsionar las protestas, enrareciendo el clima con denominaciones como "el mapuchazo" o comparándolas con las acciones del separatismo vasco o la emergencia de la guerrilla chiapaneca. Fue famoso un titular del diario *Río Negro* denunciando *"Aluminé convertida en otra Chiapas"* (Semorile, 2004). En menor medida, cierta radicalidad del discurso caló hondo en las etnocéntricas visiones de la dirigencia opositora neuquina, de tradición combativa. Algo de la radicalidad del mensaje mapuce es reconocido por Nahuel:

> [...] porque cuando vos te reivindicás como pueblo estás marcando una diferencia muy fuerte, no?, estás diciendo **yo soy diferente**, viste? Cuando había una angustia y había una urgencia en mostrar una unidad lo más homogénea posible, vos decías, si perfecto, pero yo soy diferente, yo soy parte de esta unidad, soy parte de este frente, soy parte de esta alianza, pero quiero marcar que soy diferente, porque si yo no marco que soy diferente, mi identidad y mis derechos y mi existencia se diluyen, y desaparece. Entonces le planteamos al resto de los compañeros, queremos ser parte de un frente, queremos ser parte de una alianza, queremos ser parte de una unidad, pero queremos ser nosotros, viste?, porque **durante décadas hemos sido una fuerza adherente, hemos sido vagón de cola y ahora queremos ser protagonistas** [...] Creo que la diferencia que exacerbaba más el debate y generaba más reacción, es el hecho de que **nosotros nos parábamos como Nación Mapuce, y pararnos como Nación Mapuce para nosotros es lo más natural, porque nosotros éramos eso antes de que llegara aquí el ejército de Roca, éramos una nación independiente** [...] Pero te digo cual era la reacción ante este discurso, nosotros somos de nacionalidad

mapuce, somos ciudadanos argentinos, ciudadanos neuquinos, pero somos de nacionalidad mapuce y eso era algo que, en el sector docente suponéte, genera mucha reacción, porque el "ser argentino", el "ser nacional" que es una absoluta falacia, no?, pero está muy incorporado dentro del sistema educativo. El respeto y la veneración a los símbolos patrios, la jura a la bandera, todo ese pelotudeo que ya, que hoy lo cuestionamos, y nosotros no lo aceptamos y nuestros hijos no lo hacen, era una cuestión que generaba mucha reacción (Testimonio de Jorge Nahuel, Neuquén, 15/12/07).

Finalmente, los partidos de todo el arco de izquierdas más radicalizado, opositor tanto al capitalismo como al sistema de representación democrático, no lograron comprender las señales mapuce, o no lo quisieron. La insistencia en subsumir la lucha mapuce –en las escasas ocasiones en que ésta era considerada- en las coordenadas anticoloniales, dentro de la opresión de clases y tras la idea de vanguardia obrera, hizo alejar las pretensiones de alianzas más profundas, cuestión que no implicó, como ya se adelantó, la presencia mapuce en listas de partidos de izquierda como ocurrió a fines de los '80 con la experiencia del Frente de los Trabajadores o ejemplos como el de Arturo Nahuel, secretario general del sindicato docente (2002-2004), aunque éste último no militara en organización mapuce alguna.

El devenir de la lucha de los mapuce, el proceso de redescubrimiento de sí mismos y la reconstrucción de su historia, están abiertos a una constante interacción con actores sociales ya movilizados en Neuquén; sin embargo, mantiene la impronta afectiva y dolorosa de la experiencia con la Iglesia de Don Jaime (que de ninguna manera se agotó en él sino que se extendió a sus discípulos) y con el Estado neuquino que, combinada con el hallazgo de una inagotable fuente identitaria anclada en la lengua, inauguran un frente de reflexiones nuevo que puede ayudar decididamente a comprender mejor la dinámica de las protestas sociales en el Neuquén contemporáneo, ampliando los parámetros con los que se ha mirado este fenómeno en general. Y quizá la *forma mapuce* (algo irreverente) de interpelar a esta sociedad neuquina contribuya con un carácter muy especial, signado por el destronamiento de las formas estratificadas de pensarse a sí misma, y que nosotros bien podríamos retomar destronando nuestras propias categorías y certezas sobre lo social. Valga como final la incisiva ironía de Jorge Nahuel respecto del monumentalismo huinca, más allá de la folclórica pero no por ello menos legítima aversión a Roca, que fuera extrañamente publicada en la prensa neuquina:

A lo mejor ser paloma sería una mejor opción, para poder ignorar esas estatuas. Ser un héroe equivale a soportar las cagadas de todas las palomas. Ser paloma y volar y cagarse en quien se quiera es más poderoso que ser un héroe falso rígido de cemento. Todo depende de la perspectiva desde donde partamos para construir el futuro (*"Genocidio, genocidas y monumentos"*, en Diario *Río Negro*, 13/10/2008).

Conclusiones

> Señor **Alejandro Lopez**: ¿Jura por la Patria, por **la lucha de los obreros ceramistas y la clase obrera que no tiene fronteras**, por **Teresa Rodríguez**, por **Carlos Fuentealba, Mariano Ferreyra**, por la memoria de **Boquita Esparza** y **Leopoldo Denaday** y por los **30.000 desaparecidos** desempeñar fiel y debidamente el cargo de Diputado Provincial para el que ha sido electo, en un todo de acuerdo con lo preceptuado en la Constitución Provincial?
>
> - Sí, JURO.[1]

Relevos. Legados. Mandatos. ¿Por qué este acto se juramenta en las luchas mencionadas?, ¿Acaso referir a un haz de protestas, referentes simbólicos y marcas históricas garantiza la eficacia del compromiso? De ninguna manera. La lectura que ensayamos es otra: lo que ese juramento dice es que su fidelidad, sellada en un lugar-ícono de la política burguesa moderna (la Legislatura), obedece a las reglas de la acción colectiva; y lo que no dice es que el reaseguro del *mandato,* que aquí es menos una confirmación contractual ante pares que una operación de lealtad a las reglas del campo militante, se ejerce mediante el acto de nombrar así las cosas: hilvanando luchas. En otras palabras, se jura *por* ellas, porque así *debe ser.* Por eso decimos que la experiencia de los obreros de Zanón constituye un *relevo*, pues continúa la zaga que bajo el aspecto de *mandato* otros actores dejan como *legado.* El "señor" Alejandro López es un joven obrero de la ex Cerámica Zanón. Referente de la Lista Marrón que peleó desde la comisión interna por la recuperación del sindicato ceramista (1998-2000) y se transformó en poco tiempo en secretario general del mismo. En diciembre del 2011 accedió al cargo de diputado provincial en la Legislatura neuquina merced a una alianza de alcance nacional entre partidos de izquierda trotskista denominada FIT (Frente de Izquierda

---

[1] Diario 8300, 10/12/2011. Disponible en: http://www.8300.com.ar/2011/12/10/juraron-los-nuevos-diputados-y-diputadas-neuquinas/

de los Trabajadores), cuya versión neuquina se caracterizó por congregar también a la Lista Marrón, para entonces convertida en la épica agrupación sindical ceramista que impulsó tanto la resistencia obrera al cierre de Zanón como la actual autogestión obrera.

Es que nuestros protagonistas van acopiando imágenes, relatos y símbolos para contornear aquello que denominamos como experiencia, experiencia que es también actuada, puesta en escena. Algunos tienen una capacidad asombrosa para hacerlo, o mejor dicho, las personas *hacen* de otras tantas personas agentes particularmente aptos para *hacer fluir la acción* (hacer *mover* aquellas imágenes, relatos, símbolos y experiencias). Obsérvese que Don Jaime De Nevares abre, atraviesa y cierra este libro. Sin abandonar su modo religioso de hacer las cosas, el Obispo almacenó reconocimiento y autoridad y los dispersó en cuanto colectivo militante creyó merecer de su indicación: desde la protección a organismos de DDHH hasta el puntapié inicial para la fundación de ATEN, desde el aval a las huelgas de la UOCRA hasta la reivindicación de los mapuce. Formidable metáfora de actor-red, Don Jaime De Nevares acumuló un inmenso capital militante. Su nombre es nudo de múltiples redes. Así como la figura del Obispo magnifica la idea de un entramado de actores y acciones, otros de menor gloria multiplican al infinito y subterráneamente esa extraordinaria trama social móvil. Pensemos la experiencia de la Interbarrial neuquina: allí vimos exiliados chilenos con extensas trayectorias políticas que se articulan con vecinos, que a su vez son obreros de la construcción; por sus barrios de residencia circulan asiduamente tanto activistas de izquierda como militantes del MPN. Y así como se van conformando, tomas de tierras mediante, los barrios periféricos neuquinos, también se van construyendo las posibilidades de nuevas acciones colectivas: la Coordinadora de Desocupados de Neuquén surgida en 1995 obedece tanto a la desocupación como al activismo subterráneo anclado en esos barrios. De allí que un participante de aquella Coordinadora pueda reunir los siguientes atributos: ser de origen chileno, poseer un pasado de militancia social-cristiana, trabajar como obrero de la construcción, ser vecino de una toma de tierras en Neuquén, participar de las huelgas de la UOCRA, y devenir militante trotskista. Ahí está la sombra de Juan Yáñez. Su vida, *tras su muerte*, adquiere significación en este universo cuando otros se encargan de explicarla, *de*velarla.

De izquierda a derecha, la mayoría de los militantes *llega* a Neuquén. Para algunos, esta provincia ofrece una oportunidad inigualable de trabajo y la posibilidad de ocupar posiciones clave en el diseño de políticas públicas, o también, acceso al poder político. Para otros tantos, Neuquén es un atractivo oasis militante. Ambas situaciones habilitan el (re)inicio o la reconversión de carreras políticas, tanto más posibles cuando el capital militante acumulado va en aumento. En nuestro caso de estudio este capital puede efectivamente aumentar porque el campo de despliegue es un campo de protesta social; vale decir, un espacio social donde las competencias (militantes) se miden por la capacidad de movilizar. Va de suyo que no se trata de ponderar cuánto moviliza un actor, ni de suponer que todos son aquí militantes *strictu sensu;* efectivamente, en un contexto donde la aplicación de determinadas políticas económicas afectan el modo de supervivencia de los trabajadores resulta evidente que no todos estarán en condiciones de resistir y protestar con éxito. En el caso de los sindicatos estatales de ATEN y ATE, **aún con características sociológicas que las distinguen**, ambas organizaciones supieron construir formas eficaces de hacer política a la hora de enfrentarse al Estado provincial. ATE organiza secciones y encuentros casi de manera obsesiva y cuando se ve amenazada no duda en volcarse a la acción directa: tomas de edificios públicos, movilizaciones, cortes de calles o rutas mas la participación activa en una temprana pueblada (Senillosa 1994) marcan su irrupción en el historial de protestas sociales neuquinas. Al verticalizar su organización, centralizar su discurso contra el neoliberalismo y referenciar su identidad en un sólido líder como Julio Fuentes, ATE logra también en el lapso de una década ocupar posiciones y capitanear lo que luego será el CTA local. ATEN, por su parte, se construye más en base a una lógica asamblearia y a una permanente rotación de personalidades en sus conducciones gremiales. No obstante ello, a la hora de la acción saldrá a la calle y se zambullirá en puebladas quizá de manera más intensa que su par sindical. Eternamente en estado de asamblea, con bases tan quietas como predispuestas a la movilización, plagada de corrientes internas y brazos partidarios, ATEN es un huracán de discusiones permanentes que oscila entre un cultivado orgullo militante que traspasa las barreras provinciales y un enorme miedo a lo desconocido: la Ley Federal de Educación, o la necesidad de constitución del CTA, debatidas en el sindicato docente más combativo del país, nunca terminó de ser cabalmente comprendida ni aceptada por las bases y la dirigencia. Si a eso le sumamos la sistemática represión estatal, podremos tener un panorama más complejo que ayude a comprender su acentuada disposición a la acción, pero también la angustiante incertidumbre en la que se ven envueltos en los momentos previos a ella.

ATE, de base "obrera", filo peronista-emepenista y preponderantemente masculina; ATEN, con perfil de "clase media", fuertes tendencias políticas de izquierda y nacional populista, y con un claro componente femenino, constituyen formas diferentes de un mismo fenómeno: la práctica de la protesta como modo de hacer política y de elaborar diversas concepciones sobre lo que el Estado y lo público deben ser. Estos dos sindicatos lideraron las acciones durante los '90, aunque ya en los últimos años de la década las luchas internas en ATEN, más la represión y judicialización de la protesta sobre ambos, menguaron notablemente su capacidad de acción.

En el interior de estas organizaciones vimos circular la densa red de militantes que entran, salen, permanecen, llevan y traen símbolos, frases y experiencias a la par de otros tantos que no se consideran a sí mismos como *militantes*. Entre estos dos tipos de actores sociales ocurre el fenómeno de la movilización: unos actúan *ex profeso* para tal fin, los otros simplemente actúan cuando evalúan que deben movilizarse. Algunos pueden ser pensados como intermediarios mientras que otros juegan el rol de mediadores. Entre ambos discurre plácidamente la incertidumbre de la acción.

Por fuera de este universo beligerante, el Movimiento Popular Neuquino se fue convirtiendo, por méritos propios, en un enemigo externo aunque, como vimos, esa demarcación está lejos de ser taxativa y definitiva: acaso la intensa protesta social en el Neuquén de los '90 obedezca mejor a la dura realidad que exhibe la difícil constitución de una alternativa de poder creíble para las bases sindicales y que permita el recambio político en el Estado. Al mismo tiempo, esa negada alternativa recién tras las puebladas cutralqueneses comienza a tornarse urgente, porque allí se derrumba gran parte de aquella impronta bienestarista que el sapagismo supo construir y sobre la cual se apoyaban las expectativas y reclamos de los trabajadores estatales junto a gran parte de la sociedad neuquina. Al igual que Carlos Menem, Jorge Sobisch no fue pudo ser identificado de inmediato como un neoliberal que se disponía a achicar el Estado a como dé lugar; la propia conducción de ATE tardó un tiempo en percibirlo de ese modo. Y si luego el sobischismo se definió con claridad, es de comprender que con la posterior y última experiencia de Felipe Sapag haya sucedido algo similar en términos de sorpresas y expectativas. Los testimonios de militantes del MPN que analizamos evidencian el alto costo político de las medidas sapagistas al decidir los recortes salariales a los estatales al tiempo que señalan la emergencia de una nueva forma de militancia (decididamente pragmática y punteril) incompatible con el relato épico de los fundadores del partido. Con todo, puede pensarse que el viraje de un MPN *bienestarista* a otro *neoliberal* lejos estuvo de hacer peligrar la supervivencia de semejante experiencia de poder; al contrario, la incómoda aparición de los "hijos bastardos" sobischistas demostró la gran capacidad de este partido para *aggiornarse* a los vientos de coyuntura, atrayendo a sus filas a personajes tan aparentemente opuestos como los que logramos entrevistar. Por lo demás, las protestas sociales, dentro del pensamiento dominante del político emepenista, no supera la difusa dicotomía de ser pensada ya como legítima (puebladas), ya como actos generados por infiltrados de izquierda (sindicatos).

De todo lo que venimos sosteniendo se desprende que la protesta social en Neuquén durante los '90 no puede explicarse sin aludir a las características de su sistema político, *ergo*, la protesta social se convierte en la forma privilegiada de *hacer política* de vastos sectores que no participan de la competencia electoral, tanto por la características de las organizaciones en las que activan como por carecer de un horizonte que aspire claramente a ese tipo de poder político. Va de suyo que estos actores han aprendido a demandar al Estado exitosamente, legitimando además su acción en las propias reglas de juego y en los discursos impuestos por el partido gobernante que demarca la especificidad neuquina. Las protestas sociales son parte constitutiva de la política neuquina: resisten, rechazan, limitan, imponen, proponen o redefinen agendas de discusión y recursos materiales, modos de percibir la realidad, concepciones acerca del deber ser del Estado y la política, y aunque probablemente la idea encontrada no sea la más feliz, decimos que ellas constituyen una *cultura política de protesta*: la escritura de un documento de partido (el balance del MAS en la UOCRA), boletín sindical o de alguna agrupación interna, el modo de discutir en un Plenario, una acción aprendida y repetida (cortar rutas, tomar edificios), una manera de hablar (Ruth peleando por el micrófono en un acto), un formato para marchar, cantar o gritar (los bombos de ATE), modos contrapuestos de tomas de decisiones (ATE vs ATEN), formas de sociabilidad militante compartidas (reuniones sociales entre militantes de organismos de DDHH, o ligados a la Iglesia, o miembros de partidos políticos), prácticas recreativas (los bailes de ATE) o acciones premeditadas (la estrategia de la izquierda en la Coordinadora de Desocupados), la generación de un orgullo identitario apoyado en el atributo de ser "los más combativos del país", y hasta las minucias de los choques entre seccionales docentes o el propio final de década de ATEN, sumergido en interminables disputas internas, son también pensables como las formas elementales de practicar y sostener esa cultura política.

Esa cultura política de protesta (con)vive en un "contexto" que si bien no la explica (no es la causa) sí la ayuda a ser lo que es: nuestra tediosa descripción de medidas gubernamentales referidas a recortes salariales o a intentos de privatización de entes estatales, junto al efecto que va generando el creciente desempleo y la represión de las movilizaciones nos permiten entrever la relación dialéctica entre las modificaciones en las condiciones de existencia y lo que los actores deciden y piensan hacer con ellas. En otras palabras, la reconstrucción de los "factores" y la historia de sus interpretaciones, entendiendo que en cada interpretación se juega ya una acción que involucra a ambos. Por esto último, en los elementos constitutivos de esta cultura política de protesta se juega también lo que la política en trazos gruesos, tal como se la practica en las esferas de poder, impregna en cada modo de disputar lo que se toma por justo. Porque al final de cuentas, tal como sentenció Walter Benjamin, e invocando la traumática experiencia de lucha de los mapuce (impugandora, a su modo, de todas las demás luchas), no hay documento de cultura que no sea a la vez documento de barbarie. No hay cultura política de protesta inmune o autónoma de la cultura política dominante.

Los *Excursus* configuran el "detrás de escena" de estos grandes procesos sociales: la atmósfera en que circula la acción en una sala de profesores, la excitante entrada y la angustiosa (o liberadora) salida de organizaciones políticas, la estructuración de un habitus militante *transportado* por viejas generaciones de activistas hacia las nuevas, la dominación simbólica que parecen ejercer saberes legitimados y sus compañeros de (corte de) ruta: los saberes prácticos de los no-militantes (Laura y Cristina), y el devenir muchas veces inaprensible de cada biografía puesta en papel son tan determinantes para lograr alguna explicación como cualquiera de las medidas de ajuste tomadas por los gobiernos.

Biografías que se intersectan para dar forma a una Historia. Cada *Excursus* también permite ver, entrelíneas, a quien escribe éstas en su insistente y monótona pregunta por la acción. Una pregunta que sin dudas desplaza hasta este final los argumentos y las referencias a sabiendas de que ninguna búsqueda se cierra, y por eso, más que un final es un paréntesis que ya comienza a dar entrada a otras preguntas. Y quizás cada nueva pregunta en torno a ella (la acción) no sea más que la repetición de una acción que, provisoriamente, cae rendida a la simplicidad de anónimas y eternas sentencias:

> Mira: El paradigma de la acción, es un ciruelo
> que se vence a causa del peso de sus frutos.
> La acción es desarrollo.
> Luego las cosas ocurren de repente.
> Las frutas caen por su propio peso.
>
> El crecimiento ha sido largo, pero
> el desprendimiento es solo un instante.
> Así, tus procesos incuban el acto futuro.
> Alguien que se ha perdido, quizá debía perderse.
> Eso es todo...

BIBLIOGRAFÍA

AAVV, (1988), *Un siglo de luchas*. Antídoto, Buenos Aires.

AAVV, (2007), *Un conflicto social en el Neuquén de la confianza*, Educo, Neuquén.

Aiziczon, Fernando, (2005), "Neuquén como campo de protesta" en Favaro, Orietta (edit.) *Sujetos sociales y política en la norpatagonia argentina*. La Colmena, Buenos Aires.

----------------------, (2008), en "Cultura política de protesta. Una aproximación conceptual", en *Revista Cuadernos de Historia*, Área Historia del CIFFyH, Córdoba, Nº 10.

----------------------, (2009), *Zanón, una experiencia de lucha obrera*. Herramienta, Buenos Aires.

----------------------, (2013), "Los militantes y la acción. Aportes teóricos para la discusión, en Roitman y Morón (comps.) Procesos de acumulación y conflictos sociales en la Argentina contemporánea. Debates actuales y estudios empíricos, ed. Universitas, Córdoba.

Adrogué, Carlos, (1995), "El nuevo sistema partidario argentino", en Acuña, Carlos (comp.) *La nueva matriz política argentina*. Nueva visión, Buenos Aires.

Andújar, Andrea, (2010), *Protestas, revueltas y resistencias. Las mujeres en los cortes de ruta en la Argentina*. Tesis doctoral en Historia, Facultad de Filosofía y Letras, UBA, Buenos Aires.

Aufgang, Lidia, (1989), *Las puebladas: dos casos de protesta social. Cipolletti y Casilda*. CEAL, Buenos Aires.

Auyero, Javier, (2001), *La política de los pobres*. Manantial, Buenos Aires.

-----------------(2002), *La protesta*. Libros del Rojas, Buenos Aires.

-----------------(2004), *Vidas beligerantes*. UNQ, Buenos Aires.

Azconegui, Cecilia, (2010), "De madres de desaparecidos a Madres de Plaza de Mayo", en Favaro y Iuorno (edit.) *El arcón de la Historia reciente en la norpatagonia argentina*. Biblos, Buenos Aires.

Badiou, Alain, (2005), *El siglo*. Ed. Manantial, Buenos Aires.

Balazote, Alejandro, Rotman, Mónica, (2006), "Artesanías Neuquinas": Estado y comercialización de artesanías mapuche", Revista Electrónica *Theomai.*

Bandieri, Susana, (2000), "Ampliando las fronteras: la ocupación de la Patagonia", en *Nueva Historia Argentina.* Sudamericana, Buenos Aires.

--------------------, (2002), "La persistencia de los antiguos circuitos mercantiles en los Andes meridionales", en Mandrini, Raul y Paz, Carlos (comp.), *La frontera hispano-criolla del mundo indígena latinoamericano en los S. XVII y XIX.* IEHS, Tandil.

--------------------, (2005), *Historia de la Patagonia.* Sudamericana, Buenos Aires.

Beliera, Anabel, "¿Campo de protesta Reflexiones sobre el uso de la teoría de Bordieu en el análisis del conflicto social en Neuquén-Argentina", en Revista *Ciencias Sociais Unisinos,* Sao leopoldo, vol. 49, Num. 2.

Bengoa, José, (1996), *Historia del Pueblo Mapuche (Siglos XIX y XX).* Colección Estudios Históricos, Ediciones SUR, Santiago de Chile.

Bensaid, Daniel, (2002), *Trotskismos.* El Viejo Topo, España.

Bilder, Ernesto y otros, (1998), "Las políticas neoliberales y la crisis en la provincia de Neuquén", *Realidad Económica,* N° 157, Buenos Aires.

Bobbio, Matteucci, Pasquino, (1994), *Diccionario de política.* Siglo XXI, México.

Boff, Leonardo, (1990), *La nueva evangelización.* Buenos Aires, Lumen.

Bohoslavsky, Ernesto, (2008), *La Patagonia: de la guerra de Malvinas al final de la familia ypefiana.* Ediciones Biblioteca Nacional, Buenos Aires.

Bonnet, Alberto y Piva, Adrián, (2009), *Argentina en pedazos. Luchas sociales y conflictos interburgueses en la crisis de la convertibilidad.* Peña Lillo, Buenos Aires.

Bonifacio, José Luis, (2011), *Protesta y organización. Los trabajadores desocupados en la provincia de Neuquén.*Editorial El Colectivo, Buenos Aires.

Bourdieu, Pierre, (1990), *Sociología y cultura.* Grijalbo, México.

-------------------- (1991), *El sentido práctico.* Siglo XXI, Buenos Aires.

-------------------- (2001), *El campo político.* Plural ediciones, Bolivia.

-------------------- (2007), *Razones prácticas.* Anagrama, Barcelona.

Briones, Claudia, (2008), *Cartografías Argentinas*. Buenos Aires. Antropofagia.

Calducci, Norberto, (1999), "El mayo neuquino", revista *En Defensa del Marxismo*, número 22, Buenos Aires .

Calello, Osvaldo y Parcero, Daniel, (2004), *Los pioneros. Historia de ATE. Tomo I, 1925-1932*. Publicación de ATE.

Camino Vela, Francisco y Rafart, Gabriel, (2007), "La Patagonia norte como excepción, sin alternancia y lejos del peronismo: partidos dominantes y oposiciones fragmentadas en las provincias de Río Negro y Neuquén, 1983-2005", ponencia presentadas en las *I Jornadas Internacionales Historia de las dirigencias políticas contemporáneas*, CEA, Córdoba.

Cao, Horacio, Favaro, Orietta, Iuorno, Graciela, (2007), *Las provincias argentinas. Estado, territorio y sociedad en las últimas décadas*. CEHEPYC, Centro de Estudios Históricos de Estado, Política y Cultura. Facultad de Humanidades, UNCo, Neuquén. Disponible en: http://bibliotecavirtual. clacso.org.ar/ar/ libros/argentina/cehepyc/cao.doc

Castiglioni, Franco, (1997), "Prólogo", en Pasquino, Gianfranco, cit.

Castillo, Héctor Enrique, (2005), *Neuquén, crónica de un época y la fundación del MPN*. Neuquén.

Ceruti, Leónidas y Resels, Mariano, (2006), *Democracia directa y gestión obrera. El SOEPU, la intersindical de San Lorenzo y la coordinadora de gremios, 1962-1976*. Ediciones Del Castillo, Rosario.

Clastres, Pierre, (2008), *La sociedad contra el Estado*. Terramar, Buenos Aires.

Corzo, Raúl Arnaldo ("Pelado" Matosas), (2006), *El día más hermoso*. Ediciones Después del Muro, Buenos Aires.

Delamata, Gabriela, (2002), "De los estallidos provinciales a la generalización de las protestas sociales en Argentina", en *Revista Nueva Sociedad*, número 182, Caracas.

Delrío, Walter, (2005), *Memorias de expropiación. Sometimiento e incorporación indígena en la patagonia, 1872-1943*. UNQ, Buenos Aires.

Chaneton, Juan, (2005), *Dios y el diablo en la tierra del viento. Cristianos y marxistas en la huelga del Chocón*. Catálogos, Buenos Aires.

Chávez, Beatriz, (2007), "La caminata de Piedra del Águila", ponencia presentada en las *IV Jornadas de Espacio y memoria*, Rosario.

Del Grosso, Leonardo, (2001), *La huelga grande. Cutral-Có. La pueblada del '58*. Edición de ATE-CTA, Buenos Aires.

Echenique, (2005), "El movimiento estudiantil universitario del Comahue (1970-1976)", en Favaro, Orietta (coord.) *Sujetos sociales y política. Historia reciente de la norpatagonia argentina*. La Colmena, Buenos Aires

Fajn, Gabriel, (2002), *Fábricas y empresas recuperadas*. Ediciones del CCC, Buenos Aires.

Falaschi, Carlos y otros, (2008), "Políticas indigenistas en Neuquén, pasado y presente", en Briones, cit.

Farinetti, Marina, (1999), "¿Qué queda del 'movimiento obrero'? Las formas del reclamo laboral en la nueva democracia argentina", en *Revista Trabajo y Sociedad*, Santiago del Estero. On line: http://www.unse.edu.ar/trabajoysociedad/ Zmarina.htm

Favaro, Orietta (edit.), (1999), *Neuquén, la construcción de un orden estatal*. Educo, Neuquén.

------------------ (2002), "Neuquén, la sociedad y el conflicto", en *Revista Realidad Económica*, núm 185, Buenos Aires.

---------------------, Bucciarelli, Mario, (1999), "El sistema político neuquino. Vocación hegemónica y política faccional en el partido gobernante", en Favaro, Orietta (edit.), cit.

---------------------, Bucciarelli, Mario, (2001), "Una experiencia populista provincial. Neuquén 1960-1990", en *Revista Nueva Sociedad*, Caracas, Venezuela, núm. 172.

-------------------, (comp.), (2005), *Sujetos sociales y política en la norpatagonia argentina*. La Colmena, Buenos Aires.

-------------------, Bucciarelli, Iurono, (1999), "Protestas, ajustes y resistencias. Las pobladas cutralquenses", en Favaro, Orietta (edit.), cit..

Favaro, Orietta, (2006), "El modelo productivo de provincia y la política neuquina", en Favaro, Orietta (editora) *Sujetos sociales y política en la norpatagonia argentina*. La Colmena, Buenos Aires.

Favaro, Zapata, Araya, (2010), "Tierra de todos o de nadie. Las pobladas del alto valle de Río Negro, en el contexto de las protestas de los años 1960 -1970", ponencia presentada en las IV Jornadas de Historia de la Patagonia, septiembre de 2010, La Pampa.

Fernández Álvarez, (2009), "Expropiar la fábrica, apropiarse del trabajo", en Grimberg, Fernández Álvarez, Rosa (edit.) *Estado y movimiento sociales: estudios etnográficos en Argentina y Brasil*. Antropofagia, Buenos Aires.

Flores, Gregorio, (2004), *SITRAC-SITRAM. La lucha del clasismo contra la burocracia sindical*. Espartaco, Córdoba.

Fraga, Rosendo, (1991), *La cuestión sindical*. Centro de Estudios para la Nueva Mayoría, Buenos Aires.

Giarraca, Norma, (2001), *La protesta social en la Argentina*. Alianza, Buenos Aires.

Giaretto, Mariana, (2011), *Ciudad en conflicto. Un análisis crítico de las relaciones entre Estado capitalista y tomas de tierras urbanas*. Publifadecs, Río Negro.

Ginzburg, Carlo, (1997), *El queso y los gusanos*. Muchnik, Barcelona.

-------------------- (2010), *El hilo y las huellas. Lo verdadero, lo falso y lo ficticio*. FCE, Buenos Aires.

Gómez, Marcelo, (2009), *Los movimientos sociales dicen*. Editorial Trilce, Buenos Aires.

Gordillo, Mónica, (2010), *Piquetes y cacerolas*. Sudamericana, Buenos Aires.

--------------------- y Natalucci, Ana, (2005), "Vulnerabilidades regionales y acción colectiva en el marco del ajuste del Estado", en *Realidad Económica*, núm. 211, IADE, Buenos Aires.

Guber, Rosana, (1991), *El salvaje metropolitano*. Paidós, Buenos Aires.

Gurrera, Silvina, (2004), *Ruptura y promesa movimientista. La construcción política de la Central de los Trabajadores Argentinos en la década de 1990*, Tesis de Maestría, Universidad Nacional de San Martín, Georgetown University, Buenos Aires.

Heller, Pablo, (2003), *Fábricas Ocupadas. Argentina: 2000-2004*. Rumbos, Buenos Aires.

Hall, Stuart y Jefferson, Tony, (2014), *Rituales de resistencia. Subculturas juveniles en la Gran Bretaña de posguerra*. Traficantes de sueños, Madrid.

Iñigo Carrera, Nicolás, (2008), "Indicadores para la periodización (momentos de ascenso y descenso) en la lucha de la clase obrera: la huelga general. Argentina 1992-2002". *Documento de trabajo del PIMSA*, número 72, Buenos Aires.

Hobsbawm, Eric, Ranger, Terence, (2002), *La invención de la tradición*. Crítica, Barcelona.

Ingelmo, Hernán, (2004), *Don Jaime Francisco De Nevares, compromiso social*. Tesina, inédita.

-------------------- (2004), *Algunas semillas de Don Jaime para seguir en el surco del compromiso por el Reinado de Dios y su justicia*, Material inédito cedido por el autor.

Kohan, Aníbal, (2002), *¡A las calles! Una Historia de los movimientos piqueteros y caceroleros de los '90 al 2002*. Colihue, Buenos Aires.

Kropff, Laura, (2005), "Activismo mapuche en Argentina: trayectoria histórica y nuevas propuestas", en Dávalos, Pablo, *Pueblos indígenas, estado y democracia*. CLACSO, Buenos Aires.

Labrune, Noemí, (1988), *Buscados. Represores del Alto Valle y Neuquén*. APDH, Neuquén.

Lafón, Marcelo, (2012), *Lucha de clases y posmodernidad: la huelga docente del 2007*. Editorial Kuruf, Neuquén.

Latour, Bruno, (2008), *Reensamblar lo social. Una introducción a la teoría del actor-red*. Manantial, Buenos Aires.

LaVaca, (2005), *Sin Patrón*. LaVaca, Buenos Aires.

Laufer, Rubén y Spiguel, Claudio, (1999), "Las 'pobladas' argentinas a partir del 'santiagueñazo' de 1993", en *Ariadna Tucma. Revista Latinoamericana,* http://www.ariadnatucma.com.ar

Liszt, Gabriela (2006) "Historia y balance del MAS", en *Revista Lucha de clases*, Ediciones del IPS, Buenos Aires.

Levitsky, Steven, (2005), *La transformación del justicialismo. Del partido sindical al partido clientelista, 1983-1999*. Siglo XXI, Buenos Aires.

Laclau, Ernesto, (2005), *La razón populista*. FCE, Buenos Aires.

Linz, Juan, (1991), *La quiebra de las democracias*. Alianza editorial, Barcelona.

McAdam, Dough, Tarrow, Sidney, Tilly, Charles, (2005), *Dinámica de la contienda política*. Hacer, Barcelona.

Mansilla, César, (1983), *Los partidos provinciales*. CEAL, Buenos Aires.

Marx, Karl, (2005), *La ideología alemana*. Losada, Buenos Aires.

Mases, Enrique, (2000), "Estado y cuestión indígena: Argentina, 1878-1885", en Suriano, Juan, *La cuestión social en Argentina*. La Colmena, Buenos Aires.

Massetti, Astor, (2009), *La década piquetera*. Editorial Trilce, Buenos Aires.

Matus y otros, (2003), "Sindicalismo en Neuquén: visiones de la década del '90...", ponencia presentada en *6to Congreso ASET*, Buenos Aires.

Merklen, Denis, (2005), *Pobres ciudadanos. Las clases populares en la era democrática (Argentina, 1983-2003)*. Gorla, Buenos Aires.

Mombello, Laura, (2004), *"Neuquén, nuestra forma de ser". Articulaciones entre la construcción de identidades/alteridades y las prácticas políticas en nor-patagonia*. Tesis de maestría en antropología.

--------------------, (2008), "La mística neuquina. Marcas y disputas de provinciana y alteridad en una provincia joven", en Briones, cit.

Muñoz Villagrán, Jorge Luis (2005) *Los "chilenos" en Neuquén-Argentina. Idas y vueltas*. Educo, Neuquén.

Murillo, Victoria, (1997), "La adaptación del sindicalismo argentino a las reformas de mercado en la primera presidencia de Menem", *Desarrollo Económico*, vol 37, número 147, octubre-diciembre de 1997.

Noya, Norma y Fernandez, Néstor, (2004), "Modelo económico de la provincia de Neuquén", en Rafart, Quintar, Camino Vela (comp.) *20 años de democracia en Río Negro y Neuquén*. Educo, Neuquén.

Noya, Norma y Giuliani, Adriana, (2008), *Petróleo y economía neuquina*. Educo, Neuquén.

Oviedo, Luis, (2002), *Una historia del movimiento piquetero*. Ediciones Rumbo, Buenos Aires.

Padre San Sebastián, (1997), *Don Jaime De Nevares. Del barrio Norte a la Patagonia*. EDBA, Buenos Aires.

Panizza, Francisco, (2009), *El populismo como espejo de la democracia*. FCE, Buenos Aires.

Palacios, María y París, Norma, (1993), "Municipio y sectores dirigentes: el caso de Cutral Có (1933-1955)", en Favaro, Morinelli, Bandieri *Historia de Neuquén*. Plus Ultra, Buenos Aires.

Palermo, Vicente, (1988), *Neuquén, la creación de una sociedad*. CEAL, Buenos Aires.

------------------- y Etchemendy, (1998), "Conflicto y concertación. Gobierno, Congreso y organizaciones de interés en la reforma laboral del primer gobierno de Menem (1989-1995)", *Desarrollo Económico*, vol. 37, enero-marzo, 1998.

Pasquino, Gianfranco, (1997), *La oposición en las democracias contemporáneas*. Eudeba, Buenos Aires.

Perrén, Joaquín, (2010), "Estructura urbana, mercado laboral y migraciones. Una aproximación al fenómeno de la segregación en una ciudad de la Patagonia (Neuquén: 1960-1990)", ponencia presentada en el Segundo Congreso Latinoamericano de Historia Económica, Ciudad de México. Disponible en: http://www.economia.unam.mx/cladhe/

Petruccelli, Ariel, (2005), *Docentes y piqueteros*. El cielo por asalto-El Fracaso, Buenos Aires.

--------------------(2015), "Prefacio a la segunda edición de Docentes y piqueteros", *Docentes y piqueteros*, ediciones Doble Z, Neuquén.

Pilatti, Mario, (2004), *Gobernabilidad de los sistemas educativos. Reflexiones dese una experiencia en Neuquén*, inédito.

----------------, (2008), *Neuquén, economía/sociedad*. Educo, Neuquén.

Portelli, Alessandro, (2005), "El uso de la entrevista en la historia oral" en *Historia, memoria y pasado reciente*. Anuario Nro. 20, Escuela de Historia Universidad Nacional de Rosario.

Preiss, Osvaldo y Zambón, Humberto, (2004), "La economía neuquina en los '90: contradicciones de un modelo de enclave", en AAVV *20 años de democracia en Neuquén y Río Negro*. Educo, Neuquén.

Rancierè, Jacques, (2010), *La noche de los proletarios*. Tinta limón, Buenos Aires.

Rebón, Julián, (2004), *Desobedeciendo al desempleo. La experiencia de las empresas recuperadas*. Picaso-La rosa blindada, Buenos Aires.

Rochietti, Ana María, (2007), *Mapuce. La verdad de la cultura*, en Revista Tefros, Vol. 5, N°2.

Sartori, Giovanni, (1980), *Partidos y Sistemas de Partidos*. Alianza, Madrid.

Salaburu, Jorge, (2004), "Una historia para la fundación de ATEN", en *8300. Periódico de Neuquén*, Neuquén.

Sánchez, Pilar, (1997), *El cutralcazo. La pueblada de Cutral Co y Plaza Huincul*. Editorial Agora, Buenos Aires.

Sandoval, Guillermina, Romano, Manolo, Fernández, Alejo, (1997), "Movimiento de Desocupados en Neuquén: la experiencia de la coordinadora del ´95", en *Revista Lucha de clases*, año 1, número 1, Buenos Aires.

Sapag, Felipe, (1994), *El desafío*. Fundaneu, Neuquén.

Schuster, Federico, Francisco Naishtat, Gabriel Nardacchione y Sebastián Pereyra (comps.), (2005), *Tomar la palabra. Estudios sobre protesta social y acción colectiva en la Argentina contemporánea*, Prometeo, Buenos Aires.

Schuster, Federico et al, (2006), *Transformaciones de la protesta social en argentina, 1989-2003*. Instituto de Investigaciones Gino Germani, Buenos Aires.

Svampa, Maristella, (2005), *La sociedad excluyente*. Taurus, Buenos Aires.

--------------------- y Martuccelli, Danilo, (1997), *La plaza vacía. Las transformaciones del peronismo*. Losada, Buenos Aires.

---------------------- y Pereyra, Sebastián, (2003), *Entre la ruta y el barrio*. Biblos, Buenos Aires.

Semorile, Zulema, (2004), "Los mapuche. Nuevos sujetos de derecho, reflexiones y desafíos". En Aylwin, José (edit.) *Derechos Humanos y pueblos indígenas, tendencias internacionales y contexto chileno*. Instituto de Estudios Indígenas, Universidad de la Frontera, Chile.

---------------------- (2008), *La resistencia del pueblo mapuche en norpatagonia*, inédito.

Taranda, Demetrio y otros, (2007), *La protesta social en Neuquén. Viejas y nuevas formas*. Educo, Neuquén.

Tilly, Charles, (2006), *Violencia colectiva*. Ed. Hacer, Barcelona.

Torre, Juan Carlos, (1999), "Los desafíos de la oposición o en un gobierno peronista", en AAVV *Ente el abismo y la ilusión. Peronismo, democracia y mercado*. Norma, Buenos Aires.

Trotsky, León, (1985), *Historia de la Revolución Rusa*. Sarpe, Madrid.

Trpin, Verónica, (2004), *Aprender a ser chilenos. Identidad, trabajo y residencia de migrantes en el Alto Valle de Río Negro*. IDES, Buenos Aires.

Vaca Narvaja, Gustavo, (1994), *El Hijo bastardo I y II*. Vaca Narvaja Editor, Córdoba.

-------------------------- (1996), *Guantes blancos*. Vaca Narvaja Editor, Córdoba.

Vaccarisi, Elizabeth y Campos, Emilia, (2010), "La oposición político partidaria ante un partido hegemónico. El curso y decurso del Partido Justicialista en un espacio subnacional (Neuquén, 1983-2003)", en Favaro, Orietta y Iuorno, Graciela *El arcón de la historia reciente en la norpatagonia argentina*. Biblios, Buenos Aires.

------------------------ y Godoy, Ana, (2005), "El estado-partido neuquino. Modos de legitimación y políticas sociales", en Favaro, Orietta (coord.) *Sujetos sociales y política. Historia reciente de la norpatagonia argentina*. La Colmena, Buenos Aires.

Vázquez, Silvia, (2005), *Luchas político educativas: el lugar de los sindicatos docentes*. Cuadernos de Formación Sindical, CTERA, Buenos Aires.

Villanueva, Ernesto, (1994), *Conflicto obrero. Transición política, conflictividad obrera y comportamiento sindical en la Argentina, 1984-1989*. UNQ, Buenos Aires.

Werner, Ruth y Aguirre, Facundo, (2007), *Insurgencia obrera en la Argentina (1969-1976). Clasismo, coordinadoras interfabriles y estrategias de la izquierda*. Ediciones IPS, Buenos Aires.

Womack, John, (2008), *Posición estratégica y fuerza obrera. Hacia una nueva historia de los movimientos obreros*. FCE, México.

Zambón, Humberto, (1998), "La economía de la Patagonia norte", en *Boletín Economía y Sociedad*, año 2, núm. 8, Neuquén.

Zurbriggen y Reynoso (comp.), (2011), *Colectiva Feminista La Revuelta: una bio-genealogía*. Herramienta, Buenos Aires.

Documentos

Archivos sindicales

ATEN

Actas de Plenarios de Secretarios Generales de ATEN, años 1990-2000.

Por qué reivindicamos la huelga como método, documento de la seccional Neuquén capital de ATEN, 22/3/1999.

Revista *Aten*ción, marzo-abril de 1997.

ATE

El Estatal Neuquino, Periódico de ATE, seccional Neuquén, setiembre de 1991, febrero de 1993, primera quincena del 2000.

Memoria y Balance de ATEN, años 1991-2000.

Memorias y Balance de ATE, años 1991-2000.

Tercer Boletín informativo de la Rama Salud ATE-CTA, Neuquén junio del 2000.

Soy de ATE, Campaña de afiliación 1995-1996, inédito.

CTA

CTA Neuquén, Plenario provincial de delegados de base, activistas y juntas ejecutivas, 23/11/1999.

CTA y la desocupación, 1995.

SOECN

Estatuto del SITRAC (Sindicato Independiente de Trabajadores de la Construcción de Neuquén), 1991, inédito, Neuquén.

Estatuto Social del SOECN, reformado el 09/08/2005.

Normas de Convivencia de Zanón bajo Control Obrero, documento aprobado por asamblea general en setiembre del 2002 (elaboradas en abril del 2002).

UOCRA, "La rama de la construcción en el censo de 1991", noviembre de 1996, Buenos Aires.

Periódicos sindicales y partidarios, informes, documentos varios

Canto Maestro, suplemento especial, CTERA, setiembre de 2003.

Diario de Neuquén, 17/10/1988, año III, número 153,

Frente de los Trabajadores, martes 24 de setiembre de 1985, año 1, número 1, Neuquén.

Frente de los Trabajadores, martes 15 de octubre de 1985, año 1, número 2, Neuquén.

Informe Legal General de Cerámica Zanón SA, (s/f), inédito, por Mariano Pedrero.

La Verdad Obrera, PTS, número 198, año X, agosto de 2006, Buenos Aires.

Memorias obreras. Luchas obreras de la construcción en Neuquén, la gran huelga del '84, por Emancipación Obrera, 1992, Neuquén.

"Juan Yáñez, hasta el socialismo siempre", en Periódico PORmasas, número 195, 6/08/2006, Buenos Aires.

Volante AGRUPACIÓN "12 DE ABRIL", Agosto de 1984, UOCRA, Neuquén.

Otros archivos

Comunicado de la Asociación Madres de Plaza de Mayo filial Neuquén y Alto Valle, 04/10/2006, Neuquén.

Lolín Rigoni e Inés Ragni, *"Conferencia de Prensa. 9 de Octubre 2007"*, Volante distribuido por la Asoc. Madres de Plaza de Mayo Filial Neuquén y Alto Valle, Neuquén.

Resoluciones del Primer Congreso Interbarrial de la Ciudad de Neuquén, 22 y 23 de octubre de 1983, Neuquén.

Boletín *Desde el pie*, Grupo de apoyo de SITRADONE, año 1, n. 2, julio de 1989, Neuquén.

Boletín *Vamos a andar*, publicación del Equipo de trabajo Enrique Angelelli, año 1, n.1, julio de 1990, año 2, 1991. Director: Elí González, Neuquén.

Revista Ecos Comunitarios, prensa del Equipo de Comunicación de la Parroquia Monserrat, números 1, 3, 4, 5, 6 (1990), 9 a12 (1991), y 18 (1992), Neuquén.

Movimiento Al Socialismo (MAS), Balance Regional Neuquén, año 1991, inédito.

Revista *Comunidad*, 1985, Obispado de Neuquén, año 4, número 19, Neuquén.

Revista *Comunidad*, 1986, Obispado de Neuquén, año 6, número 30, Neuquén.

Fernando Lizárraga "Lo que dicen las piedras", en *La Trastienda*, 29/05/2000, p 6.

Comunicado de jóvenes mapuche de Puelmapu, publicado en La Trastienda, 15 de junio de 2000, p. 14)

La Trastienda, 15 de junio de 2000, p. 14.

"Silvia Roggetti: un crimen burocrático", publicado en la Revista *La Poronguita*, año 3, diciembre de 2001.

Revista Comunidad, año 2005, Edición especial Homenaje a Don Jaime De Nevares

Revista Comunidad, año 1986, año 6, n° 31.

II Conferencia General del Episcopado Latinoamericano, Bogotá, noviembre de 1968

Documento de Medellín

Documento de Puebla

Historia de la Confederación, Confederación Mapuche de Neuquén, s/f.

Convenio 169 de la OIT sobre Pueblos Indígenas y Tribales en Países Independientes, Organización Internacional del Trabajo, Oficina para América Central, Panamá y República Dominicana. San José, Costa Rica (1996)

"El pueblo mapuche, las petroleras, y el estado", Documento de la COM, s/f.

"Como nos roban la tierra", Documento de la COM, s/f.

Otros Diarios consultados: *Río Negro, La mañana del sur, Clarín, Página 12.*

ENTREVISTAS ORALES

Joaquín, PST-MAS-MST, Neuquén, 12/06/2007

Marcelo Lafón, PO-MAS-UOCRA-ATEN, Neuquén, 15/12/2007

Alcides Christiansen, MAS-UOCRA, Neuquén, 13/06/2007

José "Chiquito" Moya, PST-MAS, Neuquén, 14/12/2007

Eduardo "Edy" López, PST-MAS-UOCRA, Neuquén, 5/09/2008

Virginia Mulhall, PST-MAS-ATEN, Neuquén, 06/09/2008

Cristina Nieto, ATEN, Neuquén, 10/12/2007

Graciela Domingo, ATEN, Neuquén, 23/07/2007

Liliana Obregón, PC-ATEN, Neuquén, 13/05/2007

Orlando "Nano" Balbo, JP-ATEN, Neuquén, 13/06/2009

Ruth Zurbriggen, MAS-ATEN, Neuquén, 15/ 06/ 2007

Jorge Toledo, MAS-ATEN, Neuquén, 30/04/2008

Humberto Bas, ATEN, Neuquén, 28/07/2007

Sara Mansilla, PC-ATEN, Neuquén, 04/04/2006

Jorge González, PC-ATEN, Neuquén, 04/04/2006

Hernán Ingelmo, IGLESIA, Neuquén, 12/06/2007

Jorge Salas, PC-INTERBARRIAL, Neuquén, 13/12/2007

Jorge Muñoz Villagrán, PASTORAL MIGRACIONES, Neuquén, 12/12/2007

Claudia Candelmi, DDHH-ATEN, Neuquén, 12/06/2007

Bernardo, Neuquén, DDHH-IGLESIA, 12/06/2007

Inés Rigo de Ragni, DDHH, Neuquén, 28/04/2008

Dolores Noemí López Candan de Rigoni ("Lolín"), DDHH, Neuquén, 28/04/2008

Julio Durval Fuentes, ATE-CTA, Neuquén, 13/12/2007

Raúl Dobrusín, PC-ATE-CTA, Neuquén, 14/06/2007

Horacio Fernández, ATE-CTA, Neuquén, 16/06/2007

Laura Leyton, Neuquén, ATE, ATEN, Neuquén, 14/06/2007

Felipe Sapag, Neuquén, MPN, Neuquén, 24/04/2008

Luis Sapag, MPN, Neuquén, 15/12/2007

Osvaldo Pellín, PS-MPN, Neuquén, 29/04/2008

Gustavo Vaca Narvaja, JP-MPN, Córdoba, 05/03/2008

Mario Pilatti, Neuquén, MPN, 13/12/2007

Oscar Massei, FREPASO-ALIANZA, Neuquén, 11/06/2007

"Titín" Moreira, PST-MAS-PTS, Córdoba, 07/06/2007

Alejandro López, SOECN, Neuquén, 07/10/2005

Raúl Godoy, PTS-SOECN, Neuquén, 06/10/2005

Mariano Pedrero, PTS-SOECN, Neuquén, 17/06/2005

Carlos Saavedra, PTS-SOECN, Neuquén, 10/08/2005

Natalio Navarrete, PTS-SOECN, Neuquén, 02/05/2003

Enrique Keller, SOECN, Neuquén, 13/03/2002

María Piciñam, NEHUEN MAPU, Neuquén, 02/05/2008

Jorge Nahuel, NEHUEN MAPU, Neuquén, 15/12/2007